"法国法译丛"
编委会

顾　问：
Mireille Delmas-Marty（法兰西学院、巴黎一大）
Pierre Delvolvé（法兰西学院、巴黎二大）
Jean-Bernard Auby（巴黎政治大学）
Olivier Dubos（波尔多大学）

主　编：
张　莉

编　委：
潘小娟　何　敏　郑爱青　施鹏鹏　石佳友　杨彩霞
曾荣鑫　朱　琳　秦立崴　姜　颖　王　蔚　朱明哲

法国法译丛

La doctrine

作为一种法律渊源的学说
——法国法学的历程

[法] 菲利普·热斯塔茨 Philippe Jestaz 著
[法] 克里斯托弗·雅曼 Christophe Jamin

朱明哲 | 译

中国政法大学出版社

2020·北京

La Doctrine
by Philippe Jestaz and Christophe Jamin
© ÉDITIONS DALLOZ, 2004
版权登记号：图字 01-2020-6908 号

声　　明　　1. 版权所有，侵权必究。
　　　　　　2. 如有缺页、倒装问题，由出版社负责退换。

图书在版编目（CIP）数据

作为一种法律渊源的学说：法国法学的历程/（法）菲利普·热斯塔茨，（法）克里斯托弗·雅曼著；朱明哲译. —3版. —北京：中国政法大学出版社，2020.12
ISBN 978-7-5620-9716-7

Ⅰ.①作…　Ⅱ.①菲…②克…③朱…　Ⅲ.①法的渊源－研究－法国　Ⅳ.①D956.5

中国版本图书馆CIP数据核字(2020)第218485号

书　　名	作为一种法律渊源的学说：法国法学的历程 ZUO WEI YI ZHONG FA LÜ YUAN YUAN DE XUE SHUO：FA GUO FA XUE DE LI CHENG	
出 版 者	中国政法大学出版社	
地　　址	北京市海淀区西土城路 25 号	
邮　　箱	fadapress@163.com	
网　　址	http://www.cuplpress.com（网络实名：中国政法大学出版社）	
电　　话	010-58908435（第一编辑部）58908334（邮购部）	
承　　印	保定市中画美凯印刷有限公司	
开　　本	720mm×960mm　1/16	
印　　张	23.25	
字　　数	391 千字	
版　　次	2020 年 12 月第 1 版	
印　　次	2020 年 12 月第 1 次印刷	
印　　数	1～3000 册	
定　　价	76.00 元	

总　序

法治是人类社会文明程度的标志之一。中国作为世界上最大的发展中国家，在经济腾飞之后，势必走上法治道路。如何顺应历史潮流，利用"后发优势"设计出符合中国国情的法治国家建设之路，是当代和未来几代中国人共同面临的挑战。在应对挑战的过程中，离不开对外国法律制度的研究与借鉴。在全球化的今天，翻译与研究外国法已经不仅仅是为了知己知彼、取长补短，更是为了探寻人类法治文明的真谛。

法国作为"罗马法传统的继受者"和"启蒙思想的发源地"，在现代法律制度建立和法治文明传播中起着举足轻重的作用。1789年的《人权宣言》确立了主权在民、权力分立、自由平等和人权保障等现代文明价值，它对西方近现代政治、法律进程产生了深远的影响。由拿破仑于19世纪初主持起草的《民法典》《商法典》《刑法典》《民事诉讼法典》和《刑事诉讼法》更是成为后世多国立法的蓝本或参考。

在过去的几十年间，受语言限制，中国出版界鲜有传播法国法最新研究成果的译著面世，而学术界和实务界在这方面的需求却随着"依法治国""建设法治国家"和"国家治理体系和治理能力现代化"目标的提出而日益强烈。

此次，在众多中外法学同仁的建议和鼓励下，我们汇聚十余位曾经长期留学法国的中青年学者，打算将反映法国当代法律发展、引领法国乃至欧洲法学研究风潮的研究成果介绍到中国。

这一项目得到了法国多位知名法学家的支持，他们为丛书书目的选择献计献策。法国驻华使馆更是在版权和出版方面予以大力支持，在此一并致以诚挚谢意。

"法国法译丛"编委会

2016年11月

作为一种法律渊源的学说——法国法学的历程

导　读　法国法律学说的词与物

一

　　法学教师在谈起他们职业的历史时，总喜欢追溯到 11 世纪因罗马法文献出土而建立的博洛尼亚大学，并以此"罗马法复兴"勾连起公元前 5 世纪罗马人的法律和中世纪欧洲人的"罗马法"，从而讲述长达两千多年文脉不绝之学者传统。每一名在大陆法地区接受过系统法学教育的学生，大概都有在阶梯教室中聆听民法教授以圣咏般的语调将这一段动人历史娓娓道来的记忆。历史的一端是那些几乎从虚空中创造出法律规范的罗马先贤——祭司团、裁判官、斯喀埃沃拉（Quintus Mucius Scaevola）、彭波尼（Sextus Pomponius）、盖尤斯（Gaius）和帕比尼安（Aemilius Papinianus），另一端则是那些被人们尊敬地称为"大师"的现代法学家，两端之间是法学群星璀璨的伟大历程，任何有追求的学生唯一的抱负，就是成为这一历程的一部分。这种历史叙事暗示，法学上的概念、制度、理论，乃至法学家群体的构成与功能，从罗马至今并未出现断裂，在本质上都是同一回事。所以，随便翻开一本民法教科书，我们都会一而再再而三地读到作者为今天的制度追溯其罗马法起源的段落，丝毫不理会"标的的瑕疵给付"在罗马法上可能指的更多是一个无法完成体力劳动的奴隶，而今天则是一个屏幕偏色的苹果手机。法学本身也是如此。从时间本身都尚未苏醒的时代起，法学便和今天一样，客观地呈现实证法，并把法律整理成一个融贯、无矛盾的体系。如果说有什么能把中国、德国、法国、意大利、日本、智利等国的职业法律人联系在一起，这段连续历史的听觉和阅读体验肯定是其中之一。

　　关于法学之连续性的集体记忆虽然是大陆法系法学家身份认同的重要部分，却未必不受挑战。实际上，一部 2004 年出版于法国的著作便指责这种想象出来

导读——法国法律学说的词与物

的连续性既扭曲了历史，又阻碍了法国法学应对新千年的挑战。出于帮助读者理解本书内容的考虑，我们选择的译名是"作为一种法律渊源的学说"，并加了副标题"法国法学的历程"。不过必须强调的是，它本身的名字非常朴实——La doctrine，直译为中文是"学说"，没有任何修饰词，也没有任何的副标题。如果仅以此书名放在书籍目录中，恐怕大部分不那么留心的读者会在浏览时匆匆错过。然而遗忘并不应是该书的命运。人们对本书最初的关注，一方面是因为本书出版于权威法学出版社达洛兹（Dalloz）"法学入门"（Méthodes du droit）系列之中，这套重要丛书同时面对初学者和资深读者的需要；另一方面则是本书两名作者的声望和地位保证了任何对法国民法有所了解的读者都不会等闲视之。

两名作者分别是菲利普·热斯塔茨（Philippe Jestaz）和克里斯托弗·雅曼（Christophe Jamin）。在法国民法学界，对他们已经不需要再做更多介绍。其中，1967年就成为民法教授的热斯塔茨曾出任全国教授资格考试委员会的主席、最权威的民法学刊物《民法季刊》（Revue trimestrielle de droit civil）的主编，退休前是巴黎十二大学（Université Paris XII Val de Marne）的教授，在本书出版时已经接近退休年龄，然而姜桂之性，老而弥辣。另一位作者雅曼则未届而立即已成为《法哲学档案》（Archives de philosophie du droit）总务秘书，更是《民法季刊》现任主编，本书出版时是里尔二大（Université Lille 2）的教授和他所创立的德莫格（Demogue）债法研究中心主任，现在则是巴黎政治大学（Sciences Po.）法学院院长。虽然评价还在不断创作的学者一般而言并不明智，但这两名作者都是法国民法学和法哲学界当之无愧的权威。正如子女往往是家长最尖锐的批评者，恰恰是这两位法国法学的宠儿，在世纪之交以此书挑战法国法学传统历史叙事，乃至对法国法学之价值提出了尖锐质疑。他们的作品甫一出版即引发同仁热评，并迅速成为法学教授资格考试的必读书目之一，如今已经是经典法学作品。

本书分成三个部分。第一部分阐述"学说"这一概念从罗马时代（因而包括法国古代法但不仅仅限制在法国）到20世纪的历史沿革。第二部分则说明如今"学说"的构成要素和功能。第三部分把目光投向美国，考察与法国模式截然不同的美国模式，说明学者以其工作贡献于法律与社会发展的另一种可能性。

3

二

但是,到底什么是"学说"?本书开篇先介绍了两位作者之一与一位语言学出身的校长之间的对话。作者对校长说:"我们有一套高质量的学说值得保存和弘扬。"校长的回应不无惊讶:"……一套学说?我不理解您想表达什么。"在日常语言中,"学说"意味着通过对事实的研究形成的一套人们接受为真的观念,它是"教条""理论""体系"的同义词。简言之,就是一套法学家的观点。大部分的法国法学家认可这种理解,并认为凭借他们冷静、价值中立的科学活动对充满政治热情的立法作品、整理零散混乱的司法决定的驯化,一国的实证法才最终形成如新古典主义建筑之外立面那样整齐而庄严的体系。正如卡塔拉(Pierre Catala)教授在题献给他本人的纪念文集中说的那样:"法律圣殿的守护者既不是立法者,也不是法官,而是法学家。"一代又一代的法学家以法律的圣殿骑士自居,捍卫法律体系的科学融贯性。

本书要反对的恰恰是这种法学家群体赖以为法学正名的信念,作者主张无论"学说"的含义还是背后的现实都形成于19世纪与20世纪交际时的法国,而且并非偶然。在这个意义上,本书是对法国法学本身的挑战。"学说"有三种最重要的意思:其一,法律的讲授者或写作者所共同持有的意见;其二,法学出版物之全体;其三,法学出版物作者之全体。所以,法国法学语境下的"学说"同时指关于法律的意见、表达这些意见的媒介和表达意见的人。而"词"的背后是三种截然不同的"物"——一种学者法,一种法律渊源,以及一个由各位作者聚合而成的共同体。由学者创造的法律成了法律存在的形式,所以学者也就获得了决定法律的权力。这种权力一方面意味着学者群体决定什么是法律的权力("学说主张立法和判例是什么,它们就是什么"),另一方面则意味着学者群体之间存在的支配结构。一言以蔽之,当人们使用"学说"这个词的时候,并不是说在某一种独特的理论或立场,而是整个法学——包括了所有的作者和所有的作品。所有的作者通过他们的作品决定了什么是法律,从而借知识掌握了权力。

无论是词还是物,今天所说的"学说"起源于19世纪中叶。法国社会的工业化正好发生在19世纪中叶,带来了许多法典起草时并不存在的法律问题。毫无疑问,民法必须向前发展才能继续作为社会生活的圭臬。问题毋宁是民法向哪个方向发展,以及什么人主导民法的发展。此时的立法权尚不活跃,远远无法与第三帝国建立后的状态相比。法官则通过他们的判决不但权威性地确定每个诉讼的结果,也通过判决的积累改变法律本身。要是法学家不想在历史的发展中失语、不想在和越来越主动的法官的竞争中失去引领法律发展方向的主导权,就得更多地关注判决。于是,19世纪末的法学家不得不进一步追求主导法律发展的权力,这也就意味着一方面摆脱立法的约束,另一方面规训判决。于是,他们提出了一个曾经占据支配地位、如今仍然不时出现在法史学讨论中的论调:法学家只能规规矩矩地按照文义解释民法典,不能越雷池一步。根据这种说法,1870年以前的民法学家形成了一个解经学派,法学也由此成了一个封闭的体系。

  本书作者提出了不同的观点。19世纪的法学在方法上也绝非斤斤于文义、不顾社会发展。批评解经学派拘泥于抽象建构和逻辑推论充其量不过是一个幌子,真正的目的是正式提出将"学说"作为一种法律渊源。只有当学说成了和立法、判例、习惯并列的法律渊源时,那些致力于"知道"的法学教授才能真正独立于有权"决定"的立法者和法官。学说的独立地位几乎是在1899年一夜之间建立的,因为就在这一年,第戎法学院的年轻教授惹尼(François Geńy)用《实在私法的解释方法与法律渊源》开启了20世纪,普拉尼奥(Marcel Planiol)的三卷本《民法导论》也开始讨论法律渊源问题。而法学家在独立以后进一步通过自己的作品驯服那些做决定的人。新的写作习惯悄然形成。带着对立法万能理想的幻灭和对积极利用立法权之共和国所造成的碎片化之轻蔑,他们开始自由地批评那些无法整合进《民法典》伟大体系的立法。带着对关心社会发展的法官的敬佩,却也害怕他们过于执迷于琐碎的情势而非永恒之法律原理,法学家不再用判例说明立法的规定,而是努力用新的判例建筑法学的宏伟外立面,却不改变其结构本身。就这样,法学家恢复了古罗马法学家的昔日荣光。然而与他们那些更在意具体个案之解决的前辈不同的是,20世纪曙光照耀下的法国法学家更倾向于保护体系和原理。因为恰恰是体系的融贯性和原理的永恒性,保护法学不受种种新兴社会科学的侵扰,也就保护了法学家作为良好社会之最权威决定者的地位不受挑战。

作为一种法律渊源的学说——法国法学的历程

三

然而,在何种意义上,"学说"形成了一个整体?这一整体又发挥着何种作用?

法学作品及其作者之所以形成整体,是因为高度的同质性。学说给自己的任务是评论实证法。因为它只包括了法律职业的从业者,而且他们还必须完成撰写评论的任务。比如说,一部社会学著作无论如何都不能算是学说的组成部分,哪怕是法学家写的,如果是纯粹的社会学家的作品就更不必谈。换言之,《法律语言学》《法社会学》和维莱(Michel Villey)教授流传甚广的《法哲学》都不是学说的部分。人们有时候说,这样的情况标志着"法学与人文科学的离婚"。本书则主张,两者之间的婚姻从来没有存在过。现实是学说一直对抗着其他学科对法律的影响。而且,几乎所有人都在使用同样的一套教义学方法。曾经在严格遵循《民法典》的学者和自己构建民法体系的学者之间存在的对立如今已经销声匿迹。人们创造法律就是为了应用!所以法学家有义务使用那些规范情景的语言,也就是法律和判例的语言,并且阐明、补充这种语言,从而使之可以真正发挥功效。法学家从而发明了一种补充性的语言。在实践中,法学的语言来源于立法和司法,却在学术领域获得解释,并带着学术性的词汇重新回到法律的实践中。因果性、物权、财产性权利、公共服务等如今从事法律实践不得不用到的术语都是学说的贡献。哪怕在前所未见的案件中,法律工作者仍然可以把所有的新情势都翻译成既有的这一套高度抽象化和技术化的语言,重新表达。谁要是打算把任何一个诉讼中提起的问题放在哲学、人类学或者其他社会科学的视野下讨论,肯定要受到"不务正业"的指责。到头来,一代又一代教科书和学术文章中形成的这一套术语体系——不管每个术语的意蕴在历史沿革中如何变迁——成了法律实现的基础。法律思想因而实现了它的高度结构化,超越了任何人的意愿,并可以要求全部人都接受。就算学者们对一个具体个案应有的法律解决方案(特别是在新形势出现的时候)争论不休,他们的讨论始终维系在一个大家都接受的范围之内,也就是实证法和教义学技术划定的范围。

当然这并不是说所有的作者在观点上都一致。毕竟每一位作者的政治、经济、文化、宗教立场都大不相同。奥里乌(Maurice Hauriou)和狄骥、里佩尔

导读——法国法律学说的词与物

(Georges Ripert)和惹尼之间的纷争依然延续到了20世纪,马佐兄弟与通克之间的分歧让他们无法继续合著债法教科书,70年代艾森曼(Charles Eisenmann)和韦德尔(Georges Vedel)关于"行政法的宪法基础"之间的辩论同样针尖对麦芒。然而最重要的是,所有的作者都在使用同一套语言。而且这套语言比其他领域的专家所使用的语言更具有限制性和侵略性,因为法律毕竟是统治整个社会的权力的栖身之所。在所有的争议中,双方用着同一套术语(只是对每个概念的范畴有争议),用着同样的引证(只是对每个引证的解释不一样),而且大部分情况下论证的模式是一样的。法学家们延续着法律逻辑,并出于公正、秩序和实用性的考虑修正逻辑。

法学家的养成机制保证了学说的同质性。如果把实践人士发挥着决定性作用的行政法看作一个例外,那么法国法上不断丰富和创造着学说的法学家群体实际上主要是由大学教师组成的。大学教师的支配地位通过招聘的规程和传统两方面得到保障。要成为大学教师,首先要花费五六年甚至更长时间完成博士论文。尽管作者自己可能有足够的创造力,他们所支持的观点也不一样,但所有的论文看上去多少有些千人一面。博士论文的目的乃是于一个具体的方面建构法律。法学博士中的佼佼者将来将有机会编写教材,此时他们必须确定一整个领域的法律构建,但所使用的方法和他们的博士论文中用到的方法并无二致。获得博士学位仅仅是进入法律教学的前置条件。位居法学教育最高点的乃是通过全国性的教授资格考试的教授们。这种考试的目的乃是严格控制那些在日后法律教育中可能出现的言辞之质量,所以可以说是为教学的目的服务的。与此同时,我们又不难看出,只有那些论文的质量得到了答辩委员会官方认可的候选人,才有希望通过教授资格考试。这种教师招聘方式的结果就是,整个法学院的教学人员都秉承既往学说发展的逻辑,本身形成了高度同质化的群体。至于传统的书写仪式和机构仪式,也强化了教师支配学说发展的地位。写作的结构要求、未曾言明但是心照不宣的引用习惯、组成答辩委员会的方式、各种不同场合所需要的礼袍等,都在形塑共同体之认同感的同时,关上了局外人进入这一共同体的大门。

学说的重要性并不在于它的存在,而在于它在既定的法律实践中发挥的功能。学说具有作为意见的功能和作为合法化之工具的功能。作为表达意见的场合,无论是以注解法律为外观的学说作品,还是明目张胆批评法律的作品,实际上都在赋予其他法律渊源中所展现的规范以意义。无论从语义学还是语用学的角

7

作为一种法律渊源的学说——法国法学的历程

度来说,学说对法律的研究本身便是在确定法律规范的含义,或者说规范在语言层面上可能的射程,限定了具体纠纷中法官所可能实现的法律结果之范围。而作为合法化工具的学说,一方面赋予法律秩序以合法性,另一方面赋予其自身合法性。哪怕是批判法律秩序的学说作品,也遵循着法律大致上确定了社会生活和社会关系的正当秩序的前提。仅仅是在这个前提下,法学家通过整理法秩序中的原则以批判那些背离了这些原则的具体规范。此一过程中,学说也使其自身成了法律规范的组成部分,即一种法律渊源。既然学说体现的是大部分法学教育者的观点,他们在教学、修改学生作业、决定法律职业考试的考题和答案的整个过程中已经完整地确定了日后从事法律职业的每个人所可能拥有的知识。更何况学说本身就确定了那些值得研究的法律、挑选判决成为判例,并且决定了对这些法律渊源的权威解释。所以学说在法律实践中的主导作用,或许值得反思,却无法否认。

四

可见,热斯塔茨和雅曼所做的不过是用布迪厄(Pierre Bourdieu)的知识社会学作为底色揭示当今法国法学的构成与社会功能。与雅曼另一部作品《法律的厨房》(La cuisine du droit)在2015年前后所引起的关于法学教育改革的激烈争论相比,全书的笔触生动但克制,没有过激的言辞,也没有对在世的同事过多的嘲讽。为何这样一部作品偏偏引起了此后十数年的持续关注?原因大约有二:

第一,法学家在大陆法系国家的法律实践中扮演着极重要的角色,而为他们地位背书的就是法学的科学性。如果法学所坚持的那种体系融贯性不过是法学家在拙于应对其他学科挑战时抛出的掩护,那么法学就会从"唯一"有资格权威性地评价实证法的学科,蜕变为诸多评价着实证法的学科之一。进一步而言,如果在法学中作为体系融贯性同义词的科学性只不过是一个同质群体维护自己社会权力的外衣,那么法学家群体作为一个掌握着这种事实性权力的群体,就要与执掌任何权力的人一样,接受来自外行的批评,而不能再用专业性作为阻隔门外汉判断的理由。一旦法学本身必须回应外行人的批评,法学家作为良好社会秩序决定者的地位也就摇摇欲坠了。

第二,本书于2004年出版的时候,恰恰是法国法学切实感受到体系融贯性

导读——法国法律学说的词与物

岌岌可危的时刻。随着欧盟一体化的进程,来自不同法律文化中的法官形成的欧盟法正变得越来越重要。欧盟法自动在法国生效,也就意味着,法国法中将有越来越多的因素由那些没有受过法国法学教育甚至对法国法和法国法学可能一无所知的人创造。如何能够期待宏伟的法国法大厦在添附了这些来路可疑的部分后仍然能保持其庄严与宏伟?更何况,《欧洲人权公约》(European Convention on Human Rights)在2004年生效,所有的判例在原则上都有可能逃离法国法学家坚定而公正的双手,成为欧洲人权法院法官以实用主义的方式个案权衡的对象。站在十余年后回望,我们很清楚没有任何灾难性的后果发生。然而历史的妙处就在于,后见之明看来必然的事情在发生当时只不过是众多可能性之一。2004年,当法国法学家面向欧洲法时,他们在体系融贯性烟消云散的可能性面前感到恐惧简直再正常不过。

最后,恐怕还要提醒年轻的读者,本书的写作目的在于颠覆传统认识、批判既有的知识体系,是争鸣性质的作品。作者在书中数次提到要避免对法律技术和法律体系的过分迷信,但并不意味着作者认为法学教育和法学研究可以避免一切形式的教义学。实际上,两名作者恰恰是对各种法律技术运用得炉火纯青的实证私法大师,其中一名就经常用以"我现在作为一名老律师问您"开头的句子抛出一个又一个法律技术上的问题,让大谈特谈社会与政治理论的博士生左支右绌。"技术是起点而非重点"之类的话,背后隐藏的意思是:如果不理解法律技术,那么我们根本连起跑线都走不到。

朱明哲
中国政法大学

目 录

导 论 ·· 1
  一、学说：词与物 ··· 1
  二、现实之一：一种学者法（un droit savant）···························· 4
  三、现实之二：一种法律渊源（une source du droit）················ 5
  四、现实之三：一个作者群体（une collectivité d'auteurs）······ 7
  五、比较 ··· 10
  六、术语说明 ··· 12
  七、认识论 ··· 12

第一部分 法国"学说"概念的历史起源：从古罗马到 20 世纪

第一章 久远的起源：从古罗马到《民法典》······························ 17
  一、古罗马法博士 ··· 18
  （一）共和国或法律的学说创造（公元前 509 年—公元前 27 年）······· 18
  概述：起源于程序的法律 ··· 18
  1. 祭司和法律之诉的扩大（公元前 5 世纪—公元前 3 世纪）··· 20
  2. 法学家和新诉的创造（公元前 2 世纪以后）····························· 22
  （二）帝国或学者法的演变 ··· 25
  概述：新的法律渊源 ··· 25
  1. 元首制时代的虚假繁荣（公元前 27 年—公元 284 年）········· 26
  2. 君主制时代的失势（284 年以后）··· 29

结论：优士丁尼的汇编（528 年—533 年） ………………………… 31
　二、法国古代法 ………………………………………………………… 32
　　概述：一种多元主义的法 ……………………………………………… 32
　　（一）中世纪晚期的法学博士（12 世纪—15 世纪） ………………… 34
　　前言：12 世纪的"第一次重生" ……………………………………… 34
　　1. 学者法的回归 ……………………………………………………… 36
　　2. 博士对法律演进的影响 …………………………………………… 41
　　3. 博士们忽略的法律领域 …………………………………………… 45
　　对中世纪的总结 ……………………………………………………… 47
　　（二）现代的博士（16 世纪—18 世纪） ……………………………… 48
　　1. 16 世纪到来时的法学 ……………………………………………… 48
　　2. 绝对君主制下的博士 ……………………………………………… 52
　　《民法典》到来前的遗产 …………………………………………… 66

第二章　晚近的起源：《民法典》之后 ……………………………… 68
　前言：面对新实证法的博士 …………………………………………… 68
　一、19 世纪对法律空间的探索（或博士们的更新） ………………… 70
　　概述：有待探索的两个新大陆 ……………………………………… 70
　　（一）对《民法典》的探索（19 世纪前半叶） ……………………… 71
　　前言：法典解经 ……………………………………………………… 71
　　1. 作者的多样性 ……………………………………………………… 72
　　2. 作者的精神一致性 ………………………………………………… 87
　　（二）对判例的探索（19 世纪下半叶） ……………………………… 94
　　前言：新的判例学家 ………………………………………………… 94
　　1. 私法上的探索 ……………………………………………………… 95
　　2. 公法上的探索 ……………………………………………………… 108
　二、20 世纪对法律空间的驯化（或法国学派的胜利） ……………… 119
　　概述：一次静静的集体征服 ………………………………………… 119
　　（一）对法律渊源的明确理论化 ……………………………………… 121
　　1. 法律渊源理论化以前的时代 ……………………………………… 122
　　2. 法律渊源多元主义理论的诞生 …………………………………… 129

（二）学说身份认同的悄然建构 ·· 138
　前言：面对社会科学的学说 ·· 138
　　1. 一种建立在教义学支配地位上的身份认同 ······························ 139
　　2. 一种建立在教授训导地位之上的身份认同 ······························ 156
　前言：科学训导与道德训导 ·· 156
　第一部分的结论 ··· 164

第二部分　学说在法国的地位

第三章　学说的组成要素 ·· 169
　一、作者的思想 ··· 169
　（一）哪些作者？ ·· 169
　　1. 法学家的专业性 ·· 169
　　2. 法学家的独立性 ·· 174
　（二）何种媒介？ ·· 181
　　1. 发表了的学说 ··· 181
　　2. 未发表之学说 ··· 187
　二、作者之整体 ··· 189
　（一）主要属于大学的共同体 ··· 189
　　1. 大学教师的支配地位 ·· 190
　　2. 其他作者的边缘化 ··· 197
　（二）主要限制在国内的共同体 ·· 202
　　1. 学说的地域属性 ·· 202
　　2. 法学家的跨国旅行 ··· 205

第四章　学说的功能 ··· 212
　一、表达观点的功能 ··· 212
　（一）谨慎的观点：对实证法的科学呈现 ···································· 213
　　1. 分门别类 ··· 213
　　2. 确定秩序 ··· 220
　（二）张扬的观点：对实证法的批判性审视 ································· 227

1. 个人表达的方式 …… 227
2. 集体表达的方式 …… 233
二、正当化的功能 …… 240
（一）对法律秩序的正当化 …… 240
1. 借由分析实证法实现的正当化 …… 240
2. 借由重构部门法实现的正当化 …… 246
（二）对学说权力的正当化 …… 249
1. 他人的裁判者 …… 250
2. 内部的知识权力 …… 252

第三部分 与美国模式对比

为何是美国？ …… 261
一、对形式主义的批判 …… 264
（一）兰德尔模式 …… 264
1. 兰德尔模式的形成 …… 264
2. 兰德尔模式在美国法学家中的传播 …… 267
（二）来自现实主义的批判 …… 269
1. 现实主义的起源 …… 269
2. 现实主义的发展 …… 272
对现实主义的总结 …… 278
二、教义学的撤退 …… 279
（一）现实主义迟到的胜利 …… 279
1. 50 年代向理性的回归 …… 279
2. 新浪潮（1960 年—1980 年） …… 282
3. 新师资（20 世纪 80 年代以来） …… 286
（二）建立对比 …… 291
1. 双向误解 …… 291
2. 有用的比较 …… 294

结论 ··· 296

人名索引 ··· 300

译者附录　书中部分人物介绍 ·· 312

译后记 ··· 352

导　论

几年前，本书的两位作者之一曾经与一位语言学家出身的校长展开过关于法学院之现状与未来的对话。这位作者对校长说："我们有一套高质量的学说值得保存和弘扬。"而对方的回答却令他惊讶："……一套学说？我不理解您想表达什么。"实际上，在校长的脑海里，"学说"一词是"意见"或者"理论"的同义词，所以作者的话变得不可理解。正是在此时，人们才意识到原来法学家——至少是法国法学家——以理所当然的方式使用的词汇竟然对另一个法国大学教授、一个语言学家来说，是如此无法理解！"校长先生，我指的是我们发表的作品、我们的作者……"

一、学说：词与物

上述轶事特别能说明问题，因为它向我们展现了"学说"一词在一般用语和法律术语中意思的不同。它的一般意思在《罗贝尔词典》（*Le Robert*）中表达作："一系列人们视为真实的观念，且人们据以主张对事实的解释，或引导或指导人们在宗教、哲学、科学等领域的行动。参见'教条''观点''体系''理论''主张'。"（译注：《罗贝尔词典》是法国的权威词典）在这一含义上，人们在谈论"学说"的时候不会使用单数定冠词修饰，仿佛只有一种学说，因为这样做没有任何意义，而只会谈论关于某一个问题的某一种学说：比如说天主教会的社会学说、马克思主义的阶级斗争学说（或理论）等。简言之，人们可能把任何意见，哪怕是最粗糙的意见，也视为"一种学说"，并根据情况不同加上各种形容词："好的、神圣的、符合原旨的、错误的、腐坏的、有害的、颠覆性的"。这一系列修饰词同样来自《罗贝尔词典》。

同一本词典倒也提到了该词在法律术语中的特殊意义："意图展现或解释法律的法学作品之整体，区别于'立法'和'判例'。"但这个定义是不完整的，当一个法学家使用它的时候，更可能指的是在亨利·卡皮唐协会（Association Henri Capitant）的《法律词汇》（Vocabulaire Juridigue）中提到的四种意思："那些教授法律或者撰写法律相关作品的人所共同持有的意见；法学出版物之整体；法学出版物作者之整体；在较狭窄的意义上，指那些人们对某个法律问题所表达的意见……关于某一制度或者法律问题的观念。"

我们无需考虑其中第四种意思，因为它无非是《罗贝尔词典》中的日常词义在法律领域的表现而已，法学家显然只把它放在最不重要的位置上。一方面，第一种意思似乎给了一种社会现象的模糊线索：这一定义暗示有可能存在一个法学家共同体，作为我们平常所称"科学共同体"的法学分支。另一方面，第二和第三种意思更增强了这一想法，因为它们既呈现了法学作品的"整体"，又以明确的方式呈现了那些书写法学作品之人的"整体"。于是，我们似乎便触及了法国法学家谈论的学说之"整体"中最重要的部分。

所以，甘沙尔（Guinchard）和蒙塔尼耶（Montagnier）两位先生，在《法律术语词典》（Lexique des termes juridiques）中直奔主题的做法值得赞许："指作者们的思想。在延伸的意义上，指作者之整体。"但这一因简洁而令人印象深刻的定义省略了太多的信息，因为它没有明确说出其所指的毕竟是一个行动着的、极具影响的群体。

"学说"还指全体作者的思想。然而正如与校长对话的那段轶事所说明的那样，发明这一词之衍生涵义的是且仅仅是那些法学的作者：正是他们，以此为名组成了一个整体。人们可以说学说自封为学说——这仅仅是一种不含任何贬义的陈述。人们应该考察这一多少有些夸张的用语的近代或古代的起源和它明显或隐藏的意思。

至少可以说，"学说"的现代用法本身并不古老，在19世纪后半叶才出现。此前，法学家用的是"作者们的学说"（la doctrine des auteurs），亦即他们所共有的意见：从历史的角度看，这是该词最常见的意思，所以亨利·卡皮唐协会的《法律词汇》才把它作为第一个义项。正如我们在本书中将要看到的那样，在法学期刊发展及随之而来的观点大幅增多后，人们才开始使用"学说"作为一种新的表达方式。这种用法既说明了作者形成集体力量的自觉意识，又体现了他们有意无意间对确立自身地位的意志。然而必须立刻指出，这一相对晚近的表达并未在所有地方都得到认可。

"学说"当然不是一个纯粹的法国特色。另两个法语地区也以与法国极类似的方式使用它：曾与我们用同一部《民法典》的比利时，以及现行的《新民法》仍与我们的《民法典》高度相似的魁北克。三语国家瑞士也使用这个词以及它在德语和意大利语中的同义词。《瑞士民法典》第 1 条在成文法沉默、判例和习惯均未能提供个案之解决方案时，让法官依据学说裁判，这也是学说首次从外部、经由立法者确认。我们还会看到，《瑞士民法典》的起草者胡贝尔（Eugen Huber）恰恰是在他的法国好友惹尼（François Gény）和萨莱耶（Raymond Saleilles）的影响下，才写下了这一条（规定）。

同样，在欧洲西部的其他大陆国家，如德国、意大利、西班牙等，也存在着"学说"的对应物。但是只要跨过英吉利海峡，我们就不再能找到相同的事物了，或者只能找到一些形式上弱得多的类似产物。这一观察在其他普通法国家也能成立，本书将以美国为例说明。

这一不同很好解释。既然学说的概念指的是作品及其作者整体，它所出现的地方也就自然而然是那些博士们于法律之体系化乃至法律之形成都起重要作用的地方，也就是那些罗马法传统的国家。无论我们想的是法学家对罗马法的创造、《法国民法典》深刻的学说渊源，还是莱茵河另一边（译注：即德国）的教授法（*professorenrecht*），情况都是一样的。在英国，既然法律的创造由法官完成，远离大学和罗马法，不存在回音也就一点不让人惊讶了。

现在，我们得谈谈这一新罗马式学说概念之下所包含或隐蔽的那些现实了。

在他们开始自发谈论学说时，法学家便在事实上创建了一个法律的范畴；然而他们却没有考虑，或者更准确地说，不知道该往这一范畴中放些什么内容。不同寻常的是，该范畴的内容在事后的发展中悄然出现，形成于一系列范围广泛的辩论之中。事实上，关于学说的研究还十分片面，而且仅停留在法律渊源这一种视角下，其概念本身从未得到完全理论化，所以需要完成的工作还有很多。

主要的困难乃在于，继受了罗马法的国家的法律人用"学说"一词表达的不是一种，而是三种不同的现实。其中只有一种是罗马法传统所独有的，另两种的适用范围则更加广泛。无法区分这三种现实的结果是，人们产生了一种印象：

作为一种法律渊源的学说——法国法学的历程

学说只有唯一的意思,而且普世皆然。

可以贴上"学说"标签的包括以下现实:其一,随处可见、绝不限于罗马法传统的学者法现象。其二,同样随处可见的现象是,那些生产知识的人向做决定的人施加的影响,换言之就是学者法在一切它存在之处所扮演的法律渊源角色。其三,还有一种仅仅在罗马法传统下出现的现象,即学说也指学者集体,但是每个国家中这一群体的构成大不相同。

二、现实之一:一种学者法(un droit savant)

学者法历史悠久,而且几乎和法律本身一样普遍。即便在那些传统社会,权威也经常求助于"智者"(sachants)或"口头法的传承者"(diseurs de droit),希望他们能就法律上不清晰或有争议的地方提出自己的意见。从史前社会最初产生法律秩序那一刻开始,口头法的传承者就在其中同时扮演了智者和神谕传达人的角色。老实说,他们无法因此成为"学者",因为他们没有一种构建起来的科学,虽然他们确实把自己的一部分时间用于反思法律问题,但却不是做决定的人。他们是现代法学博士们的前辈。

更晚近也更广为人知的前辈是古罗马的法学家。从罗马共和时代起,因为两个重要因素的同时出现,他们终于拥有了今天意义上的学者法:一种经由建构而生的科学,而且高度繁荣以至于今日之法学仍依赖于它;同时,人数的增加让集体研究得以实现。在此基础上,法学家又逐渐添加了另外两个重要的因素:作品的编辑(一开始当然是手稿,但广为传抄)和法学教育。不过,在一个本来就没有公共教育的年代,他们的讲授也是私人性质的,局限于数量极少的学生,授课场所往往是家门口的石垛土堆。罗马法学家必然是实务家,而且他们工作在法律人除了实践以外无从学习的环境之中。

在离我们更近的时代,大学首先于12世纪出现,印刷术随后在15世纪产生。这两项无可替代的创新将为学者法带来至少在发达国家而言仅仅属于它的结合形态——以出版物和课程为基础的组合。大学的发展把法学的中心移向大学里的学者。不过情况在各国并不完全一致,法庭在英国的抵抗就要远远比在欧陆成功。长远看来,这一发展还导致了学者行当与实务人士的活动不同程度的分离。

今天,当接受了罗马法传统教育的法学家想要谈论学者法整体或者某个国家的学者法时，他会习惯性地使用"学说"一词（或者其在意大利语、德语等外语中的对应物）。但这一表达局限于罗马法继受国的学者法。在普通法传统中，只有"法律学者"（legal scholars），也就是学者或学究，使用"英美学说"至少构成一种对拉丁语词汇最低程度的滥用，因为在这些国家，并没有完全对应大陆法上"学说"的事物。"法学研究"（legal scholarship）和我们说的"学说"不是一回事，而他们的学者法和我们的学者法也多有不同，其中最明显的不同是法官和律师在其中扮演的角色。不过无论如何，还是可以找到一个共同点：无论是实务家还是大学教师，普通法传统中的法律人和他们口中"民法传统"中的法律人水平一样高。

三、现实之二：一种法律渊源（une source du droit）

如果学者法和实践的最终分离是一系列偶然事件的结果，那么学术反思和创造法律的决定之间的分离则具有结构性的特点。原则上说，知识探索和政治责任担当很难兼容。很少有博士能同时胜任部长、立法者、法官这样需要做决定的角色，例外只在于那些本身也需要写作长篇论述的职位，如政府专员或普通法的法官。除此之外，知识分子和决策者的品质本身属于两个不同的世界。想象一下，当一位实务人士编写教科书的时候，他也会把两方面的活动留在工作和性格的不同部分，而不是混为一谈。

但是，就算嘴上不说，所有人心里都把学说视为一种权力，因为它是与立法、判例、习惯并列的又一种法律渊源。它可能是间接的、非正式的法律渊源，又可能像某些人主张的那样只是权威人士的立场（autorité），但仍不妨是法律渊源。正是在法律领域，不存在纯粹科学。法学的研究不可避免地涉及对法律规则的解释，并随之提出法律问题之解决方案。同样不可避免的是决策者在工作中考虑某些由博士提出的见解，并因此实质化学者们本处于潜在状态的权力。在历史上，学说自身也取得了影响深远的胜利。且不说古罗马那些创造了罗马法的法学家，要是没有中世纪注释法学家们把一部分法律罗马化，那些规则将会永远处于纯粹地方性的状态。我们的《民法典》编纂者也大量参照了旧法时代的作品，

作为一种法律渊源的学说——法国法学的历程

有时甚至直接摘抄多玛（Jean Domat）和波蒂埃（Robert Pothier）的作品。[1] 19世纪的学说成功地让一部简洁而抽象的法典容纳了纷繁复杂的日常实践。在我们的时代，大众还是不会去读法学作品，因为它们的作者坚决反对用常人能理解的语言来表达，但法官和准备立法或规章的公务员们可不能不读这些作品。

在上述情况中，我们无法不指出确实存在着一种学说权力（pouvoir doctrinal）、事实的权力，它纯粹是说服性的，却无可否认。学说的影响力取决于每个社会的不同条件、它相对于其他法律渊源的力量、不同的法律部门，还有学术作品的水平高低，但无论如何它从来不是空洞的。只要学者法存在，博士仅通过评注法律便参与了法律的生产。更重要的是他们参与了法律的再生产：学术作品确保了法律体系历经多次改革仍能保持其延续性。

学说只能以说服性的声音说话，所以初看起来是所有法律渊源中最弱的一种。但它在某种意义上又是最强的，原因有二：一方面，学说享有自我构成的特权，不同于立法或法官，它的权力和存在并不取决于任何外部规范，而纯粹取决于它的质量。另一方面，学说把各种法律渊源置于实证法之整体中考虑，从而让其他法律渊源变得可以理解、揭示它们的意义。它还可以改变其他法律渊源。"我的法典输了！"拿破仑在知道对《民法典》条文满怀敬意的马勒维（Jacques de Maleville）开始出版第一部民法典评注作品时，曾如是说。就算拿破仑在这个问题上过于悲观，而且有些军人遗风，这一学说作品至少显示了其创造者的地位：从某种意义上，学说主张立法和判例是什么，它们就是什么！所以，学说裹挟了其他法律渊源。

不过，无论是出于学术上过度的谦逊还是其他原因，一些博士试图最小化他们的影响。在一个广为流传的讲话中，学说把自身的作为法律渊源的角色降低为那些有能力启发新的判例或立法文件的个人特权之集成。但这些零散的想法无法遮蔽集体思考之成就，而且本身产生于其中。认为学说权利可以被缩减为个人特权之加总的想法把法学家群体描写得很谦卑，却把个人描写得极其倨傲。这种想法禁不起详细的推敲。我们仍坚持，作者们形成学说并不意味着个人特性的简单堆积，而意味着一种集体构成的法律渊源；而且，这种法律渊源由他们自己

---

[1] Cf. André Jean Arnaud, *Les Origines doctrinales du Code civil français*, Paris, Librairie générale de droit et de jurisprudence, 1969.

划定。

四、现实之三：一个作者群体（une collectivité d'auteurs）

所有为人们所接受的定义都围绕着一个中心思想：学说是所有作者的集合，也就是整个群体。这个没有任何法学家会反对的想法本身正来源于那些属于学说组成部分的作者！换言之，学说的存在是自我确立的，并自我定义为一个群体，因为是且只是它自身主动为自己设定了这一包容性的概念。如今，把学说作为所有作者之整体的习惯已经深入人心，因为法学家们不断在他们的日常话语中把学说人格化。每个人都会从中读到诸如"学说认为""学说批评""学说主张"之类的用语。学说同时又是一种法律渊源。[1] 这些表达显示，每一位作者并非仅仅以其个人的名义言说，他同时在某种程度上以一个相当模糊甚至有些神秘的整体的名义言说。以上观点此前便有人提出[2]，当本书作者几年前发表一篇短评时[3]，并没有提出真正新颖的观点，只是补充了一点看法：在这一整体背后是法学教授的群体，他们有自己的内部权力分配，有自己的体制性和书写仪式，在很大程度上形成了学说场（champ doctrinal）的结构。

其实，大学教师群体在作者之中占了压倒性的多数，只有行政法领域是个例外。而且每个人都会注意到，法学院中延续的大学传统和法学写作的固定规则之间非常明显地彼此渗透。法学写作正说明，虽然各种观点之间存在着显而易见的多样性，但是无论从内容还是形式上，只要下笔写作学术作品，人们总会毫无例外地采用大学里教授的模式。简言之，学说似乎有一种标志其成员的语言和行为

---

[1] 那些似乎要通过主张学说只是权威人士的立场从而把它从法律渊源中排除出去的学者，实际上仅仅把它从正式法律渊源的序列中排除了。所有人都同意它在不同的情况下可以是实质/现实的法律渊源或根据，并承认它对实证法的影响。

[2] "可以用两个相互补充的意思定义学说。它首先是由研究法律的人提出的所有关于法律的观点的集合。它同时也是法学家群体，包括了教授、法律顾问、法学博士、学位论文或专著的作者、律师、法官、生意人，也就是那些写作以阐明实证法、提出关于立法之解释或司法裁判质量之见解的人。"Jean Brethe de La Gressaye et Marcel Laborde-Lacoste, *Introduction générale à l'étude du droit*, Paris, Sirey, 1947, n° 317.

[3] Philippe Jestaz et Christophe Jamin, « L'entité doctrinale française », *Recueil Dalloz*, 1997, vol. 108, n° 22, p. 167-175.

习惯。于是我们有了另一个补充证据说明，不能认为作为法律渊源的学说可以减少到只包括无数法学家个体中那些第一流的人物，否则就是对以上如此明显的现象视而不见。

但以上以整体概念为基础草就之解释并不令人满足，因为我们还希望了解学者法为何在一个给定的时代——也就是一个世纪之前——成了一项社会事实，一项与教授群体紧密相连的社会事实（需要再次强调行政法是个例外，最高行政法院的法官在行政法领域的学者法中扮演了重要角色，而且与大学教授形成竞争关系），而这才是主要的难题。或者说，我们要探究为何教授/作者们突然就把自己界定为"学说"。他们或许有明确的目的，却从来没有系统地表露出来。要解答这一问题，我们必须首先细致思考他们的话语和语境，然后发掘隐藏在字里行间的想法。即便我们对此投入了数年的精力，仍只能对法国的情况略加说明。不过，正如和作者交流的那些外国同行所谈到的那样，虽然各国情况有所不同，但在各个继受罗马法的国家中都可以找到类似的现象——如果不是完全一样的话。毕竟没人会认为德国和意大利的同行会形成和法国一模一样的学说。

我们的解释如下：法国学说形成于19世纪与20世纪的变革之中，而且绝非偶然。通过确立一系列相当于教义学（dogmatique）的法学经典作品，它在此时形成了独特的身份认同。教义学本身毫无新意，它早就出现了，我们甚至可以说从罗马法时代起，法学家从来没有在他们的学术研究中采取任何其他的方法。真正的创新是自称为"科学学派"的法学家在这一时刻把教义学理论化了。我们还将说明这种理论化是为了反对彼时正在形成中的社会科学，因为它们威胁了法学的独立性。

必须认识到的是，法学家直至当时仍然在社会问题方面有着无人可以分庭抗礼的话语权。在这一领域，他们曾一直是唯一的专家，因为没有其他学者能够质疑他们处理社会问题的方式。借用德国法律思想中经典的说法，就算他们处理的是"应然"（Sollen）而非"实然"（Sein）问题也无妨。但社会科学虽然有时会把视野投向应然，它们所研究的重点仍是实然问题，于是它们的突然兴起让法学的研究者不得不面对一个要紧的问题：到底是否有必要在他们传统的科学中加入来自其他关于社会之学问的认知方法？在一些短暂的尝试后，对于法学溶解于社会学的恐惧最终占了上风。象征性的事件是，《法哲学与法社会学文档》期刊在1940年停办后，于1952年复刊时成了我们现在所知的《法哲学文档》，删去了

"法社会学"的字样。法学明确而不容置疑地把自己归为了一种教义学。

于是，法国法学家确立了他们和社会科学之间的分离，并保持了他们的身份认同。也同样是因为如此，学说自我建构成了一种共同体，并和大学教授共同体越来越一致，因为只有他们才是高水平的教义学之实践者。除了行政法以外，实务界人士几乎不见容于这一共同体。学说变得越来越同质化，也越来越像某种整体，即便它是非正式的。

而且这种状况在我们的时代依然延续。人们谈论科学学派总是用过去时态，但事实是该学派的教诲还从未遭到拒绝或抛弃。恰恰相反，正是在科学学派之舟与水上留下的波纹中，诞生了一种展示法律的法国风格。这种风格很容易辨认，而且在每次国际会议上都会为外国法学家所留意。真要仔细研究的话，法国法学家的特色绝非形成于昨日。从 16 世纪起，其他欧洲国家就已经开始讨论讲授法律的"高卢方式"（*mos gallicus*）。但是，这种风格到了 20 世纪才有了清晰的轮廓。

这种风格几乎是绝无仅有的。除了比利时法学家和少部分的黎巴嫩、魁北克法学家以外，没人曾希望并努力模仿它。它的底色当然是一种教义学，但用一位著名的德国人的表达方式来说，这是一种"平衡的"教义学（译注：此处的"著名的德国人"指的是约翰·塞巴斯蒂安·巴赫，作者使用的表达方式来自于他的《平均律键盘曲集》）。这一点成了法国教义学的特色。此处，体系精神必须自我调节以适应其他的一些偏好，包括了对无用的抽象化的拒斥、对清晰性无与伦比的关注、对用例子阐明法律的偏爱、对哲学思潮的敏感等。所有这些都和谐地融合并由流畅的文风表达。其原因在于法国法学家追求用自己的优雅吸引别人，而且根据外国同行的自白，他也确实实现了自己的目标，乃至过犹不及、招致外国同行的咒骂……

所以，虽然人们一般不这样说，但认为存在一种从科学学派沿袭而来的"法国学派"（的说法）绝无夸张的成分。但我们的法学家却意识不到自己的特点，还觉得他们的方法是对一种普世科学的表达，而且倾向于更节制地称之为"学说"。我们却看到这两种不同的称谓之间的距离没有那么大：巩固了学说的，恰恰是法国风格！而且更明显的是，学说在每个国家都会有自己的风格，其独特程度各有不同。

所以，法语中学说的概念看上去同时包括了独立形成的权力、一个法学家共同体、一种平衡的教义学所带来的诱惑。但这些目前还是晦暗不明的，而且关于学说的学说性观点（其实也没有别的观点了）悄悄混合了真实、虚构、言外之意。真实的信息是，学说确实是一种由其法律渊源地位赋予的外部权力。要把这种权力缩减到个体现象则是一种虚构，认为实际上属于法国特色的方法有普世的科学特征同样是一种虚构。最后是不曾言明之事：被人们堂而皇之当作正统接受下来的概念掩盖了共同体内部的权力，要么是因为学说的成员没有意识到自己的权力，要么是因为行使或者服从这种权力让他们的精神自由感到厌恶，要么就是因为执掌大权者恰恰最喜欢否认权力的存在。一次在时间与空间中的快速旅行能帮我们挑战一些庸见。

五、比较

因此，在法国和其他继受罗马法的国家，学说是一个整体，它同时指称学者法、一种法律渊源和一个接受了某种学说风格的学者群体。我们已经强调过，学者法产生的必要前提是博士们参与法律生产过程——哪怕是间接参与，所以前两个概念或多或少是必然同时出现的。但第三项并不那么必然。虽然任何一个国家的学者法都会以一个大致得到共同接受的呈现方式为特征，却未必意味着一个群体的存在，甚至一个比我们的共同体更多元的共同体也未必存在。真实的情况是，学说风俗在不同的社会中区别很大。

在罗马史早期，了解法律的祭司肯定构成了一个团体，而且高度组织化。但此后取代了祭司地位的罗马法学家更像是一种松散的精神共同体，或者一个社会阶级，而非有组织的群体。至少直到公元1世纪他们形成相互竞争的萨宾学派（école Sabinienne）和普罗库鲁斯学派（école Proculienne）以前一直如此。其他的学派出现于中世纪，但此处的"学派"意思含混，在不同的个案中可能指的是教学机构，也可能是思想流派，在前一种情况中一般会有一个教授群体。因而，我们可以说注释法学家（glossateurs）和后注释法学家（post-glossateurs）都形成了自己的"学派"，但它们的影响肯定不局限于博洛尼亚法学院和奥尔良法学院。同样，16世纪的人文主义也大大超出了居雅士（Jacques Cujas）和其他布尔日大学教授所形成的"布尔日人文主义学派"（école humaniste de Bourges）。此后，在17世纪和18世纪，法学院逐渐式微，无论是否教授（法律），法学博士们此时都离群索居、独自工作。不论如何，旧法时代是多元主义的时代，罗马法学家、经院法学家和习惯法学家同时存在、以大相径庭的方法工作。至于我们现在说的"解经派"（école d'exégèse），虽然在19世纪的法国占主导地位，却从来没有真正以一个学派的形式存在过，反而是由后来想要贬低解经法学家的人创造出来的概念。不过，确实是在此时，法学院的组织明显得到改善，而我们对此甚少谈及。最后，"科学学派"（école scientifique）真正成了主流，而且现在还潜移默化地支配着法国思想。这一快速的回顾同时展现了学说作为一种共同体的偶然性和从历史中研究法国"学说"之根源的必要性。

不同法律体系之间的比较将很有启发。法国学派（如果我们接受这个称谓的话）的平衡教义学不仅和普通法国家的法律人那种独特的决议术方法大相径庭，而且和德国方式也不一样。德国人那种在欧洲大陆以外也广为流传的教义学比我们的要抽象得多。德国人还处于潘德克吞法学和概念法学（*Begriffsjurisprudenz*）的持续影响之下，所以他们发展出的教义学更具体系性、特别学究气、关心绝对的融贯性，在体系框架建立起来之前绝不把原则应用于具体的个案。此外，他们对优雅没有追求，有时候还牺牲了清晰性。因为德国的实践人士和教授都接受同一种法学教育、身处于同一共同体之中，他们也培养起了学说的概念，虽然跟我们的肯定不一样。

法国学说在普通法国家也找不到同道中人。在英国，法学教授在法官面前相形见绌。从比较的视角看，研究美国的学者法反而更有趣，因为这个国家在某种程度上和法国更相似。一方面，虽然该国的大学教师直至19世纪末方完全取得法学教育提供者的地位，但他们很快就获得了和他们欧洲大陆的同行相似的特权，而且也开始把法律"合理化"，从而逐渐远离传统的普通法。另一方面，在彻底决裂前的很长一段时间里，美国法律思想的历史都与我们的十分接近：在19世纪最后几年，美国法学家也曾拥有他们自己的"解经派"——他们声称从细心选择的联邦最高法院判例中总结出了一些抽象的原则。不过，到了20世纪20年代，大部分的美国法学家都抛弃了这种方法，而选择了和法国人正好相反的道路，转向了人文和社会科学。从此，正是因为自愿选择了从这个角度看法律，美国的大学教师主张他们在解释，或者当解释行不通的时候引导着法律体系的运作。结果，他们的法学更接近人文科学，而且在某种程度上倾向于成为一种吸收所有其他学科成果的人文科学。教义学于是仅仅是一种分析法律的方法，时刻处于与来自人类学、哲学、心理学、文学、经济学等学科的方法的竞争中。

这种情况带来了非常重要的后果。在美国，"学说主义"（*doctrinalism*）或者"学说分析"（*dotrinal analysis*）指的只是一种方法，而非一个整体；不仅我们所使用的"学说"一词没有准确的对应物，而且词背后的物（学者法）也和我们的不一样。就算美国的法学教授还极力捍卫他们的职业特性，他们认为自己和其他学科的研究者一样，首先是大学教师，而不是一个对法律的发展举足轻重的群体。当然，这并不意味着他们不会尝试对法律施加个人影响。他们是思考法律问题的知识分子，与那些研究经济学和社会学的人别无二致。为了讨论他们如此不同于法国法学家的处境，有必要生造出"破碎的学说"或者"反学说"这样的概念，因为此时"学说"一词不克适用。

六、术语说明

严格说来，我们只能在谈到罗马化的国家和19世纪后半叶的时候使用"学说"这一概念。在其他的场合下，我们本应该只使用学者法、博士、作者、学者法学家、罗马法学家等更精确的术语。但应对难题的挑战同样会让人对术语怀有情感。所以不如还是继续在一般的意义上说，"学说"一词意味着一种法律渊源（虽然不是在所有地方都如此称呼），或者它创造了古典罗马法（虽然这个词在罗马时代还不存在）。我们还将在讨论一些国家的学者法时继续使用"学说"这个概念。但是我们尽可能避免使用"美国学说"（*doctrine américaine*）一类的说法，这个词组是对法语或拉丁语的滥用，显得牛头不对马嘴，仅仅是一个的空洞术语，背后并没有与之对应的社会现实。对于我们的研究而言，只要迈出法国的国界，便要时刻特别提防民族中心主义的危险。

七、认识论

我们已经提到，不存在一个单义的"学说"概念；它包裹了三种不同的现实，而其中每一种在不同的法律体系中都有不同的样态。没有任何一个国家可以主张自己拥有最理想化、最纯粹的学说原型。理想的学说到底应该谨慎还是张扬？应该有广泛影响还是安守作为反对派的位置？呈现于伟大专著还是日常的教科书？高度组织化还是自由散漫？不同的法学家有不同的集体或个人偏好，会对上述问题给出不同的答案。而且我们也没有足够的时间和篇幅来研究现存全部模式。所以我们会把研究的范围限制在21世纪初的法国学说、它的历史渊源、与相反模式的比较，不去过多涉及其他内容。

法国模式和其他继受罗马法国家的模式有相同的根源，它的基础是我们的法学家的知识建设。不管他们是否对此有所认识，法学家们都在学说形成过程中留下了自己的印记。根据它自身的逻辑，这种模式本身是可争议的。比如说，它为书写和发表保留了支配性的地位，并完全忽略了口头表达，以致"口头学说"这样的说法根本不存在。这种情况看起来完全是偶然的。另一个例子是，在书面作品中，我们又认为其中某些作品并不是"真正学说性的"，但区分的标准却又不是客观的真实（但也绝对不是纯粹的主观，比如说关于本书不是学说作品的观点基本得到了一致认同），而是一种法国作者们认可的相对真实。这些认识论上的困难在本书后面的部分还会遇到。但从科学的角度说，我们必须把法国学说看作一种知识建设，研究其所是，而非其所应是。

至于我们还将涉及的在时间与空间中的短途旅行，它们其实很重要。法国模式实际上深受历史影响，而且有意义的历史并不仅仅是《民法典》之后的那段岁月。它的根茎远及中世纪的学者和更古老的罗马法。除此之外，我们在习惯的力量下总以为法国模式明显且无甚新意，它的独特性只有在和其他模式的比较中才能显现。只有把它和完全相反的美国模式放在一起，我们才能真正了解法国模式。

我们将依次讨论学说概念的历史根源、法国目前学说的地位，以及美国的对照模式。

第一部分　法国"学说"概念的历史起源：从古罗马到20世纪

法国的"学说"概念有着悠久且多样的起源，但在自称为"科学学派"的法学家运动中，它的涵义最终于1880年—1920年间得到确立。"科学学派"的名称让人以为法学从此既屹立于有自我意识的学科之林，又和前科学时代的过去决裂。但真相才不是这样！首先，法学仍以一种教义性学科的方式建构自我，和那些在同一时代发展起来的社会科学恰恰相反。其次，科学学派并没有什么真正的创新，它所做的无非是用厚厚的理论铠甲包裹起漫长历史中逐渐形成的法律教义。

毫无疑问的是，我们今天所有法学家都是这一学派的后人，都希望把它的一些特点投射到历史上那些伟大的博士身上。我们常常读到一些似是而非的说法：古罗马法学家和旧制度时代的法学家通过发现"原则"而"体系化"了法律，他们确立了"一般理论"或"法律构造"，等等。在历史学家笔下，此类说法更是屡见不鲜。简而言之，人们不时会产生一种印象：那些历史上的法学家如果来到我们的时代，完全会写出和现在重要教科书作者同样的作品！

如果确实有人认为上述想法反映了历史的真实，我们现在有必要把它相对化。一般而言，那些过去的博士远不如现在的博士那么关注体系和抽象，他们的方法更多是经验主义的。不过，确实所有人都或多或少地参与塑造了一种"从事法律工作"（faire du droit）的法国方式。今天我们所知由科学学派所确立的法国学说之所以如此丰富，需要归功于前人在不同时代所做出的多种多样的贡献。

那么，一头是几乎从虚空中创造了法律的古罗马法学家，另一头是在几乎长达2000年的学者传统中解释《民法典》那2280条的19世纪的解经派法学家，二者之间到底有什么显而易见的共同之处？在那些注释《学说汇纂》的中世纪罗马法学家

第一部分　法国"学说"概念的历史起源：从古罗马到20世纪

和那些清理习惯之枝杈的习惯法学家之间又有什么共性呢？在那些从19世纪末开始不遗余力地评注法院判例的判例学者和他们对判例熟视无睹的前辈之间又有何共性？他们的共性在于所有这些法学家都实践着一种既是理论性也是实证性的、面向行动的科学。每人都为教义学之最终建立增添了自己的砖石。在这一意义上，历史上的法学家就算不是20世纪作者的同道，也是他们的前辈。

在漫长的历史中，各个时代的博士形象和角色彼此大不相同，这取决于他们所发挥自己聪明才智的那个社会提供了何种具体的情境。在起点与终点之间，在古罗马法学家和现在的法学教授之间，虽然有某种家族相似性，区别却也是明显的。

我们的法律文明起源时，法学家是提供咨询建议的人，也就是实践人士。但他们把自己的实践上升到了科学的高度，由此，他们在历史进程的助力之下把自己变成了古典罗马法真正的创造者。自然而然地，他们逐渐又开展了写作和教学的辅助活动。不过他们的教学只局限于很小的弟子圈，往往是以一对一辅导的形式进行的。

在和我们更接近的时代，20世纪的法国法学家完全反其道而行。他们首先接受的是扎实的理论教育，他们的技艺是公开教学和著书立说，并因而获得美名，然后人们才询问他们对具体法律问题的意见。所以，在当代博士回顾历史时总会带着一些怀旧情绪，并且对法律现在可以在完全没有他们参与的情况下形成感到愧惜。

至少当代的教授和古罗马法学家各自形成了一个均质的类别。但在一头一尾之间漫长岁月的大部分阶段，事情有所不同。在从中世纪到18世纪末的时间里，学者法分成了许多不同的类别，每个类别中的博士各自合作，因为法律体系本身就是多元的。在整个这段时期，博士们展现出明显的多样性。他们既没有同样的研究对象，也没有趋同的方法。有人对实践更感兴趣，有些人则成了纯粹的理论家。但是共同的倾向是，他们把自己和实践人士无情地区分开来了。在一个理论与实践尚不分离的法律体系中，虽然法学家仍然是解决实践问题时的完美参照对象，但在12世纪开始出现的大学逐渐分离开科学与法庭后，他们的工作模式到底在多大程度上有助于实践就开始成了一个不那么容易回答的问题。作为他们的余脉，那些撰写高度技术化著作的学者型实务家仍在17世纪和19世纪之间享受了一段光辉岁月，但此后便销声匿迹了。

以上观察绝不意味着教授对实践没有影响。学者型法律人的职分是既反映实证法之现状，又促成实证法之变迁，因为现状决定了他们的任务，变迁后的状态则决定了他们后继者的任务。在法国，法学博士们，特别是留在大学任教的法学博士们

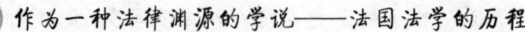

相当惊人地完成了自己的职分。他们为国家制定法的地位上升铺平了道路,而胜利的顶峰便是1804年《民法典》生效的那刻。这一事件不仅大大改变了法律实践的版图,也改变了他们的技艺。法典终结了法律多元主义的时代,也再次让法学家统一于一个单独的类别。

所以,本书以此重要转折为界,分别研究《民法典》以前学说的久远起源和《民法典》以后的晚近起源。

第一章

久远的起源：从古罗马到《民法典》[1]

从古罗马到《民法典》这段漫长的岁月里，法律博士一直呈现出高度的多样性，因为就算以后见之明看，他们的均质化也迟至绝对君主制时代（译注：即路易十四"太阳王"登基后）才出现苗头。但即便如此，我们还是能在他们大多数人的作品的此处或彼处，找到一些与我们现在所谓学说相似的痕迹：他们确实是我们的前辈！实际上，每一代博士都会在下一代及此后所有或者几乎所有时代的作品中留下自己的印记，由此我们才能看到学者法之中一定程度的延续性。

古罗马的法学家们既创造了他们自己国家的法律，又创造了法学本身，我们如今仍在后者的遗产上耕耘。中世纪的罗马法学家出于实践目的，重新赋予了古罗马法律著作中他们所熟知的部分以生命力——主要是《学说汇纂》，而教会法学家则为法律带来了意义深远的新启发。在不同的情况下，中世纪法学家时而关注实践，时而关注文本，时而关注此前的学说。同样受到关注的还有习惯，因为从 16 世纪起，那些伟大的习惯法学家便开始研究习惯，从中抽取未来统一立法的框架；现在那些研究立法材料或作为立法之补充的判例的法学家们正延续他们的工作。

博士之间的种种不同在法典之前的时代如是展开。只不过我们仅仅研究两个

---

[1] 除了其他关于罗马法和法律史的重要教科书外，本书作者主要参考的是以下研究成果：Jean-Marie Carbasse, *Manuel d'introduction historique au droit*, 5e édition revue et corrigée. , Paris, Presses Universitaires de France, 2013; Jean Gaudemet, *Les naissances du droit: Le temps, le pouvoir et la science au service du droit*, 4e édition. , Paris, Montchrestien, 2006, 389 p; Norbert Rouland, *Introduction historique au droit*, 1re éd. , Paris, Presses Universitaires de France, 1998, 720 p; Jean-Louis Thireau, *Introduction historique au droit*, 3e édition. , Paris, Flammarion, 2009, 386 p; Frédéric Zenati, *La Jurisprudence*, Paris, Editions Dalloz – Sirey, 1991, 282 p. 本书中关于大革命以前的历史叙事依据的是二手资料，读者应该认为此处提出的是一般性的信息和供我们思考的主题，而不是对法史上争议点的回应。

作为一种法律渊源的学说——法国法学的历程

时代中的学者群体：古罗马的法学博士和法国旧制度下的法学博士。

一、古罗马法博士

根据现在所知的情况，罗马史的分期很简单：耶稣以前的5个世纪是共和国，而他之后的5个世纪是帝国！更确切地说，共和时代为公元前509年—公元前27年，此后屋大维（Gaius Octavius Thurinus）自命为奥古斯都（Auguste），小心翼翼地为共和时代画上了句号。罗马帝国——至少从西罗马帝国的角度看，最终结束于公元476年。

在罗马共和国时期能够出现一定历史条件，使学者生产法律的实质内容，既有赖于共和国的优点，也需要一定的运气。帝国则让学者法进入了一个变迁的时代。

（一）共和国或法律的学说创造（公元前509年—公元前27年）

概述：起源于程序的法律[1]

我们现在认为每一位公民只要能够证明自己应该享有一项利益，都有权向法院起诉，但这个观念对罗马人而言是完全陌生的。在罗马，当事人要是没有执法官对他提起诉讼的许可，是不可能看到自己的案件得到裁决的。甚至可以说，整个罗马法正是构建在诉讼分为可裁判性和实质的判决两个阶段这一前提之上的。

可裁判性阶段其实更加重要，它发生在罗马法意义上的"法官"面前，我们今天会更倾向于认为此人是一个经由选举产生的公务员或官员——毕竟罗马人的公职由选举产生。此时，该官员首先是咨询者，当事人在对方在场的情况下向官员陈述争辩事由，并要求发放一个特别种类的诉，以便开始裁判审的过程。一旦此一请求得以实现，就可以说他已经完成最艰难的部分了，司法的大门已向他敞开。在裁判审阶段，当事人一般需要等待执法官所指定的法官在详尽研究事实后作出判决。不过这些法官只不过是从贵族里选出的一些普通人，因此更像我们

---

［1］ Frédéric Zenati, *La Jurisprudence*, op. cit., p. 12-19; Jean-Marie Carbasse, *Manuel d'introduction historique au droit*, op. cit. n°s 15 et 17; Jean-Louis Thireau, *Introduction historique au droit*, op. cit., p. 55-75.

第一章 久远的起源：从古罗马到《民法典》

今天所说的仲裁员。

在共和国早期，听取当事人争议的执法官到底会作出什么样的裁决多少有些不可预料。为了结束这种武断裁决的情况，平民们经过激烈斗争，终于让著名的《十二表法》得以在公元前450年编纂问世，我们今天但凡要讲罗马法，都不可能不提它。人们现在并不直接了解这部法律的内容，似乎其中至少有一部分是对古老而简单的习惯实践的编纂，但它无疑是一种法治状态的开端，因为它确保了每个公民只要满足某些条件，都可以获得司法救济。为此，《十二表法》简单列举了一些有相应之诉的具体情形，称为"法律之诉"。从此，只要出现为法律所规定的案件，执法官都必须允许起诉，并指定法官。

此后，在公元前367年，另一种专业官员——裁判官——取代执法官，承担了给予人们参与诉讼之资格的任务。但是在裁判官出现的最初两个世纪里，他们还并不是完全意义上的法律专家，在法律方面的专业化程度并不比执法官高。我们有更强的理由相信，同样的论断也适用于法官，因为他们只是业余、偶然参与诉讼的人，而非常设的专业法官。这种制度安排导致的一个看上去特别惊人的结果便是，法律的门外汉掌握了整个司法系统，其中一方受制于法律之诉的严格形式，另一方则不具备任何制度性的特征。特别需要考虑到的是，在整个共和国时期，成文法其实甚少干预私法领域。于是，知识渊博的法学家可以自由地在当事人无法通过诉讼主张自己利益的时候施加自己的影响。

所以我们说，学者法在罗马史最古远的年代已经存在了。更晚的时候，法学家在罗马法大规模创造的年代登上了历史舞台。他们取得了本来属于祭司的地位，其实质就是祭司的世俗化版本。所以，我们应该先研究属于祭司的时代（大致从公元前5世纪到公元前3世纪），然后再研究属于法学家的时代（从公元前2世纪开始）。这一时代划分同时也恰好对应了罗马法历史发展上的另一个转折。在第一段历史里，执法官和裁判官都听任祭司引导，而后者对《十二表法》十分虔诚，在面对新的社会发展时小心翼翼地一点点扩展法律之诉的范围；法学家们则将教会裁判官无中生有、创造新的诉的艺术。

19

作为一种法律渊源的学说——法国法学的历程

1. 祭司和法律之诉的扩大（公元前 5 世纪—公元前 3 世纪）[1]

祭司的权力同样也先后以两种不同的形式出现。他们首先通过保密进行统治，其后却吊诡地通过泄密维持权力。前一种形式的权力主要存续于公元前 3 世纪以前；新的权力形式则最终宣告了法学家时代的到来。

1) 祭司的原初权力

祭司属于僧侣团体，这一机构（的出现）远早于罗马共和国，它的形成可以追溯到罗马王国时期，甚至到时间本身尚未苏醒的远古长夜。正如他们的名称（法语 pontife，拉丁语 pontifex）所显示的那样，人们本来寄望他们能用宗教的力量佑护桥梁（法语 pont，拉丁语 pons）的坚固——这当然是一项实用而高尚的任务。此后他们则有了更具特权性质的职责，同时需要执掌宗教和法律的事务。还是在罗马王国时期，我们可以说他们最终获得了佑护整个社会之坚固的地位，因为他们已经同时是司法年历、司法诉讼和法律科学的主人！[2] 但是，我们还不知道到底这种地位的上升是在何种条件下实现的。戈德梅（Jean Gaudemet）是这样写的："对于这一远古的年代，我们所说的一切都是不确定的。唯一能基本确定的是祭司们享有'对法律的垄断'。他们是唯一有足够的知识了解和形成法律的群体，所以也就拥有了让法律得到尊重的必要权威和特权。"[3]

随着《十二表法》的生效，实际上是实务工作者的祭司们丧失了一部分权力，但他们仍继续把持权力中最重要的部分长达一个半世纪之久。这一权力与司法诉讼的形式主义有关。在当时的罗马，原告只有在说出或者令人说出一些具有严格规定的仪式性话语以后，才能获得诉讼资格。如果无法满足仪式中的形式要求，他的主张将会遭到拒绝。同样，法律行为只有在满足了特定的复杂格式要求的情况下才能够生效。而只有祭司了解这些格式要求，他们小心地避免外泄，以便自己仍能掌控法律实践。因此，这种实践也就包括了种种神秘的因素、一直僵化不变，保留了宗教色彩。即便平民多次要求改革，诉讼的特征还是至少在 150 多年里没有太大的改变。直至公元前 304 年，各种格式要求最终流传到祭司团之

---

[1] Jean-Marie Carbasse, *Manuel d'introduction historique au droit*, op. cit. n°s 14 et 18; Jean Gaudemet, *Les naissances du droit*, op. cit., p. 256-257.

[2] 当时，*jus*（祖先的习惯）和 *fas*（司法的历法）是联系起来的，所以祭司是唯一有权说出法律的人！Jean-Louis Thireau, *Introduction historique au droit*, op. cit., p. 60.

[3] Jean Gaudemet, *Les naissances du droit*, op. cit., p. 256.

第一章　久远的起源：从古罗马到《民法典》

外的社会阶层。在同一时期，执法官取代了祭司团，获得了对司法历的掌管权。[1] 自此，人民可以不经祭司而直接提出诉讼，而祭司别无选择，只能放弃把自己的权力建立在秘密之上的做法，转而把传播他们的法学作为权力的新基础。

2）祭司们的新权力（公元前3世纪以后）

祭司们的新权力缓慢形成于公元前3世纪，这标志了决定性的一步。自此时起，罗马的势力、财富和领土都明显扩张，新的法律需求应运而生。祭司们研究这些新的需要，并以此让自己的科学服务于当事人、执法官和法官。实际上，罗马社会当时也开始世俗化了，所以祭司们不得不追随这一潮流。从此，祭司们把日益变成一种荣誉职的宗教职务，和各种选举产生的公职以及随之而来作为公共人物的生活结合起来。他们乐于提供自己的建议（responsa），以此维持垄断。

这些建议最初完全是非正式、私人性质的。它们满足的是当事人的需要，在诉讼或者合同缔结过程中引导他们的行为。后来出现的正式的公共咨询意见，满足裁判官和法官的需求，因为罗马的诉讼程序和我们的不一样，当时的司法人员可以就一个纯属法律领域的问题咨询一位或多位专家的意见。在公元前250年左右，第一位平民出身的祭司仅仅为了让百姓了解法律而提供公开的意见，他真是法学教授的祖师爷！无论如何，祭司们的建议都是免费的。他们有别的收入来源，只希望通过这种活动维持他们的权力和地位，并由此培养一个受他们影响的民选法官群体。

提供法律建议的实践马上展现出其实用性，并推动了一项重要的进步。法学从此变得可以顺应时代潮流，也愈加丰富起来。法学开始脱离了与宗教信条相呼应的形式主义。它去除了神秘和魔术的特征，成了说理和理性的学科，而且至今亦然。不过，祭司的宗教起源仍令他们的法律建议至少模糊地保留了一些神谕的特征。祭司们以权威的口气说话，虽然他们的语言此时已经能为人理解并令人信服而非盲从了。这一特征不但留在了祭司们身上，而且至今仍有回响。

不过，"权威"一词含义模糊。祭司们只享有学者们的权威。他的权力只是一种事实，以其学术上的特殊地位为基础。在他们的影响下，罗马法成了一种

---

[1] 弗拉维乌斯（Cneius Flavius）是此次泄密的实施者。作为大祭司当时的秘书，他的所作所为应当也获得了大祭司的同意。Jean-Louis Thireau, *Introduction historique au droit*, op. cit., p. 61.

作为一种法律渊源的学说——法国法学的历程

"权威的法律",也就是博士们手中的法律;与之相反的是"专断的法律",也就是通过日常的立法程序施加政治权力的法律。[1]

多亏了祭司们的法律建议,罗马法才在一系列个案积累中得以成长。执法官乐得听从他们论证有力的说理,伴随着曾经严格的法律诉讼逐渐扩张,罗马法的宝库也从此开始出现。换言之,法律不再仅仅意味着立法,它随着实践的脉动向前发展,因为祭司们正是货真价实的实务人士,可以从最为日常的诉讼中获得他们创造性的灵感。更重要的改变的发生时机已经成熟。

2. 法学家和新诉的创造(公元前2世纪以后)[2]

第一批世俗法学家在公元前2世纪的开端:祭司丧失了对提供法律建议的垄断权,他们的知识也为各种不同的实务人士的小圈子所共享。随之出现了平民阶层的法学家。法学家地位的提高也带来了裁判官地位的提高,直至后者超过了前者。我们看到,在第一个阶段,裁判官对法学家亦步亦趋;到了第二个阶段,情况却遭到逆转。但是,在两个阶段之间无法画下一条明确的边界,只有一系列晦暗不明的转变。

1)引领裁判官的法学家

作为祭司的继承人,法学家却没有像祭司组成僧团那样形成自己的组织。他们首先是一些要人,属于贵族或官员,以实务人士的身份提出法律建议。他们经常把自己的建议和对现行法的评论汇编成册。他们也教学,但都是私下教学,一般是不公开的,目的是培养自己的继承人、巩固自己的特权地位。整个公元前2世纪到公元前1世纪,他们的人数和影响持续增加。在他们的推动下,罗马法以巨人的步伐前进,远远超过了古老的《十二表法》。但让法学家得以创造古典罗马法的恰恰是裁判官,因为法学家本身也不享有任何正式权力。

裁判官的任务不仅仅是指定法官,还需要确定法官到底要在哪个具体法律部门中寻找争议的实质解决方案。最初,《十二表法》预先决定了法律部门的分类,要是规则不需要在历史中根据新的要求而发展的话,裁判官可以径直引用相关的规定。但是,法律之诉的扩张让他们的工作变得更复杂了。

---

[1] 泽纳迪在他的书中明确区分了"权威的法律"和"专断的法律"。Frédéric Zenati, *La Jurisprudence*, *op. cit.*, p. 9.

[2] *Ibid.*, p. 11-20.

第一章　久远的起源：从古罗马到《民法典》

但在解释中极大扩张的法律之诉还是完全无法满足当事人需求的情况仍时有发生。裁判官发现，他们不得不在法学家的推动下迈出决定性的一步，并且为当事人提供全新的诉——"判例之诉"（*actio praetoria*）或者"事实之诉"（*actio in factum*），它们都不需要以任何立法文本为前提。其实这一趋势从公元前3世纪就开始了，到了公元前2世纪则更普遍化。在裁判官没有法律之诉可据以决定的时候，他可以在两造同意的前提下写一份简明而内容丰富的文本，称为"格式书"，用以指示法官在证据呈现于其面前、事实清楚确立的情况下，如何裁判当前争议。不应把这一旨在协助诉讼的书状混同于过去的诉讼程序中当事人必须完成的那种格式要求，后者恰恰不是为了让法律适应新要求，而是一种保守主义的元素。

然而裁判官要鼓起勇气作出新的格式书，必须仰赖无可争议的作者——法学家们——所享有的权威和特权。这些法学家的同代人视之为新罗马法的创造者，并且只对他们言听计从。这种做法无可非议，法律也由是成了一种真正的科学。

以上经验让法学家享有了"审慎之人"（prudents）的美名。有必要解释一下这个罗马人从古希腊哲学中得来的术语：在罗马人的理解中，"审慎"（prudence）是一种美德，让人能够区分正义和不义。人们在使用完全实践性的法学技艺时，需要通过知识与智慧、人性与直觉来实现这一美德。所以，这一词在拉丁语中的含义和法语中的意思没有什么关联，唯一的共同点可能是它们都强调经验主义的行为方式、拒绝冒失。

Jurisprudence 一词也在此时第一次出现。它字面的意思指的是审慎的美德应用于法律领域。但关于它实际上的内涵，人们有不同的理解。根据不同的解释，它指的可能就是我们今天所说的"学说"，可能是法学家的活动，可能是法学，也可能是审慎之人的法律——在这种理解上也可以说就是法律本身。或者说，我们是否也可以认为它混合了以上所有的意思？其实，罗马法意义上的 jurisprudence 对应的是以下整体事实：一种持续与法庭和法律实践之外的学术性反思融合互动的法律。这一现象今天已经不复存在，所以把它翻译成现代语言的尝试毫无意义。它虽然和我们今天所说的"学说"有些共同点，但这是一个更丰富、更变动不居的概念。我们的"学说"诞生的年代，组成法律的种种元素彼此分离，这在罗马是不可想象的。

法学家无法永远独享 jurisprudence 的特殊地位。当他们把裁判官从立法文本

作为一种法律渊源的学说——法国法学的历程

的严格要求中解脱时,他们也为自己创造了法律生产中的竞争对手。

2) 追随裁判官的法学家[1]

在公元前 2 世纪,裁判官越来越有魄力地运用他们的想象力。在大约公元前 150 年左右,《阿布兹法》(Lex Aebutia) 把实践中裁判官创造新格式书的实践合法化了。可以认为,古典罗马法时代正是从此开始的。[2] 从此,裁判官从立法中获取了创造法律的权力,法律既给了他权威,也为他提供了方法。罗马法进入了裁判官法的时代。[3] 其结果是,法学家的角色不再那么具有决定作用,而且地位也略有下降。至少此后他们将马上居于把裁判官发明的法律问题之解决汇编成集的地位。

但裁判官自己也可以把他们的作品汇编成集。和所有的罗马官员一样,裁判官有权以诏书(édit)的形式为公开的正式宣告。裁判官的职务是年度性的,当时习惯的做法是新任裁判官在入职时发布诏书,宣布那些他将要致力于实现的诉。所以裁判官诏书有以年为单位的时间性。就像我们现在公共财政领域的预算法案一样,诏书以其详细说明之创新约束此后的诉讼。罗马法因而明显一年比一年更加丰富和完善。

对此,法学家的反应是让自己的活动多样化。他们出于教学目的公开发表自己的见解,并将其编纂成文集。他们更倾向于以某种方式把裁判官的创造体系化,也就是把仍然带有高度决疑术性质、关注个案的法律组织成体系,而且他们作为作者的技艺如今更为重要。[4] 但这并不意味着他们的地位在提高,而是恰恰相反。似乎是昆塔斯·斯喀埃沃拉(Quintus Mucius Scaevola)撰写了第一部伟大的民法教科书,这可能是人们第一次把法律的操作根据方式和空间进行分类。不过因为这部教科书并未留下任何残片,我们也只能如是猜测。这位古罗马的演说家和法学家后继有人,苏尔皮其(Servius Sulpicius Rufus)、特雷巴图斯(Tre-

---

[1] Jean-Marie Carbasse, *Manuel d'introduction historique au droit*, op. cit. n° 17; Norbert Rouland, *Introduction historique au droit*, op. cit. n°ˢ 30 et 33.

[2] 另外,《阿布兹法》明显放松了对诉讼程序的形式要求,让两造可以自由地解释自己的请求。Jean-Louis Thireau, *Introduction historique au droit*, op. cit., p. 67.

[3] 准确说来,裁判官仍然是顺位排在《十二表法》确立的民法之后的法律,后者的优先性和有效性都更高一些。Ibid., p. 71.

[4] Jean Gaudemet, « Tentatives de systématisation du droit à Rome », *Archives de philosophie du droit*, 1986, vol. 31, p. 11.

第一章 久远的起源:从古罗马到《民法典》

batius Testa）和拉别奥（Marcus Antistius Labeo）都是他的后来者,他们既评论裁判官的诏书,也写作一些篇幅更长的作品。

按照罗马皇帝马尔西安（Flavius Marcianus）的说法,人们把裁判官当作"活生生的法律喉舌"。这是否意味着罗马法成为裁判官法之后就不再是学说性的了呢？真实的情况是,裁判官法的结构具有根深蒂固的学说性。如果我们沿用刚才的比喻,可以明确的是裁判官不再是法学家被动的代言人了。但他们也并不凭空创造些什么,恰恰相反,他们依靠此前学者们的成就工作。对他们而言,当事人和法官随时都需要学者的建议,这些建议在法律的创造中至少发挥着间接的作用。所以共和国末期仍是学者的黄金年代,甚至帝制早期亦然。但是法学家的角色在帝制时期将发生重要变迁。

(二) 帝国或学者法的演变

概述：新的法律渊源[1]

帝制时期,法律渊源出现了整体的改变。制定法地位的上升和其他法律渊源的相对失势开始于从奥古斯都（Gaius Octavius Thurinus,《 Augustus 》）到戴克里先（Gaius Aurelius Valerius Diocletianus）这一段元首制（principat）时期。而且当时的制定法已经不像以前那样经人民投票通过。立法从此属于皇帝了。他一开始用元老院来间接通过法律,而后更直接通过皇帝敕令（constitutions）来立法。这些敕令包括了诏书和公开答复。然后,在专制君主制（dominat）时代,立法还是唯一的法律渊源。至少在西方世界,这一既专断又喜怒无常的君主制,到476年才灭亡。

在整个共和国时期,立法的数量很少而且主要出现在公法领域,所以私法还是在实践的基础上自下而上发展起来的。但后来罗马既成了一个当时的世界性强权,又变成了绝对君主制,中央集权的行动逻辑骤然支配了立法（此时不仅包括公法了）和公共行政功能。其代价便是古典司法机关光荣不再,同样成为牺牲品

---

［1］ Jean-Marie Carbasse, *Manuel d'introduction historique au droit*, op. cit. n°s 19 et 20; Norbert Rouland, *Introduction historique au droit*, op. cit. n° 30; Jean-Louis Thireau, *Introduction historique au droit*, op. cit., p. 80-93.

的还有法学家。

从公元1世纪起,裁判官诏书就开始停滞不前了。每个新取得职位的人都重复着他的前任公布的文本。在大概130年前后,哈德良皇帝(Traianus Hadrianus)据此命令一名伟大的法学家萨尔维乌斯·尤利安(Salvius Julianus)撰写了一份长期有效的诏书,从而把裁判官法正式定型。3世纪以后,裁判官和他所服务的两阶段诉讼模式正式成了历史。一种被称为"例外诉讼"的制度出现了,并实际上成了普遍的规则。这一诉讼中,带来正义的是皇帝的官员。[1] 在这一改革之后,法学家的重要性显著降低,并在不久之后也和裁判官一样消失了——或者说,他们只留下同样的名头,伴随这一称呼的群体一去不复返。

至少,法学家在共和国之下延续了两个半世纪。如果我们只看他们作品的数量和质量,或许会认为法学家在元首制时期仍有惊人的蓬勃发展。但这只是具有误导性的表象:法学家现在只评论,不创造。当他们的评论都变得冗长无味时,无可掩饰的衰落也就随即在君主制时代到来了。

1. 元首制时代的虚假繁荣(公元前27年—公元284年)

一开始,皇权无法忽视法学家的重要性而不去利用他们。法学家首先从皇帝那里取得了官方的地位,随后又因为事物的自然发展而巩固了作为作者的地位。

1)因皇权而取得官方地位的法学家

从帝制早期开始,法学家们意识到自己正受到威胁。他们正变得越来越遗世独立,影响力也在减弱。他们希望能对此有所作为,所以形成了一个学派。不过我们这里说的是思想意义上的派别,而非制度化的教学机构,因为后者当时还不存在。当时其实有两个相竞争的学派,即萨宾派(Sabiniens)和普罗库鲁斯派(Proculiens)。我们今天并不十分明确到底是什么让他们针锋相对。此后最令人瞩目的区别则存在于那些由皇帝授权的法学家和那些没有得到授权的法学家之间。

实际上,皇帝们并没有正面削弱法学家的权力,他们的策略是把这种权力为己所用,而采取的具体措施就是授予一部分法学家说出法律的权力。于是便有了 *jus publice respondendi*,即对法律问题为官方回答的权利。当所有得到授权的法学

---

[1] 有时候他们的决定会因为皇帝法令而成为具有法律上强制力的限令,也就因此成为立法的一部分。Jean-Louis Thireau, *Introduction historique au droit*, op. cit., p. 84.

第一章 久远的起源：从古罗马到《民法典》

家能够形成共识时，他们的回答对于裁判官而言有拘束力。

我们现在很难确定这种授权开始的准确时间。它可能是在奥古斯都治下就存在了，至少肯定不会晚于哈德良时代。但是我们有足够的理由相信，正是官方的授权让萨宾派和普罗库鲁斯派的对立在2世纪早期烟消云散。可能对法律问题为官方回答的权利出现在1世纪早期，只是其出现的具体日期还是难以证实。[1]

官方授权让罗马法学家取得了一场代价高昂的皮洛士式惨胜。理论上说，博士们得到了最高程度的褒奖。纯粹的知识现在成了权力，而且是法律认可的权力！一方面，那些没有取得授权的法学家则名誉一落千丈，如果说法学家当时已经形成任何群体的话，他们因此而分裂，而且群体整体的力量减弱了。另一方面，那些取得了授权的法学家不再因为他们自己的工作而获得权力，反而事实上成了皇权的一个组成部分，丧失了他们曾经据以建立自己权威的独立性。证据是，历任皇帝都把他们中一部分人征召为顾问。他们活动的变化合理地解释了为什么萨宾派和普罗库鲁斯派作为学派风光不再，而法学家个人的重要性则不受此衰落的影响。在元首制时期，重要的法学家还是很重要，甚至可以说在整个罗马历史上没有其他的法学家比他们更重要。但是当他们继续提出自己的建议时，他们却不再以此创造法律了。确实，他们因为承认法学家意见的立法而以私人甚至公开的方式参与了案件的审理。但无论如何，他们的建议越来越接近对立法文本的解释。他们也正通过在其著作中评论已经存在的法律而获取可持续的荣耀。

2）因评论而地位稳固的法学家

法学家们大体上都是作者（在他们的弟子眼中也或多或少是不需备课的教师）。写作在他们的工作中有极高的重要性。此外，元首制时期的学术争论特别繁荣，人们广泛地使用古代的伟人、正义、实用性和理性作为论据支持自己的论点。数量众多的学术作品让法学如北极星般耀眼。但争论中最清楚的部分从此不再与法庭有关。作为顾问和法学权威之法的罗马法，如今虽然全面且多样，但已经开始面向过去而非将来，成了写就的作品。

法学家们特别注重对他们提出的建议和论著的汇编工作，这类汇编可能是像各种《学说汇纂》（*Digesta*）那样属于理论作品，也可能像不同的《法学阶梯》

---

[1] Jean Gaudemet, *Les naissances du droit*, op. cit., p. 268; Frédéric Zenati, *La Jurisprudence*, op. cit., p. 32.

作为一种法律渊源的学说——法国法学的历程

(*Institutes*)那样属于教学用书。在超越了决疑术阶段后,法学家们正努力发展一种理性方法。不过,他们毕竟从实践中来,所以从来没有想过去尝试17世纪以来支配了西欧法学思想的那种极端的合理化。[1] 韦伯(Max Weber)曾经写道:"对于古代的法学家来说,由于罗马思想中的分析本质,对体系建构的倾向性就算不是全然不存在,至少也是很不重要的。"[2]

与其历数当时所有法学家,我们不如仅仅用每一代法学家中最重要的人物作为例子,看看他们的命运。我们此前已经提到过拉别奥。不同于那些通过讨论重要法律行为来发展法学的前辈,这位生活在奥古斯都治下的法学家采取了从对个案的研究出发、从中抽取规则的方法,这种方法很受其他法学家的欢迎。在1世纪和2世纪之交,我们必须提到杰尔苏(Celsus),他是扩张解释的践行者,而且因为把法律定义为"善良与衡平的技术"(*ars boni et aequi*)至今仍为人所知。同样重要的还有永久诏书的起草人尤利安,他对罗马法进行了较为完整的校订。在2世纪安东尼王朝"五贤帝"时期,彭波尼(Sextus Pomponius)和黎巴嫩法学家盖尤斯(Gaius)编纂了他们的大作。彭波尼对此前法学家的观点进行准确的归纳和总结,有时也反对他们。盖尤斯的《法律阶梯》则是第一部伟大的教学用书,其篇章结构至今仍为《法国民法典》所继承。[3] 在193年—235年的塞维鲁王朝时期,罗马学说闪耀了最后一次光辉。乌尔比安(Domitius Ulpianus)可能是最伟大的罗马法学家,至少他因为他的《学说汇纂》成了引用率最高的法学家,而且他对万民法的发展至今仍是经典。但同时代还有保罗(Julius Paulus)和帕比尼安(Aemilius Papinianus),《引证法》确认了他们高于其他法学家的权威地位。更晚些则出现了马尔西安时期的莫特斯丁(Herennius Modestinus),他对婚姻的定义启发了后来的教会法学家。

上述作者中大部分都是权倾一时的人物。他们的权势有时候太大了,反而招致不幸。卡拉卡拉帝(Caracalla)下令处死了帕比尼安,乌尔比安则遭执政官们

---

[1] Jean-Louis Thireau, *Introduction historique au droit*, op. cit., p. 76–80.

[2] Max Weber, *Sociologie du droit*, Presses Universitaires de France, 1986, p. 202.

[3] "盖尤斯的体系反映的是罗马法的范式,也是一种教学法的体系,是由对教学的兴趣引导形成的体系,力图实现对学科整体的融贯理解。" Alfred Dufour, « Le paradigme scientifique dans la pensée juridique moderne », in Paul Amselek (dir.), *Théorie du droit et science?: séminaire du Centre de philosophie du droit*, Paris, Presses Universitaires de France, 1994, p. 147–167.

第一章 久远的起源：从古罗马到《民法典》

暗杀。他们的厄运让继任者谦卑行事。虽然这些伟大法学家已经成了高级官员或皇帝的顾问，但他们仍继续给人们提供建议，也让法学继续作为无可替代的学科存在，正因为如此，他们能理解罗马法的精髓，并为法律的发展指明方向，不至于犯过度抽象的谬误。假如当时有纯粹的理论家，他也无法完成罗马法学家的任务。伟大法学家的存在让元首制时期成了法学家的黄金时期，罗马法也成了万世垂范的丰碑。但此时黄金般的灿烂光芒其实是落日余晖。

2. 君主制时代的失势（284年以后）

最后一代的罗马法学博士持续工作至3世纪前期。但随着裁判官的消失和民事诉讼新机制的出现，他们的建议也不再重要。从此，不再面向实践的法学逐渐枯萎，直至消亡。它最后的成就是在很大程度上定型和保留了古典罗马法。学者法就是如此在3世纪逐渐失势并最终在君主制时代消亡的。但在一段时间的沉寂之后，此前取得的成就又在5世纪和6世纪得到了某种程度的升华。学说先经历了死亡，再重显圣容。

1）学者法的死亡

在君主制时代，好的法学家还存在，却不再享有荣耀。他们中最优秀的人还是像前辈那样出任公职，但保罗和乌尔比安的前车之鉴让他们避免太过招摇。学者法的衰落可总结为三个词：停滞、汇编、教学。当然，教学本身不是衰落的形式，反而应是一个可喜的现象。但它替代了科学，而非为科学提供帮助。

停滞：法学家继续写作，但主要是实践性作品，其中充满了谦卑，却不见学术性的反思。我们在只使用了伟大学者之作品的《学说汇纂》中很难见到此类作品的痕迹。

汇编[1]：在3世纪末，两位兼具实务人士和法学教授身份的法学家格里高利（Gregorianus）和赫尔摩格尼（Aurelius Hermogenianus）完成了最初的两份私家罗马法汇编。他们的作品——291年的《格里高利法典》和295年的《赫尔摩格尼法典》是为实务人士提供帮助的立法决定汇编。很快，另一些水平参差不齐的汇编也付梓了。大约在一个半世纪后，随着立法数量与日俱增，皇权开始编订官方的立法汇编。从5世纪末起，古罗马帝国分成了两个不同的政治实体：以罗马为首都的西罗马帝国和以拜占庭为首都的东罗马帝国。拜占庭皇帝狄奥多西二

---

[1] Jean-Marie Carbasse, *Manuel d'introduction historique au droit*, op. cit. n° 22.

世（Theodosius II）让他的法学家编订了第一本官方立法汇编：438 年的《狄奥多西法典》。这部法典同样在罗马适用。西罗马帝国在 476 年灭亡。只有拜占庭帝国还延续至 15 世纪，并依然适用罗马法。《狄奥多西法典》仅限于立法。527 年—565 年在位的拜占庭帝国皇帝优士丁尼（Justinianus）采取了不同的策略，他组织了包括实务人士、法学教师在内的法学家队伍，让他们编纂了一本最具野心的汇编。这一团队的牵头人特利波尼安（Tribonian）本人便是一位先教授法律、再成为官员的人物。

教学：考虑到真正的法学教育终于首次出现这一事实，必须给君主制时代记上一功。从 3 世纪开始，法学教育不再是私下进行的了。法学教授开始公开授课，而且向所有人开放的教学机构也出现了。不过这些学校把法律和其他学科放在一起讲授，也从来没有完整和体系性的教学方案，因为它们毕竟还远远不是中世纪才出现的那种严格意义上的大学。另外，此时的法学家也不像我们今天一样懂得教学相长的道理。他们大抵是些实务人士——往往是演说家和律师。他们的教学质量似乎也参差不齐。（即便）5 世纪在贝鲁特曾经出现过一个非常优秀的法律学校，但晚些时候，在他发布《学说汇纂》的敕令中，优士丁尼还是表达了对当时法学教育的愤怒。

昔时的法学已经不复存在。此后，至少皇权曾努力尝试过让学者法重现生机。

2）学者法的重显圣容

在 426 年，西罗马处于瓦伦丁尼安三世（Flavius Placidius Valentinianus）治下，拜占庭则还是狄奥多西二世时代，一部最具有象征意义的皇帝敕令诞生了，人们称之为《引证法》（Loi des citations）。[1] 当时，法学家们已经失去他们的特殊地位很久了，无人再享有皇帝认可的权利说出法律。事实是法学家已经成了皇帝的职官，所有有拘束力的解释（rescrits）都以皇权为依据。

然而，我们不妨说，《引证法》给了那些已经作古的法学家、那些已经作古了两个世纪的法学家官方承认的地位。这恰恰证明了两段时间之间法学家的衰落。根据该法律，得到认可的伟大法学家不能再受质疑。然而，人们一贯以来把他们作为学术权威来引用、从他们的观点中提炼出法庭前所需论证的习惯得以保

---

〔1〕 *Ibid.* n° 14; Jean Gaudemet, *Les naissances du droit*, op. cit., p. 269.

第一章　久远的起源：从古罗马到《民法典》

留。只不过这样的论证此前仅仅是具有事实上说服力的权威，现在却因为《引证法》而有了法律上的效力。从此，盖尤斯、保罗、乌尔比安、帕比尼安和莫德斯丁的共同观点开始拘束法官。

如果伟大法学家之间出现了分歧呢？规则是依据他们中大多数人的观点。而在不分上下的情况下，就要采取帕比尼安的观点。当需要解决的情况连帕比尼安也没有讨论过的时候，法官将自由地选择到底受谁的约束。《引证法》还规定，在五大法学家都没有讨论过的情况出现时，法官可以根据他需要解决的具体诉讼的形式和需要考虑的其他法学家的意见进行裁判——前提是五大法学家曾经援引过他们。

我们此时看到了一个殁后的胜利。伟大法学家的思想并不像那些官方认可的法学家那样立刻转变为法律，而是在许多年之后才有了法律的效力。这种情况恰恰说明了其思想的生命力和价值。这种思想不但击败了所有的竞争者，更经受住了时间的考验。

一个世纪之后，优士丁尼再次回到了最基础的问题。把学术观点都转化为法律，就要求法官必须处理各种观点之间的不同，而且程序的形式主义特征让他难以正确处理个案的真实情况。与其如此，不如把伟大法学家的意见体系化、现代化，从中找出在漫长的岁月中体现的共性、找出他们所能预示或带来的罗马法上的重大发展。这样一来，学说拥有了至高无上的地位，优士丁尼也在某种意义上为一千多年的法律经验下了结论。

结论：优士丁尼的汇编（528年—533年）[1]

优士丁尼的汇编《国法大全》分成三个部分，其中前两个部分是由实务人士编纂的。第一部分是《法典》，实际上是自哈德良以来的皇帝敕令的集合。第二部分是《学说汇纂》，或者用希腊化的术语，称"潘德克吞"（Pandectes），毫无疑问是书中最重要的部分。它挑选并排列了伟大法学家的意见，大部分来自乌尔比安，但也包括了盖尤斯、保罗、帕比尼安和尤利安等人，这让《国法大全》不再是一部简单的汇编作品。最后是由教授编纂的《法学阶梯》，它是一部按照盖尤斯体系写成的教科书。

---

[1] Jean-Marie Carbasse, *Manuel d'introduction historique au droit*, *op. cit.* n° 23; Norbert Rouland, *Introduction historique au droit*, *op. cit.* n° 29.

《国法大全》的结构证明,即便立法的数量激增,罗马法的特征还是其根深蒂固的学说特性。今天,想跟优士丁尼一较高下者将会满足于其中立法的部分,也会援引足够的专著或教科书,后者对于理解文本的意思是必要的。显然,如果出于在实践中使用的目的(正是优士丁尼的目的),一个学说观点的选集在今天不会有太大的相关性。相反,要想对罗马法有直接和实践性的了解,这样的选集不可或缺,因为它正是罗马法的精髓和实质。在这一意义上,《学说汇纂》在拜占庭帝国具有官方的效力,而且可以在诉讼中引用。法学家因此得到了更多的赞誉,而且并不止步于此,因为他们的作品将在欧洲古代法特别是法国古代法中重新焕发活力。

二、法国古代法

概述:一种多元主义的法[1]

威西哥特人在476年攻占罗马导致了西罗马帝国的灭亡,也导致了罗马法的效力在此地归于消灭,从此仅仅在拜占庭适用。人们长期以来称为学者法的事物也因此消失至连记忆都无法留下的地步,因为西欧当时进入了知识的荒漠,了解罗马法作品的人屈指可数。[2] 随之而来的5个世纪里,因为成文法的缺失,数量众多的习惯占据了整个法律领域,也成了法律的表达形式。实际上,此时维系社会融合最重要部分的是宗教和风俗,而非法律。所以,在这样的语境下,法律博士不复存在,知识的片段在修道院中得以留存。但是僧侣完全不关心法律。不过,他们虽然几乎不使用罗马法学家的作品(特别是《学说汇纂》),可至少把这些文本保存了下来。

直到12世纪欧洲重新发现罗马法并因此出现法学博士们的再次繁荣时,我

---

[1] Jean-Marie Carbasse, *Manuel d'introduction historique au droit*, op. cit. n° 67; Jean-Louis Thireau, *Introduction historique au droit*, op. cit., p. 134-140; Ernst Kantorowicz, « La royauté médiévale sous l'impact d'une conception scientifique du droit », *Politix*, 1995, vol. 8, n° 32, p. 5-22; René David, « La doctrine, la raison, l'équité », *Revue de recherche juridique*, 1986, n° 1, p. 118-127.

[2] 但是,罗马法即便在这样的年代也没有完全消亡,它继续在幕后发挥无可比拟的重要作用。饱经岁月侵蚀的罗马法多少影响了习惯法,并如此以碎片化的方式被保留下来。Jean-Louis Thireau, *Introduction historique au droit*, op. cit., p. 95 et 117-120.

第一章 久远的起源：从古罗马到《民法典》

们才重新找到了本书论述的对象——学者法。不过学者法此次重生于多元主义既混乱又丰饶的资源之中，我们今天对此知之甚少。

在大革命以后的法国，支配着人们的只有一个单一的法律体系，根本的法律渊源是立法，其他的渊源在原则上必须与之相符。在古代法时代的法国，情况大不相同，多种不同的法律秩序并存，它们之间的边界往往模糊不清。在不同的法律渊源之间并不必然存在等级秩序，或者说就算存在不同的等级秩序，它们也往往是脆弱多变的。人们往往很难决定法律渊源之间的不同排序，并为此争论不休，且因排序很容易改变，所以人们很难决定一种主要的渊源，也难以确定该按照什么顺序历数各种不同的渊源。从历史的角度看，习惯应该位居榜首，而且在很长时间里是唯一的法律渊源，但因为罗马法、封建法、各种本地风俗都给习惯法带来了不同的影响，所以哪怕暂时不考虑其后产生的其他法律渊源，其数量也让习惯本身成了显而易见之多元主义的基础。然后，对我们今天所说之"学说"的承认又在习惯之外附加了两种新的法律秩序。一方面，法学博士们复活的罗马法将得到长足发展，以至于在法国南部取代习惯法。另一方面，教会法也将在不同的领域施加深远的影响。

除此之外，我们还需要注意，司法实践也重新焕发了活力，因为得益于木浆造纸技术的发展而出现于 14 世纪的记录司法判例的习惯，更因为管辖权领域的多样性，特别需要提到的是 15 世纪各省巴列门（Parlements provinciaux）的出现。最后，一开始数量有限的立法也逐渐因为王权的扩张而自然而然地变得越来越重要，但它和其他法律渊源之间关系的性质仍然是未经澄清的。而且，国王既是"良好习惯"的守护者——所以要尊重它们、不能在属于习惯法的领域（即私法）立法，又是不良习惯的审查者。

在这些情况下，今天看起来再老套不过的问题"何为这一领域或那一领域的实证法"，当时几乎无人谈起（甚至"实证法"这个词在当时都没有出现），而且在多数情况下就算问了也没有答案。在古代法上，法律不是在事前给定的，而是以比现在不确定得多的方式不断变化的。

人们常常因此而说法国旧制度时期是博士们的天堂，法律渊源的多重性和不确定性给了他们大量的解释自由，从而也给了他们比我们今天大得多的权力。这种说法是准确的，只不过我们需要说明，当时并不存在通晓所有法律类型的通才。博士们，或者从更一般意义上说法学作者们（包括了学者和不自称为学者的实务专家）就和法律渊源本身一样碎片化。罗马法学家、习惯法学家、经院法学家、司法实践专家、国王立法的学者……每个群体都在各自的领域工作，彼此缺乏共同的主干。虽然他们之间也存在相互渗透的可能性，但他们的区别比现在民法学家和行政法学家之间的差别要大得多。

中世纪和现代的区别在法律领域并不像其他领域那么明显，因为正如人们所言，法律在12世纪迎来了首次也是最重要的复兴。但是，不妨仍然保留习惯上对两个时代的区分，因为它恰好由对习惯的官方编纂这一事件所标志。所以，我们将会分别研究中世纪晚期的博士和现代（temps modernes）的博士。

（一）中世纪晚期的法学博士（12世纪—15世纪）

前言：12世纪的"第一次重生"[1]

中世纪的社会从12世纪开始变迁。经济交换增加，城市迅速发展，随之而来的是人文运动的早期征兆，因为过去由僧侣独享的书写能力已经扩展到俗人之中，所以知识团体也开始出现。此时出现了一种新的思想，认为基督教的仁爱原则已经不足以组织这样一个急剧变化的社会。新社会为了回应新需要，开始寻找新的法律解决方案。需求更多来自于法律的实践家，而非本身还在为扩张自己尚未稳固的统治权而努力的主权者。人们马上就意识到，罗马法提供了一个包括大量可以适用的法律解决方案的宝库。罗马法学家的研究模式于是很快扩展到了整个欧洲。

在中世纪早期，无论是通过各种摘要还是通过深受其影响的《阿拉利克罗马法辑要》（*Breviarium Alarici*），《狄奥多西法典》仍然为人所知，所以罗马法实际上还是在此时的法学家中保留了一点空间。但还要等到1090年左右意大利北部偶然出土了《学说汇纂》后，罗马法才真正重新闪耀。[2] 虽然优士丁尼的汇编是一份异教经典，但它仍然得到迅速传播，而且引发了极大的兴趣。阿奎那（Saint Thomas d'Aquin）对此的贡献在于扫清了所有宗教秩序施加的障碍。这位

---

[1] René David et Camille Jauffret-Spinosi, *Les grands systèmes de droit contemporains*, Paris, Dalloz, 2002 n°s 28-30; Jean-Marie Carbasse, *Manuel d'introduction historique au droit*, op. cit. n°s 78 et 79.

[2] 《学说汇纂》的出土"更多是一种精神而非实质意义上的发现"，法学家从此开始认真阅读那些他们以前视而不见的文本。Jean-Louis Thireau, *Introduction historique au droit*, op. cit., p. 135.

第一章　久远的起源：从古罗马到《民法典》

后来成为教会官方思想家的神学家同时也是西方世界在希腊-罗马时代之后第一位法哲学家，以关于法律的四种分类为基础建构了一套重要理论。

最顶端的是永恒法。只有上帝和他的圣人可以知晓它，因而没有实践用处，只能正当化那些我们的认知能力无法理解的神迹。神圣法反映了永恒法，而且可以通过启示认知，出现在福音书之中。但是各部《福音书》都没有法律的规定，是否需要假设上帝不但在耶稣降临之前把发现法律的需求交给法学家，而且让他们在道成肉身之后仍保持它？当然不用，因为还有另一种法律——自然法，它更加具有法律的性质、是对神圣法的反映，而且通过人类的理性就可以认知，不需要回溯到任何启示之中。而且，罗马人已经发现了这种自然法之中的大部分内容了，他们自己也使用同样的术语。所以，人们只需要沿着罗马人的道路走下去。第四种法律则是人法（我们也可以理解为实证法），它纯粹是人的创造物。原则上，它必须尊重上帝的命令，并以自然法为模范。但它的具体形成可以在不违背上帝旨意的情况下根据各地的情况而为变通。

就本书所研究的内容而言，阿奎那的建构带来了重要的后果：它合法化了罗马法，用一种世俗的观点正当化了实证法之间的不同，还确立了实证法必须尽其所能向自然法靠近的思想，并预言了这种思想未来光明的发展。

就在阿奎那之前，人们称那些再度给予罗马法存在形式的规范为 *jus commune*，即共同法。[1] 这一表达来源于《学说汇纂》，而且一开始词义丰富。但优士丁尼在中世纪的读者把共同法等同于罗马法。在为自己塑造了一种以罗马法为基础的文化后，博士们开始提出并巩固关于共同法可以超越政治鸿沟、为整个欧洲的交往乃至一切社会组织提供理想工具的想法。只不过没人知道在共同法的名义下受到审视和革新的罗马法到底如何与既存的地方法相适应。正如今天的全球化一样，罗马法当时是所有问题的答案。

这一"共同法"是一种神话，但也是一种带来了最多益处的神话。虽然罗马化或多或少深刻影响了私法，特别是其中技术性的部分，正在形成的民族国家要求的是强化具有各国特色的法律制度，所以共同法只是神话。但它也极大地刺

---

[1] René David et Camille Jauffret-Spinosi, *Les grands systèmes de droit contemporains*, op. cit. n° 33; Jean-Louis Thireau, « La doctrine civiliste avant le Code civil », in *La doctrine juridique*, Paris, Presses universitaires de France, p. 13-51.

作为一种法律渊源的学说——法国法学的历程

激了法学研究和法律进步,所以益处甚多——当信念强大到一定的地步,它就会产生相应的现实!中世纪的法学不知国界,它使用的是全欧洲通行的拉丁语,僧侣们很好地保存并教授着这种语言。拉丁语是一种学者的语言、罗马人的语言,也是《学说汇纂》使用的语言,它还是教会法学家使用的语言。当时世俗法学并不与教会法全然分离,而且总体上借以更新自己的内容。它也显然是大学的语言,所幸如此,大学生们可以在任何欧洲国家听课。

因此,共同法的概念标志了学者法的回归,而博士们也正是以此为主要动力影响法律的进化。不过这一概念也有局限:当时的博士为此忽略了一些本地属性强烈、难以普遍化的法律领域。

1. 学者法的回归

如果人们在不同程度上认为直至10世纪的整个中世纪早期都处于蒙昧之中的话,此后的日子则不可如此轻忽视之,因为一种灿烂的文化在那时发展形成。无论如何,它因为在11世纪和12世纪见证了大学的发明而应该享有不朽的光荣,我们无法想象哪个相对发达的社会可以没有大学的存在![1] 同样,中世纪还创造了对大学教育的崇拜和教授的特权。在法律领域,基于上述后果,博士们从此以大学教师的形象出现了。作为大学教师的博士是唯一能担得起"博士"称号的人,而除了在极为有限的情况下,他们也是仅有的真正的学者。[2]

可以用两个类别的专家来解释这一持续了很长时间的趋势,他们也是当时仅有的专家类型:罗马法学家和教会法学家。

1)罗马法学家

a)注释法学家(1100—1250)[3]。注释法学家(glossateurs)得名于他们为罗马法写的"注释",他们所引领的潮流曾经风靡整个西欧。这一思潮兴起于当时得到极大发展的大学,他们活动的主要范围在意大利和法国,其中博洛尼亚法

---

[1] Jean Gaudemet, *Les naissances du droit*, op. cit., p. 314; Jacques Verger, *Les universités au Moyen Age*, Paris, Presses Universitaires de France, 1999.

[2] 博士教师甚至可以成为领主(*Dominus*)或某种形式的骑士团成员(*Militia*),他们在结束20年教学生涯之后有权获得伯爵的称号。Ernst Kantorowicz, « La royauté médiévale sous l'impact d'une conception scientifique du droit », op. cit. 更严肃地说,"博士们的共同意见"(*Communis opinion doctorum*)即便在不存在《引证法》的情况下,依然在法律渊源理论中有其地位。

[3] René David et Camille Jauffret-Spinosi, *Les grands systèmes de droit contemporains*, op. cit. n° 32; Jean-Marie Carbasse, *Manuel d'introduction historique au droit*, op. cit. n°s 80 et 81.

第一章　久远的起源：从古罗马到《民法典》

律学校又有着无可争辩的支配地位。从 12 世纪开始，博洛尼亚提供了由市政当局正式组织、为学生发放文凭的真正的公共教育。

注释法学家的方法是在他们的学生面前宣读并评论人们当时称为"律"（les lois）的《学说汇纂》文本。在古代法时代，"律"一词的含义很广，可以指一切在法律上、道德上、宗教上具有拘束力的东西。在法学上则不然，就算它尚不完全是我们现在理解的意义——立法，至少往往也指的是书面文本。所以不难理解为什么中世纪的制定法学家（légistes）会精通《学说汇纂》，换言之，书面的法律本身就具有学说的特征。不论如何，注释法学家们在学生面前解释文本，并首先作为文法学家来解释文本。这种方法的先锋是伊尔内留斯（Irnerius），他同时是一个文法学家和法官，在 1112 年—1125 年于博洛尼亚授课，人们称其为"法律之光"。他的解释一开始以口头注释形式出现，后来则由他本人或他的弟子记录，成为书面注释。

因为他的竞争者和追随者也马上就学会并使用了他的方法，伊尔内留斯往往在自己的注释上留下一些让人们可以分辨其作者的标记，比如他名字的首字母缩写。实际上，注释的方法传播得相当快，关于《国法大全》中篇章的解释急剧增加，他们的作者对这些大不相同的解释争论不休。同时，注释法学家们也写了一些更综合性的专著，称为 sommes，用以在现有注释的基础上注解或评论《学说汇纂》的某一部分。

注释虽然看起来琐碎无聊，形成注释的过程却要精致得多，而且完全与其所处的时代语境相适应。法学家重新开始躬耕于法学之沃土时，首先要展开的工作当然是清理田地。即便如此，他们还是为那些急于了解法律至饥不择食地步的实务人士提供了有用的信息。注释为博洛尼亚带来的荣耀吸引着来自全欧洲的学生来聆听伊尔内留斯的授课。此后吸引人们的则是他所培养的"博洛尼亚四博士"——马丁（Martinus Gosia）、胡果（Hugo de Porta Ravennate）、雅各布（Jacobus de Boragine）和最著名的布尔加鲁斯（Bulgarus）。整个 12 世纪，注释学派开疆扩土，在意大利北部和法国南部尤其活跃，在阿尔勒、阿维尼翁、瓦伦斯、纳博讷、贝济耶，特别是在普拉岑提努斯（Placentinus）任教的蒙彼利埃。"老实说，除了博洛尼亚以外，其他的法律学校都只是昙花一现，它们因为某些教师的出现而暴得大名，又因为其去世而杳无踪迹。大师们云游四方，在此处彼处留下一些未必能得到其真传的学生。"[1]

由于有皮利尤斯（Pillius de Medicina）甚至阿佐（Azo Portius）这样的法学教授，博洛尼亚一直到1250年都是法学的首都。但终有一天，《学说汇纂》几乎被淹没在不断增加的注释之中，阿佐的学生阿库修斯（Franciscus Senior Accursius）终于在1230年左右出版了别名"标准注释"的《大注释》，对当时浩如烟海的注释去芜存菁，并加以体系化。从此，阿库修斯的注释常常与《学说汇纂》一起出版，比如说，一页分为两栏，一栏是《学说汇纂》，另一栏则是他的注释。在阿库修斯去世后，法学不再对大型注释感兴趣，博洛尼亚法律学校也因此衰退。奥尔良法律学校接过了接力棒，并提出了一种新方法。

b) 1250年以后的注释法学派或评注法学派（commentateurs）。这一名称最早指的是奥尔良法学派的师傅们，然后指的是经巴尔多鲁（Bartolus de Saxoferratis）之笔扩展至意大利乃至全欧的学派。

今人难免疑惑：为何是奥尔良而非巴黎？因为教皇何诺三世在他1219年的谕令中禁止在巴黎和周边地区讲律。这一份导致了奥尔良法律学院创立的禁令究竟在何种具体情况下出现，至今仍然是法史学中聚讼纷纭的议题。一些人认为，法国国王菲利普·奥古斯都（Philippe Auguste）很担心罗马法会成为那些自称罗马帝国继承人的德国皇帝主张其王国之统治权的特洛伊木马，所以他自己乐于见到上述禁令的实施。另一些人则主张，教皇是为了保护巴黎的神学院避免因为法学院的竞争而失去对学生的吸引力才下此禁令的。可以确定的是，巴黎确实还保留了神学中心的地位。虽说如此，奥尔良并非法国北部唯一的法学院，人们同样在普瓦捷、布尔热、昂热和卡昂等地教授法律。

奥尔良的全盛时期是勒维尼（Jacques de Révigny）和他的弟子贝勒佩（Pierre de Bellepeche）在此任教的1250年—1300年。在他们的推动下，注释不再是文本的附加，成了一种创造性的工作。奥尔良法学家们一方面把对文本的解释转变为真正的批评性评论，另一方面则放弃了遵循文本顺序的惯例，而是按照经院方法，根据不同的主题组织他们的思考。他们也对教会法感兴趣，甚至暗中心仪习惯。这些重要的进步让他们甚至把意大利人也吸引到了奥尔良来学习，其中最重要的是皮斯托亚的奇诺（Cynus de Pistoia），他在奥尔良学院式微时回到了意

---

[1] Jean-Marie Carbasse, *Manuel d'introduction historique au droit*, op. cit. n° 80.

第一章　久远的起源：从古罗马到《民法典》

大利，重新振兴了博洛尼亚、帕维亚和帕多瓦等地的大学。他的弟子巴尔多鲁则把他的计划发扬光大。

巴尔多鲁可能是中世纪最伟大的欧洲法学家，至少是最有名的。他让罗马法具有了高度的可操作性。他就像一个古罗马的法学家那样工作，把罗马法当作有生命的法律，并让它不断发展丰富以满足实践需求。他甚至偏离文本的用词以实现对罗马法精神的忠诚。（人们）需要做的并不是努力重构罗马人的罗马法，而是找到文本背后的实质精神。其实注释法学家也是这么做的，只不过他们采取了较为低调的方式。至于巴尔多鲁，他的行为举止就跟罗马人一样。他编写了数百条建议和对《国法大全》的建设性评论，还有针对不同主题的专著。他的"法则区别说"还为国际私法奠定了基础。在巴尔多鲁以后，他的弟子巴尔杜斯（Baldus de Ubaldis）延续了巴尔多鲁的工作，并让"意大利方式"（mos italicus）为全欧所接受。"意大利方式"的特点在于强调平实地评注文本（因此人们称巴尔多鲁的追随者为"评注法学家"），以及把重组后的罗马法与来自教会法、特别立法和市政法规的各种元素整合在一起。

不仅如此，巴尔多鲁最后还处理了共同法（Jus commune）和其他法律渊源之关系问题。注释法学家认为，等同于罗马法的共同法原则上享有至高地位，但其轮廓却不甚清楚。在模糊或者没有法律规定的情况出现时，当然要适用罗马法，但在没人能确切说明是否存在当地规则的时候，共同法也要排除当地法的适用。而巴尔多鲁则把与欧洲其他的法律规则整合并变得更为丰富后的罗马法视为共同法。而且他认为个别法（Jus singulare）仅仅适用于很有限的范围，除此之外都应该适用共同法。这一规则是现在法律冲突中技术性解决规则的前身，在今天演变成了区分法律人和门外汉的"驴桥定理"，也为共同法的意识形态注入了一些内涵（译注："驴桥定理"最早指的是《几何原本》中的等腰三角形两底角相等定理，据信可以用来判断一个人在几何学上是否入门）。如果说对欧洲共同法的追求从未真正成功，那么当时的人仍认为需要为此不懈努力。

注释法学派已经开始使用、又由出版了《问题集》的勒维尼扩张的问答方法（quaestiones）在巴尔多鲁派法学家手上发扬光大，直至产生了真正的长篇专论。其做法是提出一个和真实或虚构案例有关的具体法律问题，然后假设自己投身于一场聚讼纷纭的争论之中，人们不仅需要展现注释法学家所倚重的学术权威之间的交锋，而且要根据他们的文本精神展现不曾明言的论证，还有来自正义、

作为一种法律渊源的学说——法国法学的历程

神圣法、自然法的基本原理。对问题的回答则来自评注者的实践关怀,使用当时属于重要创新的类比也是完全可以的。回答也可以表现为"律条宣告"(Declaratio legis),从而以扩张、例外或限缩的方式确定某一个条文的适用范围。正如在拉别奥处一样,法律来源于案例及其解决,而不是早已存在的规则。

但其兴也勃,其亡也忽。在15世纪,巴尔杜斯弟子们不再扮演创造者的角色了,他们要么满足于重复大师们说过的话,要么致力于对大师行述的再注释。人们可能需要生造一个词"后-后注释法学"来形容他们。如果我们要研究此时罗马法持续的重要影响,就不能不去考察它和教会法那自相矛盾、令人意外的婚姻了。

2)教会法学家

还是在博洛尼亚,大约在1140年,一名叫格兰西(Gratianus)的加默度会(Camaldule)修士受到罗马法革新的启发,撰写了他的《教会法汇要》(Concordia discordantium canonum),后人往往称其为"格兰西法"。该作品标志着教会法的革新。教会法当然不声称自己要规范全部的社会生活,它只规范教会的内部组织,以及一些特殊的领域,如婚姻。在某些领域,教会从来不担心福音无法提供现成答案,而在其他领域,它还需要法律。而且最方便的做法就是借助罗马法的技术,保留教会自身的宗教特性。曾经有一个人们奉为圭臬的说法"教会生活在罗马的律法之下",它即便在罗马帝国衰亡后依然如此生活。

不过,教会法的独特性在于它历经几个世纪的积累而形成。在罗马起源的基础上,教会奠基人们的作品首先为教会法加入了一般性的规则。然后又出现了历任教皇的谕令,以及历次公会编订的"正典"(canon)——教会法(droit canon)正因此得名。这些渊源本身已经充满了矛盾,更不用说一些私家编纂的文献中的谬误让情况更糟。在千禧年时,面对分裂威胁的教会以维护统一为己任,加强了教皇的权威,修正它的法律之中不和谐的部分。这后一项事业的第一个成果就是在罗马法复兴的帮助下完成的《教会法汇要》——一部很可能由多名作者共同完成的皇皇巨著。它对各次会议的决定进行了必要的清理,删除了无关宏旨的枝节,并实现了整体的融贯性。

虽然《教会法汇要》有私人作品的特征,却取得了巨大的成功,而且教士们常常援引它作为论据,以致它取得了官方认可的效力,并且成了某种形式的"基督教《学说汇纂》"。还因为《教会法汇要》也和《学说汇纂》那样吸引了

第一章　久远的起源：从古罗马到《民法典》

学者的评注，两者可以被放在一起比较。和罗马法一样，教会也有自己的博士，他们阅读和解释教令（Décret，所以人们也叫他们教令学者 décrétistes），撰写了许多教令汇编的作品。12世纪末，博洛尼亚的教授胡古齐奥（Huguccio de Pisa）发表了一份重要的教令汇编，几堪与阿库修斯的《标准注释》相媲美；它重现了教会法的罗马渊源，要求在宗教渊源出现空白的时候以罗马法作为补充的判决依据。

这一信息在一代又一代教会法学家间流传。教令学者既学习罗马法，也使用罗马法。不仅如此，历任教皇往往曾是教令学者，在他们数量众多的立法作品教皇手谕（Décrétale）中也受罗马法启发。新一代的博士研究并评论这些手谕，所以又催生了和教令学者不同的"手谕学者"（décrétaliste）。我们可以从中举出菲斯奇（Sinibaldo Fieschi）——后来于1243年—1254年在位的教皇英诺森四世、因为编纂《格里高利九世手谕汇编》而出名的"霍斯特西斯"、苏萨的亨利（Henri de Suse, dit Hostiensis），还有在13世纪末先后出任芒德主教的迪朗叔侄（Guillaume Durand）。

教会法和罗马法之间的婚姻在大学中结出了果实。博洛尼亚大学的法律学子要学习"一种和另一种法律"，哪怕两个领域的大师往往无法达成一致意见，甚至经常出现激烈的争论。但从冲突中诞生了进步，两种法律又都与对共同法的追求紧密相连。我们现在该来看看学者法对法律生活的影响了。

2. 博士对法律演进的影响[1]

即便在古罗马，博士们的影响也一定是间接的。在中世纪，这种影响依然是间接的，并四处扩散。它在不同的国家、法国的不同地区和不同的法律部门产生了不一样的后果。

1) 一种扩散的影响

罗马发明了法学家，中世纪的罗马法学家重现了他们的精神，虽然罗马诉讼赖以产生的条件在他们的时代已经不存在了。相比之下，中世纪的贡献不那么耀眼。中世纪的发明创造是把注释变成了一种纯粹的理论科学，虽然注释法学

---

[1] René David et Camille Jauffret-Spinosi, *Les grands systèmes de droit contemporains*, op. cit. n°s 38-40; Jean-Marie Carbasse, *Manuel d'introduction historique au droit*, op. cit. n°s 67, 101, 125 et 126, 130, 136 à 138, 141; Jean-Louis Thireau, *Introduction historique au droit*, op. cit., p. 142-151.

作为一种法律渊源的学说——法国法学的历程

家——至少其中一部分人——也曾用这种科学服务实践。但是,中世纪毕竟还在大学中创造了公共教学,极大弥补了上述缺陷。就算注释法学家们的教学过于关注文义和抽象的方面,未来的实践人士在课堂上还是络绎不绝。因为他们需要罗马法来改善实践,哪怕法学教授们关心前者、彻底忽略后者。这种实践与理论在法学中脱节的不便利在文艺复兴时期变得更严重,但在当时还只是小问题,在教学和科研中更关注实践评注法学家的出现也让上述脱节不那么明显。

随着曾经的法律学子成了法官、律师、公证人和公务员,罗马法以不同于古罗马时代的形式扩散,教会法亦然。其中,公证人扮演着核心的角色,因为他们代理客户起草法律文书,并且在起草过程中遵循罗马法学家的技术。其目的无非是在出现纠纷时,可以让法官不由自主地受他们引导,从罗马法的知识出发进行裁判、超越习惯。至于习惯,法律从业者惯于按照自己的方式描述并校订习惯,但并不总是能保持同样的忠诚度。因为这些受过良好罗马法和教会法教育的实践人士相信自己能够在此过程中改良习惯,至少绝对不会在无意间犯下什么错误。但是不论有意无意,他们都把习惯罗马化了。

整体而言,受过罗马法教育的法律家(legistes)往往是社会上的活跃人士,而且在任何地方都身居要冲。卡佩王朝(987—1328)的君主从最优秀的立法学家中挑选出自己的廷臣,这些经挑选的学者也因为参与了逐渐增加的王室立法而正当化了自己的名头(至少在我们眼中如此)。更不用说那些后来成了教皇的教会法学家——英诺森三世、格里高利九世和英诺森四世,他们发布了一份又一份的教皇手谕。简言之,学者法通过渗透,成了社会的一部分。

而且,在人们重新审视、修正,乃至基督化和经典化罗马法之前,罗马法已经在当时展现出了属于书面法的巨大优势。没有正式书面记载的习惯只能为那些实践它的平头百姓所知,那些接受罗马法教育的法官对它们并不了解,国王一般也不会根据百姓们一直生活的地区中的习惯来统治。同样,诸侯的立法和没有被收录于汇编的法院实践也只能在很有限的范围传播,毕竟书面记录的权威在当时作用重大。所以,从根本上说,《学说汇纂》为律令背书并非偶然,因为在有疑虑的情况下,书面作品最终具有了法律的效力,哪怕它是在另一个地方、很久以前、用当地人完全不了解的语言写成的。以上考虑部分解释了为什么在中世纪人们会普遍把罗马法作为"写就的理性"而适用。所以罗马法和严格意义上的法律有所不同,法律在原则上不需要以理性作为其适用的前提。但是正因为罗马法

第一章 久远的起源：从古罗马到《民法典》

仅仅以理性作为其适用的基础，它在不同地方渗透的效果便大不相同，取决于它遇到了何种抵抗。

2) 一种不平等的影响

首先是在公法领域，卡佩王朝的君主一开始不信任罗马法，但马上打消了自己的疑虑。在立法学者的帮助下，君主们从罗马法中发现了可以辅助自己行使权力的部分。乌尔比安就曾说过："君主所喜欢的一切都具有法律的效力。"君主们乐得听从这一类的训诫。而且国王们更从罗马法中发现了一套关于国家的理论，在现代国家开始成型的时代，国家理论尤其宝贵。

在私法领域，罗马法在各处的运气并不一致。它在法国南部很大程度上取代了原有的习惯，在法国北部则让习惯得以留存，只是在某种程度上渗透于其中。[1] 要理解这一出现在13世纪的差别，必须回到历史地理的面向。法国南部因为地理上接近罗马的发源地，它的习惯早在罗马扩张时就和罗马法融汇了，那可是罗马法复兴之前的一千年！所以南部完全没有给入侵者任何抵抗。北部的习惯则在日耳曼传统的基础上建立起来，从而更能抵制罗马法的影响。不过北部习惯法中不同的部分抵御罗马法入侵的能力又有不同，取决于人们编纂习惯法的水平。那些仅仅存在糟糕编纂的领域肯定是和那些人们以高度融贯性和准确性编纂的领域是不一样的。

即便在所谓成文法地区，人们也仍然从来没有把罗马法当作完全具有法律效力（de plano）的法来适用。当时的规则是，当罗马的法学家（或中世纪罗马法学家）对问题的解决方法"为习惯所接受"的时候，它才会成为法律。在南部，罗马法向习惯的转变屡见不鲜，但在北部，重要的是中世纪罗马法学家的技术工具——词汇、分类和概念等，而非罗马人对法律问题提供的现成答案。比如公法与私法之间的区分、人身权和物权的区别、各种合同的分类、除斥期间的概念、用益物权、地役权等观念深深植根于法国法律文化之中，并且让法国法在纷繁复杂、各不相同的法律解决方案中仍维持自身的一体性。

实际上，在其他的欧洲国家也有类似的情形——虽然各自的特征还是很明显。罗马法的技术，甚至是罗马法的解决方案，或多或少影响了德国、意大利和

---

[1] 公正地说，罗马法或多或少渗透于整个法国，但只是在南部、从16世纪起，它才得到接受，虽然它在13世纪就已经渗透于此了。Jean-Louis Thireau, *Introduction historique au droit*, op. cit., p. 220.

43

作为一种法律渊源的学说——法国法学的历程

西班牙。正因为如此,我们仍然可以讨论一种"欧洲共同法"而不过分扭曲词义。英国从这一传统中分裂出去。诺曼征服者完全不需要罗马法,他们只想用普通法统治撒克逊人。这种普通法尽管名称令人迷惑,其实和共同法毫无关系,因为它唯一的意义在于令诺曼征服者的权力超越于纷繁的地方习惯之上。此项事业要求找到适应不列颠现实之特殊主义的方法,在此境遇之下,结合岛民心态,罗马法的普世主义倾向看上去不能提供任何帮助。

所以,即便有一代代博士的努力,中世纪罗马法学家的学者法还是没能真正在英国复兴,而且此后也只对日常实践有非常偶然的影响(实际上它只在衡平法上发挥一定作用,因为衡平法院总是围绕着接受了罗马法教育的教会法学家和立法学家)。总体而言,关于普世法的美梦即便在欧洲跨越了政治界限,却在三个坚如磐石的障碍面前偃旗息鼓。首先,民族国家对它们自己的法律有至高无上的决定权。其次,法律并非政治上中立的事物。最后,英国继续在罗马法的大道之外另辟蹊径。我们今天仍然能够目睹类似的现象:当欧洲人试图统一并梦想实现一种共同法的时候,英国人说的语言与我们欧洲大陆的人民所说的大相径庭。

我们就罗马法说了很多,但学者的教会法作品同样在一个宗教占据重要地位的社会中发挥作用。正是在他们的影响下,婚姻的同意主义定义最终取得了胜利,并且成了我们文明的基石。那么我们同样还要指出,教会法还贡献了禁止结婚的情事和婚姻不可撤销之特征。同样,教会法学说还令人可以把刑法构筑于个人过失和补偿性的刑法观念之上。必须提醒读者的是,罗马人刑法观念的基石恰恰是唯一社会整体性。最后,罗马对质式的程序也让位于源自基督教的纠问程序。教会法学家也同样是重要的程序法学者,正如迪朗六世(Guillaume Durand l'Ancien)在他的《法镜》(*Speculum judiciale*)中展现的那样。

学者法的影响在不同领域大不相同。在习惯仍然带有明显原始特征的诉讼法领域,学者法影响很大。它在合同法和刑法也很重要,但是在更加保守的家庭领域则作用有限。[1]

前述发展让人以为学者法无所不包。我们不能受此种幻象迷惑,中世纪的博士忽视了一些非常重要的法律领域。

---

[1] *Ibid*., p. 148.

第一章 久远的起源：从古罗马到《民法典》

3. 博士们忽略的法律领域

中世纪的法学博士在很大程度上是书籍的孩子。他们只关心书面文本，所以研究立法或者发表了的学说。真实的情况是，他们关心这些文件并非出于纯粹理论的追求，同样希望能够为实践提供帮助，但在实现这一目的的过程中，他们不会利用除了文本以外其他的方法。文本就是他们唯一的研究对象！他们从来没有想过要研究那些没有成文的法律渊源，如习惯和判例。

在 13 世纪，越来越多人开始编纂习惯。然后，在一个世纪之后，人们也开始编写判例的汇总。但是博士们并不理解这一做法——虽然它因为只需要私下完成而非常便利，也不会参与这项计划。而且他们也不认为在这些作品形成后自己有必要像评论《学说汇纂》一样讨论它们。对于判例，法学家们的漠不关心持续到了 19 世纪！从 16 世纪开始，法律学者们将认真地讨论习惯，但那也是在国王的权威小心调查汇编习惯之后。因而我们注意到，只有那些官方的书面文件才能吸引古代法时代博士们的注意力，因为他们的集体心态养成于学习《学说汇纂》的过程中，他们无法想象如何通过其他的质料工作。

到底谁关心习惯和判例？那些实务人士肯定是关心的，但只有他们中那些几乎从未成为学者的人。这种实践与理论之间的分野在罗马法时代没有先例。哪怕在中世纪晚期实践多少有些被孤立的时代，这一后果仍是学者法之消失而非法学家自愿退出的后果。

不论如何，就算并非为了丈量学者法之失语所带来的漏洞，我们也有必要就习惯和判例说几句。

1) 习惯[1]

矛盾的是，12 世纪的国王、诸侯和市镇还是开启过一些对习惯的官方编纂，但这些活动仅仅出现在法国南部；恰恰是在这里，习惯法让位于罗马法，或者至少可以说让位于一种中世纪大学罗马法教授的教学所催生的法律。相反，北部的习惯从来不是官方编纂或习惯书（*livres coutumiers*）评论的对象，却维持了很长的时间。在习惯领域，非正式的反而要比正式的更加坚实。

---

[1] Jean-Marie Carbasse, *Manuel d'introduction historique au droit*, op. cit. n[os] 127 et 128; Norbert Rouland, *Introduction historique au droit*, op. cit. no 274; Jean-Louis Thireau, *Introduction historique au droit*, op. cit., p. 124-133; Jean-Louis Thireau, « La doctrine civiliste avant le Code civil », op. cit., p. 33.

作为一种法律渊源的学说——法国法学的历程

习惯书出现在 13 世纪，在 15 世纪前有较大的发展。但是它们的质量和作用各不相同。于一省之内，对习惯的校订会有过度一般化的倾向，因为省内习惯的校订者并不了解所有辖区的状况，如诺曼底和普瓦图这类规模的领土之内还会有未进入校订者法眼的地方习惯。相反，把研究对象限定在更小领土范围的校订往往能更忠实地反映习惯的现实。正是在博韦附近的克莱蒙镇（译注：旧地名，在今皮卡迪利大区，位于巴黎以北），可称为此类作品之大师之作的《博韦地方习惯》（*Coutumes du Beauvaisis*）在 1283 年由博马努瓦（Philippe de Beaumanoir）编纂（译注：中文常把 Philippe de Beaumanoir 译作"菲利普"，但是本书作者在下面的段落称其为"博马努瓦"，译文从之）。他也是中世纪习惯法学家中唯一称得上大学者的人。出色完成了大学学业后，他继承父业在克莱蒙成了一名兼理司法的行政官员。行政与司法的双重权能让他不仅能用优雅而准确的方式说明习惯法上的规则，而且能评论习惯，甚至能就附近其他地区的习惯或巴列门的决定进行比较性的评论。不过，在习惯法学家之中，博马努瓦只是孤例。

不论水平如何，习惯法学家所拥有的权威都是纯粹学说性的，他们并不在法官面前宣誓。此外，他们因为只经受过罗马法的教育，实际上对习惯的了解也很有限，当事人却往往通过习惯主张自己的权利。所以当事人的争论要求法官来确立习惯。路易九世时期为在诉讼中证明习惯是否存在而确立的习惯认可调查（enquête par turbe）在形式上相当复杂，在结果上则不可预期。为了消除这种不便，查理七世在 1454 年发布了著名的《蒙蒂-勒-图尔敕令》（Ordonnance de Montils-Lès-Tours），启动官方的习惯编纂。虽然现在不清楚他当时是否有此意，对习惯的编纂在结果上都强化了王权。

敕令在原则上要求全国都编修习惯，但真正着手进行的只有法国北部和南方几个习惯还没有完全湮没无闻的地方。编纂活动持续了将近一个世纪。在这一漫长的历程中，编纂的技术随着时间改变，最终吸引了一些对此项事业感兴趣、希望提出建设性批判的博士。所以，人们在编纂后期认为，重写一些此前辑录的习惯是有用的。而在这一过程里，历史也悄悄从中世纪进入了早期现代。

一旦经由王权官方化，习惯的性质也就改变了。一些作者认为编纂把习惯变成了国王的立法，另一些则认为此说夸大了事实。至少我们必须承认，编纂好的习惯成了一种介乎于纯粹指导行为的真正习惯和严格意义上的法律之间的渊源。无论如何，博士们对此关注甚少，不过他们对判例的态度也没好到哪里去。

第一章 久远的起源：从古罗马到《民法典》

2）判例[1]

如果习惯在很长时间里为想要证明它的人提出了相当的困难，那么这种困难在巴列门（即各地高等法院）于具体案件中确定了习惯存在的情况下不复存在，因为此时只需要援引相关判决先例即可。所以，在律师、检察官或官员的心中，自然而然地产生了用书面形式保存这些判决从而证明习惯之存在的想法。然后，他们又向前迈了几步，编辑了重要判例的汇编。这种记录始于 14 世纪，由我们称之为"判例学家"（arrêtistes）的人完成。不过，对重要判例的编辑不过是在以一种不太完备的方式重复最高法院官方辑录或《欧里姆》（*Olim*）而已。因为和拉贝（Joseph-émile Labbé）这样的 19 世纪的著名判例研究者所写的作品不同，中世纪的判例学者仅仅抄录或总结判例，然后按照主题分门别类，而不会更进一步。他们有时候也评论判例，但往往非常简短，而且学术性也不足。因为他们需要的不过是一种实践工具而已。而且判决本身不载明判决理由的文体特征显然也不鼓励人们评注它们。判决理由的缺失来自于代理司法的理论。原则是国王在作出决定的时候——无论是何种性质的决定，都不需要给出理由，所以那些代替国王、以国王之名义行使管辖权的机构也可以对此缄默不语。

例外的是，有些判例学者也成了真正的评注者。比如说活跃于 14 世纪末的勒科克（Jean Le Coq），他就以问答录的方法展示判例。正如博马努瓦是习惯学家中仅有的大学者，勒科克也是唯一一个研究判例而可以被称为学者的人。他的辑录最初只是为了便利自己的律师工作，其后则为那些效仿他却天赋欠佳的实务人士提供了极大的方便。博马努瓦在文艺复兴时期的博士中吸引了一些追随者，和他不同的是，勒科克在整个现代只有一些水平低劣的模仿者，完全配不上他的英名。

对中世纪的总结

虽然有些阴影地带，中世纪在 12 世纪以后整体上对于学者法而言是一个光辉的年代。学者法继承并发展了罗马人的遗产，不过法学家的风格改变了。在古罗马，法学家以中立的方式工作，而且他们的意见大量地成为实证法，以至于他们同时是一种法律的永久渊源、作者，和一定程度上的教授（但只在私人场合偶

---

[1] Jean-Marie Carbasse, *Manuel d'introduction historique au droit*, op. cit. n° 43; Jean Hilaire, « Jugement et Jurisprudence », *Archives de Philosophie du Droit*, 1994, vol. 39, p. 181-190.

作为一种法律渊源的学说——法国法学的历程

尔教学)。中世纪的法学家则不具备让他们可以利用免费咨询意见的社会地位,因为他们主要的工作是在大学里面提供公共教学——看上去没有罗马人那么光鲜,但也有新的伟大之处。这一职业让他们从来不会成为完全的实务人士,也为日后的纯粹理论埋下了种子。还可以说,他们生活的世界里已经有大量的法律渊源了,所以他们只能以比罗马前辈弱得多的方式影响法律。但必须说,中世纪的法学家和古罗马法学家一样,是优秀的作者。

通盘考虑之下,中世纪的法学家绝不畏惧和任何人比较。恰恰相反,他们发明了一种关注文本的传统,我们当代仍很大程度上在使用的教义学也由他们奠基。更何况他们高举大学、知识和后来我们称之为"科研"的旗帜。他们为西方世界带来了长久的大学学习品味,我们今天仍然生活在其中。

至于中世纪法学家给他们在现代的继承人留下的遗产,现代法学家继续耕耘其中某些田地,另一些则令人不解地进入了休耕环节。我们总结现代法学家时自然会留意到这种对照。

(二) 现代的博士 (16世纪—18世纪)

如果文艺复兴象征着文学、艺术和科学领域的开放,它为法学家开启的更多是一个封闭的时代。作为中世纪特色的法律多元主义风光不再。民族国家的政治形态越来越稳固,在宗教战争的麻烦过后,国王逐渐强化了绝对君权。在国王的招展旌旗下,不同的法律渊源排列起来,法国法也迈向了统一。可能除了刑法和商法领域之外,没人会再梦想欧洲的共同法。

法学成了现代发展的逆流。它越来越自我孤立于社会一角的危险位置上,不断地在一个完全技术的视角下自我改进。与中世纪相比,它既变得更加丰富,又变得更加贫瘠。在一个充满碰撞和不同的时代,在一个法国法逐渐一体化的时代,现代法学却在社会上失宠了。这一时代的伟大恰恰以想从主权者处分享权力的人的彻底失势为前提。

在历史正迈过16世纪的门槛时,博士们开始重新定义他们的功能。等待他们的是绝对君主制之下一段艰难的岁月。

1. 16 世纪到来时的法学

两个重要的事件标志了16世纪的历史。一方面,罗马法学家回到了罗马的

第一章 久远的起源：从古罗马到《民法典》

起源地，让自己变成了古罗马的历史学家。但他们留下的空白由另一个新出现的法学家群体弥补——习惯法学家。后者自称为"法国法"的法学家，虽然各地习惯大相径庭，这一称号却引起了广泛的共鸣。即便有些空想的成分，他们仍不失为伟大的实践人士，为法国法学带来了耀眼亮光。

教会法学家此时斤斤于他们自己的领域之内，对民法思想没有什么影响了。[1] 所以我们将要讨论脱离实践的罗马法学和习惯法学家的黄金时代。

1）脱离实践的罗马法学（从比代到居雅士）[2]

法学家把16世纪罗马法发展称为罗马法的第二次复兴，从而区别于12世纪的第一次复兴。但这个词选错了。罗马法早在数个世纪以前便已经复兴了，然后再次沉睡，此次重新成为研究的对象，可是结局并不总是皆大欢喜。

无疑，人们称之为"人文主义者"的新博士们有足够理由主张注释法学家和其后的巴尔多鲁此前为了功利的原因扭曲了罗马法，而且总体上按照罗马法的原始模型生造了一个仿制品。比代（Guillaume Budé）在《学说汇纂注解》中主张，有必要回到原始资料中去寻找手稿的权威版本，并在罗马的历史与语言学背景中研究罗马法。从历史学家的角度看，我们当然要接受这种主张。这一象征了当时最伟大灵魂的批判性主张只有唯一一个困难：它要把研究罗马法的学者全都变成与自己时代脱节的历史学家。其结果是习惯学者取而代之，成了人们时常咨询的法学家。习惯的研究者用罗马法留下的思想与概念宝藏继续推动疑难案件的解决，但其频率大不如中世纪时。新的罗马法学家因为他们自己的学术思潮而不再为实在法提供除理论贡献以外的东西了。

此外，他们的学术态度并非与意识形态选择完全脱节。这些斯多葛哲学的忠实弟子从罗马法中发现了个人主义和理性主义道德大原则的框架，并在修复罗马法方式本真面貌的口号下努力展现这一框架。他们的前辈满足于对优士丁尼做总结，文艺复兴的博士则力求展现特利波尼安和他的团队（译注：即《民法大全》

---

[1] 在新教国家，教会法完全消失了。就算在天主教的法国，它也在加利亚派和冉森派的影响下势力大减。Jean-Louis Thireau, *Introduction historique au droit*, op. cit., p. 214-216.

[2] Jean-Marie Carbasse, *Manuel d'introduction historique au droit*, op. cit. no 86; Jean Gaudemet, *Les naissances du droit*, op. cit. 332-334; Jean-Louis Thireau, « La doctrine civiliste avant le Code civil », op. cit.; Jean-Louis Thireau, *Introduction historique au droit*, op. cit., p. 219-238; Jean-Louis Gazzaniga, « Quand les avocats formaient les juristes et la doctrine », *Droits*, 1994, n° 20, p. 31-41.

作为一种法律渊源的学说——法国法学的历程

的编纂团队）。而且他们对古典罗马法的纯洁性情有独钟。但因为本身没有实践经验，他们对罗马法充满误解，再用理论秩序之美德装饰之，但这些美德肯定是虚构的，因为罗马法总结于"审慎"概念之中的真正美德是时刻存在的实用主义。

比代至少创立了一个在16世纪时几乎所有代表人物都是法国人的新思想流派，所以人们称之为"法国方式"（mos gallicus）。这一方法彻底抛弃了当时已经广受批评的巴尔多鲁学派"意大利方式"。法国法学家中大部分都在布尔热大学教授过一段时间，其中包括了多诺（Hugues Doneau），居雅士（Jacques Cujas）更是当仁不让的代表人物，今天的历史学家仍然对他们感激有加。但居雅士本身是一个历史学家，他的作品对于法官和公证人毫无用处可言。

现代的罗马法学家的贡献在于为法律思想引入了历史方法。但他们也和实践离了婚。正如每次离婚都伴随着对孩子抚养权的争吵，法学家们从此也开始争论 jurisprudence 的概念。在古罗马，它混合了司法实践和学说。在中世纪阿库修斯的影响下，它指的是法学，因而与法庭有了距离，但这种法学要为法庭提供武装。然而从文艺复兴开始，罗马法学家把它的含义转变为联合了其他所有学科、关于社会的科学，这一转变如此惊人，以至于实务人士失去了与法学家共享语言的基础，只能在多年以后为它寻找一个适合于他们的、更具体的含义。到了18世纪，它指的"法院的成例"（jurisprudence des tribunaux）或者"判决形成的法"（jurisprudence des arrêts）。正如人们所知，实务人士所使用的意思现在占了上风，如今 jurisprudence 一词指的仅是法院的判例而已。但是这一成就直到19世纪后半段才告发生。[1]

如果说文艺复兴的罗马法学家蔑视法学，他们对其他学者（比如习惯法专家）的作品却大感兴趣；后者反过来也需要罗马法。这也是罗马法学家与他们时代的法律绝无仅有的接触，但这仍是间接的。到了17世纪，就连这仅有的接触也逐渐消失了。

---

[1] 其实《圣日耳曼法令》（édit de Sait-Germain）在1679年已经规定"法国的判例"（jurisprudence）是法国法的组成部分，但是这一简短的表达不足以让博士关注法院的作品。

第一章　久远的起源：从古罗马到《民法典》

2）习惯法学家的黄金时代（迪穆兰、科基耶、卢瓦塞尔、达尔让特雷）[1]

习惯的官方编纂催生了一个新的博士群体：习惯法学家。他们是伟大的博马努尔遥远的继承人，以习惯作为自己主要的研究对象。他们并没有与罗马法决裂，罗马法的技术或多或少灌溉了习惯的成长，并且仍然是理解习惯的前提。但是他们同时与法国方式和意大利方式决裂，因为他们既不关心对前优士丁尼时期罗马法的重构，也不关心对《学说汇纂》的评论。除此之外，他们拒绝承认与罗马法不同的北方习惯就是不自然的、应该为罗马法所取代，而这一进程正发生在南方。即便如此，他们的自卫行动并没有阻止他们出色地使用巴尔多鲁的方法评论习惯。

习惯法学家本可以满足于研究他们生活的地方的习惯，或者把这些习惯分门别类以写作专著。迪穆兰（Charles Dumoulin）却致力于开创对更具雄心甚至超越他所处时代的议题的研究。这位 16 世纪的同龄人（1500—1566）从评论巴黎的习惯开始，反对罗马法可以成为全法国共同法的主张，因为对他而言，共同法恰恰隐藏于习惯自身当中！法学家的任务将是发现共同的习惯法规则。法国因为迪穆兰而首次出现了民族主义的法律概念，或者至少是历史主义的法律概念，与中世纪的普世主义针锋相对，而且将持续作为法国学说的标志——每个民族都要有自己的法律，由其自身的历史所形塑。而最后所有的"习惯法规则"都染上了巴黎中心主义的色彩，因为考虑到巴黎正处于法国的中心、巴黎习惯在解决法律问题时能调和南北的差异，巴黎的习惯应当是全法法制统一的理想工具。另外，此后人们编纂并在 1580 年修正巴黎习惯时，确实特别考虑了迪穆兰的批评。

统一的议题并非没有前驱。博马努瓦为了解释博韦地方习惯并填补其空白，就已经依靠整个王国境内的共同法了，而且"共同法"在此指的并不是罗马法。同样，我们不时也能看到中世纪的法官或官员甚至卡佩王朝的国王们都暗示过"王国之总体习惯"，这一术语背后的思想被传承下来，并在官方习惯编纂的时候重见天日，而官方汇编的过程让一些重要的共同之处为人所知，又有意减少了不同地区习惯的差异。但统一全国习惯的愿望在迪穆兰笔下变得昭然若揭，甚至

---

[1] Jean-Marie Carbasse, *Manuel d'introduction historique au droit*, op. cit. n°s 86-107; Jean-Louis Thireau, « La doctrine civiliste avant le Code civil », op. cit. ; Jean-Louis Thireau, « Le jurisconsulte », *Droits*, 1994, n° 20, p. 21-27; Jean-Louis Thireau, *Introduction historique au droit*, op. cit., p. 247-253.

作为一种法律渊源的学说——法国法学的历程

咄咄逼人，引领了他同时带有比较和统一两重特性的习惯研究。

迪穆兰生逢其时。人文主义者让一种理性的、充满道德教化的法律概念流行起来。而且，印刷品的流通使占主导地位的意识形态得以统一人们的思想，也让迪穆兰所乐见的比较与整合更为容易。

可迪穆兰并没有仅仅生活在他关于未来法国法尚相当模糊的研究规划之中，因为他还有另一项重要的工作——提供法律建议。他为加奈家族（Ganay）的夫妇们提供的建议，至今仍为国际私法和婚姻法专家们所津津乐道。

在他之后，科基耶（Guy Coquille）1607 年在他的《法国法律制度》（*Institution au droit des français*）一书中给了共同习惯法的概念以更准确和系统性的内涵。次年，卢瓦塞尔（Antoine Loysel）发表了《习惯法阶梯》（*Institutes coutumières*），这部著名的作品整理辑录了许多公理和法律谚语，其中许多今天仍未过时。卢瓦塞尔希望从纷繁复杂的习惯法解决方案中找出一些法律原则。他证明了在法律领域，简短的一句话（译注：法律原则）能够比漫长的论证更有效。但是他还是在书中为那些法律的实务人士提供了详细的证明。

最后不能不提的是达尔让特雷（Bertrand d'Argentré），虽然他更多是一位地方主义者。他几乎只评论布列塔尼地区的习惯。但是有赖于他对巴尔多鲁首先粗略提出的法则区别说的精细化研究，他当之无愧是国际私法的先驱。

所以，这些伟大的习惯法学家很明显地扮演了创造者的角色。他们对实践给予了极大重视，也为实践提供了为数众多的建议。他们才是最接近古罗马法学家的人。不过到了 17 世纪，他们平庸的继承者不再提供法律意见，历史传承的重任被交到一些学养深厚的律师手中。

2. 绝对君主制下的博士

17 世纪上半叶对于法学家而言标志着一个比文艺复兴更大的断裂。就算每个世纪里都有维持其伟大的明星学者，如 17 世纪的多玛（Jean Domat）和 18 世纪的波蒂埃（Robert-Joseph Pothier），法学还是开始经历一段延续至大革命的衰退期。我们将先呈现新的法律状况，然后悉数大部分博士面对的困难，最后说明上述两位《民法典》之先行者在如此困难的情况下仍然完成的伟业。

1）新形势

国王权力的强化和理性主义的兴起同时出现在现代。

a）国王权力的强化。时代精神越来越关注民族特色，让每个国家自主决定

第一章 久远的起源：从古罗马到《民法典》

其道路。法国转向绝对君主制的进程显然为此提供了最完美的例证。习惯法学家提出，法国要有自己的法律，但他们并非为了挑战王权。后者此时正按照自己的逻辑行事、不断加强自身对法律之生产的掌控。

主权者逐渐习惯了立法并利用此种活动重新组织整个法律体系。[1] 人们经常提出，由路易十四在1667年—1681年之间发布、在科尔贝（Jean-Baptiste Colbert）和拉穆瓦尼翁（Guillaume de Lamoignon）的协作下完成的四个重要法令已经是真正的法典了。它们分别就民事与刑事诉讼、海商、河流和森林等领域立法。另外，国王尽其所能地要求他的立法在司法中能够得到适用。即便只停留在理论的层面，1667年的民事法令仍规定法官不享有解释文本和习惯的权利，他必须在需要的时候提请国王解释。实践中更加重要的是，毁弃程序可以审查下级法院的法律解释。虽然这是我们现在的最高法院（译注：法国最高法院cour de cassation的字面意思是"毁弃法院"）的前身，但当时这一程序既不属于司法权，又不需要给出理由，而完全属于国王依据其统治权而为的简单决定。

路易十五时期，立法继续进行，其中最引人注目的是1731年—1741年颁布、由达盖索（Henri François d'Aguesseau）起草的几部法令，就算目之为《民法典》中的章节亦不为过。这些法令第一次——或者几乎是第一次——侵入了习惯法的领域。人们甚至可以说它们直接占领了习惯法的核心领域，因为它们中包含了民法的规则，包括赠与、遗嘱、代理等方面。不过，本来是异端的现象真正出现时却没有引起太多责难，因为习惯在这几方面分歧严重，也因为国王立法作为一种法律渊源是否具最具优位性的讨论已经不再引人注目。此外，法典化的想法也步步逼近，达盖索和莫普（René-Nicolas de Maupeou）未完成的几份法典草案就是明证。

当他们致力于垄断法律生产的时候，法国的君主们本可以分心考虑如何强迫博士们服从。但他们不必如此而为，因为博士们所持有的理性主义原则和国王的野心如此和谐共存，事实上处在了自愿为权力服务的地位。

b）理性主义的兴起。哲学理性主义随着笛卡尔（René Descartes）登上历史

---

[1] Norbert Rouland, *Introduction historique au droit*, op. cit. n° 275.

的舞台。[1] 相伴而来的还有对数学的偏好——同时也是法学家的费马（Pierre de Fermat）和帕斯卡尔（Blaise Pascal）的作品可以作证，以及对体系的公开追求，后者在未来似乎成了一种民族特性。在法学领域，体系精神和理性主义正好遇到了根本没有任何法国独有色彩的自然法神话。从希腊时代开始，自然法先是困扰着亚里士多德，然后是那些斯多葛哲学家，后来则是那些伟大的古罗马法学家。自然法在阿奎那手中披上了基督教的外衣，随后又在追随斯多葛思想的人文主义者笔下以世俗的面目重现。正是在人文主义者的影响下，一个新的自然法学派从把人置于宇宙之核心开始重建神话，最终在17世纪和18世纪征服了欧洲的各个大学。这一学派不再认为存在一套上帝所欲之自然秩序，反之，它主张法律建立在人类的理性之上，人类应该仅仅根据其自身的意志而立法。在这个意义上，自然法似乎是共同法在远方的分身。[2]

除了其他的后果以外，自然法理论暗示个人有"自然权利"去做一些与社会相违背的事情，而且因此为人们提供了对抗专制主义的方法。但法国法学家很少使用这一武器，因为他们把对抗专制的任务留给了哲学家，转而埋首于对私法的研究，自绝于政治。

从这一角度看，体系精神所强化的自然法概念带来了分解性的效果。只要理性是普遍的，那么在正确逻辑的作用下，它就应该自然而然地产生出理想的法，在整个地球上都无差别地适用。在莱茵河的另一边，莱布尼茨（Gottfried Wilhelm Leibniz）和普芬道夫（Samuel von Pufendorf）就曾经把这种主张推到极致：法律可以像数学那样从一些基础原理推导出来！[3] 法国的法学家从未走得如此遥远，就连多玛在使用几何学方法（mos geometricus）的时候也没有。但是当探索未来的法国法时，他们也倾向于用抽象概念建构而非研究社会现实。

所幸，这种倾向并未一统天下。法国和其他国家一样，有着它自己的理性形式，虽然法国人仍冠之以普世理性之名！或者说法国接受了理性的多重形式，因为罗马法学家和习惯法学家对法律理性的理解大相径庭。更何况我们体系的塑造

---

[1] 关于笛卡尔和理性主义的兴起，参见 Michel Villey, *La formation de la pensée juridique moderne*, Presses universitaires de France, 2003, p. 489 *sq*.

[2] René David et Camille Jauffret-Spinosi, *Les grands systèmes de droit contemporains*, op. cit. n° 34.

[3] Alfred Dufour, *Droits de l'homme, droit naturel et histoire: droit, individu et pouvoir de l'école du droit naturel à l'école du droit historique*, Presses universitaires de France, 1991, p. 93 *sq*.

第一章 久远的起源:从古罗马到《民法典》

者本来就把各种相互矛盾的材料一勺烩,然后调上先验构造的味道。实际上,他们用自己的方法合理化法国传统,如果有个高卢人接受了罗马法的教育然后认真读了笛卡尔,大概也会用同样的方法。[1] 和中世纪普世主义不一样的是,现代理性主义忽视了其他的欧洲模式,而局限于自我理想化的模式。

这样的修正理性主义对法学的影响如此巨大以至世人皆知,因为我们如今仍能感受到。它直接的后果是通过引导博士们在与王权一致的方向上完成自己的作品而让博士处于孤立的境地,因为理性主义既免于社会批判,又表现为高度的技术性。于是,法学家们拥有了赞美立法和法典的理性工具,只不过君主们之所以喜爱这些法律完全出于政治理由。

整体而论,通过建构那些源于习惯却高于习惯、源于罗马法却高于罗马法的原则,学识渊博的法学家在绝对君主制时期不遗余力地致力于法国法统一的工作。他们心怀体系精神,着眼君主立法的未来,他们因而得以既满足自己的口味同时不激怒诸侯。但至少对于他们中一些人来说,生活在理想状况和完美未来之中实在不便,因为这是一种无法容忍平庸的风格。

2)博士们的艰难岁月

在现代衰落以至沦为笑柄的不只是学者法,还有法学家和法律本身。但我们不能绝对化此种现象。

a)灾难性的公众形象。17世纪和18世纪的博士特别是留在大学任教的那些,往往犯下忽视其时代发展的错误。不同的专家忽视的方式不一样:摇身一变成了历史学家和语言学家的罗马法学家用过去取代现在,研究还未见踪影的法国法的专家则用将来取代了现在。在理性主义的驱使下,就连所谓的"法国法"教授也有把法国法以未来主义之方式呈现其所应是而非其所是的倾向,无论是在他们的教学还是著作之中。

作为对此学术潮流的反应,那些来自于实务工作的作者发表了展现法国法之所是的作品。新现象是,许多律师和法官组成了一个实务型学者群体,取代了一些象牙塔里的学者。他们既写作纯粹服务于实践目的的作品,也总结编写一些还为展望未来留有十分有限的位置的法学思考。或者说,彼时"学说遁入法

---

[1] Jean-Louis Thireau, « La doctrine civiliste avant le Code civil », op. cit.

庭"。[1]

大学里的法学家和法庭里的法学家的共同点在于，他们彻底无视当时搅动他们所处时代的那些思潮。不过原因却是完全相反的。大学教师漠视社会现实；实务人士则完全埋首在自己的行当中，他们作为诉讼参与者的实用主义态度让其无法真正严肃地思考知识问题。

无论如何，法学家们不再仅仅是法学家了。他们开始自愿成为法律的技术员。从中世纪开始，法国法学家常常在社会辩论中发声，仅举比代、博丹和科基耶为例，他们不但是法学家，也是政治思想家。他们的继任者则让位于人们在18世纪称为"哲士"（philosophes）、在20世纪称为"知识分子"（intellectuels）的人。所以，伏尔泰（Voltaire）或卢梭（Jean-Jacques Rousseau）这类更多介入社会的理性主义思想家占领了政治舞台。他们不必在乎法律，他们漠视法律，而且想要漠视当下的法律。知识分子和法学家角色的分离开始于路易十四的时代，至今仍未消失。

法学家的式微还源于"当时的政治语境中，各地巴列门和'穿法袍者'的政治特权下降，一个司法国家正在向一个行政国转变"。[2]除此之外，君权神授体制的实现也不鼓励政治反思。这种从公共领域退出的心态一直到18世纪仍在延续，甚至愈演愈烈。法学家们与启蒙运动之间的距离就是明证。在投身大革命的人中，我们能找到一些律师，比如说罗伯斯庇尔（Maximilien Robespierre），却找不到除了杜艾（Merlin de Douai）以外任何一个法律学者。学说不仅遁入法庭，还于此藏匿，拒绝离开。

因为法学家不再影响知识生活，法律也丧失了其特权。在公众心中，法律在最好的情况下也不过是道德的补充，在最坏的情况下则是为狡辩准备的一整套形式性的花招。而且法律在公众心中地位的降低甚至溯及既往地影响到了对过去大师的评价。在巴尔多鲁的时代，人们把他当作真正的天才，此时则成了嘲笑的对象。博马舍（Pierre-Augustin Caron de Beaumarchais）在《费加罗的婚礼》故意把苦于年轻恋人捉弄的老书记员取名为"巴尔托洛"（Bartolo）。孟德斯鸠（Montesquieu）则为了完成哲学作品放弃了法学教育。优士丁尼的作品让他无聊透了，

---

[1] Jean-Louis Gazzaniga, « Quand les avocats formaient les juristes et la doctrine », op. cit.
[2] Jean-Louis Thireau, « Le jurisconsulte », op. cit.

第一章 久远的起源：从古罗马到《民法典》

以至于孟德斯鸠为《学说汇纂》(Digeste)取了个外号"消化不良"(l'Indigeste)。

同样地位下降的还有既无关司法实践、又在更大程度上无关时代现实的法学教育。罗马法学教授们对生活中的法毫无兴趣，只关心罗马的法学家的文本能如何揭示那个过去的时代。至于教会法学家，则还是自我禁闭于他们自己的专业。大学里面几乎没人在讲实证法，教学计划里就没有给诉讼程序留下任何位置。而且不管是在程序法还是实体法领域，法律都经历了巨大的变迁，讲授优士丁尼和格兰西就可以满足学生们知识追求的时代一去不复返。

路易十四在他的《圣日耳曼法令》（1679年）中试图通过设立法国法的教席改变上述不利局面。但是每个学校仅设一席显然是远远不够的，而且取得这些新教席的人本身还很大程度上是未来法律改革的理论家。

法学教育此时进入了低潮期，而且不仅仅在法国如此。卡萨诺瓦（Cassanova）在《回忆录》中就说，他曾"在帕多瓦度过了一年，用来学习法律（罗马法和教会法）"，分别提交了两篇博士论文，从而"在16岁的年纪取得了博士学位"。[1] 从这一经历我们本该假设，他曾经比法学家更懂法律！同样，18世纪的法国法律学校也四处抛售自己的文凭，以至于出现一些流传至今的趣闻轶事。法律学校也不再能吸引严肃的学生了。其中那些可能穿上法袍的年轻人更乐意通过旁听庭审或者在他们从事律师业的长辈的事务所自我培训，学习法律和程序。大学之外，又出现了与之平行的法律教育，而律师在其中扮演了重要角色。

在18世纪受到轻蔑的法学教授直到19世纪才重新回到了上行道路。总体而言，法学家的媒体形象并不好。他们成了文学讽刺的主题，从拉辛（Jean Racine）的《讼棍》一直到《费加罗的婚礼》中的法官，他们总是以斤斤于形式的形象示人。就算后来法学家地位上升，他们的媒体形象还是没有改观。法国人总以为这种现象举世皆然，实际上在英国和北美，法学家依旧地位崇高、形象正派。在法国，法律没有好的名声。绝对君主制下，人们认为它是特权的滥用者，也是进步的阻碍者。而相似的指责，在19世纪的共和主义立法和20世纪的社会立法仍然无法避免。

其实，以上社会现象出现的原因多种多样，博士并不负全责。而且，法律的

---

[1] Cassanova, *Mémoires*, Paris, Gallimard, 1964, p. 57.

57

作为一种法律渊源的学说——法国法学的历程

糟糕形象只能反映部分现实。[1]

b）相对的衰落。在君主制的最后两个世纪里，哪怕公众不了解，法国仍然有过优秀的法学家。而且如果用今天的眼光评判那个时代，我们能清楚看见民法典正在他们的脑中和笔下成型。[2]此等后见之明让对他们的评价从空想家变成了战略家、从学究变成文豪、从江湖骗子变成先知。但在当时，人们对法学家评价很低，他们自己也无法组织起来对抗普遍存在的敌意。

法学教授把自己和律师区隔开，也不再为律师提供有用的素材了。要是在古罗马那种法学与实践高度结合的状态下，他们这种做法无异于谋杀法学，但现代创造出来的这些法学理论家则完全可以继续生存下去，不过也只是苟延残喘罢了。此外，罗马法学家和习惯法学家谁也看不惯谁，树起藩篱，绝不阅读对方的作品，法学也因此割裂。饱学的律师则不然，他们试着调和两种不同的派别。律师们评论实证法，其中大部分是习惯，但绝不会忘记罗马法阐明习惯内容和统一不同习惯的作用。有很多著作的标题便向我们阐明了此种事业。如迪雷（Jean Duret）的《罗马法与法国法之联合》（Alliance des lois romaines avec le droit français），又比如奥托姆纳（Bernard Automne）的《法国法与罗马法的汇合》（Conférence du droit français avec le droit romain）、布塔里克（François de Boutaric）的《结合法国法的优士丁尼〈法学阶梯〉》（Institutes de Justinien conférées avec le droit français），以及塞尔（Claude Serres）的《根据优士丁尼〈法学阶梯〉顺序而写的法国法阶梯》（Institutes de droit français suivant l'ordre de celles de Justinien）。需要指出的是，这些作者现在都用法语写作，《学说汇纂》也已经被翻译过来。所以人们可以一边用自己国家的语言表达思想，一边仍以饱学的法学家自居。大学里精通拉丁语的人们也就越来越孤独了。

17世纪和18世纪的实务家作者们出版了大量的作品，其中许多是纯粹出于实用目的而写的专著。但也有一些是总和性的作品，我们在此需列举三部。首先是阿尔古（Gabriel Argou）的《法国法律制度》（L'institution du droit français），

---

[1] Jean-Louis Thireau, « Le jurisconsulte », *op. cit.*; Jean-Louis Thireau, « La doctrine civiliste avant le Code civil », *op. cit.*; Jean-Marie Carbasse, *Manuel d'introduction historique au droit*, *op. cit.* n° 141; Jean Gaudemet, *Les naissances du droit*, *op. cit.*, p. 338–343.

[2] Jean-Louis Thireau, « La doctrine civiliste avant le Code civil », *op. cit.*; André Jean Arnaud, *Les Origines doctrinales du Code civil français*, Paris, Librairie générale de droit et de jurisprudence, 1969.

第一章 久远的起源：从古罗马到《民法典》

本书在 18 世纪一直不断再版，并且附加了后人的注解。按照达盖索的说法，它就是对法国法的最佳介绍。此书问世后，许多作者出版了他们自己的"法学阶梯"，其中就有教会法学家戴里古（Louis d'Héricourt）所著的《教会法》（*Loix ecclésiastiques*）和著名的米亚尔·德·武戈兰斯（Pierre-François Muyart de Vouglans）所著的《刑法》（*Loix criminelles*，1780）。最后这部作品虽然和那个启蒙时代流行的思潮背道而驰（如今，成为时代逆流早就不再困扰法学家了），却证明了自己的极大价值，并实实在在地影响了 1810 年那部立场保守的《刑法典》。

律师和其他的作者还写了其他不同种类的作品。比如很多判例汇编，不过水平实在不高明。又如对一些国王敕令最早的评论，他们有时会参与其中部分敕令的起草。再如实用词典，其中最值得关注的是居约（Joseph-Nicolas Guyot）的鸿篇巨制《诸法大全》（*Répertoire universel et raisonné de jurisprudence civile, criminelle, canonique et bénéficiale*），在路易十六时代初期第一次出版的时候用 32 开纸印了 64 卷。[1] 他们还大量评注地方习惯，虽然质量参差不齐。

在这些评论中，对巴黎习惯的评论尤为重要，因为人们终于接受了科基耶关于巴黎习惯可以用于统一全国法律的想法。从 17 世纪起，巴黎巴列门的首席法官拉穆瓦尼翁（Guillaume Ier de Lamoignon）在他的"判决"中就以巴黎的习惯为脚本概括了法国习惯法，这些文本在 1702 年出版。而且他还趁势前进，编写了自己的民法典草案。虽然他的草案因为缺乏制定民法典的政治动机而最终停留在纸面，却也影响了达盖索和后来《拿破仑法典》的编纂者。同时代的老费里埃（Claude de Ferrière）[2] 则沿着迪穆兰的足迹出版了他的《巴黎新习惯评论》（*Commentaire de la Nouvelle coutume de Paris*）。不过迪穆兰的作品是一部丰富、有些凌乱的杰作，老费里埃则为其接续了一部准确但枯燥、缺乏才华的作品。同样干巴巴的文风还出现在了布尔容（François Bourjon）的《法国共同法与巴黎习惯的原则》（*Le droit commun de la France et la coutume de Paris réduits en principes*）中。但这更多是对简洁洗练的风格的主动选择，而非缺乏才华的结果。布尔容不

---

[1] *Cf.* Charles-Antoine Cardot, *Regards sur le droit en france au temps de louis XVI: le « répertoire universel et raisonné de jurisprudence »*, Clermont-Ferrant, Université de Clermont, 1974, p. 196 sq.

[2] 注意不要混淆兰斯大学教授老费里埃（Claude de Ferrière）和他的儿子巴黎大学教授小费里埃（Claude-Joseph de Ferrière）。老费里埃在 1697 年还出版了《习俗导论》（*Introduction à la pratique*）。他的儿子则在 1755 年把父亲的《习俗导论》扩充为《法律与习俗词典》（*Dictionnaire de droit et de pratique*）。

作为一种法律渊源的学说——法国法学的历程

仅仅要延续卢瓦塞尔的工作,还要证明立法的优先性,主张从简单明了的规则中得到案件的解决方案,而非从案件中总结出似是而非的规则。对他而言,未来时代的立法必然要依据象征了共同习惯法的巴黎地区习惯。这一命题事实上席卷全国,就连南部也不得不接受。在前述塞尔的"阶梯"一书的前言中,这名蒙彼利埃的法学家也清晰地表达了同样的立场。[1]

所有这些作者都在自己不知道的情况下迈着小碎步朝民法典前进。带着今天的知识回望,应当认为他们质量参差不齐的作品总体上构成了进步。但他们中的两个人水平尤其突出,昂首阔步走在时代前列。他们分别是17世纪的罗马法学家多玛和18世纪的法国法学家波蒂埃。

3) 两位民法典的先行者[2]

a) 多玛(1625—1696)。多玛的名字和帕斯卡尔的名字总是相连的,他是帕斯卡尔的朋友和遗嘱执行人。两人都生于克莱蒙-菲朗(Clermont-Ferrand),都是冉森派,也都曾对抗耶稣会修士,只不过帕斯卡尔的方式是写作《致外省人书》(*Lettres provincales*),而多玛则通过提供法律意见。如果多玛如同特罗隆(Raymond-Théodore Troplong)所言是一位"严格的代数学家",他应该部分将此归功于帕斯卡尔,因为是后者把自己对数学的偏好带给了多玛。多玛对文学和哲学的理解同样也受帕斯卡尔影响。所以,我们不会惊讶于多玛把他的方法称为"几何学方法",后来莱布尼兹则把这种方法发扬光大。多玛还以帕斯卡尔的语气写了他自己的《思想录》,虽然它远不如其范本(即帕斯卡尔的《思想录》)那样精彩迭出,却也不失为一部力作。

二人的相似之处到此为止。帕斯卡尔有几处对法律的评论,人们常常忽略它们,但帕斯卡尔在其中表现了一种对法律的批判和科学的视角,这比如今的批判法学早了好几个世纪。他认为科学和信仰是两个不同的领域,不能混淆。对于多

---

[1] 关于这些法学家,参见 Jean-Louis Gazzaniga, «Quand les avocats formaient les juristes et la doctrine», *Droits*, 1994, n° 20, p. 31-41.

[2] Jean Gaudemet, *Les naissances du droit*, op. cit., p. 338-340; Jean-Louis Thireau, *Introduction historique au droit*, op. cit., p. 349; Philippe Malaurie, *Anthologie de la pensée juridique*, Paris, Cujas, 2000, p. 81 sq.; Pierre-Yves Gautier, «Jean Domat: l'un de ces messieurs de Port-Royal», *Revue trimestrielle de droit civil*, 1992, n° 4, p. 529-530; Jean-Louis Gazzaniga, «Domat et Pothier, Le contrat à la fin de l'Ancien Régime», *Droits*, 1990, n° 12, p. 37-45.

第一章 久远的起源：从古罗马到《民法典》

玛则恰恰相反，科学和信仰本就是议题，因为宗教不断浇筑他的法律观。老实说，他为自己设定的目标恰恰是构建体系，而对于实现这个目标而言，信念无疑比批判精神更有用。

多玛对其他的知识潮流也保持开放态度。因此，他接受了来源于斯多葛学派的新自然法学和理性主义思想的影响。理性主义和基督信仰同时出现在他的思想之中，从而为他认为可以推导出来的法律原则增加了宗教面向。卢瓦塞尔认为只有通过合理化和统一实证法才能找到法律原则，多玛却认为要用司法权的道德面向来指引法官。他认为既然法官没能力自己找到符合上帝意志的解决方案，那么不如通过从原则开始进行逻辑推导，来找到这种方案。[1] 在这一方面，哪怕他的继承者——比如惹尼（François Gény）不再明确地把逻辑推导建立在宗教背景之上，多玛仍为日后法国法律思想留下了深刻的烙印，一直延续到今天。满足法律安定性的要求在后来取代了宗教义务，成了逻辑推演所要追求的目标。

虽说如此，多玛仍在很多方面是一个法律的技术员。首先是他作为罗马法学家的方面，因为他在布尔热接受了法学教育，而该学院比其他的大学对罗马法的关注都要多。其次，他对教会法学家的思想有深刻的理解，所以他的合同理论才有那些因为反对宗教改革而受轻蔑的作者之印记，比如莱修斯（Leonardus Lessius）、索托（Soto）和莫利纳（Luis de Molina）。这些天主教作者把阿奎那的思想转化为合同领域的具体规则。[2]

最后，他还有完全属于法国的实践经验，因为他事业的开端正是出任克莱蒙-费朗法院的国王律师。但他随后决定卖掉这一职位并前往巴黎，在那里他建立了各种社交关系，特别是与剧作家莱辛和诗人布瓦洛（Nicola Boileau）过从甚密。后者曾友好地把他夸张为"在法学中重建理性者"，意思是多玛既读过笛卡

---

[1] 对此点清晰的说明可见 Marie-France Renoux-Zagamé, *Du droit de Dieu au droit de l'homme*, Presses universitaires de France, 2003, p. 83. "多玛对几何学方法的使用并不像其他流派的思想家那样，意味着接受了令一种新科学得以产生的哲学假设。几何学方法的使用是一种回应基督信仰要求的方法。为了让法官能够在人类社会建立起由上帝塑造、却被人类热情所干扰的仁爱秩序，必须让这些背负这一神圣使命的人以上帝本人所可能判决的方式进行判决。"几何学方法成了一种"能够把一个具体的裁判转变为从一般法则经过逻辑推论而得到的简单结论的方法"。

[2] 这些作者用拉丁语写作并采用经院哲学的辩论录形式，所以现在很少人还会去读他们的作品。不过在如莱修斯和多玛作品中一些相似的地方仍然令人疑窦丛生。James Gordley, *The Philosophical Origins of Modern Contract Doctrine*, Oxford, Clarendon Press, 1993, p. 69 sq.

尔，又相当娴熟地运用了他的方法。

在从路易十四处得到一笔丰厚的退休金以后，多玛可以专注于他的大作《自然秩序中的民法》(Les loix civiles dans leur ordre naturel)，该书在他去世前出版并获得了极大的成功。按照当时的传统，此处所说"民法"(loix civiles) 指的就是罗马法，特别是《学说汇纂》。至于"自然"秩序，则必须理解为自然法学派所主张的那种秩序，也就是理性秩序。简言之，多玛想要理性化罗马法，如果他是我们中的一员，他会把本书命名为"《学说汇纂》再探"……撇开词语上的不同，本书内容是对一个世纪以前多诺所开启之传统的延续。

中世纪的罗马法学家借口评论暗地里改造了罗马法，文艺复兴的罗马法学家则以同样秘而不宣的方式借口寻找货真价实的罗马法，试图将其整合得更加理性。特别是多诺，声称自己在寻找隐含于罗马法中、基于自然法的理性。为此，他沿用了盖尤斯完全出于教学目的的篇章结构，并且借此带着后见之明把盖尤斯推上了体系创造者的位置。他还想重新整合《学说汇纂》的顺序，因为觉得它过于令人困惑。实际上，《学说汇纂》有自己的篇章顺序，罗马的学者相当熟悉，它只是对于现代人来说不可理解而已。从同样的自然理性原则出发，多玛走得更远，而且根据一个自己脑中构思成熟的结构，他几乎开放地重构了罗马法，用以回应 17 世纪法国法学的需要。事实是他把罗马法理性化、高卢化、基督教化了！因为这名罗马法学家并没有忘记其他法律渊源：国王的法令、习惯和教会法。

多玛和多诺有所不同。多诺创造的体系以个人主义的主观权利理念为基础，罗马人自然对这一理念一无所知。多玛的体系基础既包括了人类立法必须实现的上帝意志和仁爱原则 (principe de charité)，也包括了人们认为构成万世不易之衡平的那些自然基础：禁止伤害他人、信守然诺、服从上帝赋予丈夫和政府的权威等。我们再度于自然法学派所宣扬的主题之外找到了来自法国传统的原则。多玛顺道把罗马法中他看起来不能接受的成分清理了，比如说奴隶制，还有仅仅因为与法国习惯法相反而被清理掉的遗嘱自由。推翻了盖尤斯的篇章结构后，他从承诺的概念出发建立起了他自己的结构。而且，他还认为承诺是所有社会关系的基石。在《自然秩序中的民法》第一部分，多玛研究了"上帝联合所有人的承诺"，要么因为"婚姻和出生所导致的自然关系"，要么是那些"从商业、经济或对物的使用"中出现的承诺关系。然后在第二部分，他讨论了承诺如何"以

第一章 久远的起源：从古罗马到《民法典》

继承的方式在时间中延续"。至少在这一点上，我们看到除了整部作品所有建构中令人印象深刻的完美逻辑推论以外，多玛并没有建立起一个学派。他认为实现了完美合理性的篇章结构没有被传承下来，即便他最热情的追随者也没有用这一个结构。相反，盖尤斯的结构则保留了独特的优越地位。

此外，多玛还澄清了很多法律规则，并为它们确定了形态。我们只谈合同一例。对于罗马人和罗马法学家来说，一项缺乏形式的约定既无法成为诉讼的标的，又不赋予当事人任何权利。多玛则倾向于传承来自教会法学家与之完全相反的传统，只有在缺乏语言表达的情况下，约定才不成为合同。他自己的理性主义则认为社会鼓励人们之间的承诺并确保对它们的尊重。把两种要素结合起来后，多玛创造出了最符合合意主义（le consensualisme）原则的形式。手握灌注了多玛思想的鹅毛笔，和多玛一样偏爱公式的波蒂埃写了《债论》（Traité des obligations），《民法典》的起草者则从多玛处借用了多个条文，其中最有名的就是1134条！似乎达盖索最重要的几部法令也是在《自然秩序中的民法》的启发下起草的，他对多玛赞不绝口，并且引以为其他法学家的楷模（译注：上文所说1134条是2018年1月以前的《民法典》关于契约之强制力的条款——"依法成立的契约，在缔结契约的当事人间有相当于法律的效力。前项契约，仅得依当事人相互的同意或法律规定的原因取消之。前项契约应以善意履行之"。这一条奠定法国自由主义、个人主义、合意主义合同法解释的条款在2016年债法改革后地位下降，其中第1款"依法成立的契约，在缔结契约的当事人间有相当于法律的效力"成了现在《民法典》的1103条，第3款善意履行原则现在是1104条。至于合同的强制效力，也就是第2款，则成了1193条，厕身于一系列技术规则之中，失去了作为统摄整个合同法的原则地位）。

和同时代许多作者一样，多玛生来是个古典主义者，但他实现了传统和进步之间的诡异混合。路易十四给了多玛丰厚的退休金，国王和他有着相似的抱负——通过在私法领域的整体立法强化绝对君主制，多玛则在他的大作的致谢页以不同寻常的廷臣之礼感谢了国王（此种写作风格我们今天仍常常见到）。但这位廷臣也有他自己革命者的一面。在《思想录》中，他写道："五六个卑鄙下流的人瓜分了世界上最优秀和富饶的部分，对我们而言，什么才是在上帝面前比财富更重要的美德已经很清楚了。"当我们思考法律和分配正义的时候不应该忘记这句话。

63

作为一种法律渊源的学说——法国法学的历程

无疑,我们必须反思理性主义带来的好处和不便。如果体系精神有其自身的缺陷,它也有多玛为其内容所贡献的巨大优点。它让一系列出色的体系塑造者得以出现。所有的优秀民法学家——或者更一般意义上所有重要论著的作者——都应当对多玛感激不尽。

b)波蒂埃(1699—1772)。波蒂埃不像多玛,他不是一个张扬的人物。从出生到去世,他从来没有离开过他挚爱的奥尔良市,在此过着他低调的一生,把所有的时间都用于研究、劳作、奉献。他也是一个冉森派,但他既没有对任何耶稣会修士口诛笔伐,也没有对任何其他人出言中伤(例外可能是他一点也不喜欢的伏尔泰和其他的百科全书派学者)。这位循规蹈矩的人从来没有表露过把自己的思想付梓的意思。有些人甚至讥笑他既没有自己的思想,也缺乏文笔。事实是他没有如多玛一般华丽的文笔,却有着高度的清晰性。至于他的思想,波蒂埃把它们包装在了平淡的外表之下。最关键的是,波蒂埃是一位法律的十项全能选手。

他首先有着几乎无人能比的实践经验。作为奥尔良法院的法官(conseiller),他在长达半个世纪的时间里审理案件并作出判决——当时还不存在退休的说法!除此之外,他在司法职能许可的范围内向别人提供了许多法律意见——他并不从中取酬,也不会对可能提交司法、呈于他或者他的同事面前的案子提供咨询。但是,他仍然以无可挑剔的中立性给所有询问他的勇敢的人(特别是其中最无助的那些)以建议,并且口头告知他们在诉讼中获胜的机会。所有的法学家都知道这一工作多么困难,又多么具有教育意义。最后,波蒂埃在超过十年的时间里是市政委员会的成员,常常参与处理特别困难的问题。

其次,波蒂埃还受过尽可能完整的理论训练。在奥尔良法律学校打下了坚实的罗马法和教会法基础后,他持续研究罗马法并且追随多玛的足迹在1748年和1752年出版了《以新顺序重构优士丁尼的〈潘德克吞〉》(*Pandectes justiniennes rédigées dans un nouvel ordre*)。而且他同样了解习惯,特别是他作为法官在日常工作中就要适用的奥尔良地方习惯。他还在1740年出版过对奥尔良习惯的评论。因为奥尔良的习惯与巴黎的习惯极为接近,可以说波蒂埃除了对习惯了解深入以外,还提供了对习惯的一种中心视角。他的藏书会让任何一个法学家都嫉妒不已。除了那些他认为过于极端的作品外(如孟德斯鸠、卢梭等人的著作),人们几乎可以从中找到自从印刷术发明以来所有在欧洲印制的法语或拉丁语法学著

第一章 久远的起源：从古罗马到《民法典》

作，这还不包括那些印刷术发明前的手抄本。除此之外，波蒂埃与他那个时代所有的法国和外国重要法学家都有通信往来，和荷兰法学家们的交流尤为密切。

波蒂埃还是一个教师。他在曾经度过求学生涯的母校接受了"法国法"的教席，有幸在"法国法"这个概念开始有实质意义的年代讲授关于它的知识。他避免只讲授纯粹的理论，而是竭尽全力教授一种出现于生活中的法国法。他对奥尔良习惯的理论与实践的熟稔程度都无与伦比，并把奥尔良习惯和其他地方习惯以及罗马法对比，用以充实课堂。对他而言，罗马法不是滑稽的抽象，而是法学知识不可或缺的组成部分。今天的法学教授仍然讲授着两个来自波蒂埃的大作中的例子，他无疑也向自己的学生谈起过。第一个是把镀银烛台充作纯银烛台卖与他人，用来解释合同的实质错误（l'erreur sur la substance）。第二个则是用来解释损害赔偿的最有名的"病牛"故事：一头生病的母牛让买主整个牛群都染了病，导致买主破产，并因此破坏了买主女儿的结婚计划等。就算这两个广为人知的例子有时候让学生不禁莞尔，它们能在历史中延续至今无疑说明了作者的天才。

最后，和几乎只有一部作品的多玛不一样，波蒂埃是一名著作等身的作者。他的确没有提出一个无所不包的体系。波蒂埃满足于延续其他法学家也在进行的把法律理性化的集体工作，而不去探讨关于该工作之基础的问题，也不去解释他自己的哲学；他自己的基督教与冉森派哲学潜藏于作品的深处。但作为一个法学家，他写遍了所有的主题。1761年的《债论》自然是他的扛鼎之作。我们不妨把它比作一条来自不同冰川的融水汇成的山峰围谷，从中可以找到16世纪的多诺和迪穆兰，也可以找到17世纪的科基耶、卢瓦塞尔和多玛，还有18世纪的费里埃和布尔容，当然还有其他法学家，因为波蒂埃读过他们所有人的作品。不过这位谦逊之士给人留下了无所创造、只不过做了个汇总的印象。实情是，就算波蒂埃缺乏人们希望从伟大先锋处找到的原创力，他仍然把这些以统一法国法为目标的努力整合成了一个几乎完美的综合作品。

而且，《民法典》的起草者常常公开从波蒂埃处抄来一些条文。比如说1101条关于合同的定义，还有1156条到1164条合同的解释等（译注：在修订后的法典中，合同的定义仍然在1101条，但合同的解释现在是1188条到1192条。要理解这些条文的波蒂埃渊源，还是参照原先的版本比较好）。在法典生效后，一些19世纪的评论者还把波蒂埃的作品当作一种立法准备材料使用。人们常常称

作为一种法律渊源的学说——法国法学的历程

他为"民法典之父"。考虑到《民法典》是如此一部汇集众人之力方得形成的作品,这样的称号当然是荒谬的。但在人们心目中,这种说法无疑是对波蒂埃作品之重要性和实用性的一种正确致意。

到了19世纪,波蒂埃的思想已经举世皆知,不仅在那些采取了受《法国民法典》启发的法典的国家,而且令人吃惊地在美国广为流传。及时翻译成英文版本的《债论》曾经启发了美国的法官。至今,人们虽然不会在教科书中时时看见波蒂埃的名字,但他一直在场。以他最著名的著作中的一句话为例:"在有偿合同中,其中一方约定之承诺的原因是另一方提供或承诺提供的,或是另一方所负担之奉献。在无偿合同中,一方希望为另一方提供的慷慨对他而言已经是缔结合同时充足的原因。"对于所有学过法国债法的人,这两句话都似曾相识。这说明了波蒂埃的实用性。除了作品的力量外,他还是一个极懂得向学生解释的老师。

那么,波蒂埃是不是我们伟大博士中最出色的呢?这一头衔难免会引发争议和相反的例证。倒不如说,"他是一个缺乏热情的人,一个心怀怜悯的人;他大道至简,还满怀谦卑"。法学家的守护神把他派到我们之中,似乎是为了证明某种形式的光荣恰恰只能由那些单纯到极致的人得到。

《民法典》到来前的遗产

通过编纂最优秀学说作品的汇总,优士丁尼基本上完成了总结罗马法的工作,虽然也有些不可避免的偏离(比如说对不同历史时期的扁平化处理,人为地把古典时代强加于帝制时期的社会事实之上等)。相反,就算《民法典》不可能是起草者凭空创造的产物,它也与过去决裂,因而也不会总结此前的成就。《民法典》所汇集的是两个半世纪里"法国法"学家从习惯和罗马法中研究出的成果。对于其他部分,我们需要自己总结。

原则上说,广为接受的观点是法学家只说服他人,自己并不做决定,哪怕他人常常利用他们的作品作为决策的依据。随之而来的是对昔日古罗马法学家持久的怀旧情绪,因为他们本身就生产法律。但这种怀旧情绪并未化作行动,至少在两百年间没有,因为对理性建构的偏爱战胜了对实践的关注。唯一从最早的注释法学派以来就从未改变的古老文本传统如今结合了体系精神,最终确定了如下信念:法学家只能接受立法时代无可避免的到来,并致力于完善立法。

无论如何,这一前瞻性的法律概念与实践的分离让法律学校彻底重建,而教

第一章　久远的起源：从古罗马到《民法典》

授特权也与此前大不相同。

在《民法典》的黎明，法律的世界看起来支离破碎，虽然仍有经典著作在碎片中闪着光芒，让任何想要获得不朽之名的法典起草者无法不大段重复其中的段落。就在这一地碎片中，出现了法律必须是自足之物的观念。法学家开始集体认为法律就包括在《民法典》之中，而《民法典》是一个封闭的体系。

作为一种法律渊源的学说——法国法学的历程

第二章

晚近的起源:《民法典》之后

前言：面对新实证法的博士

在谈论法律学说的时候，现代的开端并非1789年的法国大革命，而是1804年《民法典》的颁布。因为在旧制度晚期，已经变得虚弱无力的学者法到了革命的年代完全失去了其实质。革命的年代中，人们为了清理旧制度的沉渣而制定了多部法律，固然成了日后立法之长足发展的必要基础。但有赖于多玛和波蒂埃这样的先行者，参与这一历史进程的学说却是早就准备好的。在麾下没有著名教授可资调遣的情况下，拿破仑把编纂"他的"法典的任务交给了水平卓著的实务人士。

《民法典》象征立法的统治，却并非独力将其实现，因为另外四部法典很快也颁布了，更不用说其他单行立法。最高法院的建立让立法的统治更加完善。实际上，最高法院赋予了法官前所未有的权力，然后又为最高行政法院（Conseil d'état）的崛起背书。人们让最高行政法院创造不同于《民法典》的原创性法律。总而言之，当代法律的特征就是立法与判例分享权力。

在不同的法律领域，这种权力分享都一样存在。无论是行政法还是民法，在尊重立法之权威的原则下，立法和判例互相渗透。和旧制度下的多元主义恰恰相反，新法形成了一个单一的体系。从前，不同的法律体系并存，并导致不同类型的博士们并存，习惯法学家、教会法学家、罗马法学家、寻找尚不存在的实证法的尚不存在的所谓"法国法学家"，人人在这一情况下都能有一席之地。如今，这一时代已经逝去。实证法开始拥有了实体，并同时等同于立法——在更晚些时候等同于立法/判例，而且法国此后只有专精于不同部门法的实证法学家了。如果瓦勒里（Paul Valéry）目睹此情此景，或许会说："完整法律的时代开始了。"（译注：源自法国诗人瓦勒里在1937年为"现代生活的艺术与技术"国际博览

第二章 晚近的起源：《民法典》之后

会主会馆题写的铭文。在认识到人类已经探索了世界上所有已知角落后，刚成为法兰西学术院教授的瓦勒里感慨："完整世界的时代开始了。" « Le temps du monde fini commence. »)

完整的法律很快就成了一个人口过剩的世界。一个全新的、简洁的、却又必须填充整个法律空间的规范体系之实现，必然刺激所有法律职业活动的增加。法律人越来越多，法学家也越来越多。法学家们撰写了大量的《民法典》评论，也同时重新登上了历史舞台，甚至占据了显眼的位置。各种不同的出版物都在增加。19世纪更意味着一项巨大的创新：日后变得不可或缺的法学期刊正是在此时创立与发展的。伴随着工业化，立法的高速膨胀在20世纪姗姗来迟，和如城市增长速度那样爆炸性增加的判例交相辉映。

不过，让我们回到学者法的崭新开端。从1804年开始，要探索的是《民法典》。伟大的实务人士首先为解释《民法典》撰写了大量作品，拿破仑帝国复建的法律学校中的教授怯生生地加入他们。随着这些学校后来转变为法学院并在19世纪不断巩固地位，教授们也在学说生产中变得越来越重要。大约在1850年，无论是实务人士还是大学教授，法学学者都重新取得了稳固的特殊地位，并开始把自己表现为更令人喜欢的"学说"，而非"学者的观点"。"学说"一词也悄然改变了意思，它不再指一种意见，而是指一个集体。学说还扩大了它的界限，并从此开始探索判例。教学质量随着出版物的丰富程度而增加，这一集体变得越来越精于讲授。到了19世纪末，至少在私法领域，它最终为所有的博士设计了统一的形象。

此时，终于获得合法身份的"学说"一词完成了对新法律空间的开拓，但它也马上遇到了另一项更为棘手的挑战。社会问题和社会科学同时出现在人们的视野中，威胁了法律场的自治性，而且有可能冲击法学家们长久以来所实践的方法。于是，学说肩负起重担，重整它辛勤开垦的领域中的秩序；它将要如同上帝依据自己的形象创造人类一样，依照自己的主张建立其知识体系的标准，然后将法律空间置于其科学权威之下。学说把法律科学等同于一种教义学，而只有法学家能够接触得到，且事实上仅能由大学里的法学家接触到。这一在19世纪许多作者的笔下已经初现端倪的概念，最终成了一种至关重要的必然，而且20世纪的学说正是通过为它提供了厚重的理论铠甲而宣告自己的诞生。与此同时，20世纪的学说也成了法国风格的圣殿护卫。

作为一种法律渊源的学说——法国法学的历程

我们将依次讨论博士在 19 世纪通过探索法律空间而实现的更新,以及法国学派在 20 世纪经由对这一空间的驯化而实现的最终胜利。

一、19 世纪对法律空间的探索(或博士们的更新)

概述:有待探索的两个新大陆

在 1793 年普遍的冷漠情绪中关停并转的法律学校于 1804 年——《民法典》颁布同一年——重新开放,并且象征性地由司法部管理,宣示着这些曾经培养穿袍贵族的机构此后要培养的是法典的公仆。事实上,关于《民法典》的部分确实成了法学教育中最主要的部分。

自此,这一立法的丰碑将要在整个 19 世纪前半段占据教授们最多的时间和学说作品中的大部分篇幅。人们忘记了公法,也忘记了刑法;人们一开始还忘记了"判决中的法"(jurisprudence des arrêts),作者引用判例却不再评论它们。探索《民法典》是绝无仅有的第一要务,必须向那些因为其新颖程度而晕头转向的实务人士展现法典的秘密。另一个不那么明显的目的则是在《民法典》的政治正当性于复辟时期变得不确定时为它背书。与此同时,博士养成习惯,把他们的作品基本建立在对实证立法之研究的基础上。

就在半个世纪之内,对法典的探索也很快暴露了其局限。博士们因此越来越重视民事判例,并视之为对法典文本不可或缺的补充。在 19 世纪 2/3 的时间里,法学家还意识到行政法院的判例完成了惊人的跃升,在总是缺乏立法的行政法领域成了立法的替代品。所以,当这些逐渐以学说自称的博士们扩大自己研究的范围,并开始探索判例时,人们并不为此感到惊讶。不过,这一转变却象征着一个重要的创新:6 个世纪以来的学者法发展历程中,这是作者们第一次评论司法判决。从另一个角度说,他们倒是在古罗马法学家的传统中革新,因为他们评论的判决虽然已经生效、无从变更,他们的评论却在很大程度上具有影响未来判决的可能性。无论如何,判例评注成了学说喜闻乐见的一项活动。

按照时间顺序,我们可以简单说探索《民法典》主要是 19 世纪前半段的活动,探索判例则主要是 19 世纪后半段的活动。

第二章 晚近的起源：《民法典》之后

（一）对《民法典》的探索（19世纪前半叶）

前言：法典解经

大部分的历史作品把那些探索《民法典》的博士们称作"解经者"（exégètes）。且当法国法学家谈到"解经"（exégèse）而不再加其他限制性词语的时候，他们想要指涉的要么是对法典的探究，要么是那个以探索法典为主要特色的时代，要么是属于那个时代的人与作品。

的确，此时几乎所有的作者在这一空间开荒时，都会从对文本的深入分析开始，他们细致研究每一个条文以及每一条文与其他条文之间的关系，从而指出各个条文的可能含义。通过这种工作，解经者们给了《民法典》生命，并奠定了其实践应用的基础。

但是他们几乎所有人都并未止步于此。其中有一些人写了经文注解式的评论，但也同时从文本的基础上提取出了法律原则，而大部分人已经实践一种半解经、半教义学式的方法，开始大致展现真正的学术建构。更有几位把"构建法律"的想法发挥到极致，以至于教义学方法最终遮蔽了一开始采用的解经方法。需要解释的是，他们所说的"教义学方法"更准确的名称是综合方法（synthèse），因为他们的用语会让人荒谬地以为解经方法不是教义学的一部分。[1] 无论如何，对法典的探索绝非铁板一块。有些人带着实证的实践精神、为身着法袍者而写作，所以他们建构的部分会少一些，也更克制些；另一些人则在德国思想的影响下，希望培养真正的法学家，所以自愿投入有时相当抽象的教义学中。

然而，为了反对解经法学家，他们的继任者们给了这些先行者过于简化甚至漫画式的形象。现在关于19世纪的正史给我们展现的就是这个至少有三重错误的形象，尽管最新的历史研究已经提出完全不同的命题，[2] 但广为人知的仍是错误的印象。

---

〔1〕 让我们一次把问题澄清：和法律一样普遍的教义学总是以分析为基础，分析的方法可以是解经式的，也可以是其他形式的；在很多情况下（但并不必然），随之而来的是第二阶段，也就是综合阶段，法国学派对此尤为钟爱。

〔2〕 Philippe Rémy, « éloge de l'exégèse », *Revue de la recherche juridique*, 1982, p. 254-262.

第一个错误观点是解经法学家止步于对法典条文字面意思的解读，而且所有人都完全不关注判例。没有什么比这一想法更错误的了。解经法学家并未忽略法院判决，而且就算其中没有人像半个世纪后判例的开拓者那样评论这些判决，他们至少从中看到了阐明法典的价值，并在作品中也引用了判决，引用的多少当然取决于作者。至于他们对法典文本的解读，因为这些人依赖牢靠的实践经验和一个强大的法律文化，他们的解读往往内容丰富。不过，他们根据法典自身的逻辑来解释条文，不考虑他们时代的社会需求，这样的批评可以成立。

第二个错误观点是解经法学家们形成了一个学派，称为"解经法学派"，而且是独一无二的。然而把法典的字词当作《圣经》来解释既不是他们的主张，也不是他们的理想。对文本字面意思的分析只是一个不得不接受的起点，否则，当人们面对一部如此重要的新文本时，还能如何开始自己的工作呢？而且我们也看到，从这一出发点离开后，人们所采取的方法就大不相同了。而且学派的概念意味着奠基者们至少为自己设定了一个共同的特定目标。在这一意义上，解经法学家们真正主动选择、真正独一无二的共同关注，只能是他们对《拿破仑法典》的忠诚，具体表现为对《民法典》内在原则的追求、把判例放在说明法典的地位。所以，还不如叫他们"法典学派"。

第三个错误则是解经法学派支配了整个19世纪，并且其发展历程可以被分为创立（1804年—1830年）、顶峰（1830年—1880年）、衰落（1880年—1900年）三个阶段。实际上，真正能称得上解经的研究只存在了相当短的时间。在19世纪中期，关于《民法典》文义解释能说的已经说完了，就算解经性作品一直到19世纪末还在出版，大部分的博士已经转向其他的领域。所以，对《民法典》的探索主要是19世纪前半段的事情。

虽说如此，前面说的三阶段划分还是有一定道理。前两个阶段大致和最初两代法学家的产生相对应，而第三个阶段则肯定意味着作为一种写作风格的法典解经式评论的衰落。

《民法典》的探索者的工作并不能仅以如此少的笔墨概括。作者们的性格、特色各不相同，但在他们的差异之中，我们也能看到推动他们工作的共同精神。

1. 作者的多样性

和人们以前所想不同，《民法典》的探索者并非全部来自资产阶级。的确，他们大多数出身中小资产阶级家庭，还有一些来自权贵资产阶级。但这些法学家

第二章 晚近的起源:《民法典》之后

之中仍然有雇员、贫穷农家的孩子,即便成为教授、律师或高级别的法官确实会让他们成为资产阶级甚至大资产阶级的一员。

此外,也并不是所有人都在大学教书,因为实务人士仍有足够的闲情逸致写作,而且大学教授的数量也很少——最开始在每个法律学校只有 5 名正式教授和 2 名候补教授,大部分都集中在外省。我们还要注意,在 1855 年创立全国统一的教授资格考试(agrégation)以前,每个学校都以不同的标准分别招聘教师。这也是为什么大学教师之中不少人在正式开始学者生涯以前曾经出任司法职务,往往已经拥有一段相当丰富的职业经历。在 19 世纪,学校从未与法院离得过远。

下文将依次介绍此时的大学教授和实务人士。

1) 大学教授

探索法典的工作占据了一个时期内大学教授的主要时间,我们难以界定他们之间的代际关系。我们仍不妨把在旧制度下接受教育的法学家和《民法典》的同龄人划分为两代人。这一划分让人想起更重视文本的注释学派与更善于使用想象的巴尔多鲁派之间的差别。第一代法学教授往往(但并不必然)对历史更敏锐,或者说至少更主动回首他们曾经学习、有时候甚至实践过的旧法。

a) 第一代。法典最初的伟大评论者来自外省。考虑到在外省和国外有 11 所法学院,这一点并不令人惊讶。[1] 图利耶(Charles Toullier)和蒲鲁东(Victor Proudhon)就是其中的佼佼者,他们令巴黎的教授黯然无光。德尔万古(Claude-étienne Delvincourt)则是巴黎法学家中的代表。

① 两位外省大师:图利耶和蒲鲁东。图利耶 1752 年出生于一个并不富裕的天主教家庭。他很早就开始了学者和布列塔尼地区巴列门律师的双面人生。因为赞同第三等级的主张,他在革命爆发的时刻成了当地的积极分子。但是因为他作为未受圣职任命之牧师的哥哥遭镇压旺代起义的革命派追杀,他于 1792 年退出了公共生活,并且很快也成了流放名单上的一员。1795 年,在短暂出任地区法院法官后,他于次年重新执律师业,并且成为一名受人尊重的法律顾问和口碑出众的仲裁员。

---

[1] 关于图卢兹的情况,见 Jacques Poumarède, « Le barreau et l'Université », in Jean-Louis Gazzaniga (dir.), Histoire des avocats et du barreau de Toulouse, du XVIIIe siècle à nos jours, Toulouse, Privat, 1992, p. 163-180.

1806 年，他在 54 岁时成为新的雷恩法律学校的《民法典》教授。这所新学校暂时选址在法院所在地（而这并非偶然）。5 年后，图利耶出版了他《按照法典顺序的法国民法教科书》(Traité de droit civil français suivant l'ordre du code) 的第一卷。因为他对个人自由和媒体自由的观点与官方相左，该书出版时经过了异常严格的审查程序。

1812 年，他成了改制后的法学院的院长。不过在 1817 年他便遭解职，其中部分是因为 1814 年—1815 年间数次学生运动造成了政治动荡，部分则是因为他在 1816 年为在旺代对抗国王军队的特拉沃将军（Jean-Pierre Travot）辩护。此时的图利耶已经处于他作为作者的荣耀巅峰，他的教科书的第七卷在 1816 年出版。先后出任巴黎律师公会主席、国民议会主席和最高法院首席检察官的老迪潘（André Dupin）在《关于律师业的信》(Lettre sur la profession d'avocat) 中把图利耶描述为"现代的波蒂埃"。

此后，图利耶把他大部分的时间都用于写作关于《民法典》的作品。到 1834 年，他的教科书已经出版了十四卷，并且被翻译成了德语和意大利语。1830 年革命之后，他重新获任命成为院长，不过随后便退居名誉院长的位置。同年，他保留了雷恩律师公会终身主席的位置。1835 年，在指定由律师迪韦吉耶（Jean-Baptiste Duvergier）续写教科书后，图利耶去世。

至于蒲鲁东，他曾经是第戎法学院的院长。生于一个生活简单而快乐的农民家庭的他，[1] 首先在贝桑松的神学院学习了 4 年神学，然后才转向了法学。他在 1789 年获得博士学位时已经 31 岁了。次年，他成为地方法院的法官，并成为国民议会的候补议员，但他从来没有机会成为正式议员。1792 年，他成为治安法官，但很快遭到解职，然后又获复职，每次任免都是国民公会（Convention）的决定。然后他成为了杜省行政委员会的成员、贝桑松法院的法官和位于贝桑松的中央学校的教授。在教学过程中，他撰写了《法国在人身地位方面的法律与判例教科书》(Cours de législation et de jurisprudence françaises sur l'état des personnes)，该书出版于 1799 年，并在 1809 年修订。

1806 年，一纸皇帝敕令任命蒲鲁东为第戎法律学校的《民法典》教授。他于 1809 年成了该学校的校长。6 年后，路易十八的政府因为他在百日王朝时期支

---

[1] Gabriel Dumay, étude sur la vie et les travaux de Proudhon, Pedone Lauriel, 1878, p. 7.

第二章 晚近的起源：《民法典》之后

持拿破仑而将其解职，但因为没有任何同事愿意以此种方式接替校长职务，这一命令直到1820年才真正生效（译注："百日王朝"指的是1815年拿破仑返回法国建立的政权，维持了100天，故得名）。同年，因为拒绝谴责一位律师在政治审判时过于激进的言论，政府同样免除了他本应在1819年—1829年担任的第戎律师公会主席一职。1823年，50多名学生在市中心的咖啡馆里高唱《马赛曲》后高呼："自由派万岁！自由万岁！"蒲鲁东因为不肯制裁这些学生而再次受政府指责。但蒲鲁东实在太受尊敬了，学生甚至专程从德国赶来听他的课，所以没人真正敢拿他怎么样。他此后在安静的环境中完成了九卷本的《论用益、使用、居住和地上附着物的权利》（*Traité des droits d'usufruit, d'usage, d'habitation et de superficie*）。蒲鲁东于1838年去世。

②德尔万古和巴黎法律学校。相比于上面两位外省法学大师，最早的巴黎教授多少显得有些苍白无力。德尔万古可能是其中最能与图利耶和蒲鲁东相提并论的人物。出生于一个传统贵族家庭的德尔万古和他们一样，也在《民法典》诞生前就涉足法学。他正是在1789年通过动荡之中的招聘考试，在导致法国大革命爆发的三级会议召开前成为巴黎法学院教授的。不过他几乎没有机会发挥才华。这名忠实的天主教保皇分子因为大革命爆发不得不以海军部文员的身份隐居11年。直到1805年，他才在新建的巴黎法律学校中获得了第一个《民法典》教席。

他的作品相比之下较为平庸。他的《法国民法阶梯》（*Institutes de droit civil français*）大部分不过是对《民法典》的重述，而《商法阶梯》（*Institutes de droit commercial*）又是对《商法典》的复述，当帕尔德叙（Jean-Marie Pardessus）于1809年接任商法教席后就不再有任何人使用它。帕尔德叙也是一位保皇派，一开始是出色的律师，后受命为布卢瓦刑事法庭的候补法官，然后成为立法会议成员。他在1814年把教案整理出版为具有高度原创性的《商法学》（*Cours de droit commercial*）。[1]

但德尔万古最糟糕的记忆还是他作为一个极其强势的院长留下的。1819年3月24日的一份政府命令深入改革法律教育，把课程的数量增加了一倍，极大增

---

[1] "这一著作让作者成了法国商法真正的奠基人。" Jean Hilaire, *Introduction historique au droit commercial*, Paris, Presses Universitaires de France, 1986, n° 65.

作为一种法律渊源的学说——法国法学的历程

加了一般公法、行政法、国际法等课程。[1] 而德尔万古在大部分同事的支持下坚决抵制这一改革。德尔万古可悲地成了全力压制公法学的那些私法学家中的代表,并且在 1820 年获得了胜利。改革陷入泥淖,为了强化君权制和宗教情感而设计的传统教育仍大行其道。

说到底,此事件说明一旦对法律的研究不再局限于对法典内容的掌握时,法学就会受到政治权力的怀疑。按照 1822 年刚成为公共教育部长和大学总管的保皇党作家弗雷西努斯(Denis Frayssinous)的说法:就不应该给年轻人任何机会搅动危险的思想。直到 19 世纪末,确切说是 1895 年,法学院才真正获得了教学的自由。但是让我们先回到 19 世纪的前半段,第二代《民法典》的探索者就要诞生了。

b)第二代。在这一代《民法典》的同龄人之中,巴黎才出现了富有远见和才华的优秀法学家。除了那些现在不是特别知名的法学家以外,我们必须谈谈迪朗东(Alexandre Duranton)、德芒特(Antoine-Marie Demante)和瓦莱特(Claude Valette)。但如果人们想要找到像上一代那种对《民法典》内容丰富的评论,还是需要转向外省。至少有两部伟大的作品能够作为第二代《民法典》探索者留给后人的遗产,其中包括了德莫隆布(Charles Demolombe)所撰写的三十一卷法典解经和奥布里(Charles Aubry)与劳(Charles Rau)合作的综合作品。

①巴黎的大师们:迪朗东、德芒特和瓦莱特。在 19 世纪 30 年代,巴黎法学教授们中的领头人物是迪朗东。他在 1810 年成为律师,并于 1812 年成了新的巴黎法律学校第 22 名博士。他一边在律师业中大放异彩,一边于 1819 年出版了《债与合同总论》(*Traité des obligations et contrats en général*)。该书马上获得成功,并且让他在次年成为教授。此后他大部分的时间都用在了撰写鸿篇巨制《根据〈民法典〉讲授的法国法》(*Cours de droit français suivant le code civil*)之上。该书在 1844 年出版的第四版有二十二卷之多。

他是一位小心谨慎的法学家,对实务的了解相当细致,尽量既不忽略作者们的学说,也不遗漏判例之中的重要分析。迪朗东展现出了他那个时代法学家的特色,完全不受任何政治事件的干扰。他的活动只限于教育未来身穿法袍的人和他

---

[1] Madeleine Ventre-Denis, *Les Sciences sociales et la faculté de droit de Paris sous la Restauration*, Paris, Aux amateurs de livres, 1985.

第二章 晚近的起源：《民法典》之后

直至暮年也从未退出的巴黎律师协会的日程。他在1856年退出教学，留下的作品轻易让德尔万古黯然失色，也远超德尔万古那代巴黎法学家所能完成的其他作品，特别是从1809年开始教学生涯、在1830年成为院长的布隆多（Jean Blondeau）的作品。

还有其他一些值得介绍的巴黎作者。特别是德芒特，他在1830年出版了《法国民法学课程纲要》（*Programme de cours de droit français*），又在1849年和1855年之间出版了《〈民法典〉分析课程》（*Cours analytique de code civil*），其中所有思想都和德芒特在青年时代全心接受的法学刊物《忒弥斯》（*Thémis*）的立场一致。但是，作者并未声称自己撰写的是一部学者法的作品，而是以"无论关于何种立法的教学，都必须以法律的文本为基础"作为自己的原则。

这样一个高举解经方法之大旗、反对教义学方法的学者也独有特点。但他之所以吸引人，并非因为他是一个《民法典》的开拓者，而是因为他完全参与了他那个时代的生活。在于大学取得候补教席并最终于1821年取得正式教席前长达16年的时间里，德芒特都是一位出色的律师。他在1848年当选为制宪会议的代表，随后成了国民议会代表。德芒特因而成了一位独特的学说人物，他同时是教授也是立法者。以此身份，他在关于亲子关系否定和宣告死亡等方面写了许多重要的报告，并且在1856年去世前主持了关于抵押制度改革的委员会。

我们在瓦莱特身上看到的是一个类似的形象。他的祖父是一名公证员，而父亲则是奥什（Lazare Hoche）元帅麾下的一名老兵，退伍后成了战争部一名普通雇员。从1848年到1851年，瓦莱特是第二共和国议会温和共和党的一名勤勉议员。但他首先是一名出色的法学家和令人印象深刻的教学者。和令学生们昏昏欲睡的迪朗东不同，瓦莱特的口头教学极其引人入胜。

这名"总是在引用伏尔泰的独特天主教徒"[1]毫无疑问通过他对好几代学生的深入影响力支配了巴黎法学院。从1837年取得了一个《民法典》的教席开始，他一直在巴黎法学院教书。1878年在他上完最后一次课之后的第4天，这名巴黎教授便驾鹤西去。从19世纪30年代晚期开始，他就远远比其他的同事更受欢迎。相比之下，学生们认为年轻的乌多（Charles-François Oudot）过于哲学

---

[1] Charles Lyon-Caen et André-Ferdinand Herold, *Notice sur la vie et les travaux de M. Valette*, Paris, A. Marescq Ainé et Delamotte fils et Cie, 1880, p. XLIV.

化、太过抽象，而专注教学的比涅（Jean-Joseph Bugnet）则恰好相反，把《民法典》庸俗化了。

确实，瓦莱特的教学法独步一时。他自己在1830年也承认"在对文本无穷无尽的分析面前，我的聪明才智也只能退让"。他也是首个从判例中选取实例的人，所以其后的法学家也有样学样，以致一个新的学派得以形成。但瓦莱特不想创造想象的案例，即便说他懂得理论联系实际（他的法律意见长期以来都是被最高法院援引最多的），他所引用的那些判例也只是对立法的简单阐明。他以立法为教，[1] 而且最主要的关切还是《民法典》，他为数不多的书面作品都奉献于此。而在这方面，德莫隆布的作品则惊人得多。

②德莫隆布：解经式评注。从巴黎获得博士学位以后，德莫隆布就再也没有离开过卡昂法学院。从在1827年获任命为候补教授起，一直到1887年辞世为止，他在该校的教学从未间断。德莫隆布出生在《民法典》颁布的那一年，他为《民法典》倾注了一生心血。为此，他拒绝了人们向他提供的几乎所有荣誉，甚至多次拒绝了最高法院法官的任命，以至于卡昂市政府专门举办宴会感谢他的留住。他独特的成果则是三十一卷本的《民法典》评注，虽然到1386条便戛然而止。

无论人们对这部评注和他的作者写些什么，都习惯于称德莫隆布为"解经的王子"。应该说这部作品以无法模仿的风格写就，对科学严谨性的追求并没有掩盖作品中散文的抒情色彩。作者从评注的文本出发，将其运用于他想象出来的案例中，然后再和一个更具一般性的原则结合起来，最后回到一个古老的公式来解释文本的意思。他从不忘记指出他的同行中存在的争议，也不忘以支持或反对的态度引用那些仿佛就在他手边的司法判决。

实际上，这种风格很像当时司法文书的写作风格。德莫隆布一直是为人提供法律建议的律师，不过他因为无法忍受与人在庭上辩论而从不出庭。很长一段时间里，他还是所在律师公会的会长。德莫隆布的对象是未来将要披上法袍的年轻人。正如他自己在前言中写的，他的目的是让学生们"从学校直接走向法院，而不需要从头再学一遍"。

---

[1] A. Duverger, « Bibliographie des Mélanges de droit, de jurisprudence et de législation par A. Valette », *Revue Critique de Legislation et de Jurisprudence*, 1880, vol. 9, p. 174-178.

第二章　晚近的起源：《民法典》之后

我们不要忘了这一前言中另一句著名的话："还有，我的格言和信条乃是——文本优先于一切！"然后他接着解释："我把自己的《民法典》课程出版，以此我需要完成的任务是解释、阐明法典本身，把它视作活生生的法律、可以适用的法律和必须适用的法律。我对教义学方法的偏爱也没有阻止我永远以立法的条文作为基础。"所以，德莫隆布克制住自己对综合的个人偏好，在职业判断的指引下写成了他的解经式评注。然而，法典的条文并非他所使用的方法唯一的基础，因为他还说："以首要和最本质的规则作为起点，然后考虑原则，最后则是科学的因素。"正如我们在以下部分会看到的那样，对原则的探索实际上是严格意义上的解经者和更倾向于综合的解经者的共同点，而且他们在今天的继承者也不例外。

德莫隆布同样很关心判例。他在 1851 年参与创立《判例批判评论》（*Revue critique de jurisprudence*），他称之为"这一立法中活跃、甚至充满戏剧性的部分""这民法鲜活的声音"（*viva vox juris civilis*）。他甚至编纂了第一部而且篇幅相当长的判例举要，不过只出版了一部便偃旗息鼓。

所以，目前人们所知的那种倔强解经学家的形象其实和他的所作所为并不相符。这一形象更接近比利时法学家洛朗（François Laurent）。[1] 这一形象也符合格勒诺布勒人托利耶（Frédéric Taulier），他从 1840 年开始撰写的《〈民法典〉要论》（*Théorie raisonnée du code civil*）恰恰因为其严格的解经特点，几乎没有获得任何成功。除去那些不可靠的传说，这个时代的法学家，至少其中最优秀的那些，并不像托利耶那样把法典看作与过去、与判例完全脱离的文本，也不把自己限制在对法典文本的合理性甚至语法分析上。此外，这些作者从来不缺少牢靠的实践经验，他们大多数人从法庭或者往往非常丰富的公共生活中获取这些经验。我们下面要谈到的作者奥布里和劳尤其如此，他们的作品在法国学说发展的历程中发挥了决定性的作用。长期以来，二人合著之《法国民法学教科书》（*Cours de droit civil français*）在人们心中都是"法国法律文献中最崇高的荣耀"。[2]

③奥布里和劳：综合式评注。要是人们把两位斯特拉斯堡人奥布里和劳也称

----

[1] Pierre Gothot, « François Laurent: entre la religion de l'avenir et le présent de la loi », *in* Johan Erauw, F Laurent, Rijksuniversiteit te Gent et Faculteit Rechtsgeleerdheid (dir.), *Liber memorialis François Laurent*, 1810-1887, Brussel, E. Story-Scientia, 1989, p. 69 sq.

[2] Philippe Malaurie, *Anthologie de la pensée juridique*, Paris, Cujas, 2000, p. 184.

作为一种法律渊源的学说——法国法学的历程

作"解经者",那只是为了说明他们所处的时代,而非他们自己使用的体系方法,其一直结合"抽象的法律理论"和无可置疑的实践感,其标志性的生平可以为这一方法提供解释。[1]

奥布里是一名纯粹的大学教师。他在 1830 年取得替补教授职位时,年仅 27 岁,随后又通过竞考在 1833 年获得《民法典》讲席。从此,他将一生贡献给研究和对斯特拉斯堡法学院的管理,后者在他 1851 年当选成为院长后变得比以前更重要。直到 1870 年,在阿尔萨斯因为普法战争失利而被割让给德国之前,奥布里获征召前往最高法院,当了 8 年法官。

劳则更多和实务相连。和他的合作者出生于同一年(1803 年),他在 1825 年于斯特拉斯堡律师协会注册。他的大学教师生涯稍有延迟,在 1833 年成为替补教授后,直到 1841 年才获得正式教席。在他长期的双面人生中,劳既对德国理论著作烂熟于胸,又对最细节的诉讼争议了如指掌。1870 年和奥布里同赴最高法院之前,他还是律师公会的会长。

这两位作者都有能力把有意保持抽象性的法学运用于实践中的具体问题。不过如果说奥布里和劳与他们同时代的学者有何不同,主要是因为他们有意选择了一种不同的展示《民法典》的方式。他们著名的教科书前两版主要的部分翻译自德国教授扎卡利亚(Karl Salomo Zachariä)的课本,后者所在的莱茵兰地区(Rhénanie)当时适用的是此前由拿破仑带去的《法国民法典》(译注:拿破仑的军队曾经征服现在属于德国的一些领土。在他溃败后,《法国民法典》仍在一些地方适用)。两位作者在前言中解释了自己的选择:"我们选择的这本书既可以帮助我们体系化自己所学到的知识,又提供了一项关于我们需要继续掌握的知识的研究方案。"而深受潘德克吞方法影响的扎卡利亚并未依据《民法典》的顺序,而是"根据严格的逻辑顺序,每一个部分都必然在其中处于其所应处之位。在顺序上调换了《民法典》中各项规定的顺序安排后,它的通过各规定之间建立起的关系和层级联系让法典的内容更容易为智力所理解"。

所以,奥布里和劳与他们同时代作者的不同之处在于他们试图通过研究《民法典》建立起一套体系。当其他解经家还在小心翼翼、秘不示人地使用综合方法时,他们已经大胆希望把它置于解经方法之上了,并希望由此建立民法的一般理

---

[1] Eugène Gaudemet, «Aubry et Rau», *Revue trimestrielle de droit civil*, 1923, n° 1, p. 65 sq.

第二章 晚近的起源：《民法典》之后

论，而非仅仅评注《民法典》。他们著作的题目显示了这一志向：就算其实质内容是对法典的分析，它也是一套"民法"课程，而非《民法典》课程。

这一特色让奥布里和劳尽享荣耀，因为他们象征了日后法国学说风格中最典型的元素：清晰阐明体系、法律构造和一般理论（这一表达在当代法学家笔下尤为常见）。而他们之所以能成功阐明这些，全有赖于在相对的抽象化和抽象化所用以指导的不同实践考虑之间维持了微妙的平衡。

对学说的教义学式概念以边缘化那些出身于实践中的作者为目标，而这一目标直到19世纪末奥布里和劳过世多年后方得以实现，此时综合方法已经胜过解经方法。而在19世纪早期，不少实务人士仍能通过探索《民法典》而跻身法学家之列。

2）实践家

整个19世纪，实务人士并不介意进入学说的领域，而且他们写作了各种不同体裁的作品。世纪初最重要的角色是梅兰（Philippe-Antoine Merlin），他编写了数部内容可观的词条索引。一些低调的人更关心教学，特别是穆尔隆（Frédéric Mourlon）和德尔索尔（Jean Joseph Delsol），他们编写的释义集保证了一代又一代的学生在法学院取得成功。另一些则更具野心，他们要么像迪韦吉耶那样编写受人尊敬的教科书，要么像马尔卡代（Napoléon Victor Marcadé）、蓬（Paul Pont）、特罗隆（Raymond-Théodore Troplong）、于克（Théophile Huc）和拉罗姆比埃尔（Léobon Larombière）一样有自己的评注书问世。

a）梅兰。在19世纪初的出版界，梅兰是和蒲鲁东或曾经人称"法学家中的王子"的图利耶齐名的人物。出生于1754年的梅兰正好赶上了第一代民法学家的时代，不过生于一个富农家庭的他出身却不典型。[1] 他的学说著作相当早熟。从1776年开始，他还在刚当上弗兰德地区巴列门的律师仅2年后，就提议与后来成为忘年交的居约（Joseph-Nicolas Guyot）合写《判例索引集》（*Répertoire universel et raisonné de jurisprudence*）。在超过4000条词条中，年轻的梅兰写了515条。在18世纪80年代，整个王国都知道他作为实务法学家的才华，就连自身健讼的著名剧作家博马舍也成了他的顾客。但渴望社会地位的梅林并不为此满足。

---

[1] 本节大部分的内容来自于Hervé Leuwers, *Un Juriste en politique : Merlin de Douai* (1754-1838), Artois, Artois Presses Université, 1996, 390 p.

作为一种法律渊源的学说——法国法学的历程

大革命的爆发让他离开了律师业，也为梅兰带来了向更高社会阶级流动的机会。他将会是伟大法学家之一。但他最早的角色为他招致了仇恨。在国民公会中投票支持处死国王以后，他参与制定的《嫌疑犯法令》（Loi des suspectes）在1793年引发了革命者之间的相互猜忌。梅兰在1796年成为司法部长，1797年—1799年先成为行政委员会成员，后成为主席。当他在1799年6月被迫离任时，人们唾骂且中伤他。法学成了他挽回形象的唯一途径了。

1800年，他只不过是最高裁判所中一个平凡的替补政府委员，处于比戈德普雷阿梅纳（Félix Bigot de Préameneu）的权威之下。但在后者前往资政院（Conseil d'état）主持工作后，他立刻取而代之。1804年最高裁判所被改革为最高法院时，政府委员改名为皇帝总检察长，梅兰则再次成了受认可的法学家。他的总结意见赫赫有名，而且经常对于刚成立之最高法院的新判例有决定性的作用。从1802年到1804年，他还基于自己的实践经验出版了《法律问题集》，并出版了他已经获得著作权的新版居约《判例索引集》。

然而波旁复辟再次让风气为之一变。梅兰踏上了流放之路，一直到1830年才回到法国。在流亡于布鲁塞尔时，他从公共生活中抽身，专心做一个法学家。除了给恢复王权秩序的欧洲各地提供法律咨询以外，他编纂了新版的《判例索引集》和《问题集》。其中《判例索引集》的第五版（也是最后一版）在1827年—1828年于巴黎出版，多达十八卷。

然而他的作品并非全然是对《民法典》的探索。梅兰延续了旧制度时代作者的腔调和文风。他的作品大部分在1804年以前已经构思完成，所以《民法典》在其中的出现多少有些生硬，像是鲁莽的闯入者。他的著作的成功似乎并非因为其依据法典对若干词条的更新，而是因为其中大部分内容在新法律不溯及既往的原则之保证下，在19世纪最初十多年仍不失其实用性。但是从30年代起，他的作品就开始过时了，特别是在达洛兹（Désiré Dalloz）和西雷（Jean-Baptiste Sirey）主持出版了新的大型法典评注和更现代的索引集后。

如果我们还想在实务人士中找到真正的《民法典》探索者，那就有必要转向其他的作者。其中一些人虽然采取的是面向年轻人的形式，却也偶然获得了惊人的成功。他们是法典的释义者。

b）法典释义者：穆尔隆和德尔索尔。穆尔隆是公证员之子，1811年生于克勒兹省，前往巴黎学习法律并于1846年获得博士学位后继续在巴黎执律师业。

第二章　晚近的起源：《民法典》之后

他同时也是一位高产的作家，尤其希望出版一本三卷本的《〈民法典〉释义》（*Répétitions écrite sur le code civil*），对应本科 3 年的学习。其结果是他的作品在数代学生中获得了巨大的成功，直到 1884 年还出版了第十二版！

当时，市面上有不少卷帙浩繁的法典评注，人们很容易想象年轻的读者会对这些作品望而生畏。而释义书则不同，它们的特点是简明扼要。作者按照《民法典》的顺序展开，但是真正推动笔触的是希望读者能最大程度理解其内容和尽量让读者发挥作品最大用处的意愿。

所以，这一为学生而写的法典解经并非没有方法意识。另一位律师所完成的作品也一样，虽然其作者早已无人问津。德尔索尔几乎是在同时代（1854 年）出版了他的《在学说与判例视角下的〈民法典〉基础解释》（*Explication élémentaire du Code civil*），同样在学生当中备受好评。学生们在听了教授们的口头授课后，并不会去阅读那些冗长的评注，而是先去学习实务人士所编写、更注重教学法运用的法典释义！同样，德尔索尔的成功也是他所使用的方法的成功。他使用的是一种"混合或者有限的教义学方法"，因为作者"在讲解了一系列法典条文后，总会列出相应的原则"。

c) 大评注家们：迪韦吉耶、马尔卡代、蓬、特罗隆。有些实务人士不介意撰写长篇作品，特别是那些真正的法典评注，而非出于教学目的的释义书。首先要提的是圣西门的拥护者迪韦吉耶。1792 年出生在巴黎的他曾经是巴黎律师公会主席、资政院庭长，并最终在第二帝国时期以 80 岁高龄成为掌玺大臣。他的学说类作品数量惊人。他首先从 1824 年开始出版了《资政院律令集》（*Collection des lois, décrets, ordonnances, règlements et avis du Conseil d'état*），该书在很长时间内大受实务人士欢迎。图利耶更在 1832 年专门任命他为自己著名教材的续写者；只不过这项工作并未完成，因为迪韦吉耶在出版了七卷之后便放弃了。但至少我们从中可见，一名 19 世纪的著名教授并不介意由律师作为自己的学术传承者。

马尔卡代也是一名读者众多的作家，特别是他 1841 年开始出版的《〈拿破仑民法典〉的理论与实务解释》（*Explication théorique et pratique du Code Napoléon*），该书每次再版都会增加新的内容。根据一个模棱两可的赞美，这部评注是"当事人所能写之诉状和法官所能写之判决的完美模板"。当了几年最高法院的律师后，马尔卡代在 1841 年便过早驾鹤西去，年仅 44 岁。马尔卡代往往放任自己对同行进行人身攻击，特别是针对图利耶。法学院不满马尔卡代过分迷恋争论，这也使

作为一种法律渊源的学说——法国法学的历程

他的读者集中于实务领域。倒是马尔卡代的继任者蓬更受学院的欢迎,他是一名非常克制的法官,对此类争议毫无兴趣。但是蓬也从来不否认他对现在要续写的作品之基础的喜爱。他无意回到解经方法和综合方法结合的中间路线上,也并不批评该"解释"有意采取的入门性特征。他不想局限于对法典条文的语法分析,而是想解释条文背后的原则或者"元素",但不要过度涉及他所称"哲学基础"的那些内容,也就是一切外在于实证法的元素。

蓬的名字早就深陷于遗忘中了,但他实际上是一名出色的法学家。[1] 和同辈许多法学家不同,蓬没有涉足政治,但这并不妨碍他对法律世界施加隐秘却深刻的影响。1851 年,他和马尔卡代、德莫隆布一起创立了《判例批判评论》(*Revue critique de jurisprudence*)。当该刊物晚些时候与沃洛夫斯基(Louis Wolowski)于 1834 年创办的《立法与判例评论》(*Revue de législation et de jurisprudence*)合并成为《立法与判例批判评论》(*Revue critique de législation et de jurisprudence*)后,蓬正式成了这部在法国法学史上举足轻重的新刊物的主编。他在上面发表了大量的论文,但更重要的是他经常从学说角度撰写案例汇编中主要判决的摘要,并致使该刊物一直保留了被人们称为"判例的学说检讨"的栏目。

我们从蓬更新的马尔卡代的"解释"一书中可以找到上述学说检讨的痕迹。在该书不同的卷次中都可以找到大量对判例的引用,但引用的方式颇具当时特色——作者用判决的理由来形成更一般性的论证,而且远离法典的文义,正如马尔卡代本人在 1846 年所提出的那样。

蓬所完成的绝不仅仅是一部著作的更新工作。从蓬其他的个人作品中,我们仅需举出在学说发展的历史剧中具有原创地位的一项工作:他参与撰写了《法国法典注释》(*Codes français annotés*),这项工作为"文本所引发的重要问题提供了最新的判例作为参照"。当时的教授们并未十分重视这部作品,但它对于 19 世纪的实务人士尤其有用,因为当时还没有对判例的完整高质量汇编。

所以蓬实在是当时法学家的典范。他续写了一部著名教科书、撰写了大量几乎涉及所有主题的论文,是民法和商法领域的通才,是最重要的期刊的主编,还是最高法院最有影响力的顾问。他连接了学校和法院,所以才能在 1868 年、

---

[1] Alexandre Mérignhac, « Notice sur Paul Pont », *Revue critique de législation et de jurisprudence*, 1889, vol. 18, p. 729 sq.

第二章 晚近的起源：《民法典》之后

1870年、1880年、1882年和1884年分别出任法学院教授资格考试委员会主席。可以说，蓬在当时尽享荣誉。不过，他到底遭遇了一名强大的对手——特罗隆。后者的事业和著作最终让蓬星光黯淡。

特罗隆虽然是一名法官，却在学说方面不需要艳羡任何地位尊贵的大学教授。他在理论的田野上潜心耕耘。许多大学教授对他缺乏尊重，但就他本人而言，确实很难说他到底是因为作为法学家的成绩还是与政治权力的关系而受人轻视的。

他的成长过程与众不同。[1] 特罗隆1795年生于一个贫寒家庭。一开始，他是南部一个小城里的中学教师，随后在市政当局工作，于1819年进入法院系统并在科西嘉的巴斯蒂亚市谋得职位。在该市位于法院院内的市立图书馆中，他自学完成了法律和历史的学习。我们至今不知道他是否正式拥有法学的本科学历！期间，他成了一名波拿巴主义者。6年后，他获任为南锡上诉法院的总检察长，并开始研读图利耶的著作。不过，他的目的是自己成为一代宗师。1833年，他艰难地出版了一部关于优先权和抵押的四卷本评注。后来，他又在此基础上从1858年起出版了二十八卷的《根据〈民法典〉买卖部分之后条文顺序解释的民法》(*Droit civil expliqué suivant l'ordre des articles du Code depuis et y compris le titre de la vente*)。

他的作品为他赢得了巨大的声望，甚至超出了司法实务界的范围。1835年，特罗隆成了最高法院的法官。他的学术声望让他在1840年入选法国科学院，又在1846年入选贵族院。虽然已经成了社会名流，他却享有自由主义者的名声，并且为1848年的社会革命忧心忡忡，因为他担心社会革命会威胁公民自由。所以他才写了两本小册子，把所有权作为自然权利来捍卫，并为《民法典》灌注了民主精神。

拿破仑三世当选为共和国总统后，在他出任司法部长的朋友巴罗（Odilon Barrot）的积极推动下，特罗隆成了巴黎上诉法院的院长。从此，特罗隆坚定不移地支持拿破仑三世的自由政体，不过是出于个人尊严和信仰而支持的，并且成了凯撒主义的理论家（译注："凯撒主义"在此主要指的是认为那些得到民众支

---

[1] 最近的研究参见 André Giudicelli, « Biographie expliquée de Raymond-Théodore Troplong », *Revue d'Histoire des Facultés de droit et de la science juridique*, 1999, vol. 20, p. 95-122.

85

持的领袖应该享有绝对权力的政治立场)。在参与制订了1852年1月14日的新《宪法》后,他成了参议院的副主席,他于此职位上大力支持关于建立帝国的动议。同年年底,他又成了最高法院的主席和参议院主席!短短几个月时间里,特罗隆就成了全国最权势熏天的数人之一,并且一直保留此地位,却从未真正施加政治影响,直至1869年去世。

共和派不可能原谅他对强人政治和第二帝国的支持态度。瓦莱特就是其中一例,他因为在1852年12月2日恢复帝制的政变中反对拿破仑三世而身陷囹圄。阿科拉斯(Émile Acollas)一样对他心怀不满,在1885年还说"从特罗隆先生的评注中人们找不到任何法律学说的踪影"。对于如此具有象征意义的作品而言,他的说法显然言过其实了。[1]

他和大部分同时代人一样,都辛勤耕耘于对《民法典》的解释。不过他更像是为《忒弥斯》期刊供稿的那些历史学家们,决定用古老的历史来为被人们指责为启蒙哲学产物的当代法典的政治合法性背书。他是著名的《立法与判例评论》编辑部的主要成员,在他为该刊物撰写的发刊词中,特罗隆明确主张"革新适用于法国法的历史研究的必要性"。在他的论著中,历史论据自然而然地出现在每一页中,他以让人想起注释法学派的方式,把各个时期的作者的理论同时推进和讨论,却不关心其时序问题。后人认为"这种观点的混合是为了丰富对《民法典》的注释(glose),并且把它置于一个学者传统之中,而非为了形成一种自主的'法学'"。[2]

特罗隆的作品比他那些同样细心开拓《民法典》的同辈要丰富得多。拉罗姆比埃尔也是一名职业经历光彩照人的法官。1857年—1858年,他出版了五卷本《债的理论与实践》(*Traité théorique et pratique des obligations*),成了最高法院的法官。他的解经作品中包含的哲学思考远远不及特罗隆笔下的多。人们同样也可以举先在大学当教授、后成为法官的于克为例,他在19世纪行将结束的时候出版了多达十二卷的《〈民法典〉理论与实践评注》(*Commentaire théorique et pratique du Code civil*)。特罗隆是他那个时代的弄潮儿,于克则远远落后于其时代

---

[1] 对特罗隆的重新评价,参见 Philippe Rémy, « Préfaces de Troplong, préface aux préfaces », *Revue d'Histoire des Facultés de droit et de la science juridique*, 1997, vol. 18, p. 161–188.

[2] *Ibid.*

第二章 晚近的起源:《民法典》之后

了:尽管已经明白研究《民法典》时不能割断其与宪法、行政法、财税法等领域的关系,但他在写作时仍遵循着古老的模式,完全忽视正在他身边蓬勃发展的新知识趋势。

但这些都不重要了,因为无论学者之间的跨度有多大,他们的作品让法国人适应了新的《民法典》,并且恢复了博士们的地位。虽然这些开拓者的作品和性格大相径庭,但他们在知识上造诣相近且均令人信服。

2. 作者的精神一致性

关于法典开拓者的传说为他们强加了一些想象的共性,而更深入的历史学研究则能为我们揭示他们之间真正的共同点。

1)传说中的共性

我们需要首先反对的观点是,大多数解经者远离那些困扰着他们所处社会的重大辩论。它首先是不准确的,而且我们也无法确切证明当时是否存在"社会—法律秩序和社会—经济愿景之间的断裂",[1] 或者说法学家事业和公民社会之间的脱节。解经者确实不是为了满足当时社会需要才解释法律的,但这一点并不意味着他们对自己所生活的那个社会漠不关心。

如果说他们的确不太关心社会问题,那是因为身处大革命带来的整整一个世纪的政治地震之中,整个法国社会当时本来也不关心社会问题。而当大革命逐渐远去,饱学的法学家自然就会对社会感兴趣,哪怕他们继续评论着《民法典》。于克也知道无法让社会法则静默。

如果说他们确实不是社会学家——社会学当时也还不存在,大部分的法典评论者确实是他们那个世纪的产物,与他们的时代分享着希望和矛盾。自由派图利耶对皇权专制谨慎却坚定的反对和他同时代人普遍的观点并无矛盾;德尔万古的保皇主义信念也和复辟时期许多法国人别无二致。至于特罗隆,他很大程度上代表了当时的资产阶级立场,不仅因为他出于对"中道"的持续追求而对《民法典》有一套可以说是路易-菲利普式的解释,还因为他担心令人珍视的公民自由可能在1848年一去不返。

可以说解经者在为资产阶级服务吗?首先,我们得承认他们的社会出身并不

---

[1] André-Jean Arnaud, *Les juristes face à la société du XIXe siècle à nos jours*, Presses universitaires de France, 1975, p. 7.

全都是资产阶级。虽然法学教授、法官或律师的身份让他们跻身资产阶级的行列，但是他们的收入并不总能让他们过上富裕的资产阶级生活（特别是那些免费提供法律咨询的教授们）。我们还得指出，虽然他们之中没有任何一位马克思主义作者，但一些法学家显然站在1848年社会革命的一边。瓦莱特和德芒特都是第二共和国的政治家。至于在1874年—1875年出版了四卷本《〈拿破仑法典〉哲学与批判评论》（*Commentaire philosophique et critique du Code Napoléon*）的阿科拉斯，则是第二帝国时期知名的共和主义者，他的一篇短文还主张以"民主精神的视角"从整体上重塑拿破仑的几部法典。

确实，人们很少在讨论"解经学派"的时候把阿科拉斯算在其中，但这是另一个我们需要反对的观点。这一学派并没有一个无可置疑的核心，它的形态随时可能改变。它的外延实际上取决于20世纪的作者们希望把它形容为何种事物，而这些作者们的想法倒是或多或少一致，他们希望把解经家们说成是皓首穷经只研读《民法典》条文的人。一旦发现有一位解经家并不局限于他们预先构想的领域，人们就把他从这个学派中排除出去，到最后剩下的只是一个几乎空空如也的皮囊！[1]

首先以总是作为解经方法之先行者面貌出现的图利耶为例。但不要忘了他的《法国民法教科书》第三版于1823年出版时，整个第一卷都是关于政治哲学的，因为他在里面激烈地抨击审查他出版物的帝制政权，并且以《1814宪章》的权威作为自己《民法典》评注的基础。那么，我们还能说图利耶属于这个学派吗？有些人确实对此有所疑问。[2] 同样，当一位作者对判例产生强烈兴趣的时候，他作为解经者的地位也要么受人质疑（比如德莫隆布），要么彻底遭到否定（比如瓦莱特，有些人在晚些时候又把他奉为自己志向的先行者）。

至于特罗隆，他的特点是在他所写的那些有时超过百页的前言中进行大段大段的哲学论述，而且在他二十八卷的评注中不停进行哲学评论。这就是为什么人们说"在把他归为解经家时有些犹豫"。[3] 至于奥布里和劳，他们并没有遵循

---

[1] Philippe Jestaz et Christophe Jamin, « En relisant Eugène Gaudemet », *in L'interprétation du Code civil en France depuis* 1804, Paris, La Mémoire du Droit, 2002, p. 9-36.

[2] Eugène Gaudemet, *L'interprétation du Code civil en France depuis* 1804（1935），Paris, La Mémoire du Droit, 2002, p. 71-72.

[3] André-Jean Arnaud, *Les juristes face à la société du XIXe siècle à nos jours*, op. cit., p. 56.

《民法典》的顺序。此种例子不一而足。

实际上，关注《民法典》的法学家往往出于职业要求才这样做，因为官方的教学大纲规定了他们教学的内容和顺序，他们在法国民法殿堂中并非因此而区别于《民法典》之前或之后的法学家。即便在那个时代，也只有少数几名法学家把自己的工作限制在复述法典条文上。真正让解经家们与众不同的是其他因素，这些开拓者因为一些我们马上要指出的共同好恶而同气联枝，形成了一个"法典学派"。

2）真正的共性

解经家所分享的最主要的关怀是为实务人士提供使用《民法典》的技术手段。他们不是理论家。他们对何为教授法典的最佳方法争论不休，并且对争辩有着特殊的偏好。但他们一致同意，判例应当处于一个边缘的地位。而且他们的工作有一个野心勃勃的目标，那就是从法典中形成法律原则。

a）缺乏思辨精神。《民法典》的开拓者并不是理论家，所以他们也不会把法律理论化。哪怕在特罗隆的前言中，他所讨论的哲学也是流于表面的，而且在真正哲学家的审视下不值一提。它往往只是一些引文的集合，用以说明法典的教义特征。人们说特罗隆是解经家中的哲学家只说明一点——其他人实在对哲学一无所知。

实际上，不同的评注和论述的前言部分同样贫乏。它们一般而言不过是一些关于自然法的平庸段落，在大部分时候重复自然法如何来源于神圣法，又是如何"镌刻在每个人的心底"。毕竟这一套来自于圣保罗的说辞对这些几乎清一色是天主教徒的作者而言再熟悉不过了。但这自然法在前言中出现一次后就再不露面。这说明了那个时代的重要特征：哪怕想要从法典的局限中逃离时，人们也还是不会在法典的范围之外进行论证。一旦提出某些一般性的反思，作者们马上就会回到对《民法典》根植于实证主义传统的说明中。

当德莫隆布讨论自然法与实证法之间的区别时，他很好地总结了当时的时代精神："我无意在此挑起空洞的哲学争论，更不用说纯粹词语上的问题。我写的书关于私法，也就是一种从本质上来说引向有用的实践目标的法。"[1]

但这种所有《民法典》开拓者的共同态度并未说明他们是在没有方法的情

---

[1] Charles Demolombe, *Cours de Code Napoléon*, Paris, Durand, 1845, vol. 1, n° 8.

况下完成作品的。他们恰恰明确表达了对方法的关注，并且对此争论不休。

b) 乐于争辩。解经者们不仅常常争辩，而且争辩是他们方法的一部分。他们和所有时代的所有作者展开争辩。一名16世纪或17世纪的法学家与古罗马的法学家展开跨越时空的辩论并非罕见，居雅士常常批评乌尔比安，波蒂埃也总是和帕比尼安意见不合。在这一意义上，法典的探索者看上去则在模仿注释法学派。

先把他们关于法律实质问题的争议放在一边，让我们看看和本书内容直接相关的争议。辩论首先是关于研究法典的形式方法的。法典的开拓者长久地争辩更加贴近文本的解经方法和更依赖综合的教义学方法彼此的优点。如果说其中一些人（如图利耶、迪朗东、马尔卡代和蓬）坚定地选择了"混合方法"，另一些人（奥布里和劳）公开地选择了综合方法，其他人则同样清晰地选择了评注（德莫隆布、除了前言以外的特罗隆、拉罗姆比埃尔和于克）。

辩论随即在意识形态问题上延续。正如罗马法争论所体现的，意识形态问题背后还有政治争议。正是在这方面，大部分解经者和注释法学家的行为模式惊人相似。解经者和注释法学家一样从《学说汇纂》所应表达的普世"写就的理性"中寻找权威，所以蓬勃发展的出版物都以"阶梯"或"潘德克吞"为标题。这些作者毫无半点历史或学究式研究的想法，也没有尊重时代顺序的意愿。罗马法无非是一种强化《民法典》的技术和政治合法性的途径。不过这种对罗马法的回归并非唯一的选择。且不说《忒弥斯》期刊的支持者所希望建立的"科学研究"，有不少作者认为罗马法所见证的"古代"社会秩序和现代法国所希望推动的理念相去甚远。

在关于波蒂埃的讨论中，人们发现相似的矛盾引发了另一场争论。19世纪初的作者并不怎么关心波蒂埃的作品。但保皇派的重新掌权导致孕育于革命时代的《民法典》的政治合法性受人质疑。为了回击挑战，解经家重新树立了波蒂埃的权威，因为他是旧制度下的人物，先天就代表了法国传统。许多作品由是问世，为波蒂埃的著作赋予了时代意义。然而，那些想要带领法国彻底进入19世纪的现代性的人士反过来又要挑战当时人们视为《民法典》之父的权威，比如特罗隆便认为波蒂埃的思想应该留在历史的尘埃中。实际上，没什么人在这一点上追随特罗隆，波蒂埃还是一个有用的参照对象，其地位有点像1836年整理完成并出版的《民法典》编纂记录，可能还要更高些。马尔卡代就说波蒂埃比法

第二章 晚近的起源：《民法典》之后

典的起草者更有条理，后者本应选择一个更好的顺序。[1]

解经法学家还有超越这些分歧的共同目标：让法国社会接受《民法典》。[2]这一目标同时解释了他们对待历史先例和司法判例的态度。

c）判例的边缘地位。解经家研究判例并不是因为判例本身值得研究，而是因为它构成了帮助人们理解法典的一个因素。因此，判例所能提供的仅仅是一个额外的论证，没有法学家会详细而系统地研究它。

甚至可以说，他们会认为对判例详细而系统的研究是一个严重的错误。我们今天已经彻底遗忘这种态度了。但它解释了为何判例在19世纪初仅仅获得有限的注意力。人们认为《民法典》几经波折才最终确立的秩序会因为对判例的过分重视而支离破碎。当时的判例还不仅仅包括最高法院的裁判，进入判例的泥淖无疑会让纷繁复杂的事实破坏法典编纂者所欲实现的法律统一。解经者都是些偏爱秩序的人士，所以判例必须为法典服务。

此外，至少从学说的角度上说，这些优秀法学家对法官将信将疑，因为他们不相信可以从完全依据事实情境作出的司法决定中提炼出原则。

解经家们全都对达盖索关于判例汇编的辛辣评语记忆犹新："遥远的人比身边的人往往有更多的权威"，因为后者容易出现不明确和错误。再说，正如我们将在下文谈到的，可靠的判例汇编在解经时代才刚刚出现。

总而言之，正如特罗隆所写，判例向法学家表现的充其量不过"是立法在行动中表现之戏剧"。他的观点在当时很具代表性。它的用处仅仅在于解释法律的意义和确定适用范围。就算在论著和评注中引用的判例越来越多，法典的优先性仍未受到质疑。判例并非因其本身而有价值。

在判例之上不仅仅有立法，还有各种法律原则。当时的法学家甚至把原则置于立法之上，立法者和法官都应该实现法律原理。这一想法帮助我们触及19世纪学说的核心部分，乃至学说本身的核心部分。实际上，正是在原理之上、主要在原理之上，法典学派无声却坚定地建立起了其一体性。

---

[1] Jean-Louis Halpérin, « La lecture de Pothier par la doctrine du XIXe siècle », in Aline Terrasson De Fougeres, Jean-Louis Sourioux et Joël Monéger (dir.), *Robert-Joseph Pothier d'hier et d'aujourd'hui*, 2001, p. 65-75.

[2] Philippe Rémy, « Le rôle de l'exégèse dans l'enseignement du droit au XIXe siècle », *Revue d'Histoire des Facultés de droit et de la science juridique*, 1985, vol. 2, p. 91-105.

d) 探寻原则。如果说解经派轻视判例，那么并不是因为他们对具体问题漠不关心。相反，他们无时无刻不在寻找能够阐明条文的案例，只不过司法决定能够为他们提供的例子看上去过于侧重事实，还不如他们自己编出来的好。与此同时，他们还在发明着原则。所以总体而言，解经者既是案例的创造者，又是原理掩盖下的体系创造者。

无论他们使用的是什么方法（纯粹的解经法、体系法、折中法），解经者都有同样的目标。当时没有一位作者不宣称自己提出一套原理，就连那些只是写释义书为学生讲解法条的作者也不例外。穆尔隆就曾试图提出"一般原理"；德尔索尔也认为自己发现了"一系列原理"。人们认为原理可以整合所有的法学知识，所以应该以之为起点。图利耶1811年出版的第一版评注中便清楚地说："我和此前那些饱学的作者在方法上有所不同。我首先寻找理论的一般原理。而且我不仅在历史中寻找，还通过把我们的法律与过去的法律、罗马法（比较），甚至有时与我们邻国的立法比较。"

但原理并非自然法的表达。它们是实证法的一部分，因为恰恰是法典让它们得以确立的。在德尔万古、蒲鲁东或马尔卡代等人的笔下，我们都能找到类似的表达。实际上，几乎所有的法国解经家都尝试通过法典条文、却超越法典的字面意思提出法律原理。至于比利时法学家洛朗，他在1881年继续法国解经家的工作时，还同样明确认为可以"在立法中找到或者推论出"法律原理。所以，他多达三十三卷的法典评注以象征性的"法国民法原理"作为题目。另外，法国最高法院的立场也别无二致。人们会发现，1873年的一个判例不仅援引了《民法典》的条文，还援引了从法律条文中推出的原理。[1] 可能还有更早的判例有类似的倾向。

所以，我们不能误会解经家的精神状态。当他们把一些《民法典》的规定放在一起比较，或者从一些条文开始着手推导时，他们并不是在研究文本的语法结构，也不是出于对以某种形式吸收了自然法的法典化思想的盲目热爱，而是因为他们认为可以从法典的文本中最终找到超越法典文本的原理。不过，和此后再探讨这个问题的萨莱耶（Raymond Saleilles）不同的是，他们想要超越法典文本，却从来没有想过超越《民法典》本身。作为成文法坚定的支持者，他们对原理

---

[1] Req., 30 juillet 1873, S. 1873, 1, p. 448.

第二章 晚近的起源：《民法典》之后

的探索只是为了明确法典的意思而已。而且，寻找原理也是证明作者们工作之合法性的核心任务。

此等任务事关重大，取决于博士们是否能主张他们把从法典中推导出来的法变成一种"科学"。而在所谓科学法学派全面胜利之前，解经法学家只能通过发现并确定原理才能给出肯定的答案。德芒特就曾在陈述他对学生培养之反思时清楚地提出："必须让学生学到的，是独立解决每天以新面貌出现的多种多样问题的能力。为了实现这一目的，就必须为他们指引那些关于构成科学的原理的知识。"[1] 出于同样的原因，马尔卡代如此推崇债法（而我们今天仍视其为民法的核心）："我们从评注中读到的那些睿智的方法、逻辑的推论、对重大问题的理性解决方案，正是为了《民法典》这一部分而存在的。一言以蔽之，所有那些让学说配得上科学知名的因素皆藏于此。"[2]

法典的开拓者在他们自己眼中成了科学家，有赖于这一科学，他们可以建立一套和谐的法律体系，其中既没有任何漏洞，也没有任何阴影地带——一旦法律文本对这个或那个问题出现了沉默，总是能找到一个原则来处理相应问题。另外，解经家呈现给公众的总是"经推理而来"的评论。比如说，托利耶（Frédéric Taulier）的《从〈民法典〉推理的理论》就声称要为"民法重建使其变得美丽的纯净内容"。[3] 最终，如此发现的原理的规制功能让人们可以认为《民法典》占据了整个法律空间，而且可以视同于民法本身。

对原理的探索就这样屹立于科学之林，除了其他好处之外，它让人们对合法性的尊重[4]保持信服，解经家甚至也因此获得了一些自由。原理不会与法典相冲突，因为它们就是从法典中推论而来的。原理当然可以在事实层面带来颠覆性的后果，但这种后果却很难被证明，因为改动《民法典》之规定的原理恰恰自身也来自另外的一些规定。

这一进路的另一项好处是不会展现明显的主观色彩。从理论上说，当解经家

---

[1] Antoine Marie Demante, *Programme du cours de droit civil français fait à l'école de Paris*, Paris, Alex-Gobelet, 1830, p. VIII.

[2] Napoléon Marcadé, « Le code civil et ses interprètes », *Revue de législation et de jurisprudence*, 1846, n° 2, p. 285-302.

[3] Frédéric Taulier, *Théorie raisonnée du code civil*, Paris, A. Delhomme, 1840, p. 5.

[4] Marielle de Béchillon, *La notion de principe général en droit privé*, Aix, Presses Universitaires Aix-Marseille, 1998, p. 135.

作为一种法律渊源的学说——法国法学的历程

们从构成体系的一部法典之数个条文中构建出一个原理时,他们所做的不过是发现一个内在于法律、因而超越作者自身的理性而已。人们会因而产生一种价值中立的印象,而我们可以就此所说的至少是,这一印象和法学家们在19世纪的所作所为全然不符。不过,这种表面上的中立既是法学家有意维持的,又在其后成了学说权力之基础本身。中立性实际上让作者们既是原理的宣布者,又是它们最好的守护者,而不至于招致任何职责,因为他们只不过是在"描述"一些外于他们的东西而已。

在这一时代(总体上是19世纪前半叶),原理统辖司法判决,因为个案出现于原理之后。这一观念因而禁止法官自己推论新的原理,而且在实践中它也禁止法官在解释法典的时候援引社会需要。正是于该问题上,解经家的继承人与他们分道扬镳,开始探索判例。

(二) 对判例的探索(19世纪下半叶)

前言:新的判例学家

在解经家的心目中,判例只不过是对《民法典》和原理的补充而已。他们的继任者反对这一说法,认为判例本身就是一种自成一体的研究对象,而且仅仅通过判例便可以确立原理并完成相当程度的法律建构。

这种反对声音的来源多种多样。它首先是一个代际更替现象,那些在1850年左右出生的作者面对的是已经由此前伟大作品清理好的属于《民法典》的领域,必须尽力为自己在19世纪最后30年争取知识合法性,所以也就必须反对他们的前辈。

此外,法典也确实开始过时,而且不能总是对所有新的法律问题提供令人满意的答案,特别是那些因为工业社会发展而出现的问题。往往由法官在审理他们所遇到的诉讼时解决这些新问题。如果博士们不想落后于大步向前的历史进程,也不想让正变得越来越主动的法官超过,那么他们就必须研究判例从而掌握其发展。

所以,新博士们对判例的兴趣或多或少可以解释为有意识的权力之争——既与上一代人争,又与法官们争。民法学家把自己塑造为我们今天所说的判例研究者,他们不再仅仅为了增加实务人士的知识而收集判例,而是从学术的角度评论

第二章　晚近的起源：《民法典》之后

它们。

此项工作超越了私法领域。在行政法上，最高行政法院重要且特别具有创造力的工作让一个新的博士范畴出现于19世纪，特别是19世纪最后30年。他们研究最高行政法院的作品，从而通过把判例体系化而掌握其发展。这说明对判例的探索同时出现在私法和公法中。

1. 私法上的探索

主要发展于19世纪下半叶的对民事判例的探索经历了两个准备阶段。首先是知识意义上的准备，在德国历史法学派的影响下，一些法国作者在法国的语境中接受了历史法学派的意识形态，并认为判例就是正在形成的历史。我们可以说这些作者在某种意义上形成了"法国历史法学派"。[1] 然后是支持载体改善带来的物质意义上的准备，因为判例汇编越来越可靠，人们终于可以知道判决的准确内容。

于是，作者们可以开始发表那些我们将称为"对判例的学说检讨"的作品，其中包括了体系化的工作，而他们正是通过此项工作发明了今天意义上的判例。这个词（jurisprudence）指的不再是法学，而是经过学说合理化的法院活动产物。

我们接下来将依次研究法国历史法学派的发展、载体的改善和对判例的学说检讨。

1）一种法国历史法学派的发展

从解经派的时代起，就有一些作者激烈而张扬地反对他们的方法。他们多少有些夸张地批评解经者局限于对文本的语法与逻辑结构的研究、全部的基础就是书卷气十足的法律文化，到最后完全割断了法国法和它的历史、政治语境。他们还希望通过对罗马法和"判决中的法"进行学术探究来扩展法学家的视野。从复辟的最初几年起，新一代的法学家就开启了有意与解经法学家一较高下的运动，并以期刊《忒弥斯》作为自己的阵地。这一运动在19世纪取得了一定的成功，因为像弗利克斯（Jean-Jacques Foelix）、沃洛夫斯基（Louis Wolowski）和拉布莱（Édouard Laboulaye）这样的法学家在其感召之下创立了新的斗争性期刊，

---

[1] Jacques Poumarède, « Défense et illustration de la coutume au temps de l'Exégèse », in Claude Journès (dir.), *La coutume et la loi*, Lyon, Presses universitaires de Lyon, 1986, p. 94–114; Jean Gaudemet, « Les écoles historiques du droit en France et en Allemagne, Droit germanique, droit français », *Revue d'histoire des Facultés de droit et de la science juridique*, 1998, vol. 19, p. 87–124.

作为一种法律渊源的学说——法国法学的历程

并尝试提出法学研究的新方向。

a) 奠基人：以《忒弥斯》(*Thémis*) 期刊为中心。叛逆运动可能最早起源于青年学者的失望。在 19 世纪初，法国法学院的课堂出勤率一直不高。满堂灌的教学法无法引发学生的兴趣，把《民法典》一条接着一条介绍下去的展示方法看上去在鼓励死记硬背而非智力活动。正是在这时，福楼拜（Gustav Flaubert）《情感教育》(*L'éducation sentimentale*) 的主角们抱怨他们在课堂上有多无聊，看着"三百名天真无知的年轻人坐满阶梯教室，听红袍老头的独白"。[1]

相比之下，德国则代表了所有的优点，因为德国没有法典，许多人其实也并不想要这么一部法典，在此情况下人们才能自由地追求真正的科学。德国大学培养着真正的法学家而非穿袍贵族、培养着真正的学者而非实务人士，时人以此为现代大学的榜样。大学的大师们尽享殊荣，特别是历史法学派的创始人、柏林的教授萨维尼（Karl von Savigny）。所以，总体的潮流是法国的青年博士纷纷转向德国，希望以德国模式革新法国的法律思想和法学教育。

这一潮流的引领者是茹尔当（Athanase Jourdan）。[2] 他是一名中立国民公会代表的儿子，中学时与后来成为知名哲学家的库赞（Victor Cousin）是好友。茹尔当在巴黎法学院学习的时候把大部分的时间用在了听老迪潘的课上。他在 1812 年成为律师，1813 年取得博士学位，1822 年在候补教授竞考中失利。但当时他已经是 1819 年创立的《忒弥斯》期刊的创始人之一，也是最主要的撰稿人。该期刊创办时遭到最传统的民法学家群体的激烈抨击。

布隆多也参与创办了《忒弥斯》。他 1784 年出生于比利时纳慕尔的一个富裕皮匠家庭，先在比利时学习，然后于斯特拉斯堡开始自己的事业。1809 年获得任命成为巴黎法学院的候补教授，他却于次年竞争一个正式教授席位时失败。1819 年，虽然很多同事反对他独特的教学法，但布隆多再次参加教席的竞考，并最终取得了罗马法的教席。

《忒弥斯》的另一名主要撰稿人是迪科鲁瓦（Adolphe Marie Du Caurroy de la

---

[1]《情感教育》第三章。同样，福楼拜还在 1844 年的一封信里写道："告诉我你过得如何、在做什么。你有没有不时在梦里遇见乌多？迪朗东有没有在噩梦中压上你的胸口？瞧瞧法律学校为了让人无聊都发明了什么啊！它肯定是所有造物中最无趣的……"

[2] Julien Bonnecase, *La Thémis* (1819–1831): *son fondateur, Athanase Jourdan*, Paris, Sirey, 1914, p. 198 sq.

第二章 晚近的起源：《民法典》之后

Croix）。他的父亲是一名在巴列门出庭的律师，并且参与撰写了居约的《判例索引集》。1811年，23岁的迪科鲁瓦获得法学博士学位，开始执律师业，随后在没有经过正常竞考程序的情况下成为巴黎法学院的罗马法讲席教授，一直到1850年去世。迪科鲁瓦认为自己正从科学的角度研究罗马法，并为此投入了他大部分的心血。但这项事业并未阻止他同时对民法产生了浓厚兴趣，还以"A. T. H."的笔名在《忒弥斯》上发表了大量辛辣的民法文章。[1]

还有另外三名年轻人把《忒弥斯》的编辑部填满。首先是德芒特，我们此前已经详细谈起过，他短暂参与《忒弥斯》后，很快便把年轻时代的抱负抛诸脑后，成了解经家。另一位是迪福莱尔（François Dufrayer），因为过早去世，他是《忒弥斯》的创始人中最不为人知的一位。他在期刊创立之前已经有了几年在德国的科布伦茨教学的经验，创刊时正在巴黎当候补教授。最后是经多见广的瓦尔安科尼格（Léopold Warnkoenig），他先后在海德堡和哥廷根学习，然后前往列日教授罗马法。他长期以来和全欧的法学家通信，一直对《忒弥斯》的事业十分忠诚，并在茹尔当于1826年过早去世后积极帮助期刊把出版阵地转移到比利时。

除了这些主要的撰稿人，还有一些作者在传播德国思想方面发挥了重要作用。对德国历史法学派了如指掌的莱米尼耶（Eugène Lerminier）就不时在《忒弥斯》发表文章。他的博士论文向法国法学界介绍了萨维尼在《论占有》中的成果，然后他又在1829年出版了直接根据柏林的大师的思想写成的《法史学总论》（Introduction générale à l'histoire du droit）。他一直不知疲倦地转化德国思想，从而使之与自由主义和圣西门主义相调和。最终，七月王朝在1831年给了他法兰西公学（Collège de France）比较立法史的教席（译注：这也是历史上首次创设关于比较法的教席，可以视为比较法学的开端）。

其他在《忒弥斯》上发表文章的人则距离德国思想稍远一些。他们之中有最早的行政法学专家，如热朗多（Joseph Gérando）、科尔默南（Louis Marie de Lahaye de Cormenin）和马卡雷尔（Louis-Antoine Macarel）就在该刊上发表过他们的课程大纲，更不用说后来创办了著名的《判例总汇》（Jurisprudence générale）

---

[1] 关于他和老迪潘之间的争论，参见 Antoine Marie Demante, «Dupin aîné et Ducauroy», *Revue critique de législation et de jurisprudence*, 1864, vol. 23, p. 55.

作为一种法律渊源的学说——法国法学的历程

的达洛兹。就连日后指责《忒弥斯》为"想要把日耳曼主义偷偷引入法国的小团体"的老迪潘，也曾在上面发表过两篇文章。

简言之，在1819年—1826年，不少巴黎自由派的年轻人都曾与《忒弥斯》在此时或彼时亲近过。他们的政治与思想立场大致和《环球报》（Le Globe）一致，而且有时和法学院关系微妙。不过，他们的抱负到底如何，现在看来多少有些含糊不清。

这些作者从德国历史法学派中借取了重振法律史特别是罗马法史研究的野心。他们想要完成对居雅士和多诺文本的注释，并且重新回到货真价实的罗马法文本之中。但他们没有在自己的计划中加入关于法律来自民族精神（Volksgeist）的思想，也没接受德国作者强烈反对法典编撰的立场。在这个意义上人们甚至可以因为他们拒绝了历史宿命论，而说《忒弥斯》的作者们与德国历史法学相去甚远。研究罗马法对于他们而言是一种重新发现克林姆拉特（Henri Klimrath）所说"时间之流"的方法，而需要实现的任务乃是编纂民法典，不过法典却不是拿破仑一人之功，而是漫长传统的产物。[1]

如果《民法典》对他们来说不是法律的开始，那也不会是法律的终点。和莱茵河另一侧的同仁相反，他们不认为历史的发展止于1804年。《忒弥斯》的支持者认为，《民法典》是一份还能变得更完美的文本，所以需要收集所有有关意见来改善法典。这也解释了为什么该期刊中有越来越大的篇幅用于讨论主要的学术作品，特别是关于判例的作品。

必须研究判例的想法已经清楚无疑，但背后的精神相当特殊。参与者并不打算仅仅为了帮助实务人士而收集司法决定，而是希望通过研究这些决定理解法律之发展。他们清楚地把判例当作正在发展的法律史中最重要的因素，不过判例必须重新整理，因为法学家不能把自己降格为决疑术士。[2] 这就是为什么《忒弥斯》发布的是"重新整理"后的判例。

他们现在离《民法典》的开拓者绝不遥远。《忒弥斯》仍然在评注法典，只不过方式与解经家们不同。布隆多就是例证，他在早年也是《忒弥斯》的合作

---

[1] Philippe Rémy, « La "Thémis" et le droit naturel », *Revue d'Histoire des Facultés de droit et de la science juridique*, 1987, vol. 4, p. 145-160.

[2] Athanase Jourdan, « Coup-d'œil sur l'Histoire de la science du droit en France », *Thémis*, vol. 2, p. 64-73.

第二章 晚近的起源：《民法典》之后

者，接替德尔万古成为巴黎法学院院长后则成了解经派的坚定拥护者。但和后来疏远《忒弥斯》的德芒特不同，布隆多还继续在该期刊发表文章。

b) 后继者：弗利克斯、沃洛夫斯基和拉布莱。《忒弥斯》后继有人，不过却是些不那么关心判例的继任者。我们提及这些学者是因为他们确实多少为法国法律思想带来了新元素，而且说明世纪初的思想运动并非昙花一现。

克林姆拉特虽然于1837年刚30岁时便骤然辞世，但他对解经方法的激烈批评仍然值得人们铭记。他提出应该从历史、哲学、政治、经济学等各个角度研究法律。但即便如此，他还是没有脱离法典。

正是带着和克林姆拉特同样的想法，出生于德国的巴黎律师弗利克斯创办了《外国立法与政治经济学评论》（Revue étrangère de législation et d'économie politique），希望推进对外国立法的研究，并以此改善法国法。他的期刊也包括了对最新判例的介绍，但是数量很有限。当弗利克斯于1853年去世时，他的期刊也就停刊了。

另一位外国移民沃洛夫斯基也是一名律师兼期刊创办者。1810年生于华沙的他参加了1830年的波兰革命，所以新政权派他到巴黎担任外交官，也导致了俄国入侵波兰后缺席审判他死刑。他在1833年归化为法国人，还成了勒普累（Frédéric Le Play）社会改良思想的拥护者（译注：出生于1806年的勒普累最早是一名矿业工程师，后来转向对欧洲各国家庭历史的比较研究，并因而成了法国最早的社会学家和人类学家）。沃洛夫斯基既是一名律师，也是艺术与工艺学院的知名教授，还是巴黎不动产信贷的创始人。1834年，他创办了《立法与判例评论》，吸引了许多像布隆多、瓦莱特和德莫隆布这样的重要作者投稿。他的期刊和弗利克斯的一样不拘一格，却避免了后者朝生暮死的命运。在1853年，这本刊物因为与两年前创办的、更加面向实务的《判例批判评论》合并而得以延续。这次合并也创生了在未来70多年里最具影响力的一般性法国法律期刊《立法与判例批判评论》。

1855年，拉布莱创立了《法国与外国法历史评论》（Revue historique de droit français et étranger），再次高举《忒弥斯》的火炬。这名罗马法专家同时也是托克维尔（Alexis de Tocqueville）的追随者，他从1849年开始占据法兰西公学"比较立法的整体和哲学史"教席，对法国思想的发展有可观影响。据我们所知，拉布莱还是唯一一个在纽约有自己雕像的法国法学教授。人们为了感谢他主张赠与美国人一个象征自由的巨型雕塑并积极推动此事而为他立像。[1]

他确实是萨维尼的追随者，但拉布莱并不否认《民法典》的价值。他无疑希望把现行法与过去20个世纪的历史联系起来，但也避免自己掉入历史宿命论之中。1870年，他又创立了《古今法外立法评论》（Revue de législation ancienne et moderne française et étrangère），人们从中可以找到《忒弥斯》的影子，即便这本期刊本身已经是50多年前的旧事了。

几代学者之间的这种延续性让人们有理由认为确实存在一种法国历史法学派，他们的主张缓慢而安静地为法国法学准备好了研究判例的氛围。但对判例的探索最终还是与支持性出版物的改善密不可分。

2) 出版物的改善

多种因素导致19世纪初判例的研究较弱，其中肯定包括了司法机关在无所不能之立法者面前权力减退的原因。[2] 此外，最高法院推翻下级法院判决的技术缺乏法律基础也是事实，导致最高法院判例的数量一直有限。[3] 但对判例援引稀少还得归咎于当时的判例汇编质量低下。[4] 它们比达盖索嗤之以鼻的旧制度下那些汇编好不到哪去，18世纪的实务人士并不总把这些汇编放在自己的藏书中，也并不建议使用它们。

判例汇编的质量在19世纪上半叶得到大大改善。其实重要变革在1790年已经萌芽。1790年8月16日—24日的法律为全国上下设立了统一的最高法院，从此汇编的内容不再像过去那样仅限制在一块领地的地理范围以内，更不用只是对一个地方巴列门判决的汇编。除此之外，同一部法律还要求法官说明自己的判决理由，其结果是收集判决的人不必再亲自前往庭审现场去记录两造提出的事实和

---

〔1〕 拉布莱真人尺寸的雕像就在自由女神像附近，和其他五名对向美国赠送自由女神像一事功劳最大者的雕像放在一起。可惜的是他和摩西的宿命一样，终其一生未能进入应许之地。自由女神像也在他去世后才竖立起来。

〔2〕 Evelyne Serverin, De la jurisprudence en droit privé : théorie d'une pratique, Lyon, Presses universitaires de Lyon, 1985, p. 74; 还有人认为法官很早就获得了实质性解释法典文本的权力，比较 Jean Hilaire, «Jugement et Jurisprudence», Archives de Philosophie du Droit, 1994, vol. 39, p. 181-190.

〔3〕 Bernard Beignier, «La conscience du juge dans l'application de la loi au début du XIXe siècle. La jurisprudence au temps de l'exègse», in Jean-Marie Carbasse et Laurence Depambour-Tarride (dir.), La conscience du juge dans la tradition juridique européenne, Paris, Presses universitaires de France, 1999, p. 277-292.

〔4〕 Edmond Meynial, «Les recueils d'arrêts et les arrêtistes», in Le Code civil, 1804-1904. Livre du centenaire, Paris, A. Rousseau, 1905, p. 177-183.

第二章 晚近的起源：《民法典》之后

法律论据。最后，1790年11月27日的另一个法律要求所有推翻原判的判决都要印刷公布。在督政府时代，共和历5年（1797年）葡月28日的行政命令进而要求这些判决不能以单篇文书分别公布，而要集合在官方的文册之中。

此项动议极大便利了私人出版商，他们很快就着手编辑出版不同司法机关的判决，从而让人们可以知道司法界如何解释适用全新的《民法典》，实务界对此尤为关注。这类出版物在19世纪数量众多，可以分成两个不同的类别：

第一类以字母顺序排列判决，包括了索引集和辞典，它们看上去很容易编纂，但是因为过时的速度快，所以经常需要重新修订。

梅兰的《法律问题集》就是此类作品中最早的一种，在整个19世纪30年代处于支配地位。不过，除了其他类似作品以外，巴武（François-Nicolas Bavoux）和卢瓦索（Jean-Simon Loiseau）多次再版的《〈民法典〉判例》也不遑多让，该书在1803年—1807年短短4年间就再版了12次。二位作者在他们的"前言"中强调，"《民法典》最好的解释者就是法院"，他们要以评注的形式整理法院的裁判。老迪潘、卢瓦索和德拉波特也在1814年出版了《现代民事、刑事、程序法与商事判决词典》（Dictionnaire des arrêts modernes en matière civile et criminelle, de procédure et de commerce），这似乎至少在一些《忒弥斯》的编辑眼中更加成功。这一两卷本的特色是仅仅收录判例的摘要，为读者指明可以具体在哪本判例集中找到全文。法典注释（Codes annotés）方法很快也流行起来，成了字母顺序和时间顺序编纂法之间的一种折中。

第二类则以时间顺序排列判决。这种编纂方式在建构判例事实的时候将扮演重要角色。大概在19世纪30年代，时间顺序编纂法逐渐定型。在经过了长时间的试错，特别是在终于克服了寻找初审和上诉法院判决的困难后，新版的周期性判决出版物总体上令人满意。到了1820年前后，仅在巴黎就有20多种周期性出版物。其中，又尤其以三份杂志最为地位尊贵。

首先是《法院杂志》（Journal du Palais）。它在共和历9年（1801年）开始出版，在过了几十年之后，出版者最终决定以时间顺序编排案例，并且收录判决全文。终于，在1842年，它可以宣布"我们不会遗漏一个判例，不会遗漏任何

101

一个判例"。[1] 勒德吕-罗兰（Alexandre Ledru-Rollin）在同一期中呼吁教授们也参与案例的编纂。[2] 他的呼声最终在1859年得到回应，拉贝（Joseph-Émile Labbé）为该期刊撰写了第一篇判例分析，[3] 同时也开启了"判例学者"一词的当代意义：那些评论判例的人。

然后还要提到《法律与判例辑录》（*Recueil général des lois et des arrêts*），它在1891年兼并了《法院杂志》，但创办伊始同样一波三折。它最早在共和历10年（1802年）以月刊形式出版，在1808年西雷成为唯一主编后开始正式定名为《法律与判例辑录》。这位西雷真是一位传奇人物，他最初是佩里格主教（évêque Périgueux）手下的牧师，后曾短暂出任梅兰的秘书，然后成了国民公会立法委员会的官员，与特隆歇（François Denis Tronchet）、西哀士（Emmanuel-Joseph Sieyès）和比戈·德·普雷阿梅纽（Félix Bigot de Préameneu）过从甚密，并在其后成为革命法庭法官，却也身陷囹圄13个月。在督政府时代，他官至司法部长，从而有权修订流放犯的名单，并且为了迎娶其中一位流放犯的女儿而还俗，然后成了一名显赫的出版商和最高法院法官。然而，这样精彩绝伦的双面人生也没有让他避免死于贫穷之中的宿命，他儿子则死于一场发生于交际花闺房之中的决斗。他的辑录在1831年交由两位律师主编后，也采取了时间顺序编排法。此后，每卷大致分成相等的两部分，第一部分收录的是最高法院的判决，第二部分收录上诉法院的判决。直到1881年开始，辑录开始增加其他部分，比如最高行政法院和外国法院的判决。

最后，还有《庭审杂志》（*Journal des audiences*）。在1825年创立的时候，它的名字是"王国判例全集"（*Jurisprudence générale du Royaume*），创办者是以声名卓越之民法学家身份闻名于世的最高法院出庭律师达洛兹。《庭审杂志》也根据时间顺序排列判决，有些全文收录，有些只收录摘要。编辑们还发表各判例的评注，不过这些评注短小而且是匿名的。

---

[1] F.-F. Patris, «Avis de l'éditeur pour la troisième édition du Journal du Palais», *Journal du Palais*, 1842, vol. 3, p. VIII.

[2] Alexandre Ledru-Rollin, «Coup d'œil sur les praticiens, les arrêtistes et la jurisprudence», *Journal du Palais*, 1842, vol. 3, p. IX.

[3] Christophe Jamin, «Relire Labbé et ses lecteurs», *Archives de Philosophie du Droit*, 1992, vol. 37, p. 247-267.

第二章 晚近的起源：《民法典》之后

大约在1840年左右，世纪初的出版者们所梦想的目标大致上实现了。实务工作者现在有不同形式的高质量判例记录可以使用。而所有的作者无论出身于大学还是法庭，都可以从学说的角度研究判例。实际上他们大部分人也确实在这样做，而且越来越有体系性。

3）"对判例的学说检讨"

从学说角度对判例的检讨与审视基本上都出现于期刊上，但这背后隐藏着两种不同的哲学。对于那些接近于解经家的"古典作者"而言，判例的主要功能是让法律文本在接触了纷繁复杂的事实后变得意义明确。对于那些或明或暗受法国历史法学派的作品启发的"现代作者"而言，判例就是正在发展的历史。我们不应忘记，"古典作者"和"现代作者"都在同一个时期发表作品，主要是在19世纪下半叶。不过，前者很快就失去了发展动力，后者却在对判例事实的学说创造中扮演了主要角色。

a）古典作者：《立法与判例批判评论》模式。撇开流行的传说，其实法典的开拓者已经开始在期刊上发表研究判例的文章了。比如瓦莱特和迪韦吉耶就从1844年起为《法国与外国法律评论》（*Revue de droit français et étranger*）撰写法国判例的评论。事实上我们现在几乎每本法学期刊上都有的判例研究专栏（传统）正是由他们开启的。

一本新的刊物在1851年创立，它冗长的名字本身就可以作为一个独立的研究项目：《作为判例汇编之学说补充的民事、行政、商事、刑事判例批判评论》（*Revue critique de la jurisprudence en matière civile, administrative, commerciale et criminelle formant le complément doctrinal des recueils d'arrêts*，就是此前简称《判例批判评论》的刊物）。它的创立者除了我们已经提到过的德莫隆布、马尔卡代和蓬以外，还有最高行政法院的前任副院长科尔默南（Louis-Marie de Cormenin）和图卢兹法学院的刑法学教授莫利尼耶（Victor Molinier）。他们的目标仅仅是发表对判例汇编的学说补充而已，可以说是很谦逊了。

然而，正是通过这一期刊涌现出了现代意义上的判例学者。也是在这一期刊而非那些实务人士所创立的期刊上，重量级教授开始撰写对判例的评论。该刊物的创办者们希望法学院不要错过判例研究的风潮，毕竟判例"对法学产生了不会消退的重要影响"。[1] 换言之，就是要让法学院参与"通过对具体纠纷的实践解释立法的伟大日常工作"。[2] 但他们还不认为判例因为体现了正在发展的社会现实而本身就值得研究。在古典作者的眼中，判例仅仅是对法典的补充。

　　这一补充变得越来越不可或缺。但对判例的研究只能服务于解释成文法，而非超越成文法。这一想法在上述新刊物于1853年兼并沃洛夫斯基的《立法与判例评论》成为《立法与判例批判评论》的时候变得非常清楚。一直到1939年停刊，这本兼并后的期刊都是法国一般法学类刊物中地位最尊贵的。专长刑法的法官埃利（Faustin Hélie）在为该刊第一期撰写导言时抱怨判决数量巨大，判例中到处都是混乱。当然，与我们今天所见爆炸般增长的判例不能同日而语。所以，他认为必须好好调教这些判决，并把它们置于法律原理的权威之下。[3]

　　他们使用的方法和现代派们所使用并在晚些时候由萨莱耶（Raymond Saleilles）和埃斯曼（Adhémar Esmein）所理论化的那种方法截然相反。现代派乐于见到事实以判例为中介侵扰法律秩序，而他们的前辈则对此毫无兴趣。判例事实是混乱和麻烦的根源，所以必须规训它们。准确地说，法学家必须比较法官所持学说和立法者所持学说，然后让前者与后者相一致，而且一切都必须以对原理的尊重为前提。稍加反思就会发现，这一方法无非是解经方法的复制品，只不过针对的是新的素材。

　　一些基于上述判例研究模式的期刊在19世纪下半叶创刊。在这些期刊上，人们分析判例仅仅是为了通过对判决的研究补全对立法的研究，别无他念。从1852年创刊的《法国法实践评论》（*Revue pratique de droit français*）到1877年创刊的《司法法国》（*La France judiciaire*）皆是如此。一些针对某个部门法的刊物，无论出自大学（教授）还是实务人士之手，也分享同样的目标。其中比较典型的例子就是1842年由两位巴黎律师创办的《商法与海商法理论与实务年鉴》（*Annales théorique et pratique du droit commercial et maritime*）和在1885年由一位马赛律师创办的《海商法国际评论》（*Revue internationale du droit maritime*）。

　　然而，从近处观察就会发现，人们其实越来越不看重官方目标，判例逐渐成

---

[1] *Revue critique de la jurisprudence*, t. 1, 1851, p. 1.

[2] *Ibid.*

[3] Faustin Hélie : *Revue critique de législation et de jurisprudence*, t. III, 3ᵉ année, 1853, p. IV à VII.

第二章 晚近的起源：《民法典》之后

为一种独立的研究对象。所以，随着时间逝去，《立法与判例批判评论》继续蓬勃发展，却逐步背离了它草创时的目标。而事实上，原本以对判决的研究补充立法研究的模式早已受到现代派作者的质疑。

b）现代作者：从《西雷汇编》到《民法季刊》。按照出现的顺序，最早产生现代作者的是使用时间顺序编辑判决的主要汇编的出版者。他们不仅仅希望为实务人士提供论证宝库。在历史法学派带来的更大知识野心的推动下，他们在判决中看到了比补充或评注成文法大得多的机遇。他们认为判例是法律活生生的部分，也是进步的促进者。

德维尔纳夫（Lemoine Devilleneuve）和卡雷特（Antoine-Auguste Carette）在1849年就在为《西雷汇编》（Recueil Sirey）的新版撰写的前言中表示，在他们看来，只有研究判决才能在法学中应用实验方法，从而把法学从对进步的麻木不仁中解救出来，避免人们沉溺于关于法典的出版物构成的书海之中。[1] 与西雷齐名的汇编出版者达洛兹肯定也分享着同样的观点，所以他才参与了《忒弥斯》、弗利克斯和沃洛夫斯基的出版探险。

与此同时，勒德吕-罗兰在1842年的《法院杂志》中的表态也令他成为法国历史法学派发展中的一员，因为他主张，判例对立法"有一种无法消除的作用，而且这一作用一直在不停扩大，希望取而代之"。尽管如此，判例无可消除的作用仍然不会挑战法典的首要地位。对此，勒德吕-罗兰的态度依然十分坚定：回到法典化以前时代的混乱只能是一种退化。虽然人们不能满足于此，法典化却无疑是一种不可逆的新发展。

虽然人们对发表在期刊上的匿名案例评论很有兴趣，但真正有意义的判例研究还要等到19世纪最后30年教授们开始转向此项事业时才会出现。在1887年创办了《法国、外国和国际商法年鉴》（Annales de droil commercial, français, etranger, et international）的塔勒尔（Edmond Thaller）就认为，商法的真谛蕴藏在商事判例而非《商法典》之中。为该期刊撰写导言的德芒雅（Charles Demangeat）就把判例置于首要位置，因为他明确以当时全新的方式主张：商法首

---

[1] Lemoine Devilleneuve et Antoine Auguste Carette, « Préface », in Jean Baptiste Sirey (dir.), *Recueil général des lois et des arrêts: avec notes et commentaires, présentant sur chaque question le résumé de la jurisprudence e la doctrine des auteurs; rédigé sur l'ancien Recueil général des lois arrêts*, Paris, M. Pouleur, 1840, p. VI.

作为一种法律渊源的学说——法国法学的历程

先是一种判例法。

总体而言,对判决的新型学说研究之所以能在此时蓬勃发展,是因为那些与前辈解经学者不同的作者们在法律进化中看到了历史的动力。这一运动在1856年通过第一次全国性法学院教授资格考试的新一代法学家中影响尤为明显。

拉贝就是其中一员,只不过他自己可能对此毫无知觉,因为这名罗马法学家本希望可以从古老的"审慎者"们的方法中获得启发。在1859年—1894年,他为《法院杂志》和《西雷汇编》撰写了大量关于民法各个领域的判决短评,这些短评的共同的任务是把抽象的法律规则应用于日新月异的实践事实。但拉贝本人从来没有真正采取历史方法来写作,因为他总是希望通过塑造原理而把法律合理化。那么,他是解经家的一员吗?也不尽然。因为解经家们认为判例出现在原理之后,而且必须服从原理;拉贝则不然,他认为判例可以帮助人们确立原理,并且因此肯定出现在原理之前。

拉贝与解经派藕断丝连的关系让他实践着类似历史法学派的方法却从来不明说。瓦莱特的学生、与拉贝同年通过教授资格考试的比弗努瓦(Claude Bufnoir)则把历史方法理论化,并成为这一方法真正的促进者。在巴黎法学院担任民法教席直至1898年去世的比弗努瓦几乎没有留下任何书面作品。但他对于新一代民法学家的影响十分可观,而正是这代人发明了"学说"一词的现代含义。

其实,比弗努瓦的历史方法并不明确,它表现为一种"新的法哲学方法,它不从先天确立的原理中、而是从社会自然发展形成过程中不断揭示的事实状态中探求法律规则的基础和理性"。[1] 所以,比弗努瓦并不反对确立原理的必要性,他所不能接受的是先验的原理。同样,他主张在法律规则于不同阶段的发展中探求法律进化的轨迹,从而认为法律紧密依赖于社会的运动。

拉贝和比弗努瓦以隐蔽却决定性的方式转移了传统学者的目标。从此,作为法律原理之广厦建构地基的不再是《民法典》,而是"生活中的运动",只有它们才能让人明白法律规则如何形成。如此一来,就很容易理解为何判例成了研究的中心了。法学家把判例放在首位,完全是因为人们认为可以从中发现社会力量的活动。

---

[1] Claude Bufnoir, « Allocution de M. le président Bufnoir », *Bulletin de la société de législation comparée*, 1891, vol. 20, p. 66-70.

第二章 晚近的起源：《民法典》之后

画下 19 世纪末的转变的最后一笔的是比弗努瓦的女婿萨莱耶。[1] 萨莱耶比所有人都明白判例在法学研究中的优先地位。但他这一主张最早出于令人有些意想不到的务实原因——只有这样才能从无可挽回的衰落中拯救民法学家。当 19 世纪行将结束时，萨莱耶观察到，吸引年轻学生的是经济学家和包括我们现在所说的政治学家在内的公法学家，因为他们巨大的优势在于可以讨论当时的社会问题，而那些老派的民法学家还在死板地讲解《民法典》的文义，仿佛世界从 1804 年开始就没有变化过一样。[2] 所以，民法学教授必须改变他们的方法，才能把对法典的解释与时代面临的重大社会问题结合起来。恰恰是在判例中，人们才能与生活永不停息的运动在每日司法实践中提出的最艰深的民法问题相遇，那么不研究判例如何能实现法律解释和社会问题的联结？萨莱耶因此力主民法学家深入研究司法决定。

1898 年萨莱耶成为巴黎法学院教授后，他积极参与了一份新期刊的创办，而该期刊所欲推动的也正是他自己的理论观点。[3] 当《民法季刊》(*Revue trimestrielle de droit civil*) 终于在 1902 年出刊时，开篇便是埃斯曼清楚说明该刊创办者意图的一篇论文。他们想划清和法典的开拓者之间的界限，因为新的秩序一方面是"学说把判例作为其首要研究对象"，[4] 另一方面则是这一研究必须通过埃斯曼本人积极支持的历史方法方得实现。[5] 不过，学说不能不提供综合的结果；也就是说，学说需要从判例中寻找适合引导日后法律发展的原理。

萨莱耶无疑支持此种观点。萨莱耶希望结束从法典文句进行逻辑推理所造成

---

[1] 关于他的生平，参见 Eugène Gaudemet, *Raymond Saleilles* (1855-1912), Paris, L. Marchal, 1912, p. 5-49.

[2] Raymond Saleilles, « Quelques mots sur le rôle de la méthode historique dans l'enseignement du droit », *Revue internationale de l'enseignement*, 1890; Raymond Saleilles, « Les Méthodes d'enseignement du droit et l'éducation intellectuelle de la jeunesse », *Revue internationale de l'enseignement*, 1902, vol. 43, n° 2, p. 313-329; Raymond Saleilles, « Droit civil et droit comparé », *Revue internationale de l'enseignement*, 1911, LXI, n° 1, p. 5-32.

[3] Christophe Jamin, « Les intentions des fondateurs », *Revue trimestrielle de droit civil*, 2002, vol. 100, n° 4, p. 646-655.

[4] Adhémar Esmein, « La jurisprudence et la doctrine », *Revue trimestrielle de droit civil*, 1902, vol. 1, n° 1, p. 5-19.

[5] Jean-Louis Halpérin, « Adhémar Esmein et les ambitions de l'histoire du droit », *Revue historique de droit français et étranger*, 1997, vol. 75, n° 3, p. 415-433.

的滥用和抽象,他把这些归咎于经典学说的支持者——解经家们。他还希望赋判例以法律的权威,使其具有《民法典》一般的效力,他比埃斯曼更明确地主张法官应当拥有"相当大的解释权"。[1] 然而,如此从立法的束缚下解脱出来的判例必须服从学说,因为当时大部分的作者都接受了历史方法,认为只有学说才能从判例中发现法律发展的方向。

实际上,在自称为"新方法"的外衣之下,现代作者们不过是把解经者研究法典时已经使用过的理性化和系统化方法再使用到对判例的研究中罢了。法国学说已经无法摆脱这种理性化和系统化方法。同样崛起于19世纪下半叶的行政法学家们也无法免俗。

2. 公法上的探索

里韦罗(Jean Rivero)的名言人所尽知,他说行政法学说"成长于判例的怀抱中"。[2] 但该断言可能引起误解。首先,它没有揭示在行政法领域其实存在两个不同的学说,按照里韦罗自己的说法,最高行政法院的法官们有一套"判例的学说"(doctrine jurisprudentielle),大学教授则有一套"教师的学说"(doctrine enseignante)。[3] 其次,它会让人以为行政法学家的成就开始于最高行政法院判例真正大幅增长的时代,也就是1880年—1930年。[4] 而真实的情况是从19世纪上半叶开始,已经有作者投身行政法学研究了,他们中有教授也有最高行政法院的法官。19世纪末更像是一种再生而非创造。无论如何,行政法领域和民法领域一样,作者们在同一个时刻放弃了对文本的执着研究,转而写作令判例得以系统化的作品。

然而,当私法教授们把握时机确立他们高于法院的权威时,行政法领域却没

---

[1] Raymond Saleilles, « L'école historique et droit naturel », *Revue trimestrielle de droit civil*, 1902, vol. 1, n° 1, p. 82-112.

[2] Jean Rivero, « Jurisprudence et doctrine dans l'élaboration du droit administratif », *études et documents du Conseil d'état*, 1955, p. 27-40.

[3] *Ibid.*

[4] 行政法学总体历史参见 François Burdeau, *Histoire du droit administratif*, Paris, Presses Universitaires de France, 1995, p. 323 sq; 以下文章同样把行政法学发展和判例相连,不过把时间提前到了1850年左右。Jean-Jacques Bienvenu, « Les origines et le développement de la doctrine », *Revue administrative*, 2001, spécial, p. 13 sq.; 最经典(但是过于老生常谈)的论断可见 Maurice Hauriou, « Droit administratif », *Répertoire de droit administratif*, 1897, vol. 15, p. 1-28.

有出现类似的现象。与私法学家不同的是，公法学教授并未成功垄断合理化最高行政法院之判决的权力。实际上，正是19世纪大部分时间里私法在法学院之内毫无争议的统治地位，导致一个独立且足够强大的行政法学教授群体无法在当时形成。这一群体晚些才会出现。和私法领域的情况恰恰相反，在19世纪下半叶整理行政法判例的教授们并没有获得法官的臣服，最高行政法院的法官仍然在行政法学说建构中扮演着首要角色。这也十分自然地让行政法学具有了判例法的色彩。此时，最高行政法院的成员则不仅惯于评论和整理他们自己的判决，而且视在培养未来管理者的不同机构中教授行政法为常事。然而，这种权力在今天一去不复返。

我们不妨认为，最高行政法院成员的传统权力尚不足以完全胜过法学院在世纪末逐渐增长的权威。

1）最高行政法院的传统权力

这种权力并非因为新判例的系统化一蹴而就。在整个19世纪，行政法学的逐渐形成得益于数位在公共行政中身居高位的人士，其中大部分都是（或者曾经是）最高行政法院的成员。但行政法学真正的大步前进还要等到19世纪行将结束时，因为此时最高行政法院副院长爱德华·拉费里埃（Édouard Laferrière）出版了他的行政诉讼专著。

a）先锋。行政法的先锋和《民法典》的解经家不可同日而语。他们的数量更少，出现在历史舞台上的时间也更晚；他们的作品因为研究对象本身还十分有限，而缺乏民法学那样耀眼的光芒。行政法学主要是从19世纪40年代开始发展起来的。

但行政法的教学早在这以前就已经开始了。最早设立行政法课程的是各个中央理工学院，共和历十二年（1804年）风月22日规定设立新法律学校的法律虽然确立了民法的绝对优势地位，却并没有取消行政法，而是以"有关公共行政的民法"为名在本科阶段保留了它。

在巴黎法律学校，国民公会前任议员波尔捷（Louis-François Portiez）在两年里承担了行政法授课任务。他在1808年把自己讲课的内容出版为《行政立法讲义》（*Cours de législation administrative*），这本平庸的讲义按照优士丁尼的分类，

作为一种法律渊源的学说——法国法学的历程

分成人、物和诉讼三个部分。[1] 这种体例将会影响以后数代作者,特别是他的继任者热朗多。

热朗多是忠实的天主教徒,虽然国民公会曾经判处他死刑,他却仍从1808年开始成为最高行政法院的法官,并因此在1819年—1822年和1828年以后占据波尔捷的教席。在他1819年发表在《忒弥斯》的授课大纲中,热朗多几乎没有提到最高行政法院的判例。他出版于1828年的《行政法学阶梯》(*Institutes de droit administratif*)也对此所言甚少。这本既不是专著也不是教材的书声称其通过原理重整越来越多的立法和规章,从而让它们达到可以编纂行政法典的和谐程度。

这样坦诚的文本解经研究并没有持续很久。在1842年—1849年讲授"一般行政学"(Administration générale)课程的马卡雷尔已经用不同的眼光看问题了。他出生于1790年,最早是邮政部门的秘书,后来先后成为最高行政法院和最高法院律师、最高行政法院审理长(maître des requêtes)、最高行政法院法官(而且在数年间担任诉讼处处长),还在1837到1839年间担任内政部地方事务办公室主任。他曾经为热朗多做过助手。和热朗多一样,他也希望从行政法中提炼出若干一般原理,从而实现"某种程度的和谐"。但他不想局限于规制。他在最高行政法院的经历促使他推广该法院的判决。从1818年起,他开始在《行政判例要义》(*Élément de jurisprudence administrative*)中系统整理和公布这些判决。在1821年,他创办了对最高行政法院判决的周期汇编,现在人们称其为《勒邦汇编》(*Recueil Lebon*),其成功有目共睹。

科尔默南也选择了同样的道路。这名出身于贵族家庭的热心天主教徒在1814年进入最高行政法院,年仅26岁。35年后,在经历了政治生活的风浪之后,他也成了最高行政法院的诉讼处处长。1848年,作为七月王朝的积极反对者和出色的政治宣传册作者,他当选为立宪会议的一员,并且在其中主持宪法起草委员会的工作。作为人民主权理论的坚定支持者,他认为总统应该由普选程序选出,然而当被法国人民选举成为总统的拿破仑三世恢复帝制的时候,他也表示欢迎。

他的政治活动浇灌了丰富的学术作品。当时的行政法因为19世纪的政权更

---

[1] Jean-Louis Mestre, « Aux origines de l'enseignement du droit administratif : le Cours de législation administrative de Portiez de l'Oise (1808) », *Revue française de droit administratif*, 1993, n° 9, p. 244-246.

第二章 晚近的起源:《民法典》之后

迭而混乱不堪。科尔默南非常了解最高行政法院统摄这一领域的愿望,所以致力于用自由主义的司法原则来体系化行政法。正如那些同样身处复辟与第二帝国覆灭之间的同时代人一样,他想要尽力限制行政机关的恣意,所以才从"行政相对人的主观权利出发"建立行政法。[1]

热朗多、马卡雷尔和科尔默南是现代行政法最广为人知的先行者。但在他们开辟新道路的历程中,其他最高行政法院的成员也相伴左右。其中有些人更接近文本的解经家,比如布谢奈-勒费(Adèle-Gabriel-Denis Bouchené-Lefer),他希望通过逻辑和事物的本质而从立法中抽象出稳定的原理,从而让行政法超越瞬息万变的政治风潮。不过他属于少数派,此后的一代人毫不犹豫地把判例放在了首位。另一位诉讼处处长布拉蒂尼耶(Sébastien-Joseph Boulatignier)就极力主张使用判决教授行政法。从1848年开始在路桥学院讲授声名卓著的行政法课程的奥科克(Léon Aucoc)也同意他的看法。奥科克属于最高行政法院中的"职业因素",也就是因为精通行政法的知识而在此任职的职业法律人,不同于那些因为政治原因而获任命的成员。他在第二帝国时期极力推动这一机构在审判中实现独立自主,所以他把行政法呈现为一个和政治科学无关的整体。[2] 他此后又参与了第三共和国时期最高行政法院的重建工作。

至少在拉费里埃之前,最高法院法官们的学说作品中最出色的当属从1882年开始出版的二十八卷本《行政法判例汇编》(*Répertoire de droit administratif*),先后由贝凯(Léon Béquet)和拉费里埃主编。贝凯找到的超过50名编写者几乎全部出自最高行政法院,他希望自己的汇编能和40多年前达洛兹主编的民法判例汇编分庭抗礼。对他而言,人们在19世纪初围绕行政法的法典化争论不休的年代已经一去不复返。行政法的新领域不断出现,法律和规章制度如雨后春笋般涌现,法典化已经不可能了。所以,现在还不如听由"能够避免政治的风云变幻之弊"的最高行政法院来形成他们的"规制性判例"。[3]

贝凯代表了当时大部分作者的想法,他们希望小心地把行政法和政治领域区

---

[1] René de Lacharrière, *Cormenin, politique, pamphlétaire et fondateur du droit administratif*, Paris, Librairie générale de droit et de jurisprudence, 1941, 96 p.

[2] Frédéric Blancpain, « Léon Aucoc, praticien et théoricien du droit administratif », *Revue historique de droit français et étranger* (1922-), 1974, vol. 52, n° 4, p. 733-741.

[3] Léon Béquet, « Avant-propos », *in Répertoire de droit administratif*, Paris, Paul Dupont, 1882, vol. 1.

作为一种法律渊源的学说——法国法学的历程

隔开,从而正当化它的存在,就和民法学家成功地正当化《民法典》时极力拒绝拿破仑的个人色彩一样。这些作者使用的方法也和民法学家别无二致:开展合理化的工作,竭尽全力在法律和规章的表面混乱之下寻找行政法隐而不彰却声称货真价实的融贯性,以使行政法的原理比其表面更加稳定、相互协调。正如在民法中一样,行政法学界也产生了大量充斥着法律原理的文献,这些原理又通过一个融贯体系彼此连接。以至于一位作者不得不承认,人们"把实践所揭示的无穷无尽的偶然都藏在阴影之中,视而不见"。[1]

但不同于民法学家的是,这些作者认为发现行政法原理并以理性之方式把它们组织起来的最佳场所不在学院,而在最高行政法院。最高行政法院的法官既通过受理诉讼形成判例,又肩负着让这些判例为外界所知的任务,还要把它们整合成型。另外,这一宏大的集体创作几乎肯定会让最高行政法院法官们对曾经盛极一时的行政法法典化工作闭口不言,因为法典化的风险在于摧毁他们所在之机构的创造性职能,并因此摧毁该机构的权力。

他们的集体工作最终在整个19世纪获得了非凡的成就,既合法化了最高行政法院的作品,又限制了行政机关的恣意,还合理化了多个不同的整体留下的多如牛毛的法律和规章。这些成果都体现在最高行政法院副院长拉费里埃1887年著名的著作之中。

b) 拉费里埃。拉费里埃是法国行政法的代表人物,也是位极人臣的政治家。他的父亲是一名行政法教授,曾经担任法学院的总监,也是最高行政法院的成员。拉费里埃本人出道时是巴黎律师公会的律师。在帝制时期,他是共和党反对派的热心成员,即便因此入狱亦未放弃声讨侵犯公共自由的政策。在1870年—1879年,他是最高行政法院的审理长,并于1886年成为最高行政法院副院长,随后于1898年前往阿尔及利亚任总督。在1901年拉费里埃过世前不久,政府又任命其为最高法院的检察长。

在最高行政法院度过的28年时间里,拉费里埃充分利用一个由皇权背书的机构实现他的共和主义理念,从而努力调和强大行政机关的必要性和对个人权利的保护。这一倾向完美体现在他的《行政诉讼论》(*Traité de la juridiction administrative*)中。该书成型于他1883年起在巴黎法学院讲授之博士课程,其中体现

---

[1] Rodolphe Dareste de la Chavanne, *La justice administrative en France*, Paris, A. Durand, 1862, p. VII.

第二章 晚近的起源:《民法典》之后

了当时最高行政法院成员意识形态的精髓。[1] 它在60多年时间里吸引了无数读者。[2]

作者首先关上了行政法法典化问题的大门。因为行政法和民事法律不一样,后者由那些法官必须适用的法律规定组成,而行政法则是那些关于公共服务之行动与组织的法律,其目标并非预见生活中的法律难题并加以解决。所以行政法的法典化本身是不可能实现的。

民事法律和行政法律彼此在性质上的不同主宰了法学家的工作。法典化的法律要求人们以解经的态度阅读文本,把辅助性的位置留给判例;而在行政法领域则是另一回事,文本多如牛毛、来源纷繁复杂、内部又缺乏和谐,令人欲解经而不得。所以,必须转向判例,判例才是"学说真正的源泉,因为只有它能通过回溯法律和公平的一般原则,从纯粹偶然的规定中呈现永恒的原理,在不同的文本中建立等级秩序,在文本出现静默、不清晰或不完美的时候填补漏洞"。[3] 所以,让行政法真正成为一门科学的正是最高行政法院,尽管其判例说理部分相当简短。

自此,拉费里埃只需要对判例中产生的规则进行综合就可以了。对此,他比他的前辈严谨得多。他实际上是第一个区分行政组织研究和行政诉讼研究的人。不过结果是他完全抛弃了对行政组织的研究。这一视角让他得以从一个横截面观察整个行政法,并提出关于行政诉讼的一套完整理论。他把行政诉讼分成四类:完全诉讼(contentieux de pleine juridiction)、撤销诉讼(annulation)、解释诉讼(interprétation)、制止诉讼(répression)。[4] 拉费里埃清晰而克制的文笔让人相信行政诉讼是一门组织完美、背后有无可辩驳之形式理性的法律。热兹(Gaston Jèze)随后以赞美诗般的口吻精准地评价了拉费里埃的贡献:在拉费里埃出现以前,行政法的世界"一片混乱,彼此冲突、武断的判决和没道理也不正义的实践杂乱无章地堆砌。终于,拉费里埃出现了,他是法国第一个尝试带来秩序和方

---

[1] Édouard Laferrière, *Traité de la juridiction administrative et des recours contentieux*, Paris, Berger-Levrault et Cie, 1887.

[2] Pascale Gonod, *Edouard Laferrière, un juriste au service de la République*, Librairie Générale de Droit et de Jurisprudence, 1992, p. 1-32.

[3] *Ibid.*, p. VII.

[4] François Burdeau, *Histoire du droit administratif*, *op. cit.*, p. 330.

作为一种法律渊源的学说——法国法学的历程

法、澄清实践中的判决的人。他巨大的贡献在于从所有的判决背后寻找一般理念和一般原理。今日法国引以为傲的那些真正科学性的著作都缘起于拉费里埃,这是他所应得的荣耀"。[1]

至此,最高行政法院的成员们找到了一位大师,他既为行政法抵御了民法方法的可能影响（哪怕民法学家本身正在与解经方法决裂）,又正当化了行政法院本身在行政法创造和行政法学研究上的支配地位。然而,皇家宫殿（译注:最高行政法院所在地）并没有完全吸收学说的功能,法学院至少从中分了一杯羹。

2）法学院逐渐增长的权威

整个19世纪的大趋势是法学院地位提高,不过这一趋势从19世纪40年代开始尤为明显。虽然巴黎法学院里的行政法教学主要留给了最高行政法院的法官,在外省法学院则主要由那些刚通过教授资格考试的年轻人（负责）讲授,而且行政法教学本身也逐渐从幕后走上前台。除了少数例外,现代行政法的先驱主要来自外省法学院。法国公法史上的传奇二人组波尔多人狄骥（Léon Duguit）和图卢兹人奥里乌（Maurice Hauriou）也出现于外省法学院。

a）先驱。从七月王朝开始,每个外省法学院都有了行政法教席,从而孕育了一批来自大学的文献。这些文献的作者对判例并不虔敬,而且自认为它们比最高行政法院成员的作品更加有体系性。

这种对判例的漠然态度可以追溯到富卡尔（Émile-Victor Foucart）。他于1832年在普瓦捷取得了所有外省法学院里第一个行政法教席。从1835年起,他开始出版第一部行政法学专著,其标题本身就很有象征意义:《公法与行政法要义——实证公法原理整理说明》（*Éléments de droit public et administratif, ou Exposé méthodique des principes du droit public positif*）。对于这位作者而言,一位有批判精神的法学家必须懂得与最高行政法院保持距离,并把判决中的决疑术置于原理的权威之下。清楚的是,在系统化行政法的过程中,法学理论必须重新回到主导地位。[2]

在原理的强大权威之下建构行政法学的想法也出现在菲尔明·拉费里埃

---

[1] Gaston Jèze, « Notes de jurisprudence », *Revue du droit publique*, 1914, p. 314-315.

[2] Gilles Guglielmi, « Émile-Victor Foucart, ou le sacerdoce du droit public et administratif », *Revue du droit public et de la science politique en France et à l'étranger*, 1996, n° 5, p. 1291-1318.

第二章 晚近的起源：《民法典》之后

（Firmin Laferrière）的笔下。他是爱德华·拉费里埃的父亲。老拉费里埃在1838年成了雷恩法学院刚设立的行政法教席的教授，并于次年开始出版具有长期影响力的《公法与行政法讲义》（*Cours de droit public et administratif*）。作者优先使用了综合方法，从而围绕着保全和进步的思想整理整个行政法体系。老拉费里埃希望行政法最终能有自己的法典，所以他对原理和基本制度的探讨都是以未来法典的蓝图为背景展开的。他和很多同时代人一样，认为可以把行政法塑造为一种真正的科学，从而不受政治干预。[1]

于1838年成为图卢兹法学院行政法教席教授的肖沃（Adolphe Chauveau）也分享着在政治领域之外推进行政立法的思想。他在图卢兹时还和埃利合作撰写了篇幅巨大的《刑法理论》（*Théorie du Code pénal*）。但肖沃可不想要一部行政法典。他写道：我们认为行政法很难，因为我们的思维在四十多年来一直由一部法典化的立法所形塑，但行政法完全可以超越法典，只要它能够"确立科学的地位、按照它的理论和无可争辩的原理发展"。[2]

肖沃因而致力于汇总原理、规则、先例和学者的意见，从而把行政法发展成一种科学。在《行政权与行政诉讼管辖权原理》（*Principes de compétence et de juridiction administratives*）和其他著作中，他都坚决禁止对实证法的批评，就是为了不动摇"对原理的信念"。[3] 1853年，他和巴特比（Anselme Batbie）一道创立了《行政法杂志》（*Journal de droit administratif*），以便"让我们现在因为无知而轻视的行政立法变得清晰"。

19世纪大部分的大学教授都有同一套确定的计划，那就是建立科学的现代行政法，而手段则是把从最高行政法院的判决中抽象出的法律原理整理成型，这些原理和政治原理大不相同，然后还要把它们整合成一个和谐的整体。

比如，塞里尼（Denis Serrigny）就是当时法学家中的典型。他生于1800年，是第戎法学院院长和当地律师公会主席。意识到最高行政法院已经令行政法足以跻身科学之列后，他在（自己）最著名的著作中努力证明法典化已经成为一场

---

[1] Firmin Laferrière, *Cours de droit public et administratif*, Joubert Librairie-Editeur, 1860, p. I-XLVIII.

[2] Adolphe Chauveau, *Principes de compétence et de juridiction administratives*, Paris, Cotillon, 1841, p. XIV.

[3] *Ibid.*, p. VII.

作为一种法律渊源的学说——法国法学的历程

噩梦,行政法的组织已经足够有力,可以抵抗所有政治变动!〔1〕

从1836年开始担任卡昂法学院行政法教授并在1850年和1852年出任律师公会主席的特罗莱(Alfred Trolley)也向着同样的方向前进。迪克罗克(Théophile Ducrocq)也是一样。富卡尔1860年去世后由他接手了普瓦捷的教席,并整理出版了《行政法讲义》(Cours de droit administratif),该书在1897年—1905年出版的第七版已经有七卷之巨。他认为这是一部总结性而非评论性、展示性而非讨论性的著作。在埃克斯教书的戈蒂埃(Alfred Gautier)名气上稍逊一筹,他的目标是让学生们理解他从最高行政法院的判例中归纳出的行政法原理。〔2〕

所有作者都努力以令人信服的方式整理行政法的不同分支。由富卡尔和迪克罗克组成的"普瓦捷学派"把整个行政法学建立于以公共利益之名对个人自由的任意行使的限制上。其他学者在方法论上选择了遵循优士丁尼的人、物、诉讼的三分法,这种分类方法主导了热朗多和肖沃的著作,到巴特比时代也没有被改变。在1852年因为政变离职以前,巴特比是最高行政法院的审理员,并于1857年成为巴黎法学院教授。他当时对刚诞生的新学科——政治经济学充满兴趣,随后又在政治生涯取得了极大成功。〔3〕 1861年,巴特比出版了他内容丰富的《行政法与公法总论》(Introduction générale au droit public et administratif)。书中,巴特比声称自己根据"事物的本性"选择编排顺序,实际上还是沿用了《法学阶梯》的安排。他并没有太在意判例,因为他认为判例无法解决那些"只有充分掌握原理和学说"才能处理的新问题。

行政法在第二帝国晚期和第三共和国早期经历了一段学说的低潮期,以致行政法学最终还是很难作为一种大学学科保持其相对于司法机关的独立性。〔4〕 真正的成功还要等到狄骥和奥里乌于1882年同时通过教授资格考试之后。

---

〔1〕 Denis Serrigny, *Traité de l'organisation, de la compétence et de la procédure en matière contentieuse administrative dans leurs rapports avec le droit civil*, A. Durand, 1842, préface.

〔2〕 Alfred Gautier, *Précis de matières administratives dans leur rapport avec le droit public*, Lahure préface.

〔3〕 Roger Vidal, « Batbie et les débuts de l'organisation scientifique du droit administratif », *Revue du droit public et de la science politique en France et à l'étranger*, 1950, p. 804.

〔4〕 Pierre Lavigne, « Les manuels de droit administratif pour les étudiants des facultés de 1829 à 1922 », *Revue d'Histoire des Facultés de droit et de la science juridique*, 1985, vol. 2, p. 125-134.

第二章 晚近的起源：《民法典》之后

b) 狄骥和奥里乌。人们已经这对传奇组合展开了无数的辩论，他们的思想人所共知，所以没必要在此对他们做长篇大论了。[1] 他们的同辈学者认为，这两位的巨大贡献乃在把行政法教学从沮丧情绪中拯救出来，并为其提供了一个整体视角。[2] 狄骥和奥里乌的荣光来自于他们分别提出了两种可以为整个行政法学提供意义与融贯性的出色一般理论。至于他们理论基础上的针锋相对，倒是可以忽略不计，因为他们分别以某种形式创造了现代学说工作的理想类型。

波尔多的狄骥用他出众的逻辑思维创造了最为体系性的理论，他的客观主义法律观认为法律完全产生于社会生活之要求中。根据这一科学和现实主义的观念，行政法的合法性只能来源于它必须满足的社会需要。最终，行政法的合法性由行政法所完成的任务定义，而这些任务最终集合成作为狄骥理论核心的"公共服务"概念。这一概念后来又在以热兹为代表的后继者手中发展成为"公共服务学派"。[3]

和狄骥正好相反，奥里乌捍卫一种行政法的主观主义观念，狄骥也因此指责他宣扬形而上学思想。仅仅在图卢兹法学院教了4年书后，奥里乌就得出了一个结论："人格理论包括了一切、解释了一切、组织了一切。"在这一精神指引下，行政法唯一的研究对象就是那些力量远超任何私人的公共行政机关如何组织其权力的问题。所以，公共权力为行政法设定标准。奥里乌在他数次再版的著名的《行政法与公法精要》（*Précis de droit administrative et de droit public*）中深入探讨了公共权力问题。该书1892年的初版让除了爱德华·拉费里埃以外其他19世纪的行政法学作者一下子变得过时。正如里韦罗晚些时候写到的，奥里乌的书提出了一种无与伦比的"战略思想"，行政法学所有的部分都在此思想中得以整合、去芜存菁。他的前辈无人真正实现此等功业，而奥里乌则孜孜不倦为此奋斗。[4]

---

［1］ 较新的成果见 Marc Milet, « L. Duguit et M. Hauriou, quarante ans de controverse politico-juridique (1889-1929) », in Herrera Carlos (dir.), *Les juristes face au politique. Le droit, la gauche, la doctrine sous la Troisième République*, Paris, Kimé, 2003, p. 85-121.

［2］ Achille Mestre, « L'évolution du droit administratif (Doctrine) de 1869 à 1919 », *in Les transformations du droit dans les principaux pays depuis cinquante ans* (1869-1919): livre du cinquantenaire de la Société de législation comparée. Tome 2, Paris, Librairie Générale de Droit et de Jurisprudence, 1922, p. 19-34.

［3］ « Colloque Gaston Jèze », *Revue d'histoire des facultés de droit et de la science juridique*, vol. 12, p. 9-103; Marcel Waline, « L'œuvre de Gaston Jèze en droit public », *Revue du droit public et de la science politique en France et à l'étranger*, 1953, p. 879-890.

［4］ Jean Rivéro, *Maurice Hauriou et le droit administratif*, Toulouse, France, Université de Toulouse, 1968.

但奥里乌不是一位特别有体系性的学者。社会事实对于他而言太过复杂以至无法用简洁的公式总结。他以现代意义上判例评论作者的方法研究最高行政法院的判例，以便理解这种复杂性。在1892年—1928年，他写作的判例评论探讨了334个判决，总长度达到2200页！[1] 奥里乌必须感谢当时一般法学刊物中留给行政法越来越多的篇幅。除此之外，当时还出现了专门的行政法期刊。这些专门期刊有些由行政部门主办——如1878年创刊的《一般行政评论》(*Revue générale d'administration*)，有些则由大学教师主办——如1894年创刊的《公法与政治科学评论》(*Revue du droit public et de la science politique*)。

从底色上说，奥里乌的方法和世纪末的民法学家们一模一样。他们都认为通过仔细研究判例可以了解不断变化的社会现实。但奥里乌相比他的民法学家同事有一项优势。他的评论让学者可以与政府特派员展开长久且硕果累累的对话。政府特派员一职最早是为了在最高行政法院捍卫行政机关的利益而设立的。他们逐渐形成了相当独立的思想，而且实际上倒戈捍卫行政相对人利益的情况屡见不鲜。他们在诉讼中做的总结陈词中较为重要的那些会为人所知，而这些高水平的总结陈词让他们在最高行政法院判例发展中发挥了重要的作用。而且一些政府特派员明显接受了奥里乌的思想。他对公共管理的反思因而成了20世纪新理论的基础，20世纪初一些伟大政府特派员在这一意义上都是他的追随者，其中包括了罗米厄（Jean Romieu）、泰西耶（Georges Teissier）、皮沙（Georges Pichat），还有日后的总理布卢姆（Léon Blum）。

大学和行政法院的两种学说之间的对话是行政法学教义学的一大特色。当民法学教授终于在20世纪的门槛前获得了独占舞台的特权时，行政法学却呈现出不同的景象，最高行政法院的成员还是保留了他们的重要功能，背后的原因至少有三：首先，最早是他们在法学院姗姗来迟的情况下承担了行政法教学，而此后他们也一直没有让法学院独占这一任务。特别是在巴黎法学院，行政法学教授既要抵抗最高行政法院的力量，又要抵挡民法学同事的保守主义。其次，政府特派

---

[1] Pascal Arrighi, «Hauriou: un commentateur des arrêts du Conseil d'état», *in Le Conseil d'état. Livre jubilaire publié pour commémorer son cent-cinquantième anniversaire*, Paris, Sirey, 1952, p. 341-345.

员完全有能力写出和大学教授一样精彩的学术作品。[1] 最后,大学教授们自愿臣服于最高行政法院的权威,并且认为是最高行政法院在创造体系,而在民法领域人们认为体系先天就是《民法典》本身(而法典本身则是教授们的产物)。

其结果是,两个学说群体同时存在,分别与两个不同的国家机构、两个不同的国家职能相连。[2] 在这两种学说之中,从知识上来说并不存在重要的区别,因为真正的区别是两种不同职业的局限和优先处理的问题。政府特派员的结论肯定和判决评注家的评论是不一样的,狄骥和奥里乌建构理论的方式也要比拉费里埃抽象和完整得多。大学已经开始在它的作品中加深理性化和体系化的程度,从此公法学家和他们的私法学同仁有了一样的发展轨迹,并且再也没有远离。无论是在公法还是在私法,无论是对最高行政法院判例的研究还是对《民法典》的研究,发展趋势都是不断强化和扩大体系,并以解释的名义填充体系的实质内容。

19世纪以此种方式结束。我们现在将要转而看看20世纪初的教授们为何致力于理论化他们的方法。这一过程让他们得以定义大学中学说的任务,并且由此为此概念带来了我们今天仍熟知的强意义。但是与此同时,在行政法上,大学的学说和行政法院法官们更务实的学说之间的距离不断拉大。

二、20世纪对法律空间的驯化(或法国学派的胜利)

概述:一次静静的集体征服

历史学家总是把1914年(的一战)作为20世纪的起点。但这一事件在法国法律思想中并不标志着任何革故鼎新的变化。与19世纪的真正决裂是在1880年—1920年这段时间里逐渐发生的。在这一转变时期里,两个标志性的时间点是1899年和1902年。在1899年,南锡法学院教授惹尼(François Gény)出版了《实在私法的解释方法与法律渊源》(*Méthode d'interprétation et sources en droit privé*

---

[1] François Gazier, « Aperçu sur l'œuvre juridictionnelle des commissaires du Gouvernement depuis 1900 », in Le Conseil d'état. Livre jubilaire publié pour commémorer son cent-cinquantième anniversaire, Paris, Sirey, 1952, p. 303-310.

[2] Jean-Jacques Bienvenu, « Remarques sur quelques tendances de la doctrine contemporaine en droit administratif », Droits, 1985, n° 1, p. 153.

作为一种法律渊源的学说——法国法学的历程

positif），巴黎的普拉尼奥（Marcel Planiol）开始出版三卷本的《民法导论》（*Traité élémentaire de droit civil*）。1902年则见证了《民法季刊》创刊。所以，虽然也有一些不可忽视的先行者迹象，20世纪法学就是和日历上的20世纪一起开始的。

在整个新世纪里，作者个人风格似乎没有以前那么明显了。并不是说作者们自己缺乏个性或者独特的信念，恰恰相反，只不过20世纪的作者主要是大学教授，除了一些绝无仅有的例外，他们比前人更少参与实务和政治生活，更少在时代的重大辩论中表态。[1] 所以，他们往往倾向于度过一个现在看来比较典型的大学生涯，他们的作品也因而呈现出更多的集体性和单一性。一言以蔽之，在他们的著作中可见人生。就数量而言，20世纪作者的著作惊人。20世纪初同样是一个法国学说取得重大发展的时期。在一份无法穷尽所有大师的名单上，人们可以列出普拉尼奥、惹尼、卡皮唐（Henri Capitant）、若斯兰（Louis Josserand）、里佩尔（Georges Ripert）、卡雷德马尔贝格（Raymond Carré de Malberg），还有我们已经提到过的狄骥、奥里乌、萨莱耶、埃斯曼。"学说"正是在此时成型的。

在经历了19世纪对法律空间的探索后，学说开始意识到自己的角色与价值。但是它还必须面对来自变得更重要的新兴社会科学特别是社会学的新的挑战。一开始，社会学激发了一种吸引和恐惧混合的复杂情感。但是在最初的犹豫之后，还是恐惧占了上风，因为法学家既不打算和其他学者分享他们的科学权力，也不打算冒整个学科消融于社会学的风险。虽然并未明说，但学说开始致力于划定法律空间的界限，并成为此间主宰。从学说的字里行间，可以看出这一在实践中发生于两个不同层面的夺权事件。

一方面，学说为了自己的利益重新整合了法律的地形。它推翻了立法的独裁，吹捧判例，重新发现了习惯。有史以来第一次，学说理论化了法律渊源，并且没忘记把自己也列为其一。当然，它小心翼翼地限制自己的地位，让学说仅具有说服和认知解释的功能。但恰恰和这一对统治野心的否认相反的是，正是学说决定了每种法律渊源在体系中所处的位置。而且正是学说赋予自己权利去阐明立

---

[1] Marc Milet, *Les professeurs de droit citoyens: entre ordre juridique et espace public, contribution à l'étude des interactions entre les débats et les engagements des juristes français* (1914–1995), Thèse de doctorat, Paris 2, 2001.

120

法与判例中的意思，这一权利把它解释者的角色变成了一种支配的工具，尤为明显的是法官成了支配的对象。简而言之，学说把自己变成了幕后主使。

另一方面，为了强化自己的统治，学说马上构建了自己的科学权力以及并未明说的身份认同。为此，它用跨度广泛的技术人员词汇来定义法学。法学成了一种通过发现原理建立教义学的学科，或者更准确地说，一种通过一般理论和纯粹法律的建构规制法律空间的学科。顺便提一下，同样的目标也让书写法学作品成了技术人员的特权，法学家们也就成了技术人员。以此避免所有竞争后，至少在私法领域，大学教授的学说从此在法律渊源之序列中地位上升，在它的解释者角色让它可以以其他法律渊源之名义陈述时，成为决定性的力量。

我们将看到20世纪的学说如何通过两种密不可分的方式驯化法律空间。为了叙述的清晰，我们还是把他们分开讨论。首先是对法律渊源明确无比的理论化，然后是对自我身份认同的暗中建构。

（一）对法律渊源的明确理论化

对法律渊源的理论化直到20世纪才出现。惹尼出版他著名的《实在私法的解释方法与法律渊源》时，如大地春雷般把法律渊源理论化问题呈现在人们眼前。从《民法典》颁布以来，首次或者几乎是首次有作者承认实证法除了立法以外还有别的渊源。换言之，惹尼有意识地与支配了整个19世纪的立法万能教条决裂。但是，他在这样做的同时也让另一项更为久远的传统得以重见天日，因为立法万能教条本身也曾有意识地和古代法时代的法律多元主义决裂。所以，19世纪的教条在法律渊源方面更像是一个插入语，同时解释了伴随大革命出现的立法崇拜和《民法典》无与伦比的特权地位。

当时，只有少数几个具有原创性或前卫思想家提到过还存在其他的规范渊源。大部分的作者还是认为只存在一种法律渊源，那就是立法。相比之下，立法解释者（包括了大多数法学家）和判例都只能置于次级乃至被动服从的地位。无论如何，作者和法官除了适用立法或者协助立法得以适用以外，没有其他的功能。

要让形势有所改变，最终必须有一位法学家勇于站出来并马上领导其他法学家抨击关于立法和《民法典》的双重神话，而前提条件是革命时代已经相对远

作为一种法律渊源的学说——法国法学的历程

去,且《民法典》本身也表现出衰老的迹象。在20世纪的门槛上,时机看起来已经成熟了。然而还是没有任何人能预见,对立法的反对就在几乎没有准备、没有征兆的情况下发生了。要想理解这一事件,我们不得不牺牲本书叙事的流畅性,再回到19世纪。然后,我们才有可能正确评价20世纪法律渊源的多元主义到底意味着何种规模的创新。

1. 法律渊源理论化以前的时代

在19世纪,立法占据了无人分享的垄断地位,而且在所有的法律部门皆如此。就连行政法一开始也无法逃脱,它的缔造者们最早是从整理立法与规制之框架开始的,对有幸享有一部《民法典》的民法学家满怀嫉妒。除了少数例外,直到19世纪最后30年,判例才姗姗来迟,成了行政法的学说构造的基础。当时,民法学家也同样发现了判决创造规范的角色。

这一发现意味着,在理论上仍然占据支配地位的立法至少还留下了一些边缘地带,判例和学说在此潜滋暗长、彼此支持。作者们评论着判例,并以此提高判例的重要性,反过来又借整理判例的宝库,从而获得了相对法官的优势地位。

但是,因为还没有对这一现象之法学重要性的真正理论反思,所以作者们也找不到一个宣布立法之衰落到来的人可以拥护。这就解释了为什么大部分的作者都一致对竞争性法律渊源的存在性问题保持沉默。不过,人们可以看到关于法律解释的章节越来越长,说明法律渊源多元性已经悄悄潜入了法学文献。

所以,19世纪法律渊源殿堂的外立面清洁无比,立法在理论上还没有任何竞争者。但另两种渊源——判例和学说——也出现了。我们有必要研究一下它们如何在不声不响间悄然潜入法律渊源的殿堂。

1)立法的正式垄断地位

虽然以分析判例为首要任务的学说文献越来越多,但法律渊源理论并未随之出现。如果有任何法律渊源理论的话,它们显然应该出现在各种"导论"之中,所以我们将从阅读这类文献入手。其中包括了专门的《法学导论》,也包括了其他更宏大作品中处理相似问题的部分。直到19世纪末,此类文献都在强调立法的垄断地位。

a)在各个《法学导论》中的垄断地位。似乎是在德国大学中,首先出现了法学导论一类的课程。这些最初被称为"法学百科"的课程意在强化法律构成一个体系的想法。在此风潮影响下,当时任大学校长的哲学家库赞于1840年在

第二章 晚近的起源:《民法典》之后

巴黎法学院开设了"一般法学导论"(Introduction générale à l'étude du droit)的课程。但他这样做有可能只是为了弥补 1831 年取得巴黎法学院教席的民法学家德波泰(Xavier de Portet)含混不清的授课内容……无论如何,库赞并没有获得多大成功,这门不考试的课程也在他去世后就不见踪影。

然而,他的想法得以延续下来。一些人认为用一门针对初学者开设的引导性课程补充对法典的教学很有用。用库赞自己在报告里写的话说,该课程可以提供"一种对整个法学所有部分的全局视角",这一定可以让学生"审视每一领域特殊和独特的内容,但同时发现各个部分互惠的相互连接,以及将它们联系为一整体的内在关联"。[1]

斯特拉斯堡法学院在 1840 年就设立了"法学百科"课,并由民法学家埃施巴赫(Prosper-Louis-Auguste Eschbach)讲授。他既是大学教授,又是律师公会的会长。根据他课程讲义写成的著作多次再版,让他成为 19 世纪独一无二的先行者。该书第一版已经提出存在不同的"法律渊源",但是他还是在经典的意义上使用这一术语,用它来指法国法的不同历史来源。[2] 至于规范渊源则被限制在立法,最多羞答答地补充 1814 年的资政院规章和 1814 年以后的国王诏令。1856 年出版的著作第三版则终结了这一近乎排他的论述。"实在法的渊源"从这一版开始仅仅指规范性渊源,而且作者也不再仅仅把他们限制于立法或准立法作品。在新增的一个讨论习惯的章节中,作者把习惯放在和立法相提并论的位置,还提到了"法学家的学说"和"判决中的法学"。[3] 这是第一次有法学家把立法、学说和判例放在同一个问题中讨论,至少在学说与判例获得了习惯之地位的意义上如此。这一法律渊源的概念预示了被法国法学家视为革命者的惹尼日后将要发展的理论。不过,必须为他们开脱的是,埃施巴赫确实是个特例,其他 19 世纪的导论性作品再也没有重复他的主张。

出版了两部时隔几乎 30 年的《法学导论》的伯当(Charles Beudant)就是

---

[1] *Moniteur* du 30 juin 1840.

[2] Prosper Eschbach, *Cours d'introduction générale à l'étude du droit, ou Manuel d'encyclopédie juridique*, 3ᵉ éd., Strasbourg, Derivaux, 1843, p. 139 sq.

[3] Prosper Eschbach, *Cours d'introduction générale à l'étude du droit, ou Manuel d'encyclopédie juridique*, 3ᵉ éd., Strasbourg, Cotillon, 1856, p. 27 sq.

作为一种法律渊源的学说——法国法学的历程

如此,他从来就没有谈到过法律渊源问题。[1] 在他1863年的第一部导论中,德国思想色彩浓重。这名刚通过教授资格考试的年轻人还是想写法学的《百科全书》。他展现了一个包含了百科全书式作品每一个部分的总结性目录,既指出每个部分对象的区别与独特性,又展现各个部分之联系,"最后把整体与原理的一致性相联系"。为此,他既探讨了法国法的历史渊源,又探讨了不能与立法混淆的法律终极目的。然而实证法在此指的仍然是立法,法律渊源的多元主义还没有出现在作者的思想之中。这一情况直到他的第二部《法学导论》也没有改变。这部主标题为"个人权利与国家"的书更多是一部政治哲学作品,但已经是巴黎法学院名誉院长的伯当在书中把法学等同于唯一的"自由的科学",从而防止新生的社会法思想带来任何的法律上的影响。除了让立法服从于自由主义的终极形而上学目的之外,法律渊源对他来说根本不是一个问题。

实际上,在19世纪行将结束时出版的《法学导论》中,没有一本提到过法律渊源的多样性问题。[2] 当时困扰人们心灵的更多是对法律目的的探索。同样,在1857年出版的《法学初阶》(*Préparation à l'étude du droit*)中,经济学家库尔塞勒-瑟纳伊(Jean-Gustave Courcelle-Seneuil)便用从新的"社会科学"中获取的清晰、条理分明的理性原则取代传统上作为法律之基础的形而上学原则。在教授资格考试中拔得头筹的巴黎商法学家布瓦泰尔(Alphonse Boistel)也同样在他1870年出版的《自然法入门》(*Cours élémentaire de droit naturel*)中把整个法律体系构建于意大利哲学家罗斯米尼(Antonio Rosmini)的思想之上。

当时还是格勒诺布勒法学院年轻民法教授的卡皮唐(Henri Capitant)在1898年出版的《民法学导论》(*Introduction à l'étude du droit civil*)虽然不同于这种哲学精神,却也对法律之规范渊源没有任何贡献。我们有必要对此多说几句,因为它是第一部现代意义上的民法入门教材。

当时,1895年4月30日的行政命令深刻改革了法学本科教育。这一文本虽然没有真实规定任何对法律的导论性课程,却为了让那些不再愿意依据《民法

---

[1] Charles Beudant, *Leçon d'ouverture du cours d'introduction générale à l'étude du droit: prononcée à la Faculté de Paris le 16 Novembre 1863*, Paris, Noblet, 1863; Charles Beudant, *Le droit individuel et l'état: introduction à l'étude du droit*, Paris, A. Rousseau, 1891.

[2] 在以下著作的前言部分可以找到对当时可见《法学导论》的批判性书评:Jean Brethe de La Gressaye et Marcel Laborde-Lacoste, *Introduction générale à l'étude du droit*, Paris, Sirey, 1947.

第二章 晚近的起源：《民法典》之后

典》顺序讲授课程的民法教授有更多课时来处理法律的一般问题，而减少第一年的教学科目。卡皮唐确实抓住了这一机遇，但他没有追随那些希望以此促进历史方法的启发改革者（埃斯曼和比弗努瓦）。就算他支持这些人对解经方法的批评，他的《民法学导论》也不过是德国"法学百科"最深入的法国版本。卡皮唐在此展示的是"凌驾于不同部分之上的整体理论"，他称之为"法律有机体"，他的书讲的是所有法律关系的共同元素。[1] 所以他首先谈到了人格和财产的理论，然后是事实与法律行为的区分，最后则是"证据的一般理论"。卡皮唐如此在他 350 多页的著作中总结了整个本科学习的内容。在德国思想的影响下，他对把法国民法整合为一个完整而和谐的体系贡献良多。

但他的读者无法从中找出任何法律渊源多元性的影子。在简短提到习惯之后，形式意义上的立法占据了整个第一章。至于历史方法，该作品则一笔带过。卡皮唐认为这一方法对于讨论一般问题的作品而言并无用处。只有在"进入由每个制度和每种制度构成的真正民法体系"之后，对历史的深入研究才有意义。[2] 正是因为他在这一问题上的立场，那些和萨莱耶关系密切的人总体上对卡皮唐持保留态度。

b）在其他法学作品中的垄断地位。在那个教学仍必须从《民法典》第 1 条开始的年代，其他一些民法著作中也有类似讨论一般理论问题的导论章节。但这些著作中不会有关于现行有限之法律渊源多元性的段落。

这些导论几乎是根据同一个模子刻出来的。在粗浅定义法律以使其与道德相区分之后，作者们进而区别实证法和自然法，但并未真正把后者区别于道德和宗教。对于他们许多人来说，自然法由上帝镌刻于每个人内心深处。正因为他们所教授的是法律而非形而上学，大多数作者同意德莫隆布的观点："谨慎地说，真正的法律，也就是对人民有拘束力的规则，只有实在法。所以，我们只有一种法，一种立法，那就是由公权力强制实施的法、立法。"[3] 最后，法律对于他们而言仅仅是立法中的规定。

而且这种立法是形式意义上的。在支配 19 世纪的政治意志论观念中，立法

---

[1] Henri Capitant, *Introduction à l'étude du droit civil : notions générales*, Paris, A. Pédone, 1898, p. 2.
[2] *Ibid.*, p. 14.
[3] Charles Demolombe, *Cours de Code Napoléon*, op. cit. n° 8.

等同于广义上由立法机关通过的文件。所以,习惯马上就被降格为法国法的历史渊源。至于判例、学说和其他可能的渊源,没有人认真想过,它们只是帮助人们解释法律的因素。

这一心态一直持续到19世纪末。波尔多教授博德里-拉康丁内里(Gabriel Baudry-Lacantinerie)极具教学重要性的三卷本《民法要义》(*Précis de droit civil*)反复再版,并且从1882年初版开始就成了学生的圣经。他也没有打破学者们在法律渊源方面的沉默;尽管如此,作者感觉自己不得不提到"几乎各处人们都会给学说和判例某种地位"。[1] 伯当的《法国民法教科书》(*Cours de droit civil français*)也一样。他的儿子从1896年起把该书出版为五卷本。普拉尼奥说这部作品的导论部分并未局限于文本的精致组合,而更多考虑了塑造《民法典》的社会情势,以及《民法典》此后受到的种种影响。[2] 即便如此,创新到此就结束了,该书随后便自我局限于提出一种关于立法的一般理论。

如此,立法万能让所有当代学说所认可的那些关于法律渊源概念的思索都不可能存在。这一概念存在的必要条件是人们接受可适用的法律有多种不同的表现形式。[3] 其结果是,立法仍然在演着独角戏,尽管关于其解释的章节内容越来越丰富。不过,几乎所有的作者都开始使用新的术语。他们开始用"判例"取代"判决法学",用"学说"取代"作者的意见"。虽然看上去纯粹是一个语义上的变迁,却象征了19世纪悄然出现的用其他法律渊源补充立法之趋势。

2)其他法律渊源的悄然出现

我们将依次考察导致变化产生的因素和判例与学说的渐次登场。

a)变化的因素。19世纪曾见证一个矛盾:在学说作品蓬勃发展的同时,学说本身却未存在。至此,仍然只有孤立的法学家,他们生产着"作者的意见",此处的"学说"指的就是日常用语中的意思:意见或观点。但当时除了立法之外别无其他法律渊源解释这一矛盾。只有在立法的垄断地位受到挑战的情况下,人们才有可能以复数形式谈论"法律渊源",学说和判例才能以其自身为目的独立存在。而立法垄断只有到了19世纪行将结束时才遭质疑,但此前已经出现了

---

[1] Gabriel Baudry-Lacantinerie, *Précis de droit civil*, Paris, L. Larose et L. Tenin, 1882, p. VII.

[2] Marcel Planiol : *Revue critique de la législation et de jurisprudence*, nouvelle série, t. 25, 1896, p. 659.

[3] 对"法律渊源"术语的批判性分析,参见 Paul Amselek, « Brèves réflexions sur la notion de sources du droit », *Archives de philosophie du droit*, 1982, vol. 27, p. 251-258.

第二章 晚近的起源:《民法典》之后

一些征兆。随着法学期刊令人瞩目的发展,学说见解和发表的判决吸引了所有人的注意。那些参与其中的人不再局限于适用立法,而是要求在事实上(如果无法从法律上的话)获得一种创造者的地位。于是,法学家不再囿于立法的时代到来了。正如德莫隆布早在1845年就说到的那样,人们孜孜不倦地评论与适用《民法典》,以至于形成了"一种公理和司法决定的集合,一种学说(doctrine)和判例(jurisprudence)的实体,它们成了立法决定本身不可或缺的部分,在这一意义上人们不再可能对它们视而不见"。[1]

可见,这位人们称之为"古典"式的学者早就阐明了数量增加的现象。与此同时,在德莫隆布为学说作品注入清晰的内容时,这些作品已经堪称卷帙浩繁,并致力于利用展现和评论判决的法学文献所提供的资源。但是正如我们所见,意见和"公理"的增加本身并未让法律渊源理论在形而上学和史学的范围之外出现,所以其带来的后果只是"判例"取代"判决法学"、"学说"取代"作者们的意见"这样具象征意味的词汇变迁。这一现象出现于19世纪40年代,也就是法学文献真正开始增加的时代。

这一双重语义变迁的结伴出场显然并非偶然。Jurisprudence 和 Doctrine 两词在19世纪下半叶的新词义代表的是法学蓝图和法律思想的重要变化。但变化一开始悄然发生,直到后来才经理论化。我们应当为此作证。所以,接下来我们会依次呈现学说如何通过为判例及其自身命名而悄悄让这两种新渊源出场。

b)判例的出场。当作者们开始谈论"判例"而非"判决法学"时,他们抛弃了一种本身就只出现在18世纪、意思既明确又微妙的表达方式。它结合了传统上用来表示"法学"的 Jurisprudence 和用来解释支持此种法学之素材的判决"arrêt"。换言之,"la Jurisprudence des arrêts"体现的是旧法时代法学家(和实务人士)之知识活动的特点,当时他们在司法决定不阐明判决理由的情况下试图解释清楚裁判官法的内容。[2]

正是在接受了新术语的情况下,《忒弥斯》的创始人在1819年将期刊每期第二个栏目命名为"判例"。无论哪些作者在何种场合使用这一术语,"jurispru-

---

[1] Charles Demolombe, *Cours de Code Napoléon*, op. cit., p. IV.
[2] Nader Hakim, *L'Autorité de la doctrine civiliste française au XIXème siècle*, Paris, Librairie générale de droit et de jurisprudence, 2002, p. 229.

dence"所表达的意思在1851年《民事、行政、商事、刑事判例批判评论》创刊时肯定不是此前的"法学"了。许多专著作者也接受了这种用法，其中就包括1845年以后的德莫隆布。

逐渐抛弃"判决"这一短语标志着裁判官之活动相对于知识精英的自主化。与此同时，它也宣告了"jurisprudence"一词词义的深刻变化。从此，它在法语中不再指法学。该词现在指的是一系列司法决定，最近的研究显示当时学者们认为这些决定即便"在没有任何学说参与的情况下也可以形成一个融贯的整体，乃至一个体系"。[1] 这就是德莫隆布谈论判例之"整体"（corps）时所要表达的意思；埃斯曼1902年认为判例构成一种和谐整体时，再次确认了此种想法。在它的新词义上，"判例"在某种程度上本身就成了一种科学，一种由司法决定构成的科学。但形成"判例"一词所暗示的实体或体系有一个前提，那就是这些司法决定既足够多，又足够为人所知。此等前提在1840年左右才成为现实。所以，此时出现的语义转变是判决数量增加的一个间接结果。同样的现象也出现在"学说"一词的演变上。

c）学说的出场。19世纪初，"doctrine"一词还不具有仅为法学特有的意义。当人们说起作者或者法学家的"doctrine"时，指的是一群个体所形成之独特群体的意见，和日常用法并无差别。从19世纪下半叶开始，该词的意义开始改变，"doctrine"开始越来越频繁地指一个集体。也是在同一时代，人们越来越少用罗马法意义上的"法学家"（jusconsulte）一词，这说明个人的重要性正让位于群体。

再者，如果说《忒弥斯》的编辑们还把他们每期的第三个栏目保留给"作者的观点"，《商法与海商法理论与实务年鉴》的创始人则在1842年于现代意义上的"判例"栏目之外增加了"学说"（la doctrine）栏目。同样，1856年创刊的《法国法实务评论》（Revue pratique de droit français）的副标题就是"判例、学说、立法"。1866年最高法院立案庭则援引学说的权威来论证其判决。[2] 随后，"学说"的词义日益丰富，也变得更复杂。一旦学说不再仅仅指学者关于法律的观点，它马上开始同时指那些发表这些观点的出版物，还有那些表达这些观

---

[1] *Ibid.*, p. 232.
[2] Req. 24 juillet 1866, *DP* 1866, 1, p. 429.

第二章 晚近的起源:《民法典》之后

点的学者之整体。[1] 这个词指的是一种特殊的观察法律的方式,它结合了"理性批判"和"反思综合"。[2]

通过把"学说"与"作者们"分开,19世纪的法学家为学说赋予了更多的集体色彩,同时,他们也像当时对判例所做的那样,让学说表现为一种独立于其成员的体系。从此,学说不再是个人所表达之意见的加总;它开始以体系化的方式包含所有意见所形成的整体,还有那些表达这些意见的博士。

伴随着此进程,19世纪的法律文献中罗马法意义上的"法学家"一词越来越少见。在19世纪初,几乎所有提到法学家的场合都使用的是"jurisconsulte";到了19世纪末,该词只会偶尔出现。与其说这一变化标志着因为法典化而出现的学说活动和诉讼分离,[3] 还不如说这象征着一种关于学说活动就算不是英雄主义至少也是个人主义的观念消退。和创造法律的罗马法学家相反,"学说"更多表现为关于别人所创造之法律的意见之匿名集合。但正如判例不能被还原为一系列判决的零散汇总,学说从此也具有了某种内在逻辑。在这个意义上,20世纪那种让我们可以观察到真正整体性的学说建构其实在19世纪就已经有了征兆。

19世纪的法学家因而发明了两个概念:学说和判例。法律渊源理论在它们的帮助下出现了。因为这两个新概念指的并不是判决和意见的简单聚合,这一事实让它们具有了大得多的重要性,且令其得以与立法所形成的另一整体分庭抗礼。换言之,肇始于1840年并于世纪末定型的语义转变令法律渊源的规范理论得以产生;同时,该理论赋予判例与学说有关未来的内容。

2. 法律渊源多元主义理论的诞生

在19世纪行将结束时,立法在一部分青年一代民法学家的反复攻击下从神坛跌落,从而出现了多元主义的法律理论。出于多种不同的原因,这些年轻民法学家反对一个他们认为已经过于老旧的民法典的权威,并且希望从中脱身。为此,他们需要接受这部法典并非法律的唯一渊源,并因此逐渐建构关于渊源的理论,该理论一开始仅仅为了削弱立法全能而存在。这迈出的第一步随后带领他们把当时已经确定名称的学说置于新理论之中,因为至少在当前不再限于意见意

---

[1] Nader Hakim, *L'Autorité de la doctrine civiliste française au XIXème siècle*, op. cit., p. 13.

[2] Georges Appert, « De l'interprétation des volontés dans le code civil », *Revue critique de législation et de jurisprudence*, vol. 7, p. 272.

[3] Frédéric Zenati, *La Jurisprudence*, Paris, Editions Dalloz – Sirey, 1991, p. 254.

上的学说只能在这一多元主义语境下得以理解。

他们带来的创新相当可观。除了巴尔托鲁笔下偶尔出现的吉光片羽，就连那些视渊源的多样性为自然的旧法时代法学家也从来没有为其提出过一种理论。所以，在立法全能之终结与新的呈现渊源的方法之间，存在着明显的联系。

1）立法全能的终结

学者意见的非人格化和集体化随着这些观点的增加而出现，在这些现象的影响下，立法无所不能的信条开始崩溃。令信念正式灰飞烟灭的一击，既标志着法学真正迈入20世纪，又标志着学说的法国概念从此创生。

此时许多作者首先反对立法的排他主义。同样遭到他们批判的还有另一种源自革命年代的思想，那就是学者和法官们不能在他们对立法的解释中质疑立法的权威。所以，对立法的挑战经由解经式的法律解释方法实现。

a）对立法排他主义的批判。18世纪和启蒙时代让立法拥有无上荣光，以至于建立了对它的崇拜。根据一段广为人知的话，仅有一般性、抽象和非人格性的立法能够保证所有人在法律规则面前的平等，它同时也是安定性和自由的决定性因素。换言之，是对立法的爱标志了共和国与旧制度的决裂。在此种语境下，我们不难理解为何人们会对拿破仑主导完成的法典化成果如此迷恋，它们不仅宣告了立法的胜利，还指望塑造一个理性体系。在19世纪末，人们反对的也正是这一法典化；特别是象征性意义远超其他法典的《民法典》，似乎已经无法和当时的社会现实接轨了。一言以蔽之，法典过时了！一些学者甚至认为它已经构成了"对社会进步的阻碍"。[1]

以上说法极具宣示意义，因为19世纪末刚见证了社会问题的产生。[2] 个人主义原则已经无法处理社会关系，它们的巅峰时代一去不复返。高速工业化、劳工问题的出现、城市贫困化的加剧让人感到共和国只是在苟延残喘，作为其基石的启蒙哲学也备受质疑。现在需要做的是尽可能贴近社会现实，从而创造出能够恢复遭到破坏的社会和谐的新法律种类，而法学家在其中发挥了至关重要的作用。在这一精神的指引下，社会联结的基础要从个人自治与个人责任的原则转移

---

〔1〕 Raymond Saleilles, « Methode historique et codification », in *Atti del Congresso Internazionale di scienze storiche*, Roma, Academia dei Lincei, 1904, p. 14; Frédéric Tellier, « Le droit à l'épreuve de la société, Raymond Saleilles et l'idée du droit social », *Revue d'histoire des facultés de droit et de la science juridique*, 1999, p. 147–177.

〔2〕 Jacques Donzelot, *L'Invention du social : Essai sur le déclin des passions politiques*, Paris, Seuil, 1994.

第二章 晚近的起源：《民法典》之后

到人们认为更现实和牢靠的社会连带（solidarité）思想上。这也解释了为什么狄骥希望在社会连带基础上建立他的国家理论。[1] 当萨莱耶发明职业风险理论以取代个人过错理论作为民事责任基础时，他也致力于完成这一计划。[2]

但遭到挑战的并非只有实证法。"社会因素"的发明同样在法律渊源领域产生了后果。[3] 立法的地位首先下降，失去了永恒的权威。就算大部分法学家都不同意德莫格（René Demogue）所言"法律不过是种种社会现象之一"，他们还是会同意是时候改革1804年的《民法典》了。在《民法典》欢庆其百年诞辰时，关于法典改革的声音也处于讨论的中心。[4] 对于此时的作者而言，立法的权威来自于它对社会现实和时代需求的适应程度，这预示了一种构想立法作品的新方式。在萨莱耶的推动下成立的"立法研究会"（Société d'études législatives）的方案就是明证：每一项改革方案都必须由最可能受其影响、最有能力的人事先调查研究，因为事实和实验方法从此必须优先于其他因素得到考虑。[5]

此种让法律适应社会现实的愿望不仅降低了立法的权威，也导致了判例地位的上升。毕竟，还有谁能比法官更能了解法律必须不断适应的、变化万千的社会现实呢？法庭直接接触在社会中发挥作用的事实与各种不同利益，所以学者假定研究法庭的决定可以为理解社会发展提供门径。不仅如此，判例对于理解社会及其需要的重要性还给予其在法律宏图中的新合法性。换言之，社会问题让判例成了说出法律的诸场所之一，其结果是判例成了法律渊源之一。与此同时，法官也可以从立法的形式权威中解脱，因为20世纪的思想受惠于对解经方法的批判而给了他们如此作为的自由。

b）对解经方法的批判。让我们回到1899年10月。第戎法学院的年轻教授惹尼用一部迅速获得巨大反响的书开启了20世纪：《实在私法的解释方法与法律

---

[1] Léon Duguit, *L'Etat, le droit objectif et la loi positive*, A. Fontemoing, 1901.

[2] Raymond Saleilles, *Les accidents de travail et la responsabilité civile : essai d'une théorie objective de la responsabilité délictuelle*, A. Rousseau, 1897.

[3] 在此时社会风潮之中，沙尔蒙把自己的"民法课导论"命名为"法律的社会化"。Joseph Charmont, « La socialisation du droit », *Revue de métaphysique et de morale*, 1903, vol. 11, n° 3, p. 380-405.

[4] *Le Code civil*, 1804-1904. *Livre du centenaire*, A. Rousseau, 1905, p. X-XI.

[5] « Note de la rédaction », *Bulletin de Société d'études législatives*, 1902, p. 19-20.

131

作为一种法律渊源的学说——法国法学的历程

渊源》。[1] 这本巨著前两部分对惹尼当时还称为"传统方法"的法律解释方法之不足提出了决定性的批评。他认为前辈们局限于对文本的语法与逻辑分析以及抽象的人工建构,并指出这种方法具有重大局限以至于不应接受,而前辈们为了满足抽象融贯性的要求,不惜牺牲正义与实用性。惹尼就从对以下拟制的批评开始自己的著作:立法一定是无所不包的,为法官所面对的所有问题都提出了解决方案。他主张,塑造法律制度的是"社会生活处处不同的关系"。[2]

该主张并非原创,惹尼自己也承认,拉贝和比弗努瓦早在 20 年前就在为研究判例而辩护时提出过,而他们也只是把法国历史法学派在《民法典》生效后所提出的意见继续深化而已。但惹尼是法律解释问题的集大成者。从此,年轻一代的民法学家(其中不少在当时的法学院中处于边缘地位)终于可以在萨莱耶为惹尼著作所撰写的序言提出的口号下联合起来:"通过《民法典》,超越《民法典》。"

民法学家因此将要摆脱这部在当时还备受膜拜的法典之束缚。然后,实务人士很快也将受其吸引,正如最高法院主席在《民法典》百年庆典上的致辞所证明的那样。诚然,这名高级司法官员拒绝承认除了立法之外的其他渊源,但在提及最近学说作品发展之后,他毫不犹豫地肯定了法官"拥有最大的解释法律的权力",非此不足以"让文本适应现代生活的现实与要求"。[3] 另外,法庭在这一时期已经提供了不少自由使用法典文字的例子,这些例子因为恰恰出现在人们认为最不易改变的债法领域而令人尤为惊讶。对不当得利的承认、对权利滥用的最早几个判决、因物引起的侵权责任(résponsabilité du fait des choses)等重大发展都出现在此时。[4]

就算不是全然原创,惹尼的著作还是标志了一个时代的结束。立法和法典的地位不比从前,那些曾经坚持用字面意思解释立法的人如今饱受奚落。在 20 世

---

[1] Thomasset C., J. Vanderlinden, et P. Jestaz (dir.), *François Gény, mythe et réalités* : 1899-1999, *centenaire de Méthode d'interprétation et sources en droit privé positif, essai critique*, Bruylant, Blais, 2000, 397 p.

[2] François Gény, *Méthode d'interprétation et sources en droit privé positif : essai critique*, Paris, Pichon et Durand-Auzias, 1899, n° 63.

[3] « Discours de M. Ballot-Beaupré », *Le Code civil*, 1804-1904. *Livre du centenaire*, op. cit., p. 27.

[4] 或许正因为如此,尽管已经提出了不少限制,还是有许多作者认为此时是判例造法盛况空前的一段时期。Jean-Louis Halpérin, *Histoire du droit privé français depuis 1804*, Presses Universitaires de France, 2001, n° 119.

第二章 晚近的起源:《民法典》之后

纪前30年里,一些作者生造出了"解经学派"这一术语,并以此为靶子,在此后几十年中不断嘲讽。无论如何,为建立一种必然是多元主义的法律渊源理论准备的场地已经清理好了。

2)对渊源的新阐述

法律渊源问题在20世纪最初几年成了重中之重,但围绕它的讨论相当分散。把种种现象综合考虑之后,似乎有两种阐释新渊源的方法。一种是"离心"方法,主张向当时称之为"事实渊源"(sources réelles)的实证法之外渊源开放。另一种则是"向心"方法,主张学说也属于直到现在我们还称为"形式渊源"(sources formelles)的实证法渊源。最后占据上风的是后一种方法。但在当时,两种不同的观念引发了两场各自独立却相互联系的辩论。二者共同挑战了立法全能的想法。

关于事实渊源的讨论回溯了法律的起源。对于许多作者而言,法律的起源要在社会中寻找。无论在公法还是私法领域,都有法学家同时对实验方法和社会学感兴趣。他们中的一些人在抛弃了前辈所用的逻辑抽象后转向了一种社会学实证主义,并认为社会事实创造了规范。但他们同时反对在革新后有意变得不那么抽象的自然法(比如内容可变的自然法理论)。有关这场辩论将晚些讨论,因为和我们直接相关的是另一场辩论。

在挑战立法垄断方面,关于法律形式渊源的讨论则涉及其他可以参与创造实证法塑造的规范渊源。要评价当时对此问题的研究进展,最好的方式还是看看法学导论性质的作品,它们恰到好处地反映了法律渊源的新理论。我们将看到,这种新理论给了学说一个特殊的位置,以至学说得以最终逐渐确立正式地位。

a)一种更新了法学导论的阐述。前引惹尼的著作对法学导论的革新贡献良多。他在1899年发明了"形式渊源"的概念,用来指那些"只有在表现为一定形式的情况下才对社会有约束力"的渊源,[1] 并为其确立了一种为20世纪多名作者沿用的术语体系。

立法始终是形式渊源中最重要的部分。但和许多前辈所想不同,惹尼认为立法并不是唯一的形式渊源,习惯也是。从立法中找不到反对把习惯与立法并列的理由,因为立法者本身没有确定习惯的地位。而且无论理性还是社会需要都支持

---

[1] Julien Bonnecase, *Introduction à l'étude du droit : notions élémentaires*, Sirey, 1939, n° 76.

作为一种法律渊源的学说——法国法学的历程

这种主张，因为习惯特别能够回应（人们）对安全、稳定性和平等的要求。[1]

只是对立法垄断的挑战并未真正展现出比这初步的独特尝试更大的魄力。判例和学说仍然只能在"参照"（autorités）中占据一席之地。[2] 惹尼的解释主要针对判例。和习惯不同，宪法规定了判例的地位。权力分立体系明确禁止司法权威暗中行使立法者的权能。《民法典》第5条（禁止法官对其审理的案件以一般原则性笼统条款进行判决）体现的正是这一禁令。[3] 因此，惹尼并未提出理性和社会需要是否要求我们把判例归入形式渊源的问题。判例因为纯粹教义学而不能处于这一序列。

关于学说的论证更为直截了当。尽管学术见解在一些问题上分量很重，但它们并不具备任何强制力，因为"我们完全没有理由认为，一种连负责执掌司法的正式机关都无法享有的权力如何能让学者们在没有任何法学家组织的情况下行使，就算学者们的观点表达了一种集体情感，也仅仅是个人理性运作的结果，没有任何的公共性，也就没有任何让它可以凌驾于另一个同样独立的个人理性之上的权威性"。[4]

既然仅仅是可以援引的参照，判例与学说自然在惹尼的理论中仅仅是倾向于这种或那种法律解决方案的意见，就算它们源自大众认为具有无可争议之权能的个人或集体，其力量还是完全源自数量和彼此融贯程度。所以它们也永远不会成为独立自主的法律渊源，但在一定情况下可能形成（习惯）或者推动习惯的形成。

这种把立法与习惯构成的形式法律渊源和判例与学说构成的参照相对立的法律渊源理论是整个20世纪许多反思的起点，直到晚近才遭到少数作者的批评。[5]

其实惹尼并不是唯一建立法律渊源理论的人。就在他的专著上架的那个月，从1895年开始出任巴黎大学民法教席的普拉尼奥也出版了三卷本的《基础民法

---

[1] François Gény, *Méthode d'interprétation et sources en droit privé positif*, op. cit. n° 116.

[2] *Ibid.* n° 138.

[3] *Ibid.* n° 146.

[4] *Ibid.* n° 150.

[5] Paul Amselek, « Brèves réflexions sur la notion de sources du droit », *op. cit.* ; Denys de Béchillon, *Qu'est-ce qu'une règle de Droit?*, Paris, Editions Odile Jacob, 1997.

第二章 晚近的起源：《民法典》之后

学》（*Traité élémentaire de droit civil*）。该书开头部分就有一段专门讨论创造规则的"主要"渊源：立法和习惯。暂时先不讨论其他的渊源，习惯至少堂而皇之地进入了实证法教科书之中。它不再意味着一个已经在革命中灰飞烟灭的过去，而是"活生生的立法"中的一部分。[1] 更有意思的是，这里所说的习惯包括了判例。这正是普拉尼奥在前言中明确提出的，特别是在他表达对那些"客观地研究判例以从中发现刚刚形成的习惯法"的私法学家的支持时。[2]

所以，两名法学家不谋而合，普拉尼奥只比惹尼晚了几天把自己的法律渊源理论公之于世，但他的理论比惹尼的简洁得多，而且有一点点不同。在惹尼小心翼翼地把判例看作习惯的推进者之初，一生写过137份判例评注的普拉尼奥认为判例就是一种习惯法，虽然（判例）必须借由习惯成为法律的一部分，却终究是完整意义上的渊源。所以，1899年的10月彻底让此前的法国法律思想一下子变得过时，卡皮唐一年前刚刚出版的大作苦之尤甚。

而且此一风潮既然已经兴起，想要回到过去就不可能了。此后所有的法学导论都要或多或少用可观的篇幅讨论法律渊源问题。所有作者都要讨论这种对法律渊源的多元主义表达，唯一的问题只是每种不同的渊源分别包括了什么内容。

惹尼和普拉尼奥还比较谨慎，他们只承认立法和习惯，然后以某种方式通过习惯来找到判例的地位。但其他的作者则提出了明显更为大胆的观点。仅举一个标志性的例子：在1947年出版的《法学导论》（*Introduction générale à l'étude du droit*）中，作者用另一种术语来表达事实渊源和形式渊源的区别。他们称事实渊源为"法律规则的构成性因素"，称形式渊源为"法律规则的表达方式"。在公法学家的影响下（特别是狄骥，他曾经是前述著作两名作者之一的教师），[3] 作者用此一术语体系来区分"法律行为"和其他渊源。在第一个序列中包括了立法、集体的法律、个人的意思表示和判例，而在第二个序列则包括了习惯、学说和法律的一般原理。这种法律渊源数量上的增加也是20世纪理论探讨的标志。伴随着对不同序列之间混乱情况的清醒认知，法律渊源的数量还是随着欧盟法的

---

[1] Marcel Planiol, *Traité élémentaire de droit civil*, Librairie Générale de Droit et de Jurisprudence, 1899 n° 9.

[2] *Ibid.*, p. IX.

[3] Jean Brethe de La Gressaye et Marcel Laborde-Lacoste, *Introduction générale à l'étude du droit*, op. cit. n° 206. 作者在此批判性检讨了三名公法学家（狄骥、热兹和博纳尔）的经典理论。

作为一种法律渊源的学说——法国法学的历程

产生和宪法委员会所塑造的实质意义宪法而不断增加。

同样让学者们感兴趣的还有不同渊源之间的地位关系。所以一些作者探讨在一个以立法之优先性为基础的体系中，习惯到底占据何种地位，并且得到了立法优先性的观念正处于渐次衰落中的结论。[1] 但真正挑起争论的是判例。惹尼已经清楚意识到在法律渊源的结构中安置判例相当困难，[2] 而他和普拉尼奥之间的不同恰恰说明该问题在1899年已经浮出水面。判例的法律渊源地位问题在此后的岁月中一再浮现并总是让讨论变得模糊。里昂法学院院长若斯兰在1930年提出他那绝非因循守旧的法律渊源理论时，只重点区分了立法和习惯，只认为判例可以用来解释立法。[3] 但他同时也把立法降低到了初级"立法文件"的地位，只不过等同于在判例中形成法律规则的素材。所以他才主张优先研究判例。[4] 说起来，若斯兰是法国学说一定程度上的精神分裂症的代表。他们既对判例大感兴趣，又不敢堂而皇之地把它作为一种自主的法律渊源。这一辩论一直持续至今，期刊上不时出现的关于判例是否属于法律渊源的论文可谓例证。

学说却从来没有经历过判例所受的那种持久怀疑。共识是学说只是法律解释的作品，如果说有什么可以讨论的话，那也仅局限于它如何才能更好地解释其他的渊源。

b）一种给予学说正式地位的阐述。需要马上强调的是，此处讨论的是学说的正式地位。惹尼在1899年的著作中还没有用这个术语。他更倾向于使用的是可能来源于梅兰《判例索引集》的"学说参照"。[5] 但这一次他落后于时代了，因为当时"学说"已经成了法学家习惯使用的概念，而且很快在那些关于法律渊源的段落中占据一席之地。到了20世纪，则再也没有人使用"学说参照"一词，即便大部分人认为学说只是一种参照而已。

至于罗马法时代的那种法学家（jurisconsulte），在19世纪几乎消失以后也没有在20世纪重现。法律见证人从此变成了"学说"。当卡皮唐和科兰（Ambroise

---

[1] Julien Bonnecase, *Introduction à l'étude du droit*, op. cit. n° 82.

[2] François Gény, *Méthode d'interprétation et sources en droit privé positif*, op. cit., p. 426 sq.

[3] Louis Josserand, *Cours de droit civil positif français*, Paris, Sirey, 1930, p. 14 sq.

[4] Louis Josserand, *Cours de droit civil positif français*, op. cit. préface.

[5] Philippe Antoine Merlin, « Autorité », in *Répertoire universel et raisonné de jurisprudence*, H. Tarlier, 1827, p. spécial. VII.

第二章 晚近的起源：《民法典》之后

Colin）在他们的经典教科书中设问"20世纪的学说"是否已经证明了自己与"过去的伟大法学家同等价值"时，已经暗示了这一更迭。[1] 当然，一句证言并不意味着我们以后不会在某些学者的笔下再见到"jurisconsulte"这个词，但大部分情况下它所显示的只是一定程度上对罗马法学家们光辉岁月的怀旧情绪，多少还带着些自然法学的色彩，要么就是为了从他们的荣光中分一杯羹。这种心态背后，是为了重新建立说出法律甚至"好法律"之学说权力而采取的写作策略，罗马法学家恰恰是曾经创造了此种权力之人。而且对这一术语的使用从此只是边缘现象，因为20世纪初"学说"的到来扫清了其他所有的表达方式。

与判例相反的是，学说在法律渊源体系中毫无困难地找到了属于自己的位置，没人会真正对此展开讨论。正如惹尼所写，学说肯定排在其他所有渊源之后。不同的作者之间只有术语上的差别。学说仅仅是一个可以参照的对象，或者纯粹实质意义上的法律渊源。确实，人们不把它放在"法律的解释者"的位置上，以至于留下了成为法律之形式渊源微若萤火的可能性，但实际上什么也没有改变；就算考虑到了学说，形式渊源中的立法—判例二元体系还是占据了支配地位。

学者们之所以为学说准备了如此低调的位置，是因为他们一致认为学说在法律的创造中只有"完全精神性"的作用。[2] 更直白些的说法就是，学说并不直接创造规范，它只能通过自己的影响力、自己作为参照对象的权威性、自己的知识本质来引导那些有决定权的人创造规范。正如许多论者曾经指出的那样，想要通过学说来实现令行禁止基本是不可能的。

所以，在20世纪初，不管写成Doctrine还是doctrine，学说既确定了自己的称号，又毫无争议地成为法律渊源中的一环。现在需要做的就只是明确其位置和任务。学说就是在这一过程中，于20世纪初最终形成了自己的身份认同、地位和目标。那是一个决定性的时代，因为至今大部分法国法学家仍然是当时遗产的受益人。

---

[1] Ambroise Colin et Henri Capitant, *Cours élémentaire de droit civil français. Tome 1er*, Paris, Dalloz, 1923, p. 34.

[2] Jean Brethe de La Gressaye et Marcel Laborde-Lacoste, *Introduction générale à l'étude du droit*, op. cit. n° 317.

作为一种法律渊源的学说——法国法学的历程

(二) 学说身份认同的悄然建构

前言：面对社会科学的学说

学说之身份认同很大程度上是暗中构建起来的。在明确把自己列为法律渊源之一后，学说从此对自己不置一词。对于其他的群体，如果其成员想共同完成一项任务，人们会称之为群体的"目标"。但学说背后的群体却是最不正式、最心照不宣的群体，以至于至今仍有人否认其存在。所有人都接受的词是"集体"(ensemble)，而且该集体是通过行为上的相似性逐渐形成。所以学说纯粹是通过定义其任务始能形成。

在学说身份建构的时代（大约在 1880 年—1920 年之间），法律文献超出了学者法的重心。《民法典》和一般性质的立法不再是学说反思的唯一对象。对于民法学家而言如此，对于那些专精其他终于从民法的支配下摆脱并得到极大发展的法律领域的学者而言亦如此。出于不同的原因，行政法学家、商法学家、国际法学家、刑法学家，又或者那些"工业立法"（也就是后来的劳动法）的推动者都开始超越文本。他们大多数开始研究判例，少数则转向习惯，但同时也开始关心经济学、统计学、史学、人类学和社会学。

这些新学科首先吸引了一些法学家，然后才让大部分法学家感到焦虑。最初，除了其他可能的功能外，那些创造了法律渊源理论的学者有意使用这些学科为他们当时所称"事实渊源"的研究提供正当性基础[1]，当时可以说是社会科学向前发展的时刻。既然事实渊源已经有了法律渊源的地位，那么以下论证也就不难预见了：社会科学可以进入法学话语之中，只要它们还在创造着法律。

这一以前所未见之势态出现的运动同时也带来了重大危机，惹尼在讨论法官时对此洞若观火。如果法学家不再认同立法的完整性和排他性，如果立法不再是他们无法超越的地平线，那么缔造法律规则之形式权力就会以无法预见的方式转移。如此一来，我们岂不会进入"个人独断之阴影？我们岂不会满心欢喜地暴露于经验与偶然判断的违宪之中，而代价是牺牲对作为社会生活本身安定性保证之

---

[1] 但这种想法在博纳卡斯之前甚少有人明确提及。Julien Bonnecase, *Introduction à l'étude du droit*, *op. cit.*, p. 182.

第二章 晚近的起源：《民法典》之后

法律确定性无可取代的、无可辩驳的绝对需求"？[1] 以上无疑是新思潮面临的最为重大的质疑。要应对社会科学带来的危机，就必须为法律的新模式穿上"坚实的盔甲"（该用语仍来自惹尼）。对学者法之方法革新可以提供一种解决方案。正如1912年戈德梅（Eugène Gaudemet）的一位学生、未来的教授古诺（Emmanuel Gounot）所言，如今不能再仅仅满足于"为日常法律生活中出现的问题提供实践解决方案"。[2] 学者们必须改弦更张，并且关注重大的理论问题，而不是流于泛泛而谈或一些错误的关于法律的"清楚思想"。现在必须创造比19世纪规模更大的法学建构（constructions juridiques），因为它们能切实发挥作用，能够主导和指引所有形式和事实法律渊源中的可能贡献，如此才是最不可抗拒之必要性！

换言之，法律渊源理论中的向心一面很快就消失了。在面临分崩离析的风险时，法律渊源理论展现出其真实的内在逻辑——用一种渊源来统领其他一切渊源。这种主导性的渊源不是其他，正是学说。从此，学说肩负的任务就成了掌控新思潮可能带来的混乱，完成任务的手段则是回归需要顺便革新的教义学。实际上，首先需要强化这种教义学，这只有具备对法学之整体知识而非局限于某个特定法律部门之现实操作的法学家才能完成。而这又意味着他们必须把足够多的时间花费在掌握必要知识上。从罗马法时代以来一直存在的那种由伟大实务人士写作教科书的模式，将要让位于一个正在争取自治的学说场，一个从此只为一心想要从法律实务中脱身的全职法学教授保留的学说场。[3]

此时此刻，在教义学的支配地位和法学教授训导权威的双重作用下，关于学说的一种身份认同悄然确立。

1. 一种建立在教义学支配地位上的身份认同

如我们所见，伴随着20世纪初的学术繁荣而来的是令人不快的混乱。许多

---

[1] François Gény, *Méthode d'interprétation et sources en droit privé positif*, op. cit. nº 86.

[2] Emmanuel Gounot, *Le principe de l'autonomie de la volonté en droit privé : contribution à l'étude critique de l'individualisme juridique*, A. Rousseau, 1912, p. 8.

[3] 只是出于经济原因，教授们真的从律师业中脱身需要等到20世纪70年代才实现。

139

作为一种法律渊源的学说——法国法学的历程

在当时任教与出版作品的法学教授都是"担惊受怕的法学家"。[1] 当时的法学家出于自身需要把此前的传统法律解释方法想象为"解经方法"。他们在贬低传统方法之后，发现只有通过发明一种新方法才能限制法官的恣意。但他们对科学客观性的追求却导致了逐渐向法律原教旨的回归，20世纪的学说之地位与功能正是以此原教旨的名义确立的。

1）追求科学客观性

法学家们深深的担忧在他们之中激起了内容相当丰富却转瞬即逝的反思，而且最终并没有平息真正的混乱。

a）一种内容丰富的反思。最感担忧的是民法学家，因为批判法典解释的经典方法最直接影响的就是他们。但没有哪个法学家可以置身事外。在一个部门法专业化还并不明显、民法还在所有法学家的培养中占据最重要地位的年代，每个人都或多或少是民法学家。更何况所有的法律部门都受到这一运动的影响，其明证便是1880年—1920年以各种法律为对象的新思想不断涌现。

在这一关键时代里，一些作者们试图解决的核心问题大致可以如此概括：如何在不牺牲法律安定性的情况下让法律适应社会生活？他们的答案将会是：通过科学！但"科学"一词在他们脑海中从来都只有模糊的含义。科学研究意味着仅仅观察社会现实吗？今天人人都知道这种方法无法指示任何法律解决方案。还是说他们已经有意无意地考虑过以自己对实证法的统摄来实现目标的前景呢？

要想理解忧虑的法学家们的思想中的这种模棱两可，就必须首先指出此前已经提到过的对社会因素的认识。纵然并非所有人都有心在一个饱受种种冲突困扰的社会中重建和谐——毕竟这需要很高的政治敏感度，至少关于社会因素的思想建立了一种特定的知识气候，对此无人能够忽略。尤为重要的是，再也无人能接受对文本的语法研究足以回应飞速发展的社会中产生的新问题之说法。确实也无人想要牺牲法律安定性。然而这一安定性不再像人们印象中的19世纪法学家所想那样，以抽象和不容置疑的方式强加于人。它之所以重要，是因为人们需要论

---

[1] 这种说法最早来自于1899年—1906年任巴黎法学院院长的格拉松（Ernst Glasson）。最近它又引发了一名研究法国法律思想史的魁北克同行的兴趣。Marie-Claire Belleau, « Les juristes inquiets: classicisme juridique et critique du droit au début du XXe siècle en France », *Les Cahiers de droit*, 1999, vol. 40, n° 3, p. 507；同样可以参见 André-Jean Arnaud, *Les juristes face à la société du XIXe siècle à nos jours*, op. cit., p. 75.

第二章 晚近的起源：《民法典》之后

证如何调和社会事实的观察所展示的那些相互冲突的利益。无论身在局中的人对此是否有所认识，法律安定性能够获得优先地位，是由于法学家的意志，而非真实或想象的科学法则。

无论如何，紧随对解经方法的批评而来的是重构工作，其中萨莱耶和惹尼完成了其中部分的理论工作，朗贝尔（Édouard Lambert）的贡献则少一些。这三名作者每人都将以自己的方式构想两种要求之间不可能实现的调和，一种是在表面上的科学客观性要求，另一种是法律教义学之要求。

下定决心要改革法学思想的法学家们形成了一个非正式的松散圈子，萨莱耶是其中的核心人物。其中一些人在当时或日后成了不同领域的知名学者。在1890年—1895年与萨莱耶在第戎大学做同事的惹尼自不待言，这个圈子里还包括了巴坦（Étienne Bartin，既是国际法学家也是民法学家，因为他负责了奥布里和劳的著作的更新工作）[1]、戈德梅、朗贝尔、蒂西耶（Albert Tissier），甚至还有公法学家狄骥。萨莱耶希望在这个圈子里推动历史方法的运用，因为历史方法既重视不断变化的复杂社会事实，又能够与对稳定和安全的追求相结合。令法律和生活保持一致的想法让萨莱耶"用建立在社会逻辑之上的'理性方法'取代建立在形式逻辑之上的'论理'方法"。[2]

这种说法看上去确实意味着法学家们将必须通过新的社会科学来科学地了解社会现实，并在其后用法律建构把社会现实翻译成法律。萨莱耶把这些法律建构和法律科学定义为"把从社会视角下得来的理性思想化为具体的实证形式，并以尽可能准确的方法提供给裁判者"。[3]

萨莱耶的主张其实和惹尼"自由科学研究"（libre recherche scientifique）[4]招牌下的实质内容差别并不太大。在巧妙地反驳了传统理论后，惹尼至少部分把法学家从立法的束缚中解脱出来。但由于担心法律的解释者完全依赖于自己的主观判断，他提出了另一种形式的替代性解释方法。在需要裁判的案件已由立法文本提供准确解决方案时，解释者必须严格按照文义来解释。当文本的编纂者未曾

---

[1] Emmanuel du Pontavice, « éloge d'étienne Bartin », *Annales de la faculté de droit et des sciences économiques de l'université de Clermont*, 1966, vol. 3, p. 192-200.

[2] Eugène Gaudemet, *Raymond Saleilles* (1855-1912), *op. cit.*

[3] Raymond Saleilles, « Droit civil et droit comparé », *op. cit.*

[4] François Gény, *Méthode d'interprétation et sources en droit privé positif*, *op. cit.*, p. 457.

141

作为一种法律渊源的学说——法国法学的历程

预见到当前情况时,解释者可以脱离文本,但必须严格按照科学的要求进行判决。为此,解释者必须运用所有道德和政治哲学所提供的材料来"考究人性的个人和社会本质"[1]:社会学、政治经济学、一般哲学、伦理学、心理学、公法……所有这些学科都要满足在法律生活之关系中找到"实证法所需实现之和谐因素"的持续关怀。[2] 因为对于惹尼而言,必须以最客观的方式实现的就是此种和谐状态,该状态本身就足以提供平衡"目前利益"的方法。从惹尼的用语中,我们不难找到德国法学家耶林(Rudolf von Jhering)的印记。[3] 耶林的利益法学思想当时在法国也广受欢迎。[4]

朗贝尔批评的就是这种处理方式。朗贝尔1893年以为他人缔约为主题,提交了一篇极具创新意识的博士论文,这也是最早以判例为研究对象的博士论文之一。然后,他1896年在教授资格考试中拔得头筹。在成为里昂法学院教授后,他马上投身于比较法学的研究。萨莱耶邀请他参加了与1900年世界博览会同时在巴黎举行的第一届国际比较法学大会,随后他便在1903年出版了《比较民法的功能》(La fonction du droit civil comparé),该书也是一个包括许多著作的丛书的第一部。在第一次世界大战后,他又建立了此后大有发展的里昂比较法学研究院[5](译注:此处提到的"丛书"即为"比较法丛书",我国著名律师吴凯声在法留学时完成的博士论文也在此丛书中出版)。

从1900年开始,朗贝尔认为惹尼的著作中存在一些缺点,并试图让它更为完善。他对自由科学研究最核心的批评是,这种方法无法以足够的客观性发现"实证事物之本性"。他也不相信惹尼用以支持自己方法的新生社会科学能有任何实质性的用处,因为这些学科本身还在非常初期的孕育阶段。朗贝尔认为有一项更加紧急的任务:"让民法学家认识到民法作为一种观察之科学的真实特征,

---

[1] *Ibid.*, p. 512.

[2] *Ibid.*, p. 517.

[3] Guido Fasso, *Histoire de la philosophie du droit？: XIXe et XXe siècle*, Librairie générale de droit et de jurisprudence, 1976, p. 149.

[4] James Whitman, « Jhering parmi les français, 1870-1918 », *Annales de la faculté de droit de Strasbourg*, 1997, p. 151 sq.

[5] Suzanne Basdevant-Bastid, « L'Institut de droit comparé de Lyon », in Pierre Garraud (dir.), *Introduction à l'étude du droit comparé: recueil d'études en l'honneur d'édouard Lambert*, Paris, Librairie Générale de Droit et de Jurisprudence, 1938, vol. III/I, p. 11-15.

第二章　晚近的起源：《民法典》之后

并为民法学找回真正的目标——适应当代的复杂而可变的法律体系。"[1] 换言之，必须抛弃对法典的研究，用对判例丰富得多的研究取而代之。但仅仅观察判例还不够，必须伴随着判例的演进。而"对于引导判例发展而言不可或缺的要素"又从何而来呢？朗贝尔的回答是"比较民法和共同立法"。[2] 所以，比较法，或者更准确地说比较方法，取得了自由科学研究的地位。[3] 惹尼相信可以从对"实证事物之本性"中找到客观性，朗贝尔则从"国际法律意识"寻找。[4] 朗贝尔在此后的岁月里不断捍卫此种观点。

历史方法、自由科学研究、比较方法：每一次改变，目标总是一样的，那就是让法学家超越立法的权威，但也防止他们倒退回会导致混乱的自己主观性之中。但这种反思并未真正起效，因为这本身就是一种不可能的任务。

b）一种并不成功的反思。萨莱耶、惹尼和朗贝尔都为自己独特的法律观涂上了客观性的色彩，而教义学和科学之间的调和还未完成。意识到悖论的法学家萨莱耶此后的作品都在试图克服社会中的悖论。同样，惹尼通过自由科学研究也希望调和彼此冲突的利益，在实证法的深处找到假想的社会和谐。朗贝尔追随着惹尼的步伐，并相信可以从发达程度至少与我们大致相同的国家所展现的国际法律意识中检验到这种和谐。使用比较方法的目的就是展现这种国际法律意识。如此，我们已经说明只有教义学可以提供这种社会和谐，而且只要让法学家在较大的范围内自行实践，教义学就可以实现和谐。

但是在一开始，他们的尝试为整个法国法律思想吹进了一股强劲的清风。法律思想的领域突然在规范渊源和事实渊源两方面得到了大大扩张。

在规范渊源方面，把判例作为首要的研究对象（不仅仅在行政法领域）并以新的方式考察之成了完全合适的做法，因为法院的作品已经成了了解社会生活及其发展的最佳素材。各种新的法学建构从此以判例研究为基础，如若斯兰（Louis Josserand）在1905年提出、1927年加以发展的著名"权利滥用"理论。

---

[1] Édouard Lambert, *Une réforme nécessaire des études de droit civil*, Librairie Maresq Ainé, 1900.

[2] *Ibid.*

[3] Christophe Jamin, « Le vieux rêve de Saleilles et Lambert revisité. à propos du cente-naire du Congrès international de droit comparé de Paris », *Revue internationale de droit comparé*, 2000, vol. 52, n° 4, p. 733-751.

[4] Édouard Lambert, « Le droit comparé et la formation d'une conscience juridique internationale », *Revue de l'université de Lyon*, 1929, V, p. 441-463.

这种理论是那一时代的产物,正是由于人们开始重视主观权利的社会功能,才会有权利的滥用一说。[1]

在事实渊源方面,新生社会科学以某种方式渗入法学。最能引发法学家兴趣的是社会学。比如奥里乌,他一开始是"社会学主义"的坚定反对者,却终究与社会学联系在一起,他的制度理论从中借鉴不少。至于狄骥,他的现实主义法律理论受他在波尔多经常往来的涂尔干(Émile Durkheim)启发,本身就意味着与所有建立在抽象概念上的形而上法律理论划清界限。

但这股清风本身就带来了反对自身的种子。比如说,自由科学研究虽然招牌上有"科学"二字,但其实预设了一种体系性的先定法律观。因为惹尼和其他同时代的作者一样,无法接受让法律屈服于社会生活之恣意,所以法律人只要考虑到社会生活的复杂性和矛盾性就足够了,并不需要任由社会生活支配法律。20世纪初的法学家是推崇秩序之人,而且执迷于法律安定性。即便如此,人们有时还指责他们——特别是指责狄骥——想要摧毁法律的传统结构。

这就是为什么他们所希望实现的"科学"方法不是纯然理论性的(spéculative)。他们所需要的是一种行动的方式,因为他们永远关注应然而非实然的一面。1900年著名的国际比较法学大会上的辩论就见证了这种心态。其中一个重要议题是接替此前所说"比较立法"(législation comparée)而出现的新"比较法"(droit comparé)应当承担何种使命。它应该成为一种理论性甚至批判性的学科?还是反其道而行之,成为服务于所有法学家的工具,作为传统法律解释方法的有用补充,并因此让比较法成为建构性的、服务于实践行动的学科?在规范科学努力驯化法律空间的语境下,毫无疑问第二种主张占据上风。

实际上,忧心忡忡的法学家正在创造的是一种相当特殊的学科。哪怕对事实的观察也是他们所希望实现的,这种观察对于他们大部分人而言其实还是发挥着纯粹教义性的作用。事实观察为法学的建构或理论提供了无法反驳的基础,而且以得到事实验证的权威结论科学性地强化了法学建构与理论。社会连带(solidarité sociale)的事实就是如此,狄骥用它来塑造了自己的体系,而且对他来说这一事实既未受反对,又无法反驳:"这是一个来自于观察的事实,因而不

---

[1] Louis Josserand, *De l'esprit des droits et de leur relativité*, 1927.

第二章 晚近的起源：《民法典》之后

可能成为争论的对象。"[1] 所以，通过新生社会科学的方法观察到的现象不是用来让人继续争论的，而只是客观的事实，为法学家自身提供追求客观性之道路上的辅助因素。然后，他们再把这些客观事实按照与自己学科的相关性排序。

萨莱耶在1903年写道："从文本中获得的客观性是法律确定性无比珍贵的基础，但现在必须为其加上来自经济与社会现实的客观性了。"[2] 除了这一客观性的想象特征之外，我们还看到萨莱耶并不打算考虑这些事实的原本状态，而是把他们转化为法学建构，从而更好地让法学家仍可以把社会事实掌控于股掌之间。[3]

面向行动也就是面向实践的法学始终在描述性和规范性之间穿梭往返，最终动员新生的社会科学为他们对秩序的追求涂上客观性的色彩。更新过的法学最后还是把自由科学研究和其他对应物抛诸脑后，回到了原教旨中。

2）回归法学原教旨

法学异端德莫格所遭受来自其同事的无情抨击完美地证明了法学原教旨的回归。让我们首先把各项事实联系起来。1911年，德莫格指出法学建构只是对事实的掩盖。完全清楚这场辩论意义的惹尼立刻奋起回击，用他大作（《实证法中的科学与技术》）中大部分篇幅反击德莫格并大获成功，他所象征的那种思潮最终胜出。然而，就算德莫格输了，惹尼也未必真的赢了。和他的前辈萨莱耶一样，惹尼并未把他不断赞赏的方法真正付诸实践。但其他人则走到了这一步。普拉尼奥、埃斯曼、热兹、塔勒尔、巴坦和蒂西耶等人超过萨莱耶和惹尼的地方在于他们写出了重要的"精要"、关于实证法的专著和教科书，这些作品在法律的各个领域形成了"一般理论"（或者用萨莱耶的话说，"法学建构"）。

面对德莫格的挑战，法学建构或一般理论之伟大缔造在事实上无声地应和着惹尼的回应，从而使其影响一再扩大。他们的胜利如此明显，以至于在整个20世纪都没再出现过成功的挑战者。人们对新的挑战只需报以轻蔑的沉默。

a）对德莫格挑战的理论回应。当时还是里尔法学院教授的德莫格在1911年出版了一本标题为《私法基本理论》（*Les notions fondamentales du droit privé*）的

---

[1] Léon Duguit, *Traité de droit constitutionnel*, Bordeaux, impr. J. Bière Paris, E. de Boccard, éditeur, 1928, p. 86.

[2] Raymond Saleilles, « Methode historique et codification », *op. cit.*

[3] *Ibid.*

作为一种法律渊源的学说——法国法学的历程

著作,他有意使用了12年前惹尼曾经用过的副标题:批判性作品。而且德莫格明显延续了惹尼所辩护的一些想法,他的著作出版前的宣传语就证明了这点。在批判了19世纪的作者们看待法律的方式后,德莫格提出应该用不那么抽象、更贴近实践现实的理论再造法律技术,这些理论应该从政治经济学中取得经验数据,和司法判例齐头并进。然而在序言的前几页中,德莫格就宣告了与自己原本置身于其中的一场学说运动的决裂。这场运动的参与者包括卡皮唐和普拉尼奥,他们都是《民法季刊》的主要撰稿人,德莫格则负责为该期刊撰写债法方面新动向的评论。卡皮唐和普拉尼奥都认为应该用"一般原则"支配实证私法。德莫格则不然,他主张采取"批判视角,从而展现完全无法调和、不可忽视的那些时刻困扰民法的冲突和矛盾"。[1]

这句话概括了该书的全部内容。作者想要揭示在民法核心位置的自相矛盾,而且他只关心实证法,因为其他的都是形而上学的理论。就算他承认法学家应该以调和这些矛盾为终极目标,也慢慢确信这是完全无法实现的理想。哪怕是最低限度试图让纷争平息的法律建构也绝无可能。正当他的同行们都致力于革新法律方法,从而找到科学手段消除困扰法律体系的那些悖论时,偏偏有这么一个法学家要他们运用批判思想,并在长达700页的篇幅里论证这项工作的虚无。无一理论能有价值,无一和谐可以实现,无一法律技术是确定的,目力所及全是短暂且不完美的均衡。在把大部分私法甚至部分公法的法学建构降低到虚构的水平后,这就是该书残酷地得出的结论。

毫不意外,没人可以接受与当时盛行之思想如此相反的理论。特别是惹尼,他写了一篇书评,字里行间透着恨不能手刃德莫格的心态。"本书作者几乎排他性地实践着那种肢解一切的思想体系,他给了我们一幅万花筒般的画面,这当然也是让他的作品如此具有原创性的特点,但其风险是让社会生活瘫痪,并否定所有那些能够让我们思想有所发展、有所引导的那些坚实基础。"简言之,惹尼批判此书是"无可救药的悲观主义",并且预言了其不幸的未来——"无法满足法律学科中本质精神需求"。[2]

---

[1] René Demogue, *Les notions fondamentales du droit privé: essai critique, pour servir d'introduction à l'étude des obligations*, Paris, A. Rousseau, 1911, p. VII.

[2] François Gény, «Compte-rendu», *Nouvelle revue historique de droit français et étranger*, 1911, p. 110-125.

第二章 晚近的起源:《民法典》之后

在德莫格作品所引起的其他评论中,也能找到完全一样的强烈反应。没有任何读者同意他的结论。所有人——不管是私法学家还是公法学家——都指责他是丧失信仰的学者,所说所想毫无根据。惹尼一名密友的观点极具代表性:"和谐、平衡和适度是精神和人类心灵的自然需求……种种原理是实现和谐的前提。千万不能让我们的法律失去对这些原理的尊重,否则它就会丧失权威性和清晰性。"[1]

但还不仅如此。惹尼开始意识到正是他自己对传统方法的批评,启发了像德莫格这样的作者,把法学进一步推向了滑往"虚无主义"深渊的下坡路。至少部分是为了回应德莫格的挑战,惹尼在1915年—1924年陆续出版了他的四卷本《实证私法中的科学与技术》(Science et technique en droit privé positif : nouvelle contribution à la critique de la méthode juridique)。两名作者之间的争论分成两条线展开:

第一,惹尼指责德莫格拒绝探究"法律的终极目的",简单地说就是不相信自然法。而他自己则曾以自然法——老实说是一种天主教自然法的角度捍卫法律,但他尝试以科学的方式论证自己的主张。正如他曾在1911年所写的,为法律的辩护既包括了"从社会学角度对人类生活条件最细致的研究",又包括了"关于理想的探求,这些条件试图提供引导的强制力只能通过理想得以正当化"。[2] 此类晦暗不明的公式显然和科学的惯常目标不符,似乎辩论也并没有在这一点上展开。然而,那些相信"自然法复兴"的人和那些捍卫法律实证主义的私法或公法学家之间的对垒,确实是20世纪早期一件大事。即便他们的辩论只持续了很短的时间。大概可以说,随着第二次世界大战的爆发,法国学说大部分还是染上了模模糊糊的自然法色彩。但自然法问题既没有得到严肃的讨论,也没有获得真正的重要性。20世纪的作者们和他们19世纪的前辈相似:在一些关于自然法非常一般化的反思后,他们最关注的到底还是实证法及其适用。所以后

---

[1] étienne-Ernest-Hippolyte Perreau, « Compte-rendu », *Revue générale du droit*, 1912, p. 289-304;比较 Julien Laferrière, « Compte-rendu », *Revue du droit public*, 1911, p. 795-809; Fernand Dessertaux, « Compte-rendu », *Annales de droit commercial*, 1911, p. 107-124; Henry Capitant, « Compte-rendu », *Revue trimestrielle de droit civil*, 1911, p. 729-741.

[2] François Gény, « Les procédés d'élaboration du droit civil », in *Les méthodes juridiques : leçons faites au Collège libre des sciences sociales en 1910*, Paris, V. Giard & E. Brière, 1911, p. 173-196.

作为一种法律渊源的学说——法国法学的历程

人才说,他们是"模糊的自然法学家、肤浅的理想主义者、实际上十足的实证主义者"。[1]

第二,惹尼指责德莫格提出了一种无法保证法律客观性与确定性的法律技术观。对于德莫格而言,法律技术只是一种工具,而且不断发展,其目的是达成不稳定的妥协,过度的抽象反而会让技术僵化。对于惹尼则相反,技术让法学家可以为科学揭示的要素提供"一种形式、外表、存在的方式",并"为了适应生活之需要"而调整这些要素。[2] 甚至仅仅技术本身就能"为法学家提供一个自主行动的空间,他们可以再次真正实现按照当今需求创造和更新实证法的心愿"。[3] 在这一精神的指引下,惹尼用了很长的篇幅来论述他关于法律技术的理论,这种技术仰赖足够明确和有根据的法律工具,应该能够为社会提供足够的保护,又能避免过度的抽象化。但这是一个不可能的任务,而且他的理论最终深陷于遗忘中。法国学说相信在技术自身之中就有他们所寻找的那种客观性,因为法律技术在过去许多个世纪都是具有学者法性质的教义学,而不是因为惹尼那种无用的复杂理论。在这个意义上,也仅仅在这个意义上,我们说惹尼胜过了德莫格。德莫格只有在一些批判思潮的参与者眼中是重要的作者,而且是在美国而非自己的祖国。但惹尼之所以能取胜,仅仅是因为那些建构一般理论的作者驰援而来。他们实践着法律技术,却从来不去探问其依据。

b)"一般理论"缔造者的无声回应。如果我们把讨论的范围限制在1900年前后仍占据舞台中心的民法,不难发现这些建构者中最重要的大师是普拉尼奥。[4] 短暂在巴黎从事律师业后,他1880年通过了教授资格考试。在1887年前往巴黎法学院之前,他先后于格勒诺布勒和雷恩法学院任教。在巴黎的第6个年头,他继承了伯当的教席,成了6名民法学教授之一。当时,普拉尼奥已经因为法史学方面的著作为人所知(在雷恩教书期间他参与了对布列塔尼地区习惯的整理),他为《立法与判例批判评论》(从1886年开始)和《达洛兹汇编》(从

---

[1] Georges Wiederkehr, « La culture des revues françaises de droit privé », in André Jean Arnaud (dir.), *La culture des revues juridiques françaises*, Paris, Giuffrè, 1985, p. 25.

[2] François Gény, « Les procédés d'élaboration du droit civil », *op. cit.*

[3] *Ibid.*

[4] 关于普拉尼奥,最近有两部重要的研究可以参阅。Philippe Rémy, « Planiol: un civiliste à la Belle époque », *Revue trimestrielle de droit civil*, janvier 2000, n° 1, p. 31-46; Gilles Babert, *Le système de Planiol: bilan d'un moment doctrinal*, Thèse de doctorat, Faculté de droit de Poitiers, Poitiers, 2002.

第二章 晚近的起源:《民法典》之后

1890年开始)撰写的判例评论也大受欢迎。他更于1899年10月开始出版《民法导论》的第一卷,这和惹尼的《实证私法的法律渊源与解释方法》出版于同一个月!在此讨论先后顺序已经毫无必要,因为两部著作之间的共时性说明,新思想此时已经飘扬在空气中。相反,可以确定的是,正当惹尼完成了既令人惊讶又最终没有太多实践后果的理论化时,普拉尼奥以更自然的方式应用了科学方法,虽然他自己绝非那一小群法学方法革新者的一员。

与他的前辈不同,普拉尼奥不打算把自己限制在对《民法典》和那些补充它的特殊立法的研究上。他想研究的是判例。他把判例与历史、比较法、政治经济学一起,放在了民法的习惯法渊源序列之中。从这一分类出发,普拉尼奥开始阐述被他明确称为"一般理论"的那些概念:立法的一般理论、证据的一般理论、合同的一般理论、赠与的一般理论、遗嘱的一般理论……这些中间概念让他得以整合所收集的种种信息。惹尼曾经尝试用自己所理论化的那种方法写成了一篇关于快信的长篇著作,这本著作出版于1911年,吸引了普拉尼奥转向对所有形式和事实渊源的重新布局,并希望能把它们整合成和谐的整体。

普拉尼奥所采用的方法明显受到德国潘德克吞法学的启发,但带有强烈的法国色彩。这种方法开启了当代学说著作的潮流。在普拉尼奥之后,法国民法学家"不再按照《民法典》的顺序,而是按照各种一般理论的顺序讲授民法"。[1] 那些19世纪法学家们还只能以不完美和不完备的方式使用的方法(奥布里和劳可能在相当抽象的意义上算得上例外),他们20世纪的接班人则已经应用自如了。所以,普拉尼奥曾经是且目前仍是法国法学家之榜样,堪称顺理成章。就算不如惹尼出名,他比惹尼和萨莱耶更高明之处在于没有让自己的追随者在那么多关于方法的理论性而非实践性的思考面前感到头痛,而是以实实在在的例子向他们展现如何应用这些方法。

其实,从19世纪90年代初开始,法国的公法学家已经养成了结合形式和事实渊源来形成一般理论的习惯。比如说奥里乌就在1892年出版的《行政法与公法精要》中首次提出了对行政法的现代理论概括,即便他自己也承认过度的学说简化可能让人们无法认识活生生的法律惊人的复杂性。3年后,埃斯曼通过历史

---

[1] Gilles Babert, *Le système de Planiol*, op. cit. n° 46. 其实卡皮唐略早于普拉尼奥的《民法导论》,已经开始使用一般理论来展现法国法的全貌。

作为一种法律渊源的学说——法国法学的历程

和与外国宪法的比较研究，在《宪法精要》中建立了一套完整、自洽的宪法学体系，并以此确立了其第三共和国宪法基本原则之守护者的地位。[1] 今天的读者并不会对他所使用的方法感到惊讶，因为他后来在参与创办的《民法季刊》中阐明了这一方法。他当时也是《新法史学评论》的主编。

1898年，也就是与无处不在的萨莱耶一道创办《商法年鉴》12年后，塔勒尔出版了《商法学导论》（*Traité élémentaire de droit commercial*）。该书因为所使用的方法和援引的渊源多种多样而和此前同类型的著作有所不同。它不再是对《商法典》和关于破产、公司的重要立法文本的简单评论。塔勒尔使用了习惯、判例、比较法和历史，来创造统一商法各个规范的体系，并满足其独立自主的要求。这本书甫一出版就取得了成功，并且直接帮助其作者获得了巴黎的商法教席，使其能统领若干才华横溢的作者撰写一部更为详尽的教科书。这些合作者后来构成了下一代商法学人的中坚力量。[2]

如此这般，在1899年之前已经出现了不少"一般理论"的例子。只不过在1899年以后，它们充盈了整个学说空间。民法显然是受新学说支配最明显的领域，这多少要归功于影响深远的里佩尔（Georges Ripert）接过了继续完成普拉尼奥教科书编写工作的重任，他最终在这部巨著上刻下了自己的名字，以十四卷的《法国民法实践论》作为交代。这部书的第一版于1925年—1934年陆续出版，编写组包括了大部分在日后大放异彩的民法学家。其实，普拉尼奥所建立的这种模式在所有的部门法（刑法、国际私法、民事诉讼法等）中都成了典范，偏偏法国民法学家宁愿认为自己传承的是惹尼和萨莱耶。正如一位国际私法学家后来说的那样："我们这一代法学家激动万分地阅读惹尼和萨莱耶关于方法的作品……此前的几代法学家，包括尼布瓦耶（Jean-Paulin Niboyet）则把这些方法付诸实践，并美妙地变成现实。"[3]

在公法学领域，作者们也朝同一个方向前进。只要读一读迪韦尔热（Maurice Duverger）为他去世的导师博纳尔（Roger Bonnard）写的纪念文章中关于方

---

[1] Cf. Jean-Louis Halpérin, « Adhémar Esmein et les ambitions de l'histoire du droit », *op. cit.*

[2] René Savatier, « La science du droit qu cours du dernier siècle: France », *in* Helmut Coing (dir.), *La Scienza del Diritto nell'ultimo secolo*, Padua, Casa Editrice Antonio Milani, 1976, p. 327-329.

[3] Paul Lerebours-Pigeonnière, « L'œuvre de Jean-Paulin Niboyet », *Revue critique de droit international privé*, 1952, p. 411.

第二章 晚近的起源：《民法典》之后

法的部分，就一目了然了。他说博纳尔自觉而充分地应用了"法学构造的方法"，以此反对"实证、全然描述性的方法"。这种方法在博纳尔于1926年首次出版的《行政法精要》（*Précis de droit administratif*）中得到了最好的体现："从判例所提供的无数种解决方案中找出启发这些判例的基础性原则——有时这些判例的作者自己都未必意识到其存在。他进而以把这些原则抽象成一套学说作品的方式将他们联系起来，从而可以在以后有需要的情况下推论出新的解决方案。"[1]

这种所谓的科学方法希望同时帮助作者们远离"形而上学"（和此前一个世纪的作者截然相反）和新思想所提出的"法律经验主义"。该方法的普遍使用让人们终于可以理直气壮地把德莫格提出的挑战置之不理，社会生活对法律的入侵终于不再是困惑与混乱的根源。而且德莫格几年后（1923年—1931年）出版的七卷本债法论著仅取得了非常有限的成功。我们无法在这部作品中找到任何纲领，它向人们提供了许多司法判例，但没有试着告诉我们为什么其中充满了矛盾，除此之外就是一些主要关于法律政治学的泛泛而谈。他的朋友卡皮唐[2]轻描淡写地说，德莫格是个"现实主义者"，然后才接着说"有人可能会指责他过分现实主义，因为在他罗列的那些无穷无尽的事实中，原则消失不见了"。[3]

在德莫格和卡皮唐的对话中，[4] 占据上风的很明显是卡皮唐（他的名字总是和里佩尔联系在一起）。在为《私法基本理论》撰写的书评中，卡皮唐指出，"无论作为立法者还是解释者，技术人员扮演的角色至关重要，所以需要为他们提供确定的方向，可靠、趁手的工具，使他们能够阐明一种关于技术的理论"；他还惋惜无法在德莫格著作的第二部分找到这种工具。[5] 不过，技术人员们很快就得到了他们需要的这种工具，因为卡皮唐从1914年开始出版他与后来成为最高法院法官的科兰合著的三卷本《法国民法导论》（*Cours élémentaire de droit*

---

[1]　*Cf.* Maurice Duverger, «Roger Bonnard: son œuvre et sa doctrine», *Revue du droit public et de la science politique en France et à l'étranger*, 1944, n° 1, p. 4.

[2]　不妨参见德莫格为他所写的一份非常有趣的传记。René Demogue, «Henri Capitant (1865-1937)», *Revue trimestrielle de droit civil*, 1938, n° 4, p. 727 sq.

[3]　Henri Capitant, «Compte rendu», *Revue trimestrielle de droit civil*, 1932, n° 4, p. 722.

[4]　*Cf.* Christophe Jamin, «Henri Capitant et René Demogue: notation sur l'actualité d'un dialogue doctrinal», in *L'avenir du droit*, *Mélanges en hommage à François Terré*, Paris, Dalloz, 1999, p. 125-140.

[5]　Henry Capitant, «Compte-rendu», *op. cit.*

civil français)。该书取得了极大的成功。两位作者从未忘记使用充分的历史和判例材料说明原理、完成法学建构。1923年，卡皮唐出版了一部关于债法上原因的作品，这算得上"一般理论"登峰造极之作，卡皮唐也因此成了这一技艺的集大成者。

仅有少数学者没有跟随大多数人投身于一般理论中，他们拒绝于教义学中退守，转而选择了"法学社会主义"——其实质是一种建立在社会力量关系上、反对学说综合的集体权，但这些学者要么在大学体制中处于边缘地位，如朗贝尔、莱维（Emmanuel Lévy）、塞尔（Georges Scelles），要么根本在大学体制之外，如富尼埃（Eugène Fournière）和勒鲁瓦（Maxime Leroy）。[1] 其他的法国法学家都成了"体系建构者"。或许应该说他们"重新成了"体系建构者，因为法学家们或多或少一直如此。罗马时代法学家的体系建构色彩少一些，17世纪以后人文主义和受现代理性主义影响的法学家则多一些。但出于两个原因，20世纪的法学家们为法律建构的大厦之竖立贡献了力量：

第一，他们清楚地提出法学方法之相关性问题，并以此后无人置疑的方式回答了该问题。其证据就是里韦罗在1951年所写的《体系建构者礼赞》（*Apologie pour les faiseurs de systèmes*）获得了从未有人怀疑的成功。该文回应的是在后来成为最高行政法院副院长的舍诺（Bernard Chenot）关于法学建构在法官眼中毫无相关性的质疑。[2]

第二，普拉尼奥的继承人们以这种法学建构完成了数量空前的作品。包括卡皮唐、里佩尔在内的大部分私法学家和包括狄骥、奥里乌、热茨、博纳尔在内的公法学家。他们的专著从此宣称既整合了大量的形式渊源，又从不同的社会科学中获益。似乎可以合乎逻辑地宣告开始于19世纪20年代的危机已经终结了。其中1922年又最能象征这种终结，因为正是在这一年，一场法学本科教育的改革标志着向传统的回归。人们认为此前开始于1905年的体系过于繁琐和零散了，对于1922年改革的支持者而言，有必要回到更经典的教学秩序之中，也就是以

---

[1] *Cf.* Carlos-Miguel Herrera, *Les juristes face au politique : le droit, la gauche, la doctrine sous la IIIe république*, Kimé, 2003, 204 p; Christophe Jamin et Pierre-Yves Verkindt, « Droit civil et droit social: l'invention du style néoclassique chez les juristes français au début du XXe siècle », *in* Nicholas Kasirer (dir.), *Le droit civil, avant tout un style?*, Montréal, éditions Thémis, 2003, p.

[2] Jean Rivero, « Apologie pour les faiseurs de systèmes », *Chronique Dalloz*, 1951, n° 23, p. 99-102.

第二章 晚近的起源:《民法典》之后

罗马法和一系列私法教学为核心的体系。[1] 上一代法学家关于新生社会科学的担忧已经烟消云散,因为"一般理论"已经把它们考虑在内了。又因为对判例的研究实际上取代了社会学的位置,也就没必要用专门的课程教授社会学了。这种意见在此后数次改革中反复出现,包括1954年的那次。[2]

正因为这种方法会带来不少正面的效果,所以法国学说或学派或风格从20世纪20年代开始进入了它的经典时期,直至今日。这就解释了为什么普拉尼奥的模式一直到20世纪末还未过时。它从普拉尼奥与里佩尔的著作开始,支配了所有民商法的作品,其印记如今仍保留在国际私法、民事诉讼法、劳动法、行政法和宪法之中。在普拉尼奥的追随者名单上,人们可以列出一长串伟大专著和教科书的作者:马佐家族(Henri, Léon et Jean Mazeaud)、马蒂(Gabriel Marty)、雷诺(Pierre Raynaud)、魏尔(Prosper Weil)、施塔克(Boris Starck)、巴蒂福尔(Henri Batiffol)、罗布洛(René Roblot)、瓦利纳(Marcel Waline)、德洛巴代尔(André de Laubadère)、韦德尔(Georges Vedel)。[3] 而他们的继任者还延续着他们的事业。当然,每个作者都有他们独特的个性,我们可以从中分辨出重要的不同,无论涉及写作的风格还是每个时代的精神。但模式本身从来没有遭到质疑,无论是口头上还是事实上。

确实也不时有人以多少有些离经叛道的方式提出过一些反对意见,但经典模式的力量就在于这些反对意见从来没有得到正式的回应。

c) 对后续挑战的不回应。后续挑战来自很多不同的方向。打头阵的还是法社会学,其中的代表人物是1946年在巴黎法学院创立了社会学研究中心的莱维-布吕尔(Henri Lévy-Bruhl)和后来成为巴黎法学院院长、写过一本《法社会学》的卡尔博尼耶(Jean Carbonnier),此后还有阿诺(André-Jean Arnaud)、科马耶(Jacques Commaille)、拉斯库姆(Pierre Lascoumes)、塞尔维兰(Evelyne Server-

---

[1] Michel Miaille, «Sur l'enseignement des Facultés de Droit en France. Les réformes de 1905, 1922 et 1954», *Procès, Cahiers d'analyse politique et juridique*, 1979, p.78-107; Jacqueline Gatti-Montain, *Le système d'enseignement du droit en France*, Lyon, Presses universitaires de Lyon, 1987.

[2] George Ripert, «La réforme des études dans les facultés de droit», *Chronique Dalloz*, 1958, XXVI, p.195 sq.

[3] 关于行政法学说的后续发展,参见 Louis Favoreu, «L'évolution de la doctrine depuis 1945», *Revue Administrative*, 1997, spécial, p.18-23.

in) 等人。这些法社会学家立足于不同的、有时候针锋相对的视角,但共同尝试在法学院加强对社会学方法的教学,而且取得了一定的成功。[1]

社会学视野真正在法学教育中蓬勃成长是1968年"五月风暴"之后的事情了。比如说,巴黎政治大学(Sciences Po.)和外省的政治学院把公法看作政治生活的一个要素,相比于劳动法,这些机构更愿意让老师讲授"重大社会问题",有些人认为法学院的课程设置也应该有类似的转变。这种想法转瞬即逝,但有必要提醒大家注意的是,在巴黎一大和巴黎二大建立的时候,人们还是选择让其中一个(巴黎一大)研究更多的社会科学,而另一个(巴黎二大)研究更多的教义学,这也是为什么巴黎一大的法学家总觉得自己处于其他社会科学的包围之中。但就连在巴黎一大,法学家们的传统最后还是重新振作,社会学家们就算再怎么异端和桀骜不驯,与法学家的关系还是以合作为主。

类似的情况也出现在法律的批判理论上。这一思潮在20世纪70年代发展出了一种马克思主义的法律观,并催生了许多很有趣的作品,既包括了专著,也包括了新创立的期刊《审判》(*Procès*)。但批判法学并没有进入那些随着高等教育改革新创立的大学法学院中。"批判法学"运动雄心勃勃的教学改造计划并没有取得成功,而它的参与者最终也只能停止造反,选择了其他的道路。

老实说,那些带来另外一种法学研究之计划的方法总是由那些虽然才华横溢但形单影只的优秀个人提出,这导致他们的成功难以延续。维莱(Michel Villey)就是一例。他在很长时间里一直是巴黎二大的教授,也是《法哲学档案》(*Archives de philosophie du droit*)的主编,可他对现代理性主义的反复攻击并未带来一种不那么追求体系化的法学。作为罗马决疑术和自然法的捍卫者,维莱专门写了一本法哲学教科书,他希望该书能反对现有那些"精要"性质的作品,也就是说"摧毁其他在达洛兹出版社发行的那些各种部门法精要中用科学方法建构起来的种种真理体系"。[2] 但维莱对数代法国法学家的影响还是局限于教义学领域,他只带来了一种对争论喜好和法律的"对话"观。阿蒂亚斯(Christian

---

[1] Cf. Jean Carbonnier, Renato Treves, et Simona Andrini, *Jean Carbonnier, Renato Treves et la sociologie du droit: archéologie d'une discipline*, Paris, Librairie Générale de Droit et de Jurisprudence, 1995, p. 25 sq; Evelyne Serverin, *Sociologie du droit*, Paris, La Découverte, 2000, p. 55.

[2] Michel Villey, *Réflexions sur la philosophie et le droit*, Paris, Presses Universitaires de France, 1995, p. XX-28.

第二章 晚近的起源：《民法典》之后

Atias）可谓是这种喜好的最佳辩护人。[1] 或许可以加上最近泽纳迪（Frédéric Zenati）回溯到罗马法模式中所提出的学说模式。[2]

总体来说，所有那些法哲学和法学理论（théorie du droit）的方法都满足于留在一个特定的领域之中。它们并没有影响到人们展示实证法的方式，特别是当它们试图挑战在20世纪20年代定型的那种主导学说话语时。曾经有学者受奥地利著名法学家凯尔森（Hans Kelsen）的启发，试着用真正的"法律科学"（science du droit）取代今日人们普遍实践着的法教义学，[3] 但他们的命运也是如此。他们的计划本身问题很多，主要的质疑是凯尔森的理论也不能帮人们科学地认识法律。[4] 而教义学就算不能真正算得上是一种科学，还是保留了自己的正当性，[5] 因为就连后凯尔森派的支持者们也不否认教义学确实有用，他们自己也不时应用教义学。所以，受凯尔森启发的人以一种不那么雄心勃勃、不那么极端的方式提出了自己的主张，他们的计划可以在教义学之外为法律科学找到一席之地，而教义学始终是实践中不可或缺的。就算如此，这种想法也仅仅局限在一个非常小的作者圈子里。因为正如他们自己也能意识到的那样，当代学说的基础是一种科学性主张，任何质疑这一主张的念头都会激起剧烈的反对，以至于无人会真正考虑教义学的实际内容。

总而言之，从20世纪20年代起，法国出现过一些要么质疑教义学之排他性，要么质疑教义学实践的知识潮流。但是这些思潮从来没有真正改变人们心中根深蒂固的话语模式，这也揭示了法律的经济分析为何在我们国家如此孱弱。另

---

[1] Christian Atias, « La controverse et l'enseignement du droit », *Annales d'histoire des facultés de droit et de la science juridique*, 1985, n° 2, p. 107-123; Christian Atias, *Epistémologie juridique*, Paris, PUF, 1985.

[2] Frédéric Zenati, « L'évolution des sources du droit dans les pays de droit civil », *Chronique Dalloz*, 2002, p. 1 sq; Frédéric Zenati, « L'avenir des revues juridiques et la séparation de la théorie et de la pratique », *Revue trimestrielle de droit civil*, 2002, vol. 100, n° 4, p. 691.

[3] 关于两者的区别，参见 Michel Troper, « Science du droit et dogmatique juridique », *in La Théorie du droit, le droit, l'Etat*, Paris, Presses Universitaires de France, 2001, p. 3 sq; Jacques Chevallier, « Doctrine juridique et science juridique », *Droit et société*, 2002, vol. 50, n° 1, p. 103-120; Etienne Picard, « "Science du droit" ou "doctrine juridique" », *in L'unité du droit: mélanges en hommage à Roland Drago*, Paris, Economica, 1996, p. 119-171.

[4] Paul Amselek, « La part de la science dans les activités des juristes Amselek, Paul », *Chronique Dalloz*, 6 novembre 1997, n° 39, p. 337-342.

[5] Michel Troper, *La philosophie du droit*, Paris, Presses Universitaires de France, 2003, p. 61.

外，法国人无法垄断这种话语。因为一位比利时法学家曾经在1948年说教义学"几乎是整个法学的唯一方法，而且几乎是大学教育的唯一可能性"。[1] 而且我们今天似乎也不像是处在马上能见证显要变革的时刻。大学教授们是"一般理论"的捍卫者，通过更新这些理论，他们不仅仅在来自其他知识领域的挑战面前保存了法学的独立性，[2] 而且还进一步强化了自身在法学家共同体中的训导地位。

2. 一种建立在教授训导地位之上的身份认同

前言：科学训导与道德训导

教授们在整个20世纪形成并巩固了自己的训导地位。如果说学说的功能很低调，只能去说服别人，那么至少学说的代表人物常常以带着导师威严的口吻说话，特别是在对他们自愿提供咨询的法官说话时。

人们往往在潜意识里认为教授们的知识正当化了他们的训导地位，但其实远不止于此。学说给了自己权力说出什么是对立法和判决的"好解释"。除了必须尊重一些至为明显的限制，这些好解释几乎就是作者自行判断的结果。而明眼人都能看出来，他们用法律技术夹带了那些出于道德和意识形态原因而认为应该成立的法律解释。或者说每个人都能用法律技术为自己的选择辩护，正如我们在无数场学说争论中看到的那样，每一方都强调自己用来推论的不过是技术而已。

因此，科学训导很快就偏向道德训导的方向。道德训导以同样潜移默化的方式立足于解释来源于科学认识的想法之上。这种想法认为解释只是认知的结果，其推论是，对于具体的文本，必然会存在一个准确的解释，其他的解释则是错误的。凯尔森和许多英美法哲学家提出的那些关于法律解释的所谓现实主义理论质疑的正是这一想法。在这些作者看来，所有的文本都可能有多种不同的意思，在大部分情况下，没有一种解释能够仅仅因为纯粹的理性而优于其他解释。也就是说，没有任何一种解释比其他的解释更准确。因此，法律解释也是一种意志的行为，解释着以此向他人或者试图向他人强加自己的选择。类似的观点自然是反对法学教授之训导地位的，因为它要求后者解释每一种解释的优劣之处，而拒绝承

---

[1] Jean Polydore Haesaert, *Théorie générale du droit*, é. Bruylant, 1948, p. 20.

[2] 情况根据不同的部门法有所不同。刑法对其他科学的开放性似乎更高一些。Marie Elisabeth Cartier, «Libres Propos sur L'enseignement du Droit Pénal à L'aube du XX Siècle», *Revue de science criminelle et de droit pénal comparé*, janvier 2000, n° 1, p. 177-192.

第二章 晚近的起源：《民法典》之后

认他们以科学为名要求他人接受其解释的权利。很能说明问题的是这种理论并未进入法国学说之中。法国学说以最深不见底的沉默保存着自己的研究对象，更乐于保持自己对人们所称"唯一正解教义学"的忠诚。[1]

研究建立法学教授训导的种种因素很有必要。我们可以就此指出，那些垄断着"一般理论"并自认为是唯一能确保一般理论科学特点的法学院教授们以他们所独占的科学之名言说。而且他们借着把古老的大学教师特权古为今用，成功让其他法律人接受了自己的话语。

1）对科学的独占

在20世纪初，新博士们奠定了他们的形象，并从此以把一种不可比拟的科学保留在自己的手中为业。这种科学在各种教科书之中体现得最为明显。

a）一种不可比拟的科学。博士的新任务是为法学构造创造不同于他们前辈所构建的宽度。实际上，解经家们所津津乐道的那些原理不再仅仅来源于对立法文本的研究，而是以所有可能渊源为基础。人们刚刚提供了关于这些渊源的理论，作者们正好可以利用这些理论。

在这些渊源里占据首要地位的是判例，因为它们在展现法律与事实之互动方面有巨大的优势。法学家必须把它们整理、剖析、分类，再置回于具体的历史语境中，最后综合，从而形成"几个非常简单清晰的规则"，按里佩尔的话说，这些规则让判例可以在新情况中适用。[2] 对于许多认为法学也应该是一种实验科学的作者而言，新判例能启发他们的法学构造或者为法学构造提供信息。[3] 这也是1902创刊的《民法季刊》想要实现的目标，在这一方面，新刊物延续了此前《批判评论》的做法。

另外，正如惹尼反复说到的那样，博士们必须有能力考虑到社会科学之整体——包括社会学、经济学、人类学、社会心理学等。但这些社会科学最好的位置是作为法学的"辅助学科"存在，他们只有在为法学家提供信息这一意义上才有用，因为法学家必须是社会现实的优秀观察者，仅此而已。按照科尔纽

---

[1] Michel Boudot, *Le dogme de la solution unique: contribution à une théorie de la doctrine en droit privé*, Doctorat en droit, Aix-Marseille 3, Aix, 1999.

[2] Georges Ripert：*Revue critique de législation et de jurisprudence*, 1912, p. 126.

[3] Emmanuel du Pontavice, « éloge d'étienne Bartin », *op. cit.*

作为一种法律渊源的学说——法国法学的历程

（Gérard Cornu）院长的表达，"实证的混乱"绝不能取代"教义学的秩序"。[1] 萨莱耶也早就在1911年说过"法学首先是一种理性科学，重要的是能用来论理"。[2] 所以，法律之外的素材只能用来服务于理论建构，而理论建构才是理性的最完美成就。不要忘记，萨莱耶曾把它定义为"理性理念的实证表达，从社会观念中获取素材并最终形成的准确性可以最大限度地限制任意"。[3] 自从经典方法失败、立法再无法保证客观性以来，人们孜孜以求想要限制的就是任意性。

要完成的任务因此具有了前所未见的广度。新模式下的博士必须熟知立法和判例，而且是判例的历史演变。所以，他必须熟知所有的辅助学科，还得深入了解比较法学，以便判断现有的法律解决方案是否符合"国际法律意识"；还不能忘记自己要实现的是技术人员目标。当卡皮唐和里佩尔在1924年接手《立法与判例批判评论》时，致力于用技术表达"一个民族的法律才能"。简而言之，新博士必须有能力以融贯的方式处理许多不同的素材、使用种种逻辑资源，甚至还得考虑直觉，毕竟伯格森（Henri Bergson）在20世纪初的法国法学家中十分受追捧。

谁来完成这项工作呢？显然只能是教授们！正如萨莱耶（还是在1911年）所写："这些职位的缔造者是学说的代表人，是法律的理论家，是学院中的法律人。"[4] 至少有两个原因。第一个原因是只有教授们才有足够的时间和相应的环境完成必要的研究。实务人士不再享有同样的可能性，或者说人们认为他们不再享有同样的可能性。当人们说学校和法院之间相隔不远时，也就意味着学校其实获得了相对于法院的独立地位。[5] 属于马尔卡代、蓬和特罗隆这些伟大实务人士的时代似乎已经一去不复返，特别是在私法领域。整个20世纪，少见的例外只出现在一些十分专业而大学教授之学说无暇顾及的领域，比如最高法院判决写作技术、出版法、财税法。事实上，这些领域也确实很难实现沐浴在"魔术般抽

---

[1] Gérard Cornu, « Aperçu de la pensée juridique française contemporaine », *Annales de l'Université de Poitiers*, vol. 1, p. 24.

[2] Raymond Saleilles, « Droit civil et droit comparé », *op. cit.*

[3] *Ibid.*

[4] *Ibid.*

[5] Christophe Jamin, « La rupture de l'école et du palais dans le mouvement des idées », *in Mélanges Christian Mouly*, Paris, Litec, 1998, p. 69-83.

第二章　晚近的起源:《民法典》之后

象"中的"美妙的"法律构造。[1] 和债法、国际私法一样,对理论的塑造首先要留给那些贵族气质的人士来完成。

还有另一个原因让学校远离法院,那就是对客观性的追求。自从立法不再能保障法律安定性开始,这一追求一直是法学家的首要任务。法学建构要做到的就是通过原理来实现客观性。而实务人士(律师、法官等)恰恰没有这种特权,因为他们过于局限于职业生活的细节之中,以致无法退一步去观察大局。为了应用里佩尔所说的"学者们冰冷的中立性",[2] 或者为了"如同化学家一样同时从分析和综合两个角度"研究法律,[3] 真正的法学家最好不要把自己完全投身于混乱之中。[4] 而教授们正是如此置身于日常的实践之外;而且这里说的教授指的是全职教授,而不是偶尔去法学院讲课的那些实务人士。

所以,用布迪厄(Pierre Bourdieu)的话来说,大学教授们似乎确保了一个真正的学说"场"在法律场中的自主性。他们的新工作就是阐明多种多样的法律建构,从而把学校和法院分开,以便前者可以继续享有对学说话语的垄断。这一点在教科书写作中尤其明显。

b) 一种体现在教科书中的科学。在如此以科学之名垄断了学说话语之后,大学教授们成了20世纪的伟大法学家,[5] 而且他们可以在学说文献上打上自己的烙印,让学说著作很快成为一种教科书文学。[6] 因为这一现象是我们的时代特色,所以有必要多解释几句。

19世纪的解经法学家虽然以解释《民法典》为己任,但是他们从来没有太过关心教学法。如果我们还能试着让刚开始学习法律的学生理解德尔万古的书,

---

[1] Pierre-Yves Gautier, « Les articles fondateurs (réflexions sur la doctrine) », in études offertes à Pierre Catala, Paris, Litec, 2001, p. 265.

[2] Georges Ripert, Aspects juridiques du capitalisme moderne, Paris, LGDJ, 1956, p. 4.

[3] Ernest Roguin, La Science juridique pure, par Ernest Roguin, Librairie générale de droit et de jurisprudence, 1923, p. 61.

[4] Christophe Jamin, « L'Oubli et la science: regard partiel sur l'évolution de la doctrine privatiste à la charnière des XIXème et XXème siècles », Revue trimestrielle de droit civil, 1994, p. 815-827.

[5] 比如说,在以下这篇文章中作者所举的20世纪最伟大的5名民法学家(普拉尼奥、萨莱耶、惹尼、里佩尔和卡尔博尼埃)无一例外都是大学教授。Philippe Malaurie, « La pensée juridique du droit civil au XXe siècle », La Semaine Juridique Edition Générale, n° 1.

[6] Christian Atias, « Premières réflexions sur la Doctrine française de droit privé: 1900-1930 », Revue de la recherche juridique, 1981, p. 189-201.

作为一种法律渊源的学说——法国法学的历程

那么让他们去读图利埃、蒲鲁东、德莫隆布、于克、特罗隆、奥布里和劳的作品就真是勉为其难了。那些不那么野心勃勃的著作更有可能以传道授业为首要目的,比如说各种《释义书》,它们对学生而言非常重要,而他们的编纂者却偏偏往往是实务人士。到了19世纪,事情开始出现明显的改变。博德里-拉康丁内里的《民法要义》和普拉尼奥的《民法导论》都是为教学服务的作品。特别是普拉尼奥那本,它的篇章安排严格遵循1895年7月24日的法令所确定的法学院民法教学计划。正是这个法令第一次允许教师们不按照法典的章节授课。顺便一提,此后的法学院教学改革又不断修改上述教学计划,每次修改都会在法学教科书中得到体现。

博德里-拉康丁内里和普拉尼奥凭自己的教科书获得了巨大的成功,他们开启了一个在整个20世纪一直延续的传统。自从法学建构成了博士们最主要的工作,教科书就自然而然地走到了舞台中央,因为它们最能让作者们在最广泛的范围内把法律结构化。一篇专题论文或者博士论文只能针对一个具体的问题建构理论,而各种不同的教科书则不一样,它们可以针对一个部门法整体完成理论建构。要是能提出一种为第三人缔约之抗辩力的理论自然不错,但要是能阐明一种私法上之抗辩力的理论那就更好了;如果能一鼓作气、长驱直入至提出民法、行政法、国际私法等整个部门法的理论,那更是好上加好。

总而言之,法国法律思想在20世纪的革新者们欣然让教授回到台前,同时让他们把"科学"放在教科书里,并以此作为法学专业的一个重要特色。在其他的学科(如物理学和数学),正在形成、未有定论的科学则不会出现在教科书中。法学教科书因此享有一种模糊的地位,因为它们虽然名义上是给学生所写,却也对实务人士至关重要,因为后者可以从中找到对法律清晰而结构分明的阐释,超越文本所造成的混乱。

这一导向同样导致作者之间等级排序的形成。20世纪初教科书编写风格的变化将在此后很长时间里把作者的特权地位与他们所出版的或长或短的教科书相连。通才首先就比专才的重要性高得多。在所有的教科书中,民法教科书就比家庭法、物权法、债法这样的教科书更能为作者带来荣耀,出版一本伟大的"民法论"能让人登上盛名之顶端。这就是为什么普拉尼奥在写出了至今仍为所有人敬仰的教科书后,在法学家之集体记忆中一直比萨莱耶地位高得多,尽管后者在债法、刑法、比较法、法律理论等众多领域提出了革命性的见解,并在25年内发

第二章 晚近的起源:《民法典》之后

表了 228 篇论文。

按照马丁的定义,"一般理论"指的是"为了把一个确定的领域之内的想法整合为一个融贯体系的组织清晰、方法明确的知识建构"。[1] 一般理论的范围越是宽广和普遍,其作者就越有机会进入法学博士的先贤祠。而现在先贤祠只接受法学教授。他们能够享有这种类似垄断的地位,同样因为法学教授们的任务受到大学特权的保护。

2)大学教师的特权

大学特权绝非新鲜事,它在大学于 12 世纪出现时就存在了。就算法学院的特权在 17 世纪和 18 世纪大幅下降,但其成员很快又重新恢复了法学院的盛名。在此意义上,19 世纪对法典和判例的双重开发对法学院地位重建贡献良多。但是,优秀的实务人士也相当活跃地参与了此项工作,所以法学教授并未因此掌握后来成为"学说"的事物的核心,也还没有因此走上前台。为了真正从实务人士手中夺取权力,不仅需要重新发明"一般理论"并确保法学教授对它们的垄断,还要把这种知识领域的变化体现在教学机构组织上。

在 19 世纪的前半段,法学院中进行口头讲课的人士到底能不能比肩伟大法典的解经家们还犹未可知。而且此时的解经家绝不仅包括教授。虽然从 1804 年开始,负责所有法学院教学的总学监就要主持教授职位的竞考,但法学院的教师招聘整体而言还局限在其所在地,而且人们几乎毫无例外地认为法学教育质量平平。转变发生在 1850 年前后。包括拉布莱和沃洛夫斯基等人在内的学者大力提倡德国模式,希望能够将其引入法国。在莱茵河彼岸的影响下,第二帝国最终建立了受德国式编外讲师(Privat docent)制度启发的教授团体。在成功通过教授资格考试之后,年轻教师们虽然有了教授的头衔,却没有职位,只能在此后的十余年内努力找到一个空缺的教席。竞考在 1855 年成了全国范围的考试,不再由各个学院自行安排。不过创新的直接后果很有限,毕竟当时中央集中的法国还是一个保守主义盛行的国家。

通过教授资格考试的这些人大部分会成为大学教授,后来,在他们之中真正形成了一种集体精神,其原因是多方面的。首先是每年只有极少数人能通过的教

---

[1] Didier Martin. « Préface », à José Duclos *L'opposabilité : Essai d'une théorie générale*, Paris, Librairie générale de droit et de jurisprudence, 1984.

作为一种法律渊源的学说——法国法学的历程

授资格考试（1882年的考试录取了20人，这已经是很长时间里没有出现的高录取率了），他们能在考试中取得成功，本身就获得了常人难以企及的特权。此外，大学教授的高收入和他们投身于法学研究的科学事业、自甘从实践中抽身，也为他们带来了人们的爱戴。

到了20世纪初，法学教授们可以认为自己既是智者又是精英了。甚至其他法律人和其他学科的大学教授们也这么认为，尽管后者大部分都毕业于高等师范学院（译注：在二战前，法国的高等师范学院是培养高级公务员和知识精英最重要的场所，因此师范学院毕业生的社会地位远远高于法学家）。一名年轻教授前往格勒诺布勒大学文学院任教时写下的这段话证明了法学教授在同侪心中的地位："法学院完全有资格认为自己是各个学院中最优秀和最重要的。法学院的教师队伍从整体来看是大学中最优秀的。在文学和自然科学领域，我们能够得到任命很大程度上是因为我们的头衔或出身，因而导致了巨大的不公平。那些法学的大师们则全部通过了艰难的教授资格考试。考试确保了他们水平的统一和他们的价值。"[1]

在1900年，卡皮唐、狄骥、惹尼、奥里乌、普拉尼奥、萨莱耶和塔勒尔这些第二代从全国教授资格考试中走出的大教授们，完全清楚自己在法学家中的支配地位。他们的继任者也如此。一直到1968年，法学教授都还是一个非常封闭的小社会，对他们自己、他们的特权和他们的特殊角色充满信心，擅长建构一般理论。他们和那些牢骚满腹的知识分子不同。他们才是专家。他们才是现代共和国中那些王公贵族的宠臣[2]（译注：人们因为法兰西第五共和国给了总统较大的权力，有时候嘲讽其为"共和君主制"，并把法国总统称为"共和王公"）。

随着法学家形成了对自己所处共同体的自我意识，随着他们真正掌握了知识权力，学说也就开始相对独立于其他试图完成学者工作的法学家。其中一个表现就是教授资格考试评委组成的变化。法学教授从19世纪80年代末才开始在评委中占据优势。此前，用1874年11月16日的行政命令的表达方式来说，评委中必须包括足够的"主权者管辖权"的代表——法官。1891年1月6日的新行政

---

[1] Raoul Blanchard, *Je découvre l'Université*, Fayard, 1963, p. 89, cité par Christophe Charle, *La République des universitaires* (1870-1940), Paris, Le Seuil, 1994, p. 246.

[2] 比较 Marc Milet, *Les professeurs de droit citoyens*, *op. cit.*, p. 612.

第二章 晚近的起源：《民法典》之后

命令不再要求评委中各种职业的比例，这也是评委几乎全部由法学教授出任的开始。而且其实从1871年开始，不少人认为委员会应该完全由教授组成，因为最高法院的法官们"惯于以律师的方式思考"。这种表达方法已经暗示了实务人士和法学教授的思考方式有所不同。[1]

此外，20世纪教授资格考试之习惯规则在1929年、1965年、1969年、1972年、1984年经过了多次改革，招聘法学教授的模式也逐渐增多。通过对规则的确定，教授群体的特权（至少相对实务人士如此）得以强化。一个具体的例子是，可能在卡皮唐的学生亨利·马佐的影响下，人们在二战后开始把文章或讲座分成两部分组织，而且越来越多人这样做。如今，这种安排方式是法国学说的重要特色，而且人们自然而然、不假思索地使用它，仿佛它是和笛卡尔的思辨方式同样古老的模式。[2] 也是在同一时期，关于教授资格考试的幻想逐渐形成：考试成了一种人们想要加入一个"部落"、一个"同质的群体"，甚至一个"家族"、一个"全国性的科学家族"必不可少的"通过仪式"。[3] 另一个幻想多少要归功于里韦罗，他说考试中著名的集体讲座环节可以在竞争者中创造友谊。现在显然不是如此，这种现象几乎从一个世纪以前就不存在了。

种种神秘笼罩着教授资格考试。不成文的规则在每一代人之间口口相传，为它创造了一个宗教面向，所以人们才会说，竞争者们准备考试时就跟"新任神职人员终于准备宣誓献身宗教事业"一样。[4] 就算法学教授还不算法国社会一直宠爱的那种"精英群体"，上述因素至少都帮助他们形成了一个均质群体。至少他们重新找回了很久以前的先辈们曾经享有的特权。要知道中世纪的大学教授曾希望能够组成一个独立的骑士团。要指出的仅仅是，教授团体的特权未必总能用于支配其他团体，比如最高法院的法官们。

---

[1] Eliacim Naquet, « De l'enseignement du droit », *Revue critique de législation et de jurisprudence*, 1871 1872, p. 403.

[2] Marc Lemieux, « La récente popularité du plan en deux parties », *Revue de recherche juridique*, 1987, n° 3, p. 823-845.

[3] 最后两个说法来自于 Jean Rivéro, « Pour la leçon en équipe », *Chronique Dalloz*, 1976, p. 403.

[4] Roger Merle, « La leçon d'agrégation dans toute sa splendeur », *Chronique Dalloz Sirey*, 1987, p. 142.

作为一种法律渊源的学说——法国法学的历程

第一部分的结论

20世纪的学说显然不是从一片虚空中出现的。此前它已经长期致力于身份认同的建构，只是到了1900年前后与其相关的内容才逐渐确定。它从此前25个世纪的古老传统中汲取了多种多样的要素。

从古罗马的法学家那里，现代学说学到了今天用于撰写判例点评和在法庭前做总结陈词的书写技术。从注释学家、后注释学家和解经学家那里，现代学说学到了如何为文本赋予其所能表达的最全面意义。从大学特别是德国大学传统中，它则借鉴了教授们所享有的特权。从多玛、奥布里、劳，还有其他许许多多作者笔下，它学来了对体系的品味。从几乎所有法学家那里，它或多或少学会了从种种材料中找到原理的艺术，其中尤其值得一提的是明说自己准备把法律缩减为少数几条原理的卢瓦塞尔和解经法学家们。从波蒂埃那里，则学会了举例说明所有事情的能力。我们还能把这份名单继续扩展。

还没有回答的问题是——而这才是最重要的问题——既然构成学说的种种要素早就已经存在了，为何直到19世纪和20世纪之交的那一刻，现代意义的学说才最后形成？为何此前它没有出现？似乎有三个因素可以提供解释：

第一，随着观点的大幅增加，作者们愈发清晰地认识到他们能够形成一种集体力量。在这个意义上，是法学期刊孕育了学说。这些期刊始于18世纪末，在整个19世纪一直处于上升态势。天文学家早就说了，形成行星首先要有可以让金斯不稳定性得以出现的分子云。所以法学家们必须笔耕不辍，这也是他们最终可以形成集体力量的前提。在其他国家，如果人口比我们还少，法学家人数也不够多，他们把更多的精力放在代理案件而非写作上，那么我们也不会认为那里有"学说"。

第二，法学家的统一性足够强了。我们只有在彼此相似的情况下才可能真正统一，这也是为什么中世纪的罗马法和教会法学家甚至想都没想过要彼此联合，甚至更偏好维持他们长久以来所习惯的、让他们保持高产的争辩。实际上，那些伟大法学家，如果不缺乏其他联合的必要因素，本来可以携手合作。但他们似乎除了萨宾派和普罗库鲁斯派之间永无休止的辩论之外，也找不到更好的事情做。与此相反，全国性的教授资格考试帮助当代的法国法学家以最有效的方式达

第二章 晚近的起源：《民法典》之后

成了相似性。

第三，出现了对法律消解于其他学科的担忧。这种担忧很晚才出现，因为毕竟社会科学本身出现得也很晚。有必要再次提及的是，直至19世纪末，法学家几乎是唯一研究社会事务的人。他们拥有关于社会的知识，而且是经验性知识，却没有任何人——包括哲学家——能够与他们严肃地争论。社会科学的发展因而可以说是他们所面对过的最大的革命，比工业革命和印刷术的发展还要严重。这解释了为什么法学家们回到了他们自己的学科之中，并以学说之名构筑了自己的身份认同。

除此之外，其他的原因都只发挥了辅助性的作用。比如说，对《民法典》和立法的信念确实严重动摇这一事实，的确也发挥了作用，但在历史的大部分时间里，没有成文法的时期实在占据了大多数，但这些时代也没有出现学说。那么规训法律空间的努力呢？毫无疑问，但此前也不是没有出现过类似的现象，罗马法学家也广泛使用各种法律渊源，旧制度时期那些想要统一法国法的习惯学者也是这么做的。至于对法律安定性的担忧，当然也贡献了一份力量，但没有哪个时代的法学家不追求法律的安定性，他们也是因此获得保守主义的名声的。真实情况是，惹尼和他同时代人唯一的特点是把这种担忧变成了对法律不安定的恐惧症。他们真诚地相信自己是在为诉讼当事人的安定性而斗争，实际上他们却在无意识的情况下满足了他们那个时代的法学家自身对确定性的需求。

对法律不确定性的恐惧无疑在我们的时代中持续存在，不时浮现以完成各种各样的创新。但在一个法律场的自主性几乎不受质疑的时代，它的基础其实是系统内部的惰性，而且出于另一原因，这种情感一直维持着其现实相关性。惹尼对此说得很清楚，那些科学学派的法学家以坚实的原理为基础构建起法律真实，构成了让所有人接受他们对自己信念表达的方式，无论他人是否持有同样的信念。这种做法让人想起格老秀斯（Hugo Grotius）为了让自然法变得普世而世俗化自然法的过程。到现在还有不少法学家在做着同样的事情，试图从各项原理中直接推导出法律问题的解决方案。这种法学实践更接近神学而非过去所说的"审慎"，至少他们在进行判断的时候，并不关心事实如何。

第二部分 学说在法国的地位[1]

本书第二部分研究的是21世纪初的法国学说。我们并没有完全摆脱历史,下面将要说明原因。

正如前面已经解释过的,学说在20世纪20年代形成了我们现在所见的状态,此前经过了大概40年的转化期。从此时起,情况陆续出现了一些改变。如果仅论规模,没必要专门写这些改革的历史,但我们仍不妨在讨论现在的情况时提及它们。

换言之,关于学说,人们在2013年所能说的和他们在20世纪下半叶所能说的没什么不同,甚至和他们在二战后或两战之间所能说的也没什么不同。我们只会不时提到一些小的修整和变化。比如说,学术会议直到70年代才逐渐增多。

主要的事实还是没有改变。无论是学说之所是,还是学说之所为,在80多年的时间里并没有太大的变化。一个不容置疑的书面证据证明了这一点:比较一本20世

---

〔1〕 除了导论和教科书以外,以下是一些可以参阅的文献。Jean-Denis Bredin, « Remarques sur la doctrine », in Mélanges offerts à Pierre Hébraud, Toulouse, Presses Universitaires de Toulouse, 1981, p. 111-123; CURAPP et CHDRIP, La doctrine juridique, Presses Universitaires de France, 1993; Philippe Jestaz, « Déclin de la doctrine? », Droits, 1994, vol. 20, p. 85; Michelle Gobert, « Le temps de penser de la doctrine », Droits, 1994, vol. 20, p. 97-106; Valéry Crombez, La doctrine en droit français et en common law: étude comparative, Doctorat en droit, Lyon 3, Lyon, 1995; François Ost et Michel Van de Kerkhove, « La doctrine entre "faire savoir" et "savoir-faire" », Annales de droit de Louvain, janvier 1997, n° 1, p. 31-56; Philippe Jestaz et Christophe Jamin, « L'entité doctrinale française », Recueil Dalloz, 1997, vol. 108, n° 22, p. 167-175; Laurent Aynès, Pierre-Yves Gautier, et François Terré, « Antithèse de "L'entité" (à propos d'une opinion sur la doctrine) », Chronique Dalloz, p. 229 sq.; Alain Supiot, « Grandeur et petitesses des professeurs de droit », Cahiers de Droit, 2001, vol. 42, p. 595-614; Jean Pascal Chazal, « Antigone Busiris Portia, trois images spéculaires de la doctrine », Revue Interdisciplinaire d'Etudes Juridiques, 2002, p. 1-43; Alain Bernard, « Icônes. Autoportraits des professeurs de droit », in études à la mémoire de Christian Lapoyade-Deschamps, Bordeaux, Presses Universitaires Bordeaux.

作为一种法律渊源的学说——法国法学的历程

纪20年代的民法论和一本现在的民法论,除了编辑风格的不同以外,并没有太多的差别。相隔80年的教科书之间的差别比德莫隆布、特罗隆、奥布里和劳这些教科书之间的差别要小得多。而且在每一个从19世纪就存在的法律部门中,都有完全一样的情况。

法国学说因而仍保留了它悄悄为自己取得的地位,而且准备持续下去。这种地位没有任何官方的背书,作者们从来没有真正联合、以学说的名义组织起来,然后提出一个行动方案。相反,是学说推动的那些活动决定了它自己的脸谱。为清晰起见,我们将先研究学说的组成要素,然后研究它的作用。

第三章

学说的组成要素

在对学说的种种定义中,我们已经引用过一个最能说明学说之组成要素:"指作者们的思想。在延伸的意义上,指作者之整体。"这也是本章的内容。

一、作者的思想

如果学说指的是学者的思想,那么其隐含的条件是学说必然是人们已经写下来并发表出来的。这种想法虽然也受到一些争议,但总体上维持了它的权威性。它让我们提出两个问题:学说到底包括了哪些作者?学说到底以哪些出版物作为其载体?

(一) 哪些作者?

"学说"一词只跟专业法学家有关,有时候也用于强调法学家的独立性。

1. 法学家的专业性

学说以评论实证法为己任。因为它只包括了法律职业的从业者,这些法律人必须同时完成撰写评论的任务。比如说,一部社会学著作就无论如何不算是学说的组成部分,哪怕是法学家写的,如果是纯粹的社会学家作品则更不必谈。这种观念意味着法学和人文社会科学分道扬镳,还意味着学说内部深刻的同质性。

1)法学与人文社会科学分道扬镳

我们首先观察到的是,"学说"一词所指的从来只是评论实证法的作品,最多包括那些偏离实证法不太远的作品。在更准确的意义上说,法国的学说概念与教义学的概念密不可分,这也就意味着它始终是一种学者式的、理性化的、建构

作为一种法律渊源的学说——法国法学的历程

于实证法之上的研究,其视角始终处于应然的角度,关心对法律问题的可欲且可能的解决方案。"教义学"一词绝非贬义。恰恰相反,它为学生和实务人员提供了无穷无尽的便利,而且也可以对其他人文社会科学有所帮助。[1] 我们所有的重要法学家都是伟大的教义学者。

无疑,教义学远远无法占据整个法律思想的空间。其他学科的研究者也经常把法律作为他们的主题。他们关心的是法律事实上如何,把法律作为一种外部现象来观察,而非作为一种可以适用的规范来评论。但我们不会认为他们和他们的作品是学说的一部分。就算康德、马克思、韦伯、布迪厄都对法律感兴趣,他们也不是学说的一分子。

以内在视角研究法律的教义学终于和以外在视角观察法律的学科分道扬镳,其分离至少部分可以通过知识领域自身的指数性增多得到解释。人们显然希望法学家掌握每一种人文社会学科的知识,但只能是一种乌托邦式的理想。相反,让一名法学家深入研究社会学、语言学、人类学、经济学、心理分析、哲学等学科中的一门,非但完全可能,而且这样的法学家在今天并不罕见。但就在他们自己的作品中,我们也可以看到这种分离。法社会学家会写一些和教义法学完全没有关系的社会学作品,他的另一些作品则完全是对实证法的评论,即便可能带着一些社会学的反思(译注:这里指的是卡尔博尼埃)。人们永远不会用"学说"一词来指第一个范畴里的那些作品。当人们谈及科尔纽院长的《法律语言学》、卡尔博尼埃院长的《法社会学》和维莱的《法哲学》时,不会说"学说"提出了这样或那样的观点。似乎这些作者在写这些作品的时候,完全以个人的名义表达,而一旦他们写起教义学作品,就重新成为学说的一员,并因而顺理成章地以集体的名义发声了。

在这场研究竞争中,法学和人文社会科学的分离不仅仅源于知识必然的优先性,也不仅仅因为法学家无可否认地在他们自己的学科里画地为牢。还有其他的原因,我们这里只简短谈谈。

---

[1] 比如说,有一位社会学家就曾在发现狄骥和奥里乌的作品时表达过混杂着钦慕和怀疑的情感。Jacques Donzelot, *L'Invention du social*: *Essai sur le déclin des passions politiques*, Paris, Seuil, 1994, p. 89-90. "法学家的功能让他们只关心如何通过建立在原理上的融贯性来整合事实的状态,并使之形成系统。但这一任务有时会让他们的法学建构远远超过法律技术,并直接提供素材,让人们可以思考他们所处理之社会整体。"

170

第三章　学说的组成要素

第一,"应然"视角、关心实践应用倾向于把教义学家限制在一种严格的逻辑里,而这种逻辑很难和外部观察者的逻辑相互沟通。虽然有些法学家也试过采取外部观察者的逻辑,但是基本上没有成功。用人们更为熟悉的话说,教义学吞噬了一切:时间、挑战其方法的能力、其他的文化……对于法学来说,要摆脱教义学尤其困难,因为它的作者始终面向实务人士或者未来的实务人士。

第二,法国传统一直与文本研究紧密联系,而不太关心对事实的详细调查。文本研究关心的是通过一种永远面向抽象化的过程来创造原理和法学构造。而对事实的调查要求的是相反的途径,要求人们关注事实细节而非抽象。最高法院的上诉程序鼓励人们选择文本研究。因此,人们很难对那些属于事实科学的人文社会科学产生兴趣。

第三,类似的是,对《民法典》的依赖,或更广义上的立法中心主义成了法国法律思想无法摆脱的负担。惹尼和萨莱耶本来有更开放的思想,也真诚希望通过社会科学丰富法学研究,却最终只做到了把对判例的研究当作社会学本身(因为从中可以看到利益的冲突),带回法学之中。

第四,院系划分的逻辑也有所影响。虽然有一些在法学院中引入所谓"通识"(culture générale)教学的努力,但法学院提供的仍然是面向职业生涯的教育,因此也是实证法和教义学的教育,和人文社会科学专业的教育鲜有相同之处。

换言之,人们根本没有为了避免法学和人文社会科学的分离而做出任何努力。事实上,法学和人文社会科学从来没有真正地结合过,因为法律及其教义学早在社会科学开始出现之前就已经存在了,而且一直维持着自己的独立自主。但在20世纪初,法国法学家之中的主流希望保持法学的自主性免受新的社会科学威胁时,他们以更新的名义强化了法学中的教义学因素,法学也就变得更加孤立了。正是在此过程之中,形成了反对社会科学的学说。

一种广为人知的术语把"硬科学"——也就是精确科学——与人文社会科学区分开来。在长久法国传统中孕育而来的法学虽然可能不太精确,但绝对足够坚硬。读者们不难意识到,本书虽然讨论的是学说,却因为没有采取教义学的方法而无法成为学说的一部分。这一观念限制着学说的范围,其结果是学说内部的高度同质性。

作为一种法律渊源的学说——法国法学的历程

2）法律学说内部的同质性

我们将要看到的是，学说内部的同质程度之所以高，是因为作者们在处理实证法的时候使用的是同一套教义学方法。如果回望19世纪，会发现在那些对《民法典》亦步亦趋的作者（图利埃、蒲鲁东）和那些构造了民法的学者（奥布里和劳）之间存在的那种明显差别，在我们这个大家都在构建概念和体系、从而赋予社会"坚固铠甲"的时代已经不存在了。或者用一位社会学家的话说，学说是社会因素的指导者[1]，正是这样的一种集体精神鼓舞着其成员。但其中又孕育了许多暧昧不清的例子。

显然，学说的内部同质性并不意味着作者们都是人云亦云的巴汝齐之羊！相反，他们展现了相当明显的区别。首先是写作风格——虽然风格差别在给作者更大自由的专题论文中比较明显，而在教科书或介绍性作品里则不那么明显。然后是更容易被察觉到的腔调差别。每个作者的文化修养也有所不同，有些喜欢从法史学入手，有些则更偏向比较法，还有的作者利用法哲学或者多多少少处于辅佐地位的人文科学，同时也不要忘记他们不同的文学品味。最后还要提到的是他们在哲学、政治、宗教立场上的差别。

所以，我们这些年也见过了无数次争论。马佐兄弟和通克（André Tunc）之间的分歧终究导致他们不能合作撰写债法教科书。还是在债法领域，罗迪埃（René Rodière）与施塔克和他们都有所区别，而且他们之间也不一样。我们当然还记得20世纪70年代起艾森曼（Charles Eisenmann）和韦德尔（Georges Vedel）关于行政法之宪法基础的争论。[2] 实际上争论是法学家的家常便饭。就算在直接的争论之外，他们之间的不同也很明显。稍微对法学有些了解的人都会毫无困难地指出奥里乌和狄骥的区别、里佩尔和惹尼的不同，更不要说那些现代学者的作品了。

彼此的差异是学说的成员所喜闻乐见的。他们坚持强调这一点，以至于让人心生疑窦。在大学教书的作者们似乎也开始传播关于他们人格之一部分的集体精神正在消失这样经不起检验的担忧。甚至有些人干脆认为根本就不存在一个集

---

[1] Jacques Commaille, *L'esprit sociologique des lois：Essai de sociologie politique du droit*, 1. éd., Paris, Presses Universitaires de France, 1994, p. 211.

[2] Emmanuel Breen, « Le Doyen Vedel et Charles Eisenmann : une controverse sur les fondements du droit administratif. », *Revue française de droit administratif*, mars 2002, n° 2, p. 232 sq.

体。这种现象之所以出现,部分是因为人们又回忆起了关于法学那种经典却没根据的笑话——法学家的科学全都是对既过时又充满成见的黑话的运用而已。

这种带着偏见的语境并不能否认一个事实,那就是这些形形色色的作者不但都说着同一套语言(当然任何学科的专家都是这样的),而且他们所说的语言比任何其他的专家都更具有限制性和侵略性,因为这正是统治整个社会的权力所栖身的语言。法律学说高度的一致性或许就来源于此。

人们创造法律就是为了应用!所以法学家有义务使用那些规范情景的语言,也就是法律和判例的语言,并且阐明、补充这种语言,从而使之可以真正发挥功效。法学家从而发明了一种补充性的语言。在实践中,由学说理论化或发明的概念变得和立法中使用的概念一样具有拘束力,例证包括了因果性、物权、财产、可对抗性、公共服务等。法律思想因而实现了它的高度结构化,并且超越了任何人的意愿而可以要求他们一致都接受。就算学者们对一个具体个案应有的法律解决方案(特别是在新形势出现的时候)争论不休,但他们的讨论始终维系在一个大家都接受的范围之内,也就是实证法和教义学技术划定的范围。这一早就定下的范围受到立法和各级法院的限制,这些法院包括了最高法院、最高行政法院,如今又包括了宪法委员会、欧洲人权法院和欧盟法院。立法和司法的限制决定了辩论的范围,划下了决斗的场合,也决定了可以使用的武器。反过来,学说又限定了这个范围,因为学说的建构及其实践效用让它成为法律运用不可或缺的一部分。

聚讼纷纭的佩吕什案(affaire Perruche)可以提供一个例证。我们的辩论达到了罕见的激烈程度,但出现的全是每个人都接受的技术性概念:因果性(是否直接)、过错原则(是否威胁一种已经存在的状态)、损害的性质(是残疾还是出生这一事实)、与合同有关的要素(是否涉及第三人受害者)。仅有的几个想把辩论引向哲学和人类学讨论的作者备受批评。人们说他们在做法学之外的研究,言下之意就是轻视了游戏规则。实际上,那些争论技术问题的人也有自己的哲学或人类学考虑,但他们把这些考虑隐藏在了法律概念之中。这些参与关于实证法的教义学辩论占了主流,而且他们确实说明就算内部争议再多,他们的同质性依然明显。

一般而言,学说争论的本质都是这样的。对手们用着同一套术语(只是对每个概念的范畴有争议),用着同样的引证(只是对每个引证的解释不一样),而

作为一种法律渊源的学说——法国法学的历程

且大部分情况下论证的模式也是一样的。法学家们延续着法律逻辑，并出于公正、秩序和实用性的考虑修正逻辑。学说作品的篇幅越长，教义学的整合功能就越能得到体现，例证就是那些大部头的教科书。虽然参与合著的作者很多，但他们都使用同一种法律建构方法。但这些作者在争论或者写作理论性反思之文章时，会回到他们所熟悉的个人风格中。他们提出不同的论证、援引不同的书目、讲着不同的效果。以上便是对法学学说中高度争议性和高度同质性的概括。他们其实是同一事物的两面，也可能是一个好的法国法学家不可或缺的两面。

2. 法学家的独立性

科学思想只有在独立的情况下才能存在，这对于法律和其他学科都是一样的。但思考法律和研究分子或星系运动终归不同。法学家的反思和政治共同体中的权力行使密不可分，因此需要他们更多怀着服务于完全不同的利益的抱负，哪怕有时候需要为这些服务收取费用。事物之发展规律导致不可能有一种学说观点不偏不倚、不倾向于任何利益。但是，虽然很难真正实现，学说仍然在原则上保持了自己相对于政治权力和相对于金钱的独立性。

1）相对于权力的独立

人们即便总是对建立一种真正法律科学（无论其实质是不是一种教义学）的可能性争论不休，仍然希望在广义的法学思想之上表现出科学性。我们一般而言不会看到一个科学家明确追求权力，法学也一样，即便其研究的对象——规范——实实在在是权力行使的结果。

作为研究对象的法律，其性质就决定了它肯定会受制于决策者和研究者所属领域之间的相互作用。学者必须在自己与权力之间保持安全距离，这也证明了另一项自然而然、几乎不证自明的结论：属于科学的时间和属于行动的时间是不一样的。在大多数时刻，科学和行动恰恰是相互冲突的。

法国学说尤为坚持此种对立（除了在行政法领域），并且希望把对理论反思的垄断留在那些不做决定的人——也就是大学教授——手中。在此意义上，它往往提醒人们注意，法语的"学说"一词"doctrine"来自于拉丁语的"docere"，也就是"教学"。但和许多人所想不一样的是，学说自身无法证明它根据其定义只能是教授们的作品。大量古罗马法学家、梅兰、特罗隆、拉费里埃和其他伟大的政府特派员都证明，实践人物也可以是很好的学说创造者，从而足以摧毁这一想法。

第三章 学说的组成要素

话虽如此,教授们的职业确实把他们置于写出学究作品的最理想境地。不管是在法学还是其他学科,比别人更多的可支配时间(虽然大学教师的工作负担越来越重)、为了实现高质量研究不可或缺的自由精神、在教学和研究之间最为明显的相互促进作用、与同行之间进行知识交流的便利性等因素都保障了科学研究的质量。不仅如此,宪法委员会还承认大学教授所享有的思想自由是"共和国的法律所承认的基本原则",所以是一项具有宪法效力的原则。[1] 在目前共和国的实践中,政府还从来没有以哪怕最轻微的方式来尝试限制这一独立,而对于其他不在大学任教的作者而言,对思想自由的限制时有发生。每个人都可以看到,法学教授们在书里或在课堂上多么随心所欲地批评着立法和判例。[2]

因此,学说的职责就是形成对权力的反对力量,但这种反对力量在政治上并不激进,它一直披着科学的外衣。与此同时,人们还会留意到有些作者始终在权力的中心活动,一直纯粹是做决定的人,从来没有把自己和那些提出学说反思的人混为一谈。显而易见的例子是那些在政府和议会中工作的人,而在法院中也一样,因为法国法官不同于普通法体系里那些喜欢长篇大论的法官,他们写的判例简明扼要,没有足够的空间提示参考文献或展开充分论证。虽然也有不少例子让人觉得可能科学和权力并非水火不容,但没有人会真正认为两者之间的对立可以彻底消弭。

第一,每一项立法都会有前期准备文件,这些文件都会正式公布,其中一些报告经常是由专精于某一领域的法学家所写的。在议员特别是法律委员会中,这类法学家总是有的。但是我们不会把这些报告作为"学说"看待。

第二,行政机关经常会公布一些"纪要""评论""通告"等不管名称如何而内容的性质总是一样的文件,用以提出一种人们称之为"行政机关的学说"的东西。这类文件中很多是关于财税问题的,以至于有人主张在行政法学说之外还存在独立的财税法学说。[3] 现在至少在法学教授之间也有一种趋势,开始逐

---

[1] Conseil constitutionnel, Décision n° 83-165 DC du 20 janvier 1984, *Recueil*, p. 30.

[2] 数年前,一位司法部的副司长在普及性读物丛书《我知道什么?》里出版了一部解释检察官职能的作品。他在书中认为《刑事诉讼法典》第 36 条给了司法部长直接干预不同审判的权力,而司法部长本人刚刚声明他自己不再对个案提出意见。因此,司法部要求这名作者离职。1998 年 10 月 28 日的《世界报》(*Le monde*)报道了此事。

[3] Jack Meurant, « Existe-t-il une doctrine fiscale qui ne soit pas administrative? », *Petites affiches*, août 2000, n° 159, p. 4; Jacques Grosclaude, *La doctrine fiscale en France* (1987-1999), Paris, Litec, 2000.

作为一种法律渊源的学说——法国法学的历程

渐承认各部以政府公告形式所发出的正式回应具有学说的属性。但这些不同的文件具有的更多是政治而非科学的权威。权力及其对微言大义的执着被贯彻在这些文件中，其结果是它们总是短小精干，确认的东西比真正能够证明的东西要多得多。而且我们往往发现它们更像是准立法的文件，只有在日常用语表达"意见"的层面可以说是学说，而非我们特别用来指学者法的那种用法。

第三，法国的司法判决以简短著称，一个诉讼最终会结束于法官的总结报告，如果是行政法的案件，则是政府特派员的报告。这些报告可以出版，所以每个人都可以从中找到学者法的印记。它们的论证往往如学者所写的评论一样充分。所以，把这些报告作为学说的一部分似乎没有太大的困难。要知道，最终形成判例的这种意见绝非戏言。

除了这些处于模糊地带的特例之外，学说的独立性还是一种现实，而非一种只能靠我们不断鼓吹的立场。当然，至少有一些属于学说共同体的成员最终选择了参与决策的角色，尽管这种情形并不罕见，但他们仍是总体中的少数。我们见过一些法学教授在选举中胜出，还有些人成了部长，更多的人则要么肩负了起草法案的责任，要么加入了策划改革的委员会。人们对此类做法全无异议，毕竟学说的成员在度过了那么多个不断反思实证法、提出解决方案的年月以后，想要更进一步参与文本的制定也是再正常不过的事情。倒是在此情况下，我们可以看到这些作者的位置实在有些模糊：一方面，他们极力与权力划清界限；另一方面，他们又把自己终于能够贡献于权力当作学说的最大胜利来庆祝！所以，学说确实在制衡权力和成为谋臣策士的两个角色之间摇摆。而且只要不让权力完全吞噬，学说并不反对靠近权力。

2）相对于金钱的独立

相对于金钱的独立不但是学说的美德，更是其合法性的条件，这点比相对于权力的独立体现得更为明显。作者的行为方式不会让人们联想到他对立场的选择完全由他的收入决定（除非他任教于那些专门培养巨额财富继承人的学校）。在大多数情况下，学说确实与财富无关，但有些特别的假设将让我们面对相当棘手的问题。我们先要讨论如何理解精神独立，然后再来探讨金钱是否威胁了这种独立性。

a）精神独立的观念。首先让我们承认作者在他们所写的每一行字、在他们授课的每一分钟，无不都在选择立场，因为无论是立法还是判例都需要人们的解

第三章 学说的组成要素

释。那些想以中立性为借口让人们潜移默化地接受自身观点的作者只能把自己的想法隐藏在法律解释的字里行间。

虽说如此，人们不能因为中立性的借口就认为学说必须在相互矛盾的利益之间保持绝对的平衡。比如说，劳动法上的一个条款已经引起了 30 多次重要争议，没有任何一个作者会 15 次站在雇主的立场上，然后 15 次站在劳动者的立场上。相反，如果作者基于自己的哲学选择总体上有利于劳动者的立场，每个人都会认为再正常不过。毕竟劳动法本身就在很大程度上建立于对劳动者的保护之必要性上，所以这样的立场绝不令人惊讶。但要是一个作者抱有另一种哲学，或者认为应该避免一切矫揉造作，发展出一些保护老板的观点，每个人也会认为再正常不过。在劳动法这一领域，人们经常可以看见职业组织的严格性让作者们泾渭分明地分成两个阵营，他们每个人在自己的解读中多少都会带有一些倾向性。另外，在那些出任咨询人和不出任咨询人的作者之间还存在区别……还有人认为必须向那些自视为科学真理之守护者的人明确指出这一利益关联性问题。[1] 这种阵营分野其实也出现在其他的法律部门之中，只不过在大多数情况下不那么泾渭分明。

换言之，以抽象和一般性方式讨论法律的作者没有义务保持绝对不偏不倚，但需要尽可能地不走极端。这使他们不同于那些需要裁决一个具体案件的法官。假设法官要写学说性的作品，他则必须考虑到中立性的义务，不能让人们认为他在裁判向他提出诉讼的当事人。除此之外，学说的合法性仅仅要求作者在选择立场时针对相反的主张提出漂亮的论证，避免形式上的缺陷、避免遗漏任何重要文献，诸如此类。而且，一名学说作者必须以普遍的方式论证，这是他必须遵守的行为准则，特别是在评注判例的时候，他所需要处理的是案件本身而不是当事人。所以，其实作者并非不能指出他的偏好是他认为有利或者公平的解决方案，可能展现客观性的最佳形式是公开承认他的偏好是一种个人偏好。学说不妨选择立场，只要这些立场是自由选择的产物，并且得到了详尽的论证。

就理想状态而言，作者们应该谨慎审视他们的无心之举，从而辨识出他们自己潜在的观念，而不要把事实上来自于他们个人判断的解释说成是立法所强加

---

[1] Michèle Bonnechère, « Doctrine et droit du travail : éléments pour un débat », *Droit ouvrier*, octobre 2002, p. 471-485.

的。但这是不可能的任务,所有的作者无一例外(自然也包括了本书的两位作者)、或多或少地在混淆个人见解和法律的真意,而且大多数时候出于善意。

b)收入的最终影响。法学教授的工资来自于公共支出这一事实让他们可以多少避免受到服务于金钱之怀疑。学说的合法性的最终依据是从公法人取酬的法学家所拥有的完整权利,毕竟在我们这样的民主社会中,国家并不要求其公务员必须在自己所写的作品中与国家的立场保持一致。何况国家也由不同形式的部门组成,是否能有一个统一的立场也很难说。这种说法不仅对于大学教授,而且对于那些法官和大学之外的公务员同样是成立的,只是他们的职位有时候会要求他们在一些具体行使权力的个案上保持谨慎。但这并非难事,而且作者们是就整体而非对个人性问题发言的。

相反,人们往往怀疑那些为公司效力的法律人会因为他们的雇员身份而不得不捍卫某种立场。就算他们在确实出现了的案件中提出高质量的论证,这些论证也无法得到学说所具有的合法性,除非能够对社会和他们所处的职业之整体利益给予足够关照。那些著书立说的律师们也是一样,因为他们总是需要为客户的利益辩护。

除了纯粹的学者和实践人士之外,我们现在需要考虑一种中间情况,也就是那些为人提供法律咨询或者在律师公会注册的大学教师。

在古罗马曾经由法学家免费提供的法律咨询,现在已经变成了教授们获得收入的一种活动。[1] 这种现象发生的原因多种多样,而且直到最近才引起关注。公共权力甚至在某种程度上鼓励学者们提供有偿咨询。有偿咨询除了确实帮助了法律进步和司法体系的良好运转之外,还让作者获得了对于高质量教学而言必不可少的实践知识。甚至在某种程度上,它帮助大学避免了人才流失,特别是在商法领域,如果不是有偿法律咨询的存在,很可能所有的商法学家都会离开大学投身私人实践。简而言之,支持这种做法的论证无穷无尽。但是,如今有一些声音开始质疑实践中存在的偏离:咨询已经改变了原先的性质,成了一种可以用金钱收买、偏倚一方的行为。甚至有些学者认为已经出现了一种可以称之为"法律思

---

[1] 当然也有些例外,从惹尼的私人信件中似乎可以看到,有那么一段时间法学教授们又回到了免费提供法律咨询的传统中。

第三章 学说的组成要素

想的卖春"的新现象。[1]

不知是因为过于司空见惯还是过于标新立异,这一指责既没有引起任何批评,也没有引起对其合理性的质疑。不管是否击中要害,它都让人们产生了一种集体负罪感和怀疑。那些不容挑战的法律咨询提供者——也就是大多数人——理所应当地认为是"其他人"玷污了法律职业的荣耀。但"其他人"指的又是谁呢?一些还能想起20世纪50年代读到的里佩尔所写的咨询意见的老前辈们,并不认为所谓的新实践和当时所见之事有何不同。但他们认为最好还是不要提笔写下自己所想:能说的太多,但既然能够发表这些见解的是一部向某位同仁致敬的文集而非能够容纳长篇大论的期刊,较为明智的做法还是不要提高声调反驳。然而他们还是低声沉吟着回忆起那个黄金年代中学者们为自己的意见所涂上的科学性色彩。

今日的法律咨询与往昔相比既没有更偏倚,也没有变得更中立。也就是说,它偏倚的程度并不严重,但对于那些对法律咨询之中立性有极严格要求的学者而言,已经到了过分的地步。所以真正的问题其实是一个咨询意见是否有可能完全是客观的。在法官对一个法律问题向法学教授请教的情况下(在法国,此种可能性仅限于国际法审判和一些仲裁程序),或者在咨询的请求者(比如说一个职业组织)于诉讼之外想要了解法律的意义以便适用的情况下,较容易实现中立性。但在大多数情况下,是由当事人出于在诉讼中获胜的需要而支付法律咨询之酬金的,此时中立性就只能说是一种神话了,因为它总是难免有所倾向。虽说如此,也不能说此时的法律咨询是全然偏向一方的。和大部分律师的实践不同,它的作者会拒绝那些明显与实证法之规定相反的主张,也不会因为和请求者的主张相反就有意不提一个重要的判例。至少,他们可以在感觉无能为力时拒绝受理,或者仅仅同意处理那些他们认为可以提出总体上正面意见的争议要点。

问题在于到底为什么人们认为律师偏向自己的客户就是正常的,而提供法律咨询的人哪怕没有律师那么强的倾向性,却要经受如此指责。对此,出现于一个世纪以前的那种认为学说是一种裁判权力的教条肯定要负责。那些指责学者的法律意见偏离了原有道路的人认为,这些意见至少不能比学术论文更偏向一方,后者当然也可能选择自己的立场,但是总归要以严谨、同时考虑双方观点的方式论

---

[1] Jean-Denis Bredin, « Remarques sur la doctrine », *op. cit.*

作为一种法律渊源的学说——法国法学的历程

证。但关于教授应该扮演法官角色的想法现在已经不再流行,而且与当下实践的相关性越来越弱。现在越来越多的教授在律师公会注册,公开从事诉讼业务。

真实的情况是,诉讼文件中所体现的内容作为学说之成果或高或低的质量只有在发表出版的情况下才有意义。人们假设这种实践是对理想的偏离,仅仅是因为它把伟大教科书转变为一系列流于表面而且相互冲突的申辩。早就有人为此过于夸张地指责过德莫隆布(虽然所谓的申辩都是想象的产物)。但现在的指责已经不能和当时的批评同日而语。人们有时候说一些论文实际上是学术掩盖之下的法律咨询意见,有时候则说一些案例评论是为了影响审理此案的法官才写的。人们的指责不无尖锐。但真的要把少数实践当作整体情况吗?其实只要司法实践中多一些透明性(虽然很难实现),完全可以让以学说之中立性之名谋私的做法无处遁形。[1] 我们也在一个看似绝无仅有的案例中看到,两名文章的作者也向人们揭示,他们正是所评判之判例中一方的代理律师。[2]

虽说如此,公开发表的法律咨询或受其影响的著作并不算多。大部分的法律咨询意见并未进入人们的视野,而且我们也不知道其作者是谁。曾有极具影响力的作者说,我们不可能再了解这一过程了。[3] 换言之,法律意见上以首字母缩写的形式之缩写不总能帮助我们辨认出它的作者。

另外需要补充的是,1936 年的行政法令禁止法学教授为国家的对立方提供法律意见或者辩护,理由是国家是他们的雇主,所以他们尤其在接受来自私人的报酬的情况下不得反对国家。这一规则虽然饱受批判,但从未失效。这一错误理论既误解了大学教授所享受的独立,又错误地把国家简化为一个雇主。假如说有一个大学和与其相邻的业主卷入一场不动产官司,谁也不会指望大学教授能成为后者的救世主,但实在很难说需要一个如此愚蠢而不体面的文本来禁止人们这样做。这一行政法令既不必要又不公正,它意味着在行政机关错误课税的情况下,法学教授不能为受害的公民申辩,却能为出现了过错的政府背书。这和司法平等

---

[1] Nicolas Molfessis, « La controverse doctrinale et l'exigence de transparence de la doctrine », *Revue trimestrielle de droit civil*, 2003, n° 1, p. 161; Tiennot Grumbach, « Doctrine et déontologie », *Droit Social*, 1999, p. 323.

[2] Geraud de Geouffre de La Pradelle et Sauveur Vaïsse, « Estimer la doctrine: l'art … et la manière », *Revue trimestrielle de droit civil*, 1996, p. 313.

[3] Michelle Gobert, « Le temps de penser de la doctrine », *op. cit.*

的原则可相去甚远。

总体来说，法学教授的伟大之处仍然在于他们可以选择为生产者或为消费者辩护，为租客或为房东辩护，人们总不会因为他们选择了某一立场本身而指责他们。其余的则必须从程度、必要的距离感和诚恳，这些法国学说所珍视的美德等标准来评价了。

（二）何种媒介？

无论是纸质媒介还是新近流行起来的数码媒介，"学说"一词总是指向一种编辑出版物。但就算以其他方式发表，学说作品仍然具有同等学术性和影响力。所以，我们有理由考察一个看上去很冗余的说法："发表了的学说"。科学的严谨性让我们还必须考虑一个没人使用的词："未发表的学说"。

1. 发表了的学说

我们在这里不会区分纸质媒介和数码媒介，因为数码革命目前还没有改变学说的类型。传统上，学说和某些写作类型息息相关。这些类型范围很广，从案例的评注一直到大部头的专著都有。另外，事实上这一概念还暗示着一定的质量保证，虽然人们很难界定，但是可以感受到。

1) 学说的类型

人们对学说的类型都非常熟悉，所以只需要简短介绍一下即可。

所有的荣耀归于主公！我们从人们称为"伟大专著"（grand traité）的论著开始。这一称谓既说明其篇幅，又说明其作为一种综合性作品的性质。普拉尼奥把他的专著称为"基础的"，但这个形容词只说明他的作品揭示了我们的法律中最基本的因素。在现在的用法中，一部专著绝不会是入门性质的。但它仍不会过多涉入学理争议，而且要注意教学法上的质量，因为专著同时面向学生和实务人士。这也是教义学主宰下的法律的特色。人们很难想象会有一本主要给工程师们看的数学或物理的教科书或专著。在其他的学科里，正在形成的学术观点应该出现在论文或者主题专著之中，而不是在教科书里，因为教科书仅仅面向学生，应该关注已有定论的学术观点。不过法学这种特殊性虽然很难为初学者所理解，但也有其原因：自从学说把目标定位于满足实践需求、构建一般理论，人们就应该相信各类专著能够满足整个法律人群体。比如说普拉尼奥和里佩尔合作的《法国

作为一种法律渊源的学说——法国法学的历程

民法论》，这部耗时数十年出版的巨著为人们提供了对实证法清晰、有条理、论证详细的解说，还有许多研究的主题，因而无可比拟地服务于实务人士和学生。

有时候一些伟大的著作会以"精要"（précis）或"教科书"（manuels）为标题，还有马佐家的三位民法教授写的民法学"课程"（leçons）。但在超越这些词语差别的层面上，每个人都能区分真正的著作和那些用于教学但不够学术的"小"教科书。

评论司法判决的作品可以有很多种形式。比如说，对一个判例的短评（note）是一种形式上更随意、内容中有更多细节，也带有更多建设意义的评论。而对一段时期内出现在某一领域的重要判例的短评专栏（chronique），则要从这些判例中提炼出某个法律问题的新答案。如今，还出现了发表在"评论摘要"（sommaires commentés）或者其他短周期出版物上的"观察"（observations）。这类观察当然是篇幅短小的，目前的趋势是它们越发接近短评，只是建设性更低。至于那些严格意义上的短评则出现了膨胀的现象，篇幅一再加长，以至于有时干脆成了贴在判例上的论文。

不过法官的结论或报告却没有受到类似的膨胀困扰。这些结论本身也和短评不同，它们更加关心事实问题，所以人们应该把它们和最高行政法院的政府专员报告做比较。但是此类作品在私法中出版的比例远低于公法。无论原因是什么，最高法官在职务范围内写的作品无论如何也无法形成可以和最高行政法院之学说相比的整体。

至于对立法的评论（commentaire de loi），确实长期以来都是一个独特的文体，而且特别野心勃勃。只不过法学家最近对这种形式兴味阑珊，而且它也成了诸多论文的一种——虽然仍有一些自己的特点。

然后我们再来谈谈专论（monographies）。先从期刊论文或专栏开始。反思性的期刊论文一般来说要比发表在简介和法律百科全书上的综述性论文更具有学说特性，虽然两者之间的区分并不是绝对的。如果说针对一个部门法的专论是学说的顶峰，那么各式各样的论文（学究性的、描述性的、高度抽象的、争论性质的……不一而足）就构成了学说的基础。

有必要专门提及的是发表在论文集中的作品，因为这种出版物的两种形式最近有了长足进展：一种是会议论文集，另一种是纪念性质的论文集。所有的会议都会有一个主题，每一篇报告都聚焦于这一主题的其中一个方面，于是给了专家

182

第三章　学说的组成要素

们机会,把他们的专业知识运用于一个跨领域、综合性、正在激起热烈讨论的问题。至于源于德国大学传统的纪念文集,往往在一名大师荣休时(或者在他过早去世时)题献于他,作为对他长期贡献的纪念。荣耀同时也属于那些获邀参与撰写论文的学者。这些纪念文集是否包括一个统一主题要视情况而定。无论如何,这些论文都反映了作者与接受题献者之间思想上的亲缘关系,因为其风格要比其他平台发表的作品更加自由也更富私密性。我们总能在这类文集中看到对大学、对教授群体、对学说,或者简言之对作者之大家庭最近发展的综述,而在其他作品中是看不到的。[1] 比如说,就有文章为读者介绍"最私密的教授资格考试"。[2]

但那些最深刻的作品、那些真正让理论方面的思想得以进步的作品,肯定还是博士学位论文。这一现象也说明法教义学和数学之间的相似性——经验的缺乏不会成为创造力的阻碍。博士学位论文面向的读者群体由研究人员、教授和博士研究生组成,这些人也组成了传递博士论文信息的群体。伟大专著的一个很重要的功能就是体现和整合那些最优秀的博士论文在某个具体方面做出的贡献。

最后要说的是构成一种独特文体的专论(essai)。根据定义,它的目的并不是评论实证法,而是从至少与实证法保持一定距离的视角对实证法的反思。一部专论与实证法距离越远,它就离我们一般成为"学说"的那种作品越远。当然,这样的说法与作品本身的内在质量没有关系。如果说卡皮唐对约因的专论和里佩尔对道德规则的专论都还与债法本身紧密相连,那么惹尼著名的《实在私法的解释方法与法律渊源》则是一种关于实证法整体的一般性思考。而实证法在维莱的哲学专论中更是完全销声匿迹。

实话说,法学院并不特别青睐专论,而是更偏爱符合学说模式的那种"一般理论"。出于对大学生涯的考虑,(教师)最好还是写教科书而非专论。至少从教科书开始要比从专论开始更有利可图。所以,写专论这种文体的人更多是国家研究中心的研究员,有时候律师或法官也借以发表他们对司法系统的观察。总而言之,人们并未完全放弃专论,而且还有不少精品问世,以至于大学出版社专门

---

〔1〕 我们甚至可以看到关于纪念文集本身发展的综述！Frédéric Rolin, « Les principes généraux gouvernant l'élaboration des volumes des mélanges », in Mélanges Jeanneau, Paris, Dalloz, 2002, p. 221.

〔2〕 Pierre-Yves Gautier, « Le concours d'agrégation au plus intime: institutes coutumières », in Mélanges dédiés à Louis Boyer, Toulouse, Presses Universitaires de Toulouse, 1996, p. 221.

作为一种法律渊源的学说——法国法学的历程

设立了一些文库出版此类作品（但我们可能永远无法知道到底哪个是原因、哪个是结果）。其中尤以法国大学出版社（Presses Universitaires de France）的若干个文库为最优，包括了"法律的各种道路"（Les voies du droit）、"利维坦"（Léviathan）和"法律、伦理、社会"（Droit éthique société）。虽说如此，我们还是要指出有些专著不过是几篇或多或少远离了实证法、针对同一主题的反思性论文合集。这种实践或许是大学教师负担过重的直接后果，工作任务让他们在答辩了自己的论文、终于编写完教科书之后没有多余的时间来写作长篇作品。

以上所有的学说类别都还是属于传统的出版行业。新出现的互联网发表渠道只需要简单提及即可，因为一般而言它们还没有什么独立的地位，出版商只不过是把他们已经印刷出版的作品放到网上分享。有些作者创建了个人主页，但这些页面目前的影响不大，而且人们会怀疑他们之所以选择通过网络自我发表只是因为无法发表于更好的传统媒体。

更有趣的实际上是法学家们在大众媒体上发表的观点，因为这些观点一般而言篇幅较短而且不会出现注释，也不具有学说作品的一般特征（学究式的论证和讨论）。就算现在越来越多的学术文章——包括博士论文——都在引用这些报纸上的短文，它们作为学说作品的地位还是不确定的。另外，这个问题和学说质量的问题相关。

2）学说的质量

人们在评论一部法学作品的时候常常会说"这并不是真正的学说"，换言之，这部作品的质量不尽如人意。价值判断在这里变成了一种把一部作品排除出某个序列的事实判断。在其他的法律渊源中，并不存在类似的排斥。就算作者们总是狠狠批评一部立法不清晰、自相矛盾或荒谬，却绝对不会产生任何说它不是立法的念头！

从人类学的视角看，这种根据作品质量进行的区分毫无相关性可言。科学家在确定不同可观察之法律体系中的法律渊源时，会努力找出那些人们无法反对的材料，而不是相反。至于学说，一名研究我们法律体系的人类学家可能只能看到一种作为研究对象的话语形式，它有时候具有规范性的功能，却无法仅仅因为其自身而确定一种必须得到执行的规范。在此意义上，无论质量如何，所有致力于解释实证法的话语都具有学说的性质。

类似的定义并不能解决所有问题，尤其不能解决边际情况的问题（比如说用

第三章 学说的组成要素

于准备司法决定的"报告"到底应该算是学说还是判例)。但是它的优点在于不再依靠一种价值判断,以至于一个关于法律的简短评论也会变成学说的一部分,从而使其与最学究气的作品之间的界限也相当模糊。其实,此类简短评论和真正具有创造性的反思之边界到底在哪里呢?根本就没有任何科学的标准来界定两者之间的边界。

但不管是否相关,优秀和平庸作品之间的区分在社会学上的现实性无懈可击。或正确或错误,法国学说的成员一致区分真正的学说和其他的一切。而且不仅在原则上一致同意此种区分,而且对其适用也毫无争议。几乎在所有的个案中,关于一部作品是否足够优秀以成为学说的一部分的意见几乎是完全一致的。所谓的价值判断并不一定就意味着自由放纵的主观性。如果说所有参与判断的人都受过同样的教育、成长于同样的文化、拥有同样的默认标准,而这些因素把他们紧密连接起来,那么就算观点的多样性仍然存在,他们的判断总归是一致的。就算法学家强烈不同意一部作品的结论,他们还是可以承认这部作品的质量。反过来说就算他们面对一部结论与自己完全一样的作品,还是可以认为其质量低劣。

所以在实践中其实并没有区分真正的学术作品和那些只有很少附加价值作品的难度。我们很少在写作时引用后者,其中包括对时事的快评、服务于实践目的的信息、描述性的论文、对一部立法的初步评论、基础教科书(但不是普拉尼奥所写的那种)、纪要、汇编等。唯一难以决定的情况可能只是那种来自大课教案的课本,其中包括了一些具有原创性的章节,但其他部分却只是人云亦云。

在大部分情况下,对于一部作品之原创性的判断不会有什么争议,只不过吊诡的是有时人们会认为高度原创性只能在最经典的作品中出现。比如说,如果作者引用了太多来自非教义性学科的知识(如经济学、人类学或精神分析学),那么人们肯定会认为他的作品不够学说性,甚至不够"法学",即便这部作品比其他人的要更重要、更具原创性。[1] 在风格意义上,原创性最好还是留给那些懂得如何从实证法的泥淖中抽象出可以指引未来法学家的指导性原则、却又不至于

---

〔1〕 最近的例子是一篇援引大量精神分析学文献讨论公共卫生判例的论文,虽然其质量无可否认,但恐怕还是会处于边缘位置。Denys de Béchillon, « Porter atteinte aux catégories anthropologiques fondamentales? », *Revue trimestrielle de droit civil*, 2002, p. 47-69.

抽象到惹尼很早以前便批判过的那种程度的作品。出于更有力的原因，那些甚至可以超越一般原则而提出"一般理论"的作者更可以放心大胆地承认自己的原创性，一般理论的吸引人之处在于实现了融贯性和法律安定性的需求。

就算在关于实在法的学说框架之内，虽然有默示的约定存在，当对一份作品的评价取决于其发表之平台的声誉时，不一样的声音也会出现。然而，存在于特优与普通的文库之间、核心与非核心期刊（后者包括内部、面向实务界的期刊等）之间的区别遭到的批评不比对学说与非学说之间的区别的批评多，但是根据几篇论文的质量评价刊物整体的水平显然过分任意。在 20 世纪 60 年代，参加教授资格考试的候选人仍然会因为在《法学周报》（*La Semaine juridique*）上发表文章而遭受质疑，因为时人认为这部刊物的质量不如《达洛兹汇编》，其实这完全是因为后者较长的历史造成的偏见。两份期刊当时的水平显然在伯仲之间。现在这种偏见已经消除，许多重要作者放心大胆地在周报或月报上发表文章，因为后者能够提供不受限制的篇幅，而且出版周期也较短。但另一些偏见则延续下来了，那些仅仅印刷装订、保存在学校图书馆的博士论文的名声也不如那些得以最终出版的博士论文，实在令人遗憾。谁都知道——或者谁都应该知道——造成这样的唯一原因只是缺乏足够的经费把所有值得出版的论文都出版了而已！

如果说我们必须极力澄清负面的偏见，有时候正面的偏见就不那么好处理了。最明显的例子是如果一本期刊享有高标准严要求的名声，那么人们肯定会高看一眼。在北美学术界，享有盛誉的期刊的盲审委员会在大部分情况下都要求极为严格，但在法国情况并不总是如此。我们很难确定地说没有哪篇水平中庸的文章得到了特殊的优待。

出于类似的原因，我们看到那些在大众传媒上发表的文章很少得到引用，这也说明了这些文章很少能够成为学说的一部分。就连那些发表在《世界报》这样享有严肃、克制乃至某种程度科学性名声的日报上的作品也不例外。不过，《解放报》（*Libération*）和《费加罗日报》（*Le Figaro*）也同样发表高水平的法学文章。岂不见泰雷（François Terré）在《费加罗日报》上发表的一系列文章就由达洛兹出版社结集出版?[1]

行文至此，我们似乎看到学说表现为一种仪式，既有其优点也有其缺陷，而

---

[1] François Terré, *Le juriste et le politique*, *trente ans de journalisme au Figaro*, Paris, Dalloz, 2003.

第三章　学说的组成要素

且二者同样明显。可以作为对比的是，不发表的学说则完全处于视野之外。

2. 未发表之学说

如果说"发表了的学说"是一种同义叠用，那么"未发表之学说"则是一种生造的新表达！不论如何，未发表的学说首先包括了我们用另一个生造词称之为"口头学说"之物。除此之外，还应该加上一些不同种类的文件，它们确实以书面形式存在，但是仅对有限的公众开放，因为这些文件要么限制于一个职业领域，要么仅限于一个特定的诉讼。

1）口头学说

口头学说首先包括了教授们的授课。这些课程持续影响了学生的训练与塑造，虽然我们总是怀疑他们其实把大部分课堂上传授的知识都忘了……这些课程既是那些更深入和精致的作品得以形成的实验室或演练场，还是这些作品之作者的教学法培训学校，他们在教学中致力于不断让自己在一个领域不断深入和纯化。在整个巴黎学区只有一个法学院的时候，它的学生群体足够大，以至于出版社认为销售巴黎教授们的课堂笔记是一笔有利可图的生意（译注：1968年学潮所导致的高教改革之前，巴黎只有一个法学院。高教改革后法学教育分散在多个不同的高等教学单位中进行）。虽然利益相关者会审阅和修改这些笔记，它们仍然能大致准确地体现当时口头教学的风貌，并且在20世纪50年代和60年代达到巅峰。弗卢尔（Jacques Flour）的笔记因为其分析的严谨、深入和清晰，至今仍是传奇。在其他一些不幸没有留下书面记录或者没有留下直接书面记录的课程之中，亦不乏声名卓著者。

类似的情况是，法院的报告和判决结论中只有一小部分能够出版。与最高行政法院和最高法院之判决相关的讨论也是如此，但它们的政府特派员的结论相对来说流传较广。[1] 这些公开的文件就算经过特别小心的编辑，仍然可以保留口头交流的特征。

但是我们还是几乎无法获取律师之书状的结论部分，因为我们在两百年前法院有责任解释其结论后就几乎再也不公开律师书状了。而法官的商议过程从来都不是秘密的。两者之间其实有一个既明显又常常为人忽视的转换。律师可以时时从"事实"的角度声辩，法学家则需要每时每刻提醒自己巴尔杜斯在14世纪所

---

[1] 相反，欧盟法院审理的案件中，其法律顾问（avocat général）的意见全都会被公开。

说的"产生于事实的法律":并不是说对事实的考察可以决定规范的内容——这样想是荒谬的,而是说对最佳法律解决方式的直觉来自于对事实深入、细致、不厌其烦的分析。如果没有办法接触到卷宗,那么作者便没有办法真正进行这种分析。这显示了律师们的口头学说可以在多大程度上丰富学者们所写的学说,或许这也是让身兼二职的教授—律师显得不那么糟糕的一个观察角度。

学术会议上的辩论有时候会出版,但在大部分时候会议论文集中只有报告,而没有后续的评议和讨论。虽说如此,在作者于文章发表时对某个大师的致谢中大致还能找到那些本来并未得到记录的口头交流之蛛丝马迹。学说的道路总是奇妙而无从丈量的。

2）传播有限的文件

除了我们已经提到的结论和报告以外,我们首先要说的是在讨论法学家之经济独立性时提到的咨询意见。虽然这些意见是书面的,但除了案件当事人、他们的代理人、法官之外,别人看不到这些意见。这里我们指的是诉讼中提出的咨询意见,它们一方面更常见,另一方面又是唯一一种难以归类的文体。我们也曾见过一些人发表他们的咨询意见,至少可以在论文形式的掩盖下这么做。

在所涉及的意见能够服务于比具体的诉讼当事人更高的利益时,至少没有任何伦理规则禁止人们发表这些意见。但至少在最近300年来,公开咨询意见不是一种常见的做法。无论如何,顾问和客户之间要就此达成协议,而客户出于不同原因更倾向于低调行事。《西雷汇编》很多年以前曾经在一篇判决后完整附录了比弗努瓦在该案中的咨询意见。[1] 但他的咨询意见探讨的是一个纯粹关于法律的问题,事实问题非常简单而且不具有什么私密性,更何况顾问所提出的解决方案由足够强的论证支撑,以至于对方无法提出什么反对意见。但情况并不总是如此,而且就我们的经验而言,现在的实践和一百多年前并无多少不同。[2] 此后,所有的咨询意见都是私密的了,而律师的书状虽然因为审判的公开性不是秘密的,却无法通过媒体整体再现。

---

〔1〕 *Sirey*, 1880, 2, p.41. 编辑写了一段序言:"法院考虑了巴黎法学院教授比弗努瓦先生在本案的咨询意见中所支持的学说。我们有幸几乎原封不动地把这一令人印象深刻的意见呈现给读者。"

〔2〕 不过,在一部1933年于巴黎法学院答辩的博士论文中,完整出现了巴坦的一篇咨询意见。Emmanuel du Pontavice, « éloge d'étienne Bartin », *Annales de la faculté de droit et des sciences économiques de l'université de Clermont*, 1966, vol. 3, p. 192-200.

第三章 学说的组成要素

另一种情况是包括了公证人协会、各种公会或工会的职业组织要求他们自己的律师所完成的法学研究成果。这类成果一般不是为了呈上庭前,也不是为了针对第三人捍卫这一职业的利益,而仅仅是为了让组织的成员避免可能的法律风险,并让他们对法律的意思更加明确,从而在适用法律的时候有更高的确信。这种做法背后的思想是准确陈述实证法的要求,并展示适用实证法的最佳方法。这种研究可能形成一条短小的信息,但也可能包含很多具体而细致的论证,以至于变得类似于法学教授所提出的那种咨询意见。虽然这些研究因为在组织内部广泛传播而并不具有秘密的特征,但它们的流传也一般仅限于内部。唯一可能的例外是有一名了解整个研究过程的法学家决定在公开出版物中引用这些信息并评论其内容。对于那些想要了解我们称之为"实践"的活动的人来说,获得这些信息可能是对学说的发展有帮助的。

政府也会开展同样的研究,只不过更具有针对性,因为它们一般是为了支持相应政府部门的主张。这也是为什么行政相对人或者政府的法律顾问会认为这种文献既灰暗又危险,毕竟政府比任何行业组织都更能保守自己的秘密,而其对手却要反对那些自己根本不知道内容的文件。但这种考虑并不减损政府部门之法律研究的质量本身。

二、作者之整体

从成员这一方面来看,学说就是我们平常所说的"学术共同体"之法学分部。在法学方面,似乎没有什么理由不认为这类共同体同时也包括了那些实务人士,但实际上它几乎只让大学教授进入。除此之外,还可以加上因为法律之国家属性而无可避免的另一个特征:这个共同体主要是属于一国之内的。

(一) 主要属于大学的共同体

在学说之内,大学教师的重要性不是静止的,而是处于变化之中的。它产生的原因是学说的写作类型主要由大学传统确定与形塑。大学教师的支配地位首先导致了其他作者成了围绕大学运动的卫星。但是,行政法却是一个例外。

作为一种法律渊源的学说——法国法学的历程

1. 大学教师的支配地位

他们的地位显然得益于大学的特权（虽然在减退），但最终得以确立也因为大学教师们成功要求他人接受他们耐心塑造的某种组织法律思想的形式。在此过程中，招聘的方法和法学院传统作用明显。

1）招聘方法的作用

教授资格考试为人们提供了在大学中开始教学生涯的入口，只有法学博士才能参加。这一要求和关于年龄的形式要求有所不同。委员会会审阅博士学位论文，还会和候选人讨论他们的论文。当然，在考试中，对论文的重新评阅要比决定是否颁发博士学位的时候要严格得多，否则的话就无需另外设置这一程序了。我们接下来将分别讨论博士学位论文和招聘竞考（concours）。

a）博士学位论文。考虑到教授资格考试候选人数量大、水平高，未来法学教授在博士期间就必须完成极其出色的论文。如果学位论文水平一般，那就必须靠其他的作品来弥补，而且会在此后极大限制候选人的事业发展。要是水平低的话，那就更没什么可能补救了。

按照目前的规定，博士生有3年时间完成他们的论文，每年可以分别再延长1年。实践中，那些能够帮助作者通过教授资格考试的博士论文一般需要5年或者6年来完成，有时候甚至更多。博士论文写作当然是一项漫长而艰难的学习过程，但显然也是决定性的。就算遇到了最为热心投入的导师，博士生仍然可能因为选择的主题很具体或具有突破性，从而成为这个世界上唯一真正对此有所了解的人，然后又在帮助他超越简单收集整理阶段的新思想之辅助下，成为唯一能够对他的选题提出合理综合命题的人。虽然艰苦，但那些经得起考验的博士生会在此过程中掌握作为一名作者的手艺。

有些人批评博士阶段的研究过于精英主义，有时候令人思想贫乏。一些国家则把博士论文作为担任教学工作的充分非必要条件。[1] 我们关心这一阶段的原因是它会引导未来的教授接触到完全可以被视为学说方式之核心的部分，他们在这一阶段已经开始通过模仿掌握学说生产的方式，并且在未来事业的各个时刻都将会为其增光添彩。虽然这些论文的作者往往具有高度的原创性和创造力，他们

---

[1] 在大部分国家，不管论文是否必要，拥有博士头衔的人都享有崇高的地位。最明显的例子就是德国，不过他们区分了博士学位论文和教授资格论文。

第三章 学说的组成要素

的作品在形式上几乎是一样的，只需要翻阅两三本就可以了解这种写作风格，但要真正熟练掌握并不是一件容易的事。

博士论文是就一个具体问题构建法律的方式。此后，当作者在学术界地位更稳固也更受认可之后，他将有机会通过撰写论著来建构一个部门法的整体，但用的还是同一种方法。这种比较让我们理解博士论文如何在大学之内把学说的观念牢牢固化于法学之内。这种观念的影响还超出了高等教育机构。正如我们将会看到的那样，实务人士在针对法律写作时也会在他们的实践中找到一些有时甚至很重要的信息，但是相当分散，而且肯定无法为他提供一种可以和博士学位论文相提并论的知识建构模式。所以，与其独创一种新的写作风格，还不如模仿博士论文所使用的方法。

b）教授资格考试。[1] 招聘大学教师的竞考在很大程度上延续了人们博士论文写作中习得的立场。其中地位最高的考试是教授资格考试（agrégation），这一考试为人们提供了直接获得教授头衔的途径。所谓直接，即候选人不需要证明自己在法学教育领域的年资，不乏博士刚刚毕业的年轻人在考试中取得成功。很多成功者视之为现代形式的骑士爵位授勋礼。[2] 这说明教授资格考试不只是一种公务人员的独特招聘方式。它是一种圣礼，目的是确证在法律领域年复一年的耕耘已经很好地塑造了人的精神，乃至人的肉体。给予这一确认的依据并非服务年限的长短，而是在整个考试过程中需要对委员会做的数次口头报告中候选人所使用的形式，因为这些口头报告有一个秘而不宣的功能，那就是揭示一种独特的存在与行为方式，简而言之就是证明候选人已经有了与他未来的同事一般无二的行

---

〔1〕 译注：现在的教授资格考试分成私法、公法和法史学三个组。资格考试总体上分成三个部分：第一步是资料审。候选人需要总结自己的学术历程，并撰写一个介绍自己学术成果的分析报告，提交评审委员会审阅并参与讨论。第二步是短报告。候选人从口试题目中抽取一个，然后进入准备了相应资料的封闭房间准备8小时，最后做一个45分钟的报告。第三步是最著名的长报告。候选人抽取题目后，自由准备24小时，然后完成一个1小时的报告。除此之外，还有以讲师身份在高等教育机构中服务超过一定年限（目前是10年）后通过提交申请取得教授资格的可能性。但是主要以口试完成的教授资格考试仍然是法学院招聘最重要的部分。人们所说的质量保障指的也是前者。

〔2〕 Nicolas Molfessis, « Les prédictions doctrinales », in L'avenir du droit: mélanges en hommage à François Terré, Paris, Dalloz, PUF et Litec, 1999, p. 141.

作为一种法律渊源的学说——法国法学的历程

为举止。[1] 更为明显的是，竞考尤其服务于正当化未来学说话语之地位，以至于一旦论者出了错，他的话就不得再以学说自居，而成了他个人的意见。

至于招聘讲师（maître de conférence）的考试，它也提供了从事法律教育的直通道，但显然没有教授资格考试那么诱人，因为它提供的职位要多得多。在行政等级秩序中，讲师的地位要稍低于教授，而且在所能提供的职业前景方面大大不如前者。而且在学说之成员所建立的非正式等级体系里，两者之间的差异变得非常敏感。招聘讲师的竞考一半是全国性的、由全国大学委员会（Conseil national des universités）进行；另一半则是地方性的、由深受许多非学术因素影响的各个法学院进行。它不具备教授资格考试的仪式感，这也是其相对不受重视的部分原因。我们更不会把它称为什么授勋礼……

在实践中，所有想进入高等教育事业的法学家都会从申请讲师职位开始。然后，这些已经成为大学教师的人里会有一部分继续尝试参加教授资格竞考，但是其中一部分至少短期内不会挑战它了。在实践中还有另一个现象，那就是候选人所写之博士论文的科学声誉和他们在教授资格竞考中成功的概率几乎是完美一致的。需要理解的是，该现象之所以产生，并非他们在考试中的成功增加了论文的名气，而是他们的论文正式得到评委会肯定的质量一般来说与候选人在考试时展现出的教学质量是一致的，二者合一便让候选人可以较为轻松地跨越各种障碍。法学中的教学法实际上肯定是和教义学相连的，所以博士论文才可以同时证明两方面的质量。

另一方面，那些没有挑战教授资格竞考的候选人或那些在经历过几次失败后放弃竞考的候选人的博士论文往往也达不到同样的水平，要么就是因为论文的思路与学说模式相隔过远而无法得到教授资格竞考评审委员会的青眼。近年来，后一种情况的数量不幸地增长，原因是随着候选人越来越多，评审委员会愈发青睐那些遵循既有模式的古典主义论文。那些没有通过教授资格竞考晋级的候选人其

---

[1] 法学家的穿着习惯就是诸多例证之一。相比于其他学科（经济学或社会学）的代表，法学家每次一定以正装示人，特别是在参加招聘考试的时候。在此例中，候选人展示了他们对教授群体之传统的内化，而这一传统看重的是严肃的精神，以至于认为"最优秀的人就是最严肃的人"。(Pierre Bourdieu, *Homo Academicus*, Paris, Minuit, 1988, p.134) 可能其中还混杂着"对中产阶级之行为规范内化的标志"，但可以肯定的是，这种行为方式也说明了"法学教授与那些法律实务人士的严肃精神是一致的，特别是与那些肩负立法与裁判职责者"。*Cf.* Bruno Latour, *La fabrique du droit*, Paris, La Découverte, 2004, p. 251.

实还有另一条道路，那就是在法学教育领域服务超过一定年限，并在这段时间内发表了足够的科研作品后，通过不那么地位尊贵的竞考成为教授。虽然这种竞考也是全国性的，我们却称之为"长途"和"内部教授资格竞考"，而不是不加任何修饰词的"教授资格竞考"。其中"内部教授资格竞考"包括了对教学成果的评估和针对其发表成果的讨论。这些替代性道路的好处很大，能弥补教授资格竞考组织过程中无法避免的不正义，也是对那些在漫长岁月中达成了一定学术成就的候选人的承认。

所以，在最近建立了所谓的"长途"之后，要想成为法学教授已经有了两条道路。通过不同竞考成为教授的群体之间水平差距在缩小，这源于越来越多的高水平候选人参与竞争。因为传统的教授资格竞考能提供的职位非常少，它所能容纳的只是高水平候选人中的一小部分，新的途径吸收了剩下的那些。不仅如此，高水平候选人的涌入甚至动摇了传统的教授资格考试，因为必须毫不留情严格取材的评审委员会面对水平几乎一样的候选人时只能根据他们在形式上的质量来选择，而牺牲实质能力的考虑。这样的限制在新途径中要宽松得多，但目前还在合理的范围内。总体而言，教授群体的水平并未降低。

问题在于，我们是要改革招聘机制还是任由其自然发展。有关的讨论已经变得过于喧嚣。许多教授还是珍视那种已经运行不良的传统特权模式，因为他们仍然坚持这是唯一一种确保法学教育和科学研究的有效方式，而对国外种种成功模式视而不见。

正如我们所见，各种大学教师招聘模式也是学说现象之重要部分，大学传统的情况也一样。

2）传统的作用

大学中的传统也成了学说的传统。更准确地说，这一传统可以区分为直接起作用的写作仪式和间接起作用的制度仪式。

a）写作仪式。广义上的写作仪式包括了清晰陈述自己观点和组织结构的技术，这些技术主要通过模仿来传授，但在写作硕士和博士学位论文的时候得到的建议也有所助益。各种写作仪式最终会深深融入教授资格竞考的口头报告中，虽然这些报告不会留下直接的书面痕迹。以前，参加考试的人会主动把他们准备的报告写成论文，但这种实际上没什么贡献的做法现在很少见了。实际上，当人们面对挑剔的教授进行口头报告的时候，他们的主要精力都放在形式的结构上了，

作为一种法律渊源的学说——法国法学的历程

牺牲的是真正的科学质量，因为他们只要依据几小时内作出的流于表面的研究完成一个清晰而高雅的展示就可以了。其价值仅限于作为一种关于起承转合的精细技巧，维莱毫不客气地称之为"贫瘠方法"。[1] 报考者用这种技巧谋生并在把它得心应手地用于写作真正具有创造性的作品和课程准备过程中。

关于教授资格竞考的法律文本只说了候选人要进行口头报告，但是没有给出更具体的指示。所以那些著名的口头报告规则仅仅具有纯粹习惯的属性，[2] 其中就包括了关于必须采用总体上分为两部分、每部分再分成两个小部分的结构性规则。一份分成三个部分的报告结构本身当然不会导致候选人的必然失利，但是我们都承认这种结构会极大提高作者所面临的风险，委员会显然会用更严格的标准——即便我们并没有很多例子证明，因为候选人自己不太可能甘冒风险。虽说如此，我们在这里要讨论的既不是两分法结构的优势，也不是其所面临的限制，毕竟它让曾经参与竞考的人在终于通过考试后仍一直小心翼翼维持着这种人为创造的习惯。另外，需要提及的是分成三个部分的结构现在已经在一些篇幅较长的论文或专论中出现了。

引用作者的方式同样遵循细致而明确的规则。但这些规则更容易为人所知，因为它们本身就是针对写作的。此时，写作者更需要外人的建议，因为在面对一些仅仅由一个字母缩写就可以引起非常细微的区别时，作者很难得到规则的明确指引。比如说，在不同的语境之下，一个以"不过，参见"（V. toutefois）开始的脚注可能表达以下意思：当然存在和作者意见相反的看法，但是我们无法在此引用所有这些作品；表明作者不希望漏掉任何一个可能与他见解不一样的观点；轻蔑或者挑衅；相反的见解都是不足为道的，但作者并没有完全忽略它们……

于是我们接触到了本身需要遵守一定不成文荣誉法则的学术争议。在争论中不能进行人身攻击，行文要克制低调，表现出对其他作者的谦虚态度，但不妨让不同思想的争鸣释放一些论战的热情，不要让引用孤立于其语境而出现……如此种种，不一而足。所有这些规则没有留下多少可以让人违反的空间，但是近年来

---

[1] Michel Villey, *Réflexions sur la philosophie et le droit*, Paris, Presses Universitaires de France, 1995, p. I-9.

[2] Pierre-Yves Gautier, «Le concours d'agrégation au plus intime: institutes coutumières», *op. cit.*; Louis de Naurois, «La leçon d'agrégation. Vieux souvenirs et réflexions d'un candidat "malheureux"», *in Mélanges dédiés à Louis Boyer*, Toulouse, Presses Universitaires de Toulouse, 1996, p. 507 sq.

突破既有成规的情况越来越多。[1] 出于对这种情况的担忧，一种似乎来源于人文科学的辱骂也变得常见了：人们把那些不公开表明自己对自然法或其他类似概念的信仰的人谴责为纳粹政权的客观同谋。这种说法过于夸大了，完全忽视了那些选择维希政权的自然法学家和那些加入抵抗组织的实证主义者。不过这也充分说明捍卫旧规则的人也实在找不出其他什么可以使用的说辞来反对人们对荣誉法则的挑战了。

b) 制度仪式。制度仪式看上去有无可争议的重要性。博士论文的答辩就是一个很好的例子，而从组建答辩委员会起，制度的重要性便显现出来：人们认为在博士论文的质量和委员会的声望之间存在着明显的对应关系。我们可不会随便为了什么事就打扰那些出类拔萃的大师！

然后就到了真正论文答辩的庆典。这是一个人们穿上绛红色长袍的时刻，而且教授们几乎仅在此时才会穿起以前象征着权贵的华袍。至少在法学院是这样的，因为其他学科已经出现了一些人们不穿长袍，甚至连领带都不打的答辩。顺便说一句，法学教授现在是唯一会打着领带（他们的女同事自然也有自己相应的装束）上课的大学教师了，倒不是因为他们更保守，而是因为他们要表现出自己的与众不同。也可能是因为他们的天然对话者——法律实务人士——同样在工作时间里衣冠楚楚。不管出于什么原因，大学里的法学家对他们的仪式极为看重，博士论文答辩的仪式也是如此。

最优秀的博士论文——也就是最具有原创性的那些，同时也是那些答辩委员会花很长时间、激烈批评的那些，该现象背后的原因很简单：这部作品激起了他们最大的兴趣。那些质量平平的论文会在混合着批评和赞扬的平静气氛中结束答辩。这一不成文的规则意味着批判就是最高程度的赞美（相反，公开称颂的背后反而是否定）。那些提交论文参与答辩的人在若干年的耳濡目染中早就明白。但他的家人可不知道。于是他们在看到新晋博士在一场几乎可以和绿林抢劫相比的答辩劫后余生后竟然获得所有荣耀，几乎全都会目瞪口呆。

博士答辩之后还有回响，那就是著作出版的程序。传统上这要由博士论文的指导老师作序，而且很少看到与之相反的例子。但是一篇博士论文主要还是因为向作者致敬的作品而为人所知，也就是那些有时候必须要懂得揣摩其深层含义的

---

[1] Nicolas Molfessis, « La controverse doctrinale et l'exigence de transparence de la doctrine », *op. cit.*

作为一种法律渊源的学说——法国法学的历程

书评。一般来说，这些敬意既是传播思想的方法，又是一种微妙的仪式。年资在此非常重要。年轻的作者写作很多书评表达对别人的敬意，自己却可能除了从那些和他同属一代人的好友处以外几乎收不到致敬。但一旦有他的前辈，甚至有大师开始为他提笔着墨，他学术生涯的成功就有了个好的开头。

总体来说，年资对一个学者在学说中所处的位置来说都很重要。年轻人的思想一开始受到忽视，然后有人开始引用他们，接着逐渐有人应和——这一过程需要不少时间。博士论文只是一个例子。其他的仪式自发产生，然后也最终形成了类似制度的东西。比如说那些题献给一位大师的纪念文集，这一实践出现于20世纪，我们此后还会讨论他们如何获得重要性。我们还可以认为巴黎和外省之间的划分也是出自类似的制度。在最近的大学改革之前，调任到巴黎的大学特别是去圣热内维耶芙山（Sainte Geneviève）仍然意味着晋升（译注：圣热内维耶芙山即先贤祠广场所在地，是旧巴黎法学院的校址，现为巴黎一大和二大法学院共用的校址）。除了极少数的例外，教授资格竞考都只会提供外省的职位。这种情况也强化了关于外省法学院是试验场的想法。但是，原籍巴黎的法学家往往很快适应了他们的新修道院，反而是那些出身外省的同僚一直无法放下上述想法。他们一旦足够优秀，就会马上响应巴黎的召唤。在实践中，除了出于纯粹个人和家庭的地理位置考虑，几乎没有人会拒绝巴黎的召唤，而学术原因几乎不会起到决定性的影响。其结果就是大量的职位和大脑集中到了巴黎和巴黎郊区。早已经人满为患的巴黎各法学院还要进一步从外省法学院中掠夺人口，而外省几乎无力抵抗。除了某些历史时期出现过罕见的例外（图卢兹的奥里乌、第戎的惹尼和萨莱耶、波尔多的狄骥等），这一人口运动让与某个法学院相联系的学派很难形成，并且以极具法国特色的集中化进一步强化了学说的共性。[1]

我们在这里只能简单介绍的种种大学仪式，延续在法律评论特别是那些由大学教师主编和作为主要撰稿人的法律评论中。比如说，因为大学向来有学术自由的传统，面向大学教师的期刊就会尽量避免给作者们直接指令或者修改他们的稿件。甚至，期刊不愿意拒绝那些已经成名成家的作者所写的稿件。如果期刊倾向

---

[1] 对行政法领域之通说往往为巴黎人所掌握的情况，参见 Pierre Legendre, « La facture historique des systèmes (Notations pour une histoire comparative du droit administratif français) », *Revue internationale de droit comparé*, 1971, vol. 23, n° 1, p. 5-47.

第三章 学说的组成要素

于考虑作者的年资,后果就是年轻人要等待较长时间才能发表(自己的作品)。由此可见,法学院的传统也就在很大程度上成了学说的传统,学院据以逐步揭开学说之谜团。这些传统的影响甚至超过了学院的范围。

2. 其他作者的边缘化

在法学的大多数领域,大学之外作者的边缘地位或多或少都是不争的事实。但是在行政法领域情况有所不同,我们会专门处理。

大学之外的作者来自法律职业的各个领域,是在公共或者私人部门工作的自由职业者(如律师)或雇员。不过,作者的多样性作用有限,因为他们都接受过共同的教育。几乎所有人都在法学院完成法学教育,因而自然而然地接受了大学范式。

1)作者的多样性

那些本身不是大学教师的作者出身各行各业。显而易见的是,其中不少从事法律和司法职业,包括公证人、法官、律师,甚至司法行政人员、商事法庭的辩护人、执达员、商会成员。公务员也未缺席,有时甚至包括欧洲和国际公务员:出版本书的文集中的另一本著作《立法》就是由两位在议会中工作的公务员撰写的。最后,还需要提到的是公司的法务人员,这个本身就包括了许多分支的门类里面可以找到保险、银行、工业、房地产等领域的从业人员,还有为行业和职业组织工作的法务。

总体而言,这些作者写的作品和他们的日常实践都有些关系,因为他们关于这些实践的知识为他们带来了无法否认的优势。除了一些特例,这些作品大部分都是专题论文。实务人士们没有足够的时间和适宜的环境去撰写课本,更别提伟大的专著了。无论如何,他们的作品在学说中还是少数。如果用页数算的话,他们的文章中可能只有不到一成可以真正称之为学说性的(严格的统计分析显然是不可能的,也没什么益处)。

至于传统民法,虽然关于实践的知识总是很珍贵,却从来不具有可以撼动理论反思的性质,所以实务界的作者也就在民法的苍茫宇宙中仅能蜗居一隅。但他们在一些更为专业化的领域里具有优势,比如家庭法中的财产制度。在讨论继承或婚姻共同财产之破产时,公证人能轻易追上教授的水平!这一趋势在商法领域更明显,因为法律往往来源于实践和惯例,而非立法与判例。于是实务人士和教授便处于同一起跑线,这要求后者也脚踏实地参与现场调研。至于海商法、媒体法、知识产权法等更加专业的领域则更是如此，一些实务人士扮演着领路人的角色，就如同不久以前在金融证券法领域一样。但是这种专业化不会改变学说的大局，因为大学模式的影响力从未减弱。

2）大学模式的再生产

非大学作者的边缘化并不意味着他们会亦步亦趋地重述大学教授们的观点。恰恰相反，他们并不缺乏个性，而且对实践的了解甚至让他们在写作中指责一些形成于学院之中的理论在实践中的不适应。所以，"边缘化"一词仅仅能用于说明大学模式的再生产支配了人们写作和展示法律问题的方式。

大学模式的再生产确实没有支配所有大学外的法学文献，主要受其影响的是发表在同样的期刊或文集中而和大学教授文献相近的那些，也就是那些真正的学说文献中的一个分支。除此之外，还存在一类我们称之为全然面向实务的文献，也就是提供信息、实用性强、以描述为主的那些。因为面向实务的文献除去了理论的盔甲，所以我们不承认它是学说的一部分，它对学说也没有任何影响。

所以我们在这里也仅关心那些虽然出自实务人士之手笔，却表现出了理论野心并努力正当化这种野心的作品。比如说一部关于诉讼法的教科书可能由律师所写，但其作者所做的远非简单复述其通常结论，而是努力超越实践。就算这些作者所从事的行业之间的差别让他们彼此相距甚远，但同一种写作方式又会把他们紧密联系在一起。

这些作者首先都是曾经在法学院接受教育的学生，有些还取得了博士学位。就算他们所撰写的论文可能不如那些未来教授所写的博士论文那么深入，其中还有一些甚至曾准备过教授资格考试，并且对这段经历充满怀念。一些人回到法学院讲课，因为法学院招聘的兼职教师不需要经过任何的考试，只要能说明所招聘者有一定的特殊才能。少数实务人士甚至成了大学的客座教授，比如说最高法院的院长卡尼韦（Guy Canivet）先生。最后，不少这类著作的作者都经常与教授有所往来，要么是在研讨会或者请教咨询意见的场合，要么就是在共同组成政府部门或其他机构所选任的委员会的场合。他们当中其实没人真正脱离了法学院……

而且，人们在下笔以前先要开卷，毫无例外！阅读此前的著作（也包括为了加强基础知识而读的一般性著作）潜移默化地让作者接受了这些著作的写作方式，特别是那些最能展现其质量的方式。仅举一例，一名法学家如果能很好地模仿那种两分式的结构规划技巧，他就至少有了跻身法学的第一流贵族之列的外

第三章　学说的组成要素

表。没有什么机构在规训写作方式方面可以和法学院竞争，就连我们在讨论行政法之个例时还会提到的国家行政学院也做不到。

即便是在行政法领域，就算实务人士不再围着大学教授转，大学以外的著作很大程度上也在模仿大学模式。唯一能够真正摆脱法学院写作仪式的作品并非出自实务人士之手，而是由国家科学研究中心的研究员们所写，也就是说出自那些叛逃到其他学科（大部分去了社会学）的法学家之手。于是人们才看到了对既有模式的更新。这些研究员因此占据了一种较为模糊的地位，他们既在传统的学术场之中，又在其之外。但是他们的人数很少，还不足以真正撼动在法学和人文科学之间已经建起的高墙。

3）作为例外的行政法

行政法上的学说模式并不是一种，而是两种，最高行政法院和法学院各行其一。行政法学教授们的写作模式与他们私法的同行很接近，但最高行政法院的法官们，特别是政府特派员，则使用了一种更注重事实且和罗马法学家一样更为审慎的教义学。行政法官舍诺（Bernard Chenot）所辩护的就是这后一种写作，他认为这比里韦罗教授所提倡的那种属于"体系构建者"的抽象教义学要好。

不过，不应夸大两者之间的对立。教授和行政法官们都研究同一个学科，说同一种法律语言，而且有同一种继承自笛卡尔和《法国民法典》的法国法律文化。教授们不仅仅是从实质中进行抽象的人，而行政法官们也懂得如何精妙地抽象出超越具体案件的原则。两者之间的不同可能仅限于韦德尔院长所说的那样：法官驾驶着飞行器，而教授则在山岗上观察它运行的轨迹，这是他们视角之不同的主要来源。[1] 这一区别显然要比德国法学家和英国法学家之间的区别要小。在团体精神的帮助下，两个群体都不甘俯首称臣，法学教授在行政法领域对别的作者，特别是对法官产生的影响就很有限了。行政法官既定分止争，又著书授课。[2] 我们知道这一现象的历史原因，并且至今仍能感受到它的后果。

行政法教学在法学院出现得较晚，以至于在19世纪无法形成一个人数足够多、同质性足够高的教授团体。在很长时间里，讲授大师们所鄙视的行政法课程

---

[1] Georges Vedel, « Doctrine et Jurisprudence constitutionnelle », *Revue du droit public*, 1989, p. 12-13.

[2] Jean Rivéro, « Jurisprudence et doctrine dans l'élaboration du droit administratif », *études et documents du Conseil d'état*, 1955, p. 27-40.

的是那些刚刚取得教授资格的年轻人。奥里乌就是一例,不过他从中找到了自己毕生的志业。最高行政法院(用韦德尔院长的话来说就是"法学教授的休息室"[1])的成员们很乐意把在法学院中讲授行政法作为自己的业余消遣。特别是在行政和政治权力中心巴黎。

行政法的独特情况除了导致外省法学院在这一学科的水平远逊于巴黎以外[2],还令行政法的教授无法像他们的私法同事那样完成同样的操作。民法学家垄断了对确定实证法意义和保证融贯性来说至关重要的法律建构,并让人们认为他们的垄断合情合理。但直到19世纪末,行政法教授的数量还不够让他们拥有令他人不得不接受这一想法的权威。

除此之外,行政法教授自己在最高行政法院的知识权威面前表现得毕恭毕敬。当司法学家批评司法判决中的混乱和过于关注事实、自告奋勇充当体系化先锋时,他们的行政法同事则不愿意指责负责规制的大人们,并且承认最高行政法院才是体系的建构者!于是行政法就诞生于"行政法院判决的膝上"了,法学教授也放弃了他们自己的权力。

而且这权力放弃得如此轻而易举,以至于最高行政法院的成员从未对大学里的法学家有过任何感激之情。进入最高行政法院需要通过一个独特的考试,并非所有的报考者都来自法学院。最有名也最具有典型意义的例子是罗米厄(Jean Romieu),他在结束了综合理工学校的学习以后于1881年加入了最高行政法院。1945年国家行政学院创立以后,大部分的最高行政法院法官都是从这个机构毕业的,他们与大学之间的联系被进一步削弱,因为从法学院取得的文凭对于那些立志前往最高行政法院任职的人而言实在太不必要了。

如今在最高行政法院内部,轻视大学教授之作品的倾向也很明显。[3] 实际上,正如我们将要提到的那样,哪怕所有的行政法学家都记得罗米厄对年轻裁判官所说的那句话"离学说远一些,否则你们会接触到错误的思想",行政法官们还是经常阅读教授的作品,至少比他们愿意承认的要更多。造成这一矛盾的原因

---

[1] Georges Vedel, « Jurisprudence et doctrine: Deux discours », *La Revue administrative*, 1997, vol. 50, p. 7–12.

[2] Pierre Legendre, « La facture historique des systèmes (Notations pour une histoire comparative du droit administratif français) », *op. cit.*

[3] Bruno Latour, *La fabrique du droit*, *op. cit.*, p. 23, 26, 132, et 184.

第三章 学说的组成要素

是最高行政法院至少在官方层面是最伟大的国家机构，自然只愿意在那些由其最卓越的成员所撰写的作品面前卑躬屈膝。这些作品包括了前最高行政法院副院长爱德华·拉费里埃在60年时间里堪称最高行政法院《圣经》的专著，也包括了在1966年—1976年任诉讼处处长的奥当（Raymond Odent）的课本。[1]

最高行政法院的法官还会在培养大部分未来高级公务员的巴黎政治大学讲课，把这些课程结集出版也是一种传统做法。除此之外，最高行政法院从1947年开始出版它自己的刊物《最高行政法院研究与文档》（*Études et documents du Conseil d'état*）（一些教授也受邀撰文），政府特派员也几乎系统性地把他们的结论发表在不同的公法学期刊上（但是《公法评论》（*Revue de droit public*）是一个例外）。有些期刊让行政法官负责撰写常设的专栏，以至于他们有时候会把本机构判决拿来做判例分析的素材。如此情况让有些人得以主张一种"官方学说"，与行政法院的立场多少有一点不一致，因而对自己所在机构的判例保持一种含蓄的批判态度。[2] 用最温和的话来说，教授们几乎毫无保留地接受了这种学说！现在年轻的学者们对行政法的冷漠部分源于这一接受。所以有些法学院、特别是外省法学院才延请最高行政法院的成员作为客座教授，来强化他们的教学队伍。

虽然最高行政法院早早就取得了权力，它还是向教授的学说致以有限的敬意。首先，最高行政法院法官们整理出版的课程和大学教授的授课很相似，背后的原因当然不是后者地位的上升，而是前者对大学所最擅长的那种教学形式的自愿接受。其次，政府特派员在模仿教授的论文来撰写他们的报告这件事情上也从未有所迟疑[3]：法官行使着司法职能，而教授也作为咨询专家，基于这一事实，他们都同样关心如何能够维持行政法整体的融贯性并促使人们接受那些不损害法律安定性的解决方案。他们还致力于理性化法律，只是最高行政法院法官在这方面较为克制，也不那么体系化。行政法学家学说的特殊性其实从根本上来说源于机构意义上的二元性，而非知识上的二元性。而且行政法的例子帮我们认识到其

---

[1] Raymond Odent, *Cours de contentieux administratif*, Paris, Dalloz, 1977.

[2] Xavier Vandendriessche, « La doctrine officielle », *in Doctrines et doctrine en droit public*, Toulouse, Presses Universitaires de Toulouse, 1997, p. 199 sq.

[3] Maryse Deguergue, « Les Commissaires du Gouvernement et la doctrine », *Droits*, 1994, vol. 20, p. 125 sq; *Adde* Jacques-Henri Stahl, « Les commissaires du gouvernement et la doctrine », *Revue administrative*, 1997, spécial.

作为一种法律渊源的学说——法国法学的历程

实法国教授的学说本身并不是无可阻挡、不可避免的,这和很多私法学家的想象不一样。一切都只是人们的选择而已,而行政法院法官的选择有些不同,但不能说完全相反。

(二) 主要限制在国内的共同体

语言的障碍和各个法律体系的多样性在大部分情况下让法学家无法很好地理解他们的外国同行所写的作品。在法律领域,学术共同体一定是国内性质的,或者更准确地说,是地域性的,因为重要的不是作者的国籍,而是他们应用自己反思的那个法律空间。学说的这种地域性并不因为一些跨国的知识漫游而改变。

1. 学说的地域属性

所有法国法学家都研究一个独特的事物,那就是法国的法律,后者总是会组成一个体系。法国法学家们因而带着这一体系的深刻烙印,而体系的建立本身又有赖于法学家们自己的法学建构和他们对体系化的强烈推崇。除了德国和继受了德国法学的国家以外,法国是全世界最重视体系化的。也就是说,关于法律的作品的融贯性和法律体系的融贯性二者相互促进,法学说表现出了高度的国内一体性,但必须马上澄清这种说法的确切含义。实际上,当前法律的高度复杂性带来的一个结果是法学家们遑论了解外国法,连掌握本国全部法律都力有不逮。专业化变得无可避免,作者之间的一体性在每个分门别类的专业中表现得更加明显。所以,当我们说"作者之整体"的时候,说的其实是法学家这一大门类之下一些范围更小的整体,比如民法学家的学说、商法学家的学说等。也就是说,作者之间的一体性不但并未因为专业划分而消失,反而得到了强化。

1) 高度的国内整体性

我们不得不承认,在各个国家,法律都是也只可能是一国范围之内的。就算在如今的欧洲时刻(2004年),消除法律上分歧的努力还是成效甚微,而且只触及了有限的几个领域,其他的领域还处于民族国家之特殊性逻辑的支配之下。至于一些预言家高声宣告会为我们带来幸福或不幸的法律全球化显然还要再等待几个世纪才会实现——如果真的有实现的一天的话。在已经成为现实的欧盟内部,虽然现在有一些在个别领域进行欧洲范围内的法典化的努力(合同法就是在本书写作时讨论最为激烈的领域),其内部机构更多还是在各国法律之上再增加一些新

第三章 学说的组成要素

的法律。一名移居另一个欧洲国家的法学家都不得不重新学习法律，就算按照欧盟的法律他本来不需要如此，更不要提那些离开欧洲前往世界其他角落的人了！

结果便是我们和其他国家之间不存在学说的共同体，每一个法学家的工作都只涉及他的国内法。哪怕考虑到那些部分说法语、继承了一种同样的罗马式法典的国家，情况还是一样的。显然，从德国法中获得灵感的瑞士不属于法国学说的一部分。相反的是，比利时、黎巴嫩、（加拿大）魁北克和突尼斯学习并移植了我们的理论。但一方面，考虑到那些把这些国家与法国区分开来的重要文化、风俗和法律差别，他们想要的仅仅是在一些看起来可以产生有用借鉴的领域里补充他们自己学说的因素。另一方面，法国和其他国家之间不存在真正的互动关系，因为法国学说认为内部消费就已经足够了。

至于我们的共同体，只有很少创新性的理论由一些人自发引入，且留下了一些罕见且单向的印记。整体而言，我们当中几乎没有人知道外国的实证法，更不要说这些法律产生的语境了，这种无知导致了许多误解。[1] 对于每个国内共同体而言，既然没办法对其他共同体的产品的质量做出准确的判断，那么闭关锁国就成了唯一的选择。在此意义上，我们看到除了极少例外，每个国家都有它自己的出版商、论著、期刊、协会、文库，而凡此种种本质上都是为研究其国内之实在法提供的。我们可以肯定，一名法国作者在海外发表的论文对他在国内的名声不会有任何影响，特别是当这篇论文以英语（或者其他外语）发表的时候。原因很简单，他那些更倾向于埋首国内期刊的同行不会去读这些文章。

在许多其他的专业中，每个国家的学术共同体都进一步融入真正的国际学术共同体，其中经济学是一个很好的例子。世界各国的经济学家都努力在地球上最多人读的期刊（一般是美国期刊）上（用英语）发表论文，这些期刊则坚持最严苛的选稿、用稿标准，最后所有重要的思想都能汇集到这一特别的空间之内。结果是法国经济学家或许也能意识到在真正的"国家队"（借用体育术语）和其他作者之间存在一条明显的鸿沟。类似的鸿沟在法国法学家那里并不显而易见，特别是对于那些借学说之名画地为牢的人。把我们的法学家紧密联合起来的不仅

---

〔1〕 比如说在讨论是否课债务人以义务降低其合同侵权时，法国法学家只要提及这一原则的英美法渊源，总会认为其产生乃出于增进合同当事人合作的考虑，而实际上在普通法国家，这一制度唯一的目的是提高经济生产的效率。Cf. Horatia Muir-Watt, « Analyse économique et perspective solidariste », in Christophe Jamin et Denis Mazeaud (dir.), La nouvelle crise du contrat, Paris, Dalloz, 2004, p. 186 sq.

作为一种法律渊源的学说——法国法学的历程

仅是他们共同关心的法律,还有他们研究法律的共同方式。

这种必然的例外主义不可避免地导致法国学说不断强化其自身的特色,这些特色有些好,有些则没那么好。好处是显而易见的:法国法学教授们在外国发表讲话的时候往往会因为其清晰性和论理时的优雅而得到满堂彩。然而,他的话语也可能完全是对现实的误解,以至于他敏锐的耳朵会马上意识到表面友好的问题之下隐藏的批评。这很法国,可能太法国了。这是我们那些天生敏感的外国同事所做的判断的两个方面,而我们天才般的理性主义有时候对此感到困惑不已。

要知道在那个罗马法学家、教会法学家和习惯法学家分别以自己的方式工作的时代,如此高度统一的学说是不存在的。它随着《民法典》生效而出现,并通过全国统一教授资格考试得以强化,最终由科学法学派实现。这种一致性解释了为什么"学说"在法学家笔下成了一种拟人化的实体。我们总是读到"学说认为/主张/批评"这样的句子。在不同的情况下,它指的可能是人们意见上的完全一致或者仅仅是共同认可,为人所接受的程度也完全不一样。即便在人们共同认可的情况下,可能又包含了不同的分支。

实际上,法学家在用"学说"一词时往往指的是在一些特定领域写出过文章的人。所以这一用法其实应该更准确地叫"债法领域的学说"或"劳动法领域的学说"等。但是作者的统一性在这种门类专业化过程中仍然得以保留。

2)根据专业领域的再分类

法学根据专业领域的再分类背后有不同的原因。最重要的分类是公法和私法的划分,它早在罗马人的时代就已经存在。现代行政诉讼和民、刑事诉讼分离后形成的两套不同的法院体系又强化了这种分类。在大部分情况下,不同的专业其实是立法者的产物,毕竟它们因为有不同的法典化过程才产生。现在的法典化运动总会进一步创造出新的分类。学说对这一运动亦步亦趋,虽然它总会质疑一些人为创造出来的区别,例证之一就是关于商业性无穷无尽的争论。有时候学说也会出于教学方法的考虑而先于法律创造出一些新的次级分类。

与研究领域的细分相对应的是作者的专业化。首先,从1895年开始,教师资格考试被分成了私法和公法。此后,一名法学家就永远只能是公法学家或者私法学家。除了偶尔研究一些跨专业的问题以外,他再也不会跨过学科的界限。但是在公法或私法的内部,学者们可以享有极大的自由,根据自己的个人爱好与倾向选择各自的专业。

第三章　学说的组成要素

法律的复杂化和大学教师的负担加重这两种趋势让我们不得不在不同的专业之间进行抉择。如果说同时精通私法和公法的通才曾经在更美好的年代存在过，他们也只能属于过去了。狄骥、埃斯曼和萨莱耶就是最后一代对私法和公法都有同样深刻的理解的法学家。有时候人们会以知识必要性的名义批评专业化，并确实产生了一些通才法学家，只不过他们通晓的范围仍在慢慢缩小。但无论专业化与否，所有的法国作者都有一致的特点，只要在国际会议上遇见就能轻松识别。就连公法和私法之间的区分也改变不了这些共性。一部关于公权机关之侵权责任的著作和一部婚姻制度的专论之间在内容上几乎不会有任何的共同点，但构建法律的法国方式在两部作品中几乎都是一样的。

所以，就算作者的群体一致性只在具体的细分类别中存在，我们用"学说"来指作者的整体仍然不是一个荒谬的做法。每个部门法自然有其自己的专家、期刊、协会、会议和特殊传统，但所有的作者都属于学说和法国学派。

2. 法学家的跨国旅行

法学家在国界之内的封闭性进一步限制了他们的活动空间。这种封闭性让他们的外国同行颇有微词，并形成了一些人极力反对的知识闭关锁国。但是形势比人强，知识上的跨国旅行仍很有限。国际法学家的努力最多让他们忘记一部分法国法。比较法学家确实离开了学说模式，却还是在人类学和教义学视角之间摇摆不定。至于法律理论家们，他们是唯一真正开始建立国际共同体的人，但例外反而证明了规则的存在，因为其作品与实证法之间的距离反而让他们自己也开始远离学说。

1）国际法学家

正如我们在研究旧制度下的法律时所看到的，学说在多元主义的语境下享有的影响力是最大的。所以，相比研究国内法之群体所提出的学说，国际法学家的学说在法律生产中有更重要的地位这点并不令人惊讶，以至于人们说国际私法是一种学者法。[1] 这种学说的分析充满了细致而微妙的区分，简直把教义学推向了极致，并且具有独特的知识价值。但多少有些矛盾的是，国际法学家并不真正因为"科学国际主义"而形成一个共同体，而在20世纪各国法学转而关心自己

---

[1] Bruno Oppetit, « Le droit international privé, droit savant », in Recueil des cours de l'Académie de droit international de La Haye, La Haye, 1992, p. 331-433.

作为一种法律渊源的学说——法国法学的历程

的内部问题以前,这个共同体本来是有可能出现的。[1] 最多有一些或多或少具有跨国特征的科学共同体存在,每一个都由不同的学者团体来维持。这些机构的代表包括:1873 年成立于根特的国际法研究院(Institut de droit international),他们每两年组织一次大会;同样在 1873 年成立于伦敦的国际法学会(International-al Law Association),该机构在各国有许多国别分支,尤其关注商法;还有坐落于海牙的国际法学院(Académie de droit international),它从 1923 年开始出版来自全世界最优秀国际法学家在此讲授的课程内容。

对这种现象的解释首先是在世界局势方面不存在一种法律思想的真正同质性。那些所谓精确科学的专家在一个给定的历史时期几乎都是在同一种"学科范式"基础上工作的,所以他们的研究在整体上采取的是同样的模式。[2] 国际法学家和这些科学家不同,他们没有一种得到一致接受的科学范式。法国国际法学家所采用的范式还特别表现出极强的教义学色彩,导致他们特别喜欢抽象化和普遍化,虽然他们不怎么愿意提出"一般理论",[3] 而且总是让别人采取更现实主义的观察。别的国家(特别是北美)的国际法学家不一定会接受这种教义学。两者之间的分歧显然不利于产生一个世界科学共同体,甚至不利于展开对话。[4]

但是,可能研究对象方面的考虑能更好地解释这一现象。国际法分成了国际私法和国际公法。国际私法的主要研究对象是冲突法和国际条约所确定的司法。而冲突法是法国国内实证法的一部分,并且决定一个具有外国因素的案件是否应该由法国的法院来管辖,如果是的话应该适用法国法还是外国法。国际私法上的思考并不欠缺对外国法和外国作者细致而耐心的研究。但每个国家还是有自己解决法律之间冲突的技术。结果便是,我们的国际法学说并没有真正的开放精神,

---

[1] Ibid.

[2] 库恩的著作很好地解释了这点。Thomas S. Kuhn, La Tension essentielle: Tradition et changement dans les sciences, Paris, Gallimard, 1990.

[3] Bernard Audit, «Le droit international privé à la fin du XXe siècle: progrès ou recul», Revue internationale de droit comparé, 1998, vol. 50, n° 2, p.421-448.

[4] 比如说,至少有一部分法国学说考虑到了 20 世纪 30 年代"本座法"在美国的发展,本来可以作为用经济学分析国际私法之合作的开端。但法国法学家坚决拒绝了成本收益分析的想法。Yvon Loussouarn et Pierre Bourel, Droit international privé, Paris, Dalloz, 2001, 1100 p; Horatia Muir-Watt, «"Law and Economics": quel apport pour le droit international privé», in Etudes offertes à J. Ghestin, Le contrat au début du XXI ème siécle, Paris, LGDJ, 2001, p.684.

第三章　学说的组成要素

并且还是法国学说的一部分。所以，法国国际法学说还是扩大了的法国学说，而非一个真正国际学术共同体的法国分支。

国际条约法的情况类似。条约连接两个或数个国家，有时候其缔约国能达到十几个，但从来没有实现过所有国家的联合。而且，国际条约往往是各个缔约国国内法彼此妥协的结果。这种情况让本来可以出现的稳定国际共同体最终没有出现。只要浏览一下研究这个或那个公约的作品就会知道，其实我们的国际法学家很少严肃考虑那些国外法学家的杰出分析，这也证明了作者们还是自闭于自己国家的法律传统。

至于主要内容在于解决国际争端的国际公法，各国之间没有一个世界性的强大权威、各国分裂为不同阵营或联盟这一事实再明显不过了。其结果是真正国际性的学术共同体几乎不可能真正对国际法的发展形成任何有意义的影响。《国际法院规约》第 38 条把"各国权威最高之公法学家学说"规定为"确定法律原则之补助资料者"也无补于事。[1]

2）比较法学家

一些法学家致力于比较不同国家的法律，却发现自己面对着巨大的困难，语言障碍只是其一。[2] 正如我们此前已经提到的，没人可以对法国法的方方面面了如指掌，甚至没人能完全掌握法国私法、民法或商法。同样的结论也适用于其他国家的法律，它们数量极多、差异极大。比较法学家于是需要从三种可能的态度中选择其一。

首先，比较法学家可以把不同国家的法律整合为各种传统、类别或体系来研究它们的整体性。当作为现代比较法之奠基性事件的巴黎国际比较法学大会于 1900 年召开时，朗贝尔就提出过这一想法。随后，达维德（René David）以此为指导开展研究，并取得了极大的成功。他的《当代主要法律体系》（*Les grands systèmes de droit contemporains*）初版于 1964 年，已经有超过 8 种语言的译本，这在法学中非常罕见。而且他的思路无论在法国还是在国外，至今仍在启发一些法

---

[1] Manfred Lachs, *Le Monde de la pensée en droit international*, Paris, économica, 1989；但是也有学者认为学说发挥了检讨、概念化和传播实证国际法的作用，参见 André Oraison, « Le rôle de la doctrine académique dans l'ordonnancement juridique international contemporain », *Revue de droit international, de sciences diplomatiques et politiques*, 2001, vol. 79, p. 91-112.

[2] Pierre Legrand, *Le droit comparé*, Paris, Presses Universitaires de France, 2016.

作为一种法律渊源的学说——法国法学的历程

学家创作。[1]

在写作此类作品时,比较法学家远非教义学者。他的目的是尽可能描述不同法律体系中各种法律的结构。他最好能在这种法律现象学之中加入对这些系统背景特点的较深刻的分析,比如知识与文化偏见、特别的论证方法、不同法律渊源之间的重要性等。从这个角度出发,人类学的慧眼尤其重要。因为比较法学家断然没有改进外国法律的念头,毕竟作为法国(或加拿大)公民,外国法的质量和他并不相干。就算比较法学家有时提议各种不同的法律体系应当融合,就算他坚持它们之间确实有共性(到底是否相信朗贝尔所说的"普遍法律良知"是另一回事),情况也不会改变。他还会为了更好进行比较,努力仅仅在该法律所处之文化体系内来理解这种外国法,同样的中立视角也会被应用到对本国法律的研究上。于是他就远离了我们平常说的法国学说,学说这个词也不能用于涵盖这种研究。

第二种态度完全相反。另一种比较法学家更乐意在近处观察某个外国法上的一些具体制度。这种学者的研究范围比上一种要小得多,但他也同样会遇到方法论方面的挑战。在实践中,他不能再像19世纪研究"比较立法学"的那些前辈一样,仅仅比较两个不同国家的法律文本。他所需要做的是提出一些有实用价值的主张,继而为法律建构的事业添砖加瓦。因此,就在巴黎法学院1901年专门为萨莱耶设立了"比较民事立法"教席时,萨莱耶立刻展现出自己通过比较法改善法国法的野心,毫不迟疑。为此,他精心挑选并引入了一系列德国理论,其中就包括了债务让与和意思表示理论。许多法学家步其后尘,也开始提出类似的主张。但实话实说,这些人一般来说并不是比较法的专家,他们只想为法国法引进一些特殊的制度或理论。例子包括20世纪40年代迪朗(Paul Durand)所提出的劳动关系制度理论和60年代拉加德(Paul Lagarde)在国际法上提出的管辖权裁定问题。类似的例子还有很多,而且包括了各种部门法。

还有第三种态度:大部分比较法学家都选择了两种极端之间的中间道路,也就是专注于研究两个、最多三个国家的法律。他们的立场是人类学和教义学混合的产物,因为他们解释性的笔触有时候也会写出针对实践的建议性文字。在通克(André Tunc)比较英、美、法三国公司法的作品中,他想做的既不是改善英美

---

[1] 最近的例子是 Patrick Glenn, *Legal Traditions of the World*, Oxford University Press, 2000.

普通法，也不是为法国法官提供可以适用的论证。他的目的是尽可能准确地描述三个国家的实证法（素材则是那些分别研究各国法律的教义学者），从而揭示资本主义或融合或分离的法律面向。即便如此，他的视角难免还是会为我们带来一些建议，比如说把一些国外的制度安排引入法国的想法。他关于证券交易委员会的研究就成了法国股市交易管理委员会的基础。习惯的力量就是如此强大，教义学色彩永远不会真正从法学家的思想意识中褪去。

总体而言，很少有比较法学家纯粹选择置身事外的理论研究，就算法律之间的比较要比别的研究在描述与规范两种路径之间有更多选择的空间。比较法可以为了提供信息而描述和介绍，也可以与本国法保持距离，甚至可以颠覆本国法——即便在法国从来没有真正成功过。[1] 但比较方法从来没有忘记规范性问题，专家们要么致力于在或大或小的范围内实现各国法律的和谐甚至统一，要么致力于在某些方面改进本国法。至少有件事情是确定的：比较法学家的功能让他们扩大自己研究的范围。他们也确实或多或少如此而为，至于具体的程度则取决于他们的具体专业。在最低的程度上，他们会阅读外国的著作并培养跨国的友爱。在更宽泛的意义上，他们会参与各种不同的国际学术组织，包括各种不同的国际学会（或者各国为了进行国际交流而举办的学会），还有为了让他们展开交流互动而组织的全球性会议，比如国际比较法学会（Académie internationale de droit comparé）或美国国际法学会（American Society of Comparative Law）。

3）法学理论家

"法学理论家"这一术语比较模糊。在一定意义上，所有学院法学家都是理论家，其对立面就是那些经常指责他们过于醉心于理论的实务人士。但有些人比其他人更重视在整体上的理论化并升华到了另一个境界，因为他们或多或少地远离了实证法，达到了人们称之为一般法律理论甚至法哲学的层面（这两个领域本身不存在无可争议的界限）。

让我们从举几部著名的博士论文作为例证开始。它们包括了里亚尔（Stéphane Rials）关于行政法上的法律标准的研究、贝希永（Marielle de Béchillon）对民法原则的研究、内奥-勒迪克（Philippe Néau-Leduc）对私法上规制的研究，还有

---

[1] Horatia Muir-Watt,《La fonction subversive du droit comparé》, Revue internationale de droit comparé, 2000, vol. 52, n° 3, p. 503-527.

作为一种法律渊源的学说——法国法学的历程

德米埃尔（Pierre Deumier）对自生自发的法律的研究。这些都是关于实证法的博士论文，但具有极强的概念色彩，因为它们呈现的是一种对法律渊源超越了国家特殊性的理论反思，并吸引了外国法学家。即便如此，它们的作者仍未因此成为某个国际共同体的一员。所以，他们虽然极具原创性，却仍是传统上所说学说的一部分。

当作者不再致力于研究实证法，而开始关心实证法之对象时，我们就要做好准备跨越围栏了。不过此处的边界也还是不那么清晰。但人们很容易看到若斯兰、里佩尔或萨瓦捷（René Savatier）的作品都符合这一定义，今天的代表则有卡尔伯尼埃院长和德尔玛斯-马蒂夫人（当然还有其他人）。他们的作品部分具有国际价值，但仍然属于学说，只不过是其中的边缘部分。

还有一些作品有程度高得多的一般性，它们仅仅把实证法作为研究之起点并做简短说明，主要的内容其实还是法律的渊源、对象、历史、方法，以及法学与其他学科的关系。简言之，就是那些关于法律实践的理论。在这个意义上，惹尼、鲁比耶（Paul Roubier）的作品都是其中的先驱，[1] 而我们身边的例子则有阿蒂亚斯（Christian Atias）、安塞莱（Paul Amselek）、特罗佩尔（Michel Troper）等人。我们在此处离开了学说的河谷，超越了国界的限制。至于那些纯粹哲学性的作品更是如此，它们本质上只是用哲学的主要思潮来分析法律。[2]

在这一领域，毫无疑问存在一个国际学术共同体。但不得不承认的是，除了极少数出众的例外，"很少参与国际辩论的法国人"[3] 几乎不置身其中。这一情况源自本学科的历史。毕竟在 1949 年，全法国第一个法哲学教席才在斯特拉斯堡为维莱创立。法国法学家几乎不用英语写作，可是法哲学的主要作品都是用英语完成的。而且他们和法国学派的其他成员一样偏好教义学，教义学转眼间便占据了他们所有的经历。不过，有必要指出在 20 世纪的最后 20 年间，法哲学和一般法律理论的教学有了很大的进展，出版社也设立新的丛书出版重要作品的翻

---

〔1〕 Paul Roubier, *Théorie générale du droit : histoire des doctrines juridiques et philosophie des valeurs sociales*, Recueil Sirey, 1946.

〔2〕 类似把法学哲学化的例证，可见 Alain Renaut et Lukas Sosoe, *Philosophie du droit*, Paris, Presses Universitaires de France, 1991.

〔3〕 Troper M. et F. Michaut (dir.), *L'Enseignement de la philosophie du droit*, Paris, Bruylant & LGDJ, 1997, p. 11.

第三章 学说的组成要素

译版本。新的期刊也得以发行，比如副标题为"法国法理论、法哲学和法文化杂志"的《权利》(*Droits*)。这些动向便利了新一代作者的出现，他们主要是公法学家。但这只是一种刚开始出现的趋势，法国现在距离法哲学生产的重心还远得很，远远没到可以和美国或德国分庭抗礼的地步。[1]

总结而言，国际化和理论化自己的思考过程意味着他们更多回应的是其他国家的同僚，而非自己国家的实务人士，他们在此过程中也就逐渐从学科中抽身。学说本质上还是为现在与未来的实务人士服务的。但是如今对国际讨论与理论研究的开放，间接导致了学说的转变，并带来了新的思考与启发。

---

[1] 关于两国法哲学发展，参见 Neil Duxbury, *Patterns of American Jurisprudence*, Oxford, Clarendon Press, 1997; James E. Herget, *Contemporary German Legal Philosophy*, University of Pennsylvania Press, 1996.

作为一种法律渊源的学说——法国法学的历程

第四章

学说的功能

一、表达观点的功能

所有人都会同意，做决定的功能属于立法者和法院，相比之下，学说则具有表达观点的功能。甚至可以说依照学说的定义，表达观点正是其首要功能，因为人们首先把学说理解为作者们所提出的一系列观点之集合。

但关于法律的学说意见具有学者的特质，因而和其他主要由社会普罗大众提出的那些意见有所不同。而且知识总是会带来正当性。在这种情况下，虽然我们很少提及，但这种合法性既有益于所研究的对象，又有益于研究这一对象的人，也就是说，既有益于实证法，又有益于法学说。

我们接下来要考察学说表达观点和赋予正当性的双重功能。

按照一般的观念，学说有两种任务：首先是以学者的方式展现实证法，并因此实现对实证法的合理化；其次是批判性地研究同一套实证法，从而评判其价值。

从知识的角度说，科学地呈现实证法和批判地审视实证法本是两种不同的心态，并且属于不同的学说体裁，在光谱的两极是伟大的著作和嘲讽性的短评。但从实质的角度看，这两种态度往往在同一部作品中交替出现，甚至完全混合在一起。所以，其实两者之间的分野并不绝对。两种态度的区别尤其不应该让人们产生一种天真的想法：对实证法的科学呈现相比于批判研究而言是一种客观、描述性的任务，而作者在完成任务的时候仅仅呈现什么是人们所争论的问题，而不从中挑选一个立场。

从奥布里和劳的时代开始便存在的现实是，一部著作会在《民法典》的基

第四章 学说的功能

础上添附一些内容,因为民法是以法典为起点的构建。从更一般的意义上而言,把多少有些零散混乱的元素整合成一个法律部门一直是一种知识工作,其最重要的依据是一系列抉择:关于某些机制的法律性质的抉择、关于这些机制应该归属的领域的抉择、关于那些应该占据主导地位的原则的抉择……所以,表达观点的功能实际上在对实证法的描述与呈现中已经体现出来,虽然要比在对实证法的批判性审视中表现得更为谨慎。

(一) 谨慎的观点:对实证法的科学呈现

对实证法的科学呈现必然会以立法为中心,学说关注的就是关于它的知识和应用。立法应该是秩序井然的,所以作者们也努力相信在文本和随后的判决之中或多或少隐藏着一种秩序,而他们必须发现并阐明这种秩序。[1] 实际上这种融贯秩序很可能是不存在的,特别是在面对立法的飞速膨胀时,正是同一拨作者在谴责随之出现的无序性。在这种情况下,实际上是学说发明了一个秩序,当然这种秩序并非全无优点。

即便是小小的专题论文也应该以清晰的方式呈现实证法,这项追求进一步在整合性的著作中因为变得更具有体系性而得以升华,真正展现人们称之为"部门法"的领域之体系。一部长篇专著或教科书的作者在呈现部门法整体的同时,也就完成了在众人眼中最具有学说色彩,而且无论如何也是最难以完成的作品。这就是为什么我们应该首先考察学说如何区分各种不同的部门法,然后探讨它们如何最终形成体系。

1. 分门别类

即便在那些相对来说有一部法典或者主要法律整合所有规范的法律部门,各种不同的文本实质上看起来还是像各种法律答案的集合,其间没有一种显而易见、一以贯之的逻辑。

---

[1] 一个典型的例子是当学者提出有必要接受一种适应电力和远程通信等行业要求的"规制的法律"时,也指出:"文本的数量繁多、内容的变迁迅速、语言的晦涩艰深和实践中决定的不确定性导致连法学家都无法完全理解这个法律部门。类似的评价时有耳闻。但同样也要看到,现在已经出现了一些迹象表明该法律领域内也有一定的原则和融贯性,等待我们进一步展示和重塑。" Marie-Anne Frison-Roche, « Le droit de la régulation », *Chronique Dalloz*, 2001, p. 610-616.

作为一种法律渊源的学说——法国法学的历程

1) 寻找共同对象

对法律部门的区分可能由立法者完成,并因而减轻学说的负担,但有时候学说也可以轻而易举地完成相同的任务。

a) 由立法者塑造的对象。从法律需要由立法者制定的时代开始,学说就很少有机会对某一个尚未经过规制的新领域发表前瞻性作品了。学说往往处理的是主要由立法构成的素材,它对立法之形成无能为力,只能如其所是接收下来。更何况对这些素材之整体进行观察可以看出,立法者或多或少有意围绕一个具体的对象进行规制。在这种情况下,立法所塑造的虽然不是属于学者建构的部门法本身,却也至少是作为部门法之基石的资料大全。那么学说除了认真对待这些素材并以此构建部门法之外,别无选择。

法典化显然是上述情况的最佳例证,哪怕现实中存在的种种不同法典让"法典化"一词变得不合时宜。[1] 从五部冠以"拿破仑"之名的法典生效以来,立法者便不再有兴趣以完整法典的方式立法了,反而总是从一系列特别立法开始自己的工作。那些重要的社会立法和消费者保护立法都是如此。法典化是嗣后对这些分散立法的整合。但是学说早在法典之前就意识到出现了一个需要整合的新部门法领域,并从各部分散的立法中得到了逻辑自洽的结论。有时候仅仅一部单行立法就可以让一个学说意义的部门法出现,比如说1930年关于保险的立法就催生了著名的保险法教科书,《保险法典》的颁布比教科书晚了许多年。不过,这一领域毕竟有其特殊性,而且保险法从《科尔贝敕令》发展而来,早已具有了法典的雏形。

一种部门法据以形成的对象范围可大可小。如果好好思考一下,应当不难发现《民法典》的对象相当模糊:调整私人之间的关系……但其中由学者在法典颁布后创造的各次级分类的领域却都在处理非常具体而有限的问题,并且因为共通的原则和交叉索引整合在一起。作者们往往倾向于为这些次级分类找出一个更

---

[1] 而且一部"真正的"法典诞生时往往会压抑而非刺激学说的发展,比如说1804年的《民法典》让国际私法万马齐喑。在1900年复苏以前,国际私法学在19世纪的大部分时间里面没有什么大的发展,因为人们不再去构思关于学科之结构性问题的宏阔理论,而是自我局限于评注《民法典》中几条关于国际私法的条文。1900年的复兴则源于国际法学家终于勇于研究他们原本并不熟悉的判例。Armand Lainé, « Introduction », *Revue de droit international privé*, 1905, vol. 1, n° 1, p. 1 sq; Paul Lerebours-Pigeonnière, « L'oeuvre de Jean-Paulin Niboyet », *Revue critique de droit international privé*, 1952.

第四章 学说的功能

为"合理"或者适应教学需要的先后顺序。但实际上结果往往是他们所拟定的顺序实质上也是立法者所规定的顺序。其他体系化程度不那么高的法典则往往有非常具体的对象：制裁最严重的反社会行为、组织诉讼的进程、决定税负的征收等。学说只能亦步亦趋，并专精于此。

除此之外，我们还可以看到在人们使用的术语中也有耐人寻味的落差。教授们书写学术作品时对一些术语并无分歧，比如"民法""刑法""劳动法"，前人曾经教授并评论"拿破仑法典""刑事立法""工业立法"。这种用语上的差别正好对应了学说发展中先后出现的两个阶段：分析文本，然后综合。实际上，使用"法"（droit）来综合性地指称整个部门法似乎意味着这一领域已经足够成熟并且在法学家之间取得了普遍的认可。人们不再认为它们仅仅是分别展现不同利益之规则的合集，而是科学建构的合适对象。当然用语上的差别并不总是能说明问题。比如说我们现在还是在"民事诉讼程序"（procédure civile）和"司法私法"（droit judiciaire privé）之间犹豫不决，虽然重要学者们早就不认为这一学科是法学研究中的蒺藜，相反，重要法学家早就为它做好了一切得以登堂入室的准备。

各种法典原则上开启了学说建构的道路，但也可能只是假象。人们最熟悉的例子是1807年的《商法典》，其内容只包括了商法的一部分。哪怕在一开始，这个法律领域就没有局限在这部编排不尽人意的法典之内。这样的情况一再加剧：一部单行立法规定了汇票，1867年的一部重要法律进而作了关于匿名公司的规定、随后又经1966年的法律现代化……更何况我们从《商法典》中可以见到一些合同的种类，其他的合同则出现在《民法典》中。这种区隔并不总能延续一种令人能够理解的逻辑。但这种立法混乱让学说获得了更大的自由，以塑造其自身的研究对象。[1] 而且这种自由没有因为2000年生效的新《商法典》而消灭，它和此前的法典一样，并未决定其对象。

b）由学说塑造的对象。我们现在假定学说通过重新整理或远或近的立法或司法材料，并从中整理出一种远比现在要高的融贯性。作者们这样做的原因或抽象或具体，又或者处于两种极端之间。让我们从那些处于抽象与具体之间的例子出发，研究对商业领域的不同处理方式。

---

[1] Jean Hilaire, *Introduction historique au droit commercial*, Paris, Presses Universitaires de France, 1986, p. 122.

虽然法典本身制定得不尽如人意，人们却不能因此否认"商法"（虽然不完美）仍然存在于其中。同样不能否认的是，一些商事合同（更准确说是商业操作）和民法的共同主干之间的联系其实很微弱。比如说，商用房的租赁合同与农业用地或居住用房的租赁合同就完全不是同一回事。同样，银行合同的特点非常明显。但包括买卖合同在内的其他合同则和"旧"民法关系密切。除了我们此后还要探讨的边界问题，商法在此种条件下如何形成？到底是按照行动者的身份还是按照行为的性质来分类？到底是"商业的法"还是"商人的法"？这一针对商业性的微妙讨论有时候看起来像是一场镜面游戏，背后折射出商法学科难以实现的统一性，并展现了学说对象多样性、不同的次级分类甚至不同的学科划分的可能。

于是，最近出现了其他处理这一学科的方式，比如"公司法"（droit de l'entreprise）、"商事法"（droit des affaires）或者"经济法"（droit économique）。公司法针对一个传统商法教科书常常忽略的中心，商事法则研究商法中不涉及诉讼的部分，经济法整合所有公家或私人对市场行为的规制——现在也有人称之为"市场法"。在更广泛的意义上，看待一个学科的方式的创新之中就蕴含了新分类产生的缘由。宪法诉讼确实随着宪法法院判例之地位在 20 世纪 70 年代上升而产生，但学说在此功不可没，正是因为学说希望接管对立法的合宪性审查并把宪法排除出政治领域，从而使之成为完整的法[1]：这一历程和 19 世纪在最高行政法院判例基础上产生行政法的过程很相似，只不过行政法学家并没有把行政法置于所有法律之上的野心。

最后，欧洲一体化的进程为人们提供了一个重新分类的契机：欧洲商法、欧洲竞争法、欧洲社会法和未来可能会出现的欧盟统一国际私法。[2]

其他的新分类方式也在我们这个时代出现了，其一专注功能性的分析方法，另一种则专注抽象的分析方法。

功能性的分类在不断膨胀的刑法领域较受重视。人们有时候带着夸张说刑法

---

[1] 对这一问题的批判性见解，参见 Bastien François, « Laconstitution du droit La doctrine constitutionnelle à la recherche d'une légitimité juridique et d'un horizon pratique », in CURAPP (dir.), *La doctrine juridique*, Paris, Presses Universitaires de France, 1993, p. 210 sq.

[2] Sylvaine Poillot-Peruzzetto, « Le droit international privé communautaire: émergence et incidences », *Les Petites affiches*, 12 décembre 2002, n° 248.

第四章 学说的功能

其实不是一种法律,而是其他所有法律领域涉及制裁的部分。基于这一想法,一些学者小心翼翼地展现了商业刑法、劳动刑法或不动产刑法。另一些作者则为刑法添加了许多过于生造的成分,似乎所有的活动都可以用刑法规制,以至于可以出现"生命伦理刑法"。

上述做法根据活动的领域创造部门法,因而采取了一种具体的视角、服务于一个具体的读者群(比如从事某一职业的人士),其本身没有什么可以指摘之处。出于同样有理有据的理由,我们看到分配法在穆斯龙(Jean-Marc Mousseron)的学说作品中于1970年形成,还有运输法、航空法、航天法、葡萄酒法、香水法或药品法也接踵而至。同样有目共睹的是,在地产税赋的名义下研究地产登记、增值税、财富互助税(Impôt de solidarité sur la fortune)、地租与建造收益税等的实践利益。就算当立法者在确立或改革税制的时候考虑到了其他税种的存在(同时为了避免过度征税和逃税),地产税赋本身仍然不会是一种吸引一般人的研究领域。对它进行构造首先属于学说的工作。

学说进路有时候则相反以非常抽象的方式呈现,启发了一些学者的"规制法"就是一例。[1] 它体制化了一种因为美国"罗斯福新政"而广为人知的新统治模式。对这一模式,除了政治经济反思之外,是否还有法律存在的空间?人们还希望用"程序法"表达和实现对所有的诉讼法(民事、刑事、行政……)的一体化,似乎现在也正在健康成长:最早作为一种教学科目出现在20世纪60年代,极大地挑战着学生的理解能力与教授的知识储备,这一学科已经在莫图尔斯基(Henri Motulsky)的努力下具备了不少十分学究气的理论。只是目前在欧洲人权法院的影响下,似乎又面临重生。[2]

在大部分情况下,新的部门法并非以长篇专著或教科书的形式诞生。实践中,专家一开始只是在法学院的某个特别专精的学位项目中开课,然后持续一段较长的时间。如果说没有经受特别引人注目的考验,而学生们又广泛接受这门课程,那么可以说这一新的部门法就有了足够的根基。我们也就可以说此类由学说塑造的对象即便或多或少形成于任意而非确定的机遇之中,其本质上却不是一种纯粹偶然的个人选择。在需要区分相近的领域时,上述观察依然有效。

---

[1] François Terré, *Introduction générale au droit*, Paris, Dalloz, 2003, n° 305.
[2] Serge Guinchard, *Droit processuel. Droits commun et droit comparé du procès*, Paris, Dalloz, 2003.

2) 不同部门法之间的区分

部门法之间的区分在学生和法律的使用者看来可能是出于教学目的的必要安排。但其中难免有些刻意为之的成分。

a) 区分的必要性。教学很大程度上是通过思维运动把现实中本不可分的要素进行分割。在教授们这样做的时候，他们对笛卡尔的建议亦步亦趋——在面对一个巨大的难题的时候，应该把它分解为一系列简单问题，然后逐一解决。

在法学领域，采这一态度的例子不胜枚举。比如说，人们认为在债与担保这一对关系中，担保是债在经济和法律意义上的附属，因为在法律实践中，没有债就不会有担保。然而，债法和担保法都相当复杂，以至于没有人会同时研究二者。而且两种部门法所包含的规则和指导精神都相差甚远。

同样，当一位已婚人士去世时，人们需要先清算其婚姻财产（在大部分情况下采取的是共同财产制），然后才能决定哪些财产属于可以继承的部分。此后，这部分可继承的财产再分别用于清偿债权人或由继承人继承。实践中，这两个步骤实际同时发生，而且彼此交错，只不过仍然分别进行。在课程教学和教科书中，人们也分别学习婚姻和继承，因为就像债法和保险法的关系一样，这两个部门法有各自的主导原则和技术。两者之间当然也并非全无共同点，比如说关于分配的规则。同样的规则也在公司的分配中出现，但公司完全属于另一个世界。作者们要么重复，要么交叉引用，只要学生或想要适用法律的人知道在何处能找到他们问题的答案就可以了。

在普通法国家，法律教学更倾向使用案例方法（case method）。教授往往通过最高司法机关的决定，详细探讨其案件事实与诉讼过程；学生人数很少，积极参与课堂讨论，以从案例中找出相应的法律规则与论证方法。虽然这种教学法有意降低了其综合的程度，[1] 但是部门法之间的区分还是一样造成了教学上和法国别无二致的分类，因为就连所谓的"现实主义者"也无法否认学科划分的必然性。这一必然性在我们法国的法学院里更为明显，不仅因为我们悠久的学说传统，还因为学生数量之多让我们仅能在有限的指导课上让他们接触到案例方法。

---

[1] Grosswald Curran, « L'enseignement du droit aux Etats-Unis: un reflet oblique de la méthodologie "common law" », *Cahier de méthodologie juridique*, 1998, p. 1543.

第四章 学说的功能

商学院里的法学教育则从 20 世纪 60 年代开始更广泛地使用这种方法。[1]

如果部门法的区分是不可避免的，这种分类中也有不少斧凿的痕迹。

b）人为的区分。让我们先从一个既相当经典又从未真正得到解决的问题开始：关于民事公司（société civile）的研究该被放在哪个部门法之内呢？虽然说成立民事公司在理论上肯定要通过契约，但肯定不能放在民事合同法里面。因为公司比一般的契约复杂得多，而且放在借贷、租赁等各类契约之中也显得格格不入。它在表面上看起来和商业公司很像，但完全无法想象将它放在商法的专著里。专门处理不同公司的专题论文可以讨论民事公司，但这只能在表面上解决问题，因为作者时常把它和匿名公司、责任有限公司区分开来，毕竟它们存在的目的是不一样的。最接近民事公司的应该是合伙，出现在一篇关于民事联合的专论中也并无不妥。那么为什么不把它放在民法的专著之中呢？那是因为长久以来民法专著与教科书的篇章结构或体例安排根本不允许人们如此为之——要是把它放在"人"编、法人那一章的话，人为的痕迹更是到了无以复加的程度！简言之，我们仅仅用这个最不受宠的制度来强调我们习以为常的那种学科界限到底是多么随意。除此之外，每个人都不难发现当民法学家和商法学家在讨论民事公司的时候，赋予它的重要性是不一样的。实际上，除了纯粹关于民事公司的专题论文以外，我们几乎无处寻找关于它的研究。

人们会说这是一个极端的个例，我们也不否认。但我们可以找到很多其他的例子，虽然可能没那么棘手。比如此前已经提到过的民事合同和商事合同的区别。虽然在不动产租赁方面，二者的区分是有道理的，但在买卖、委托、质押、担保等领域，区分民事合同和商事合同就显得多余了。比如说，商事的买卖合同只是动产买卖的一种特殊形式，却也是最经常出现的情况，针对买卖合同的民法专著中对各地商会之裁决的援引有目共睹。现实中分类的方法多种多样，有时按照大学教学安排，有时候按照潜在的读者群，有时候则或多或少考虑企业的运作，不一而足。一些更具学者倾向的分类方法则区分商业领域的一般规则和特殊规则。这种方式显然更为清晰，但是却不那么有实用性，更适合一般性理论反思的论文。

---

［1］ Claude Beaucourt, « Libertés et contraintes de la « méthode des cas? », dans son application au droit français des affaires », in Aspects contemporains du droit des affaires et de l'entreprise, Paris, Cujas, 1980, p. 13-20.

作为一种法律渊源的学说——法国法学的历程

那种让我们可以把公司法、经济法作为独立部门法研究的分类方式显然不会受到同样的质疑。但这些概念的范围本身是个微妙的问题，而且其学科范围也不好确定——这些领域的作者们自己也坦然承认。

一般而言，那些甘冒巨大职业风险去为一个新部门法定义新研究对象的作者们所根据的，要么是他们认为在知识上特别具有增长潜力的想法，要么是某个具体人类生业的实际需要。对不同的部门法的学说分析各有风格，取决于不同的分组方式。虽然人们如此把现实击碎再重组，似乎实证法本身还是保持不变。但是，真的能如此肯定吗？我们区分出来的部门法部分对应的是现实，部分则对应的是精神的视角——学者们带着扭曲事实之功能的视角。话虽如此，受人为武断创造影响的主要还是各部门法的边缘而非核心。

2. 确定秩序

与其说要按照三个步骤确定每一部门法之间的秩序，不如说这一工作可以分为三种主要模式，每一种都可以自然而然地独立展开，却不谋而合地极度适于通过学说实现的对法律的抽象化。[1] 它们分别是拟定提纲的技巧、对原则的追求和对一般理论的塑造。

1）拟定提纲的技巧

正如教学需要必然导致对部门法分门别类，教学需要同样让人们在每个部门法内部整理出一个建立在分析逻辑之上的结构。解决法学难题的做法同样是把法律分解至其最小的单位。所以，无论对于学生、研究者还是实务人士而言，提纲都是一种教学中的必需品。它变成了学说方法的一种支柱，构成了呈现学说所产生之综合结论和一般原则的方法，而且似乎注定如此。

20世纪的法国法学家运用着拟定提纲的技术。这种技术存在于晚近形成的传统之中，现在已经发展到了罕见的完美程度，而且只要随便翻开一本专著都会看到其运用。篇目的标题清晰，组织篇章结构的逻辑简单明了，以至于读者对作者的论证思路一目了然。每部分的内容严格对应着篇目的标题，既不多也不少。整部作品的提纲和每一部分的提纲之间存在一丝不苟的呼应关系，以使一条主线把整部作品的每一部分贯穿起来。真正对研究对象进行可靠区分的提纲不会允许

---

〔1〕 Bastien François, « Du juridictionnel au juridique », in CURAPP (dir.), *Droit et politique*, Paris, Presses Universitaires de France, 1993, p. 201–216.

第四章 学说的功能

任何僭越。最终，或者一开始就应该提到的是，作者向读者宣告提纲的时候，也应该解释为什么如此规划自己的著作（如果提纲本身结构的古典主义色彩不足以自我证明的话）。

应该说法国学说最大的美德在于谦逊。作者们不怕显得充满学院气，他们害怕的是不清晰和夸张。他们最害怕的是充满想象力的提纲，因为这种提纲的目的是闪耀而非阐明，为的是彰显作者的智力优越性而实际上不能传授任何知识。看上去很美的公式并不总能形成好的提纲。巴尔多鲁指出，建立罗马法的并非帝国的理性，而是理性的帝国。他的论断显然发人深省。但在研究罗马法学者对古代法的影响时，谁要用这句话作为建立提纲的基础，那他注定只能写出灾难性的文章，因为第一部分会出奇得短——毕竟罗马帝国已经消失了。同样道理，当马克思（Karl Marx）以《哲学的贫困》（Misère de la philosephie）回应蒲鲁东的《贫困的哲学》（Philosophiè de la misère）时，他的身份是一个论战中的斗士，而非课堂里的教师。除了一些少见的例外，这种对称倒置的提纲会导致三方面的不便：首先，它不能真正地对研究主题进行分析，有些段落可能既适合放在此处，又适合放在彼处。其次，它不能引导读者，而令读者感到不解，甚至感受到自己与发明这种标题的人之间巨大的智力差距。最后，它会让处于提纲之外的问题得不到回答。所以，这种提纲恰恰不具备学说的价值。

相反，一个好的提纲不仅具有教学价值，还能起到分门别类的作用。作者以最严格的法律分析为基础，用提纲把种种制度按照他们的类型和性质进行分类。假说必然是可以争论的，而以此为基础提出的提纲本身也要面对造成争议的风险。学说因而四处寻找确定的标准。比如说在买卖和赠与之间的区分，人们假设前者涉及对价的支付，后者则不然。这看上去是一个非常可靠的标准，只要它能解决附条件的赠与提出的问题而不是在面对此挑战时逃之夭夭。

通过这些可靠的标准，学说性的提纲表现出了科学性的一面，至少从学说用以定义自己的那种科学意义上来说如此。此外，提纲一般不仅限于对对象的列举。列举无疑具有重要价值，比如说在混乱之中寻找秩序，而且其首要任务就是为每个对象赋予名称。但是整理出所有研究对象的名称本身并不能提供任何解释。根据不同的逻辑，人们总能为同样的内容找到不同的命名方式。作者们寻找的是那种最具可操作性，同时最能体现所研究的制度之发展动力的方式，从而提出一套本身也充满发展动力的提纲。他们最终往往很难成功，因为所研究问题的某些方面总是让（提出）结构完美的提纲变得不可能。一般来说，列举式的提纲都是朝生暮死的，刚开始写作博士论文的学生总会用这种方式提出他们的第一份研究方案，然后他们的导师会立刻否定以此作为博士论文提纲的可能。

教授资格考试的提纲关键要帮助作者写一篇优雅的短篇幅文本，但也仅限如此了。一部博士论文或专著的提纲则不然，它们在所研究的主题方面总是具有最高的科学价值。如果同一个部门法里几本不同的教科书很相似，这绝非相互模仿的结果，而正好说明它们都很好地理解了这一部门法。教授们都希望能找到原创性的大纲，但那些真正在课堂上实验了新大纲的人必须时时备份，因为新大纲有可能导致整个体系的崩溃。或者也可以说，知识分类几乎必然会造成对社会现实的扭曲，新大纲可能比经典的大纲扭曲得更多一些。另外，教学有着自己的规律，要求人们按照一定的顺序来讲授（比如说先讨论条件，然后再讨论效果），除非有极强的理由，一般不要违背这些规律。

正如所有的奖牌都有其背面，所有的大纲也都有其扭曲的部分，一般来说（扭曲的部分）很少，但有时也会变得非常令人担忧。[1] 其背后的原因是人类所创造的现实——包括既区分层次，又不断发展的法律——很难自然而然地整合进一个理性的体系。威廉·波伊（William Boyd）对地图所写的评论也适用于法学家的提纲："他从口袋中取出地图，把它铺在大地之上，并对自己说，地图应该是规范性的。它们为世界创造了本来没有的秩序、赋予了本不存在的意义。'帕尔梅拉斯'用较大的字体写成。这个词看上去很令人惬意和放松。然而它不会指示不得不在正午穿过密林时所遇到的紧密缠绕的荆棘。"[2] 但人们还是必须继续相信法学家拟定的提纲就像法律之现实的照片一样。事实上，提纲重构了法律的现实，在按照教义学要求以法律所不具有之融贯形式来呈现法律的过程中，将法律的现实扭曲与变形。人们只能期待在最好的情况下这种扭曲只发生在边缘的领域。

虽说如此，康德早就令人无比信服地证明，不管有没有提纲，人类的思维终归如此操作。既然如此，我们还不如继续借助提纲这种来之不易的技术，至少我

---

[1] Michel Vivant, « Le plan en deux parties, ou l'arpentage considéré comme un art », *in études offertes à Pierre Catala*, Paris, Litec, 2001, p. 969.

[2] William Boyd, *Comme neige au soleil*, traduit par Charles Besse, Longueuil, Points, 1995, p. 202.

第四章 学说的功能

们可以让法国学说继续保持其对提纲文化的忠诚,并保留借以实现的种种结果。

2)寻找原则

原则本身是一个争议很大的概念,我们在此不会涉及这些争议。在我们讨论的主题相关的范围内,只需要用简化的形式指出,原则是一种比其他更具有一般性的规则,并因此统治那些处于较低规范性位阶的具体规则。

布朗热(Jean Boulanger)对这个问题谈得最为清晰。[1] 他说人们制定具体的规则,比如人们决定遗腹子虽然在其父亲死亡的时候尚未出生,但仍然可以继承其父的财产。这就是立法者出于明显的公平考虑而制定的一个相当具体的规则。但是人们——往往是学说本身——也可以形成原则,比如只要人们认为在一般意义上、针对此后可能出现数量无限之类似情况,为了保护未出生之胎儿的利益,可以将其视为已经出生。这样,继承法上的规则看起来就像是对这一原则的具体应用,而该原则还会有其他应用(比如在亲子关系确定方面),也会有一些例外情况(比如堕胎)。顺带一提,我们能看出在对原则的追寻和提纲的技术之间有明显的关系,因为原则不但应该统摄整个部门法,而且应该统摄对部门法的展现。所以,在原则和大纲之间,找到其中一个就能帮我们找到另一个。

布朗热举的例子让人们意识到实际上法律原则确实存在于我们法律的各个层面,而不仅仅在最高位阶的法律中(比如共和国的立法所承认的那些基本原则、一般法律原则)。事实上,原则的普遍性各不相同。有些原则规制整个合同法的各个领域,比如"合法成立的契约对于当事人有法律的效力",有些则只规定某一些甚至某一种合同。再往更具体的方向寻找,我们还能看到规制所有买卖合同的原则,其下又有只和不动产买卖有关的原则,进而还有只关于未落成之不动产买卖的原则,不一而足。所以在讨论法律原则的时候,必须谨慎使用那些夸张的形容词:"基本""指导性""一般"等。原则不过是一种通过在法律中建立等级秩序从而实现整合的手段而已。

在这一意义上,奥布里和劳所举的例子至今仍然发人深省。《民法典》中某些规定,对非债清偿的归还,在他们眼中建立于不得因他人之过失获利的原则之上。那么,法典的编纂者本身意识到了两者之间的关系吗?还是说这只是奥布里

---

[1] Jean Boulanger, « Principes généraux du droit et droit positif », in Le droit privé français au milieu du XXe siècle, Paris, Librairie générale de droit et de jurisprudence, 1950, p. 51 sq.

和劳自己的观点？要回答这个不怀好意的问题，需要进行基于历史或心理分析的研究。因为这一原则实际上是在《民法典》之后发生的一系列个案中逐渐形成的，所以从原则推导规则的想法是不成立的。但重要的是最高法院认可了奥布里和劳的推理，并宣告了这一原则，也就使得它以后可以适用于无论是《民法典》的编纂者还是奥布里和劳都无法预料的那些案件（如同居关系的清算）。

需要指出的是，我们的法律中理想的规制方式实际上包含了两个步骤：首先自下而上从具体的法律解决方案中抽象出原则，然后自上而下从原则中推导出适用于其他案件的规则。奥布里和劳经常使用这种双重方法，比如说在对留置权的讨论中。其他所有的法国法学家也是如此，从多玛、普蒂埃开始，一直到所谓的"解经家"。如今，在一个多世纪对原则的寻找中，法国学说形成了自己全部作品的基础。法国法学要么从立法、要么从判例中寻找原则，而且孜孜不倦地把二者结合起来。一旦出现了一些与原则相悖的解决方案，学说会马上致力于解释这种违背，明确界定原则和看上去与之相悖的规范各自的适用范围，从而降低相应领域之间的不和谐。通过这种方式，学说以高度细致的工作解决了法律中的种种不一致，并完成了对实证法的融贯展现。

对原则的追求如同拟定提纲的技术一样，是法国学说中最令人瞩目的成就的基础。但同样出于类似的原因，这也造成了一些不便。这种操作为法律赋予了它本不具备的合理性。它在体系内容纳了许多在一般人看来不可思议的冲突。它在实证法内部建立了本不必要的等级秩序。它引导人们去把那些由人创造而非发现的法律安排宣告为原则。它招致了把那些可能影响学说大厦之雄伟表征的细微区别弃掷逦迤的风险。总而言之，它可能造成令人担忧的体系自我封闭效应。

也有些学者曾经试着摆脱对原则的追求。奥里乌如此尝试，有时候却只是把事情变得更复杂。萨莱耶也试过，但最终没有写出他的同辈人所期待的综合理论。德莫格同样尝试过，却令惹尼抛弃他平常的节制，跳出来斥之为无政府主义者。这些争论超出了我们要讨论的范围，我们想指出的只是大部分的法国学说选择不去争论这一问题，并且再次因此表现出高度的一致性。

3）塑造一般理论

在法国学说之中，没有哪个篇章真的以宣言的形式主张和说明学说的任务在于揭示原则、确立一般理论。但从卡皮唐和普拉尼奥开始，有许多作者间接表达了这一信念。只要不把此处所说的一般理论与人们平常称为一般理论的主张（如

第四章 学说的功能

"合同的一般理论")混淆,便不难看出所有人都为此辩护。在纸面上,可能没有特别多的例子。然而在现实中,如同上文所说之法律原理的状况一样,就算作者并不总是用"一般理论"这个词,一般理论仍无处不在。在不同的个案中,作者时而称之为"理论",时而称之为"法律建构"(在萨莱耶和更晚一些的韦伯的作品中都可以见到),时而又称之为"体系"(肯定是里韦罗的用语,[1] 也是勒让德尔[Pierre Legendre]的用语[2])。现实中的情况是,一旦在立法或判例中出现了新的概念,或者一旦原有概念出现在新的语境之中,立刻就产生了理论化的需求,以至于理论(不论是否用"一般"这个形容词)哪怕在范围最有限的领域也存在。所以,从投票通过1948年关于房屋租赁的法律起,以里佩尔为首的法学家开始致力于理论化该法律所创设的各种新权利,如租客在租期届满后自动续约的权利、回收权,以及"善意占有"的概念。在这样做的时候,他们也就遵循了他们同行秘而不宣的指示:学说的任务之一就是阐明我们称为"法律理论"的事物。

那么,法律理论或一般理论到底是什么?在实质的意义上,它指的是为了以融贯的方式解释现实中出现的法律解决方案并指导未来法律问题之解决而围绕着一个特定对象提出的一系列定义和原则。侵权法上的"过错、损害、因果关系"三要素是最好的例子。从立法者以不证自明的方式使用的几个词出发(《民法典》1382条甚至没有提因果关系),加上精研判例,学说确立了一种无论在精细程度、广阔性还是抽象性方面都令人叹为观止的理论。我们还可以举出无数例子,如所有权的理论、财产制的理论、物权的理论、合同的可抗辩性理论、公共领域的理论、公共职能理论、法律冲突理论等,不一而足。有些理论具有前瞻色彩,其产生并不直接依赖实证法,比如风险理论、以手段和结果区分债的理论等。但在这种情况下,它们实际上是学说对实证法未来发展的建议。以上所有一般理论都为学说带来了它所配得上的光荣,无论是在《民法典》之前还是之后。

当一种理论具有了和立法或最高法院全席大会的判例一样的强制力时,学说

---

[1] 他也在同等意义上用过"一般理论"一词,并认为"一般理论可能在分类上做到了极致,但因此也变得有能力理解并实现微妙区分的游戏,而不至于丧失判例之中的复杂性"。Jean Rivéro, « Jurisprudence et doctrine dans l'élaboration du droit administratif », études et documents du Conseil d'état, 1955, p. 27-40.

[2] Pierre Legendre, « La facture historique des systèmes (Notations pour une histoire comparative du droit administratif français) », Revue internationale de droit comparé, 1971, vol. 23, n° 1, p. 5-47.

作为一种法律渊源的学说——法国法学的历程

的光荣达到了巅峰。奥布里和劳之笔所写下的关于财产制的著名理论就是一例，哪怕这一理论无法像他们关于不当得利的理论一样把所有具体的规则都包括进来。实际上，从奥布里和劳的时代开始，民法和商法之中就有不少具体规定和他们的理论相反，在此后的发展中，两者之间的不和谐程度一再加大。而这一理论仍成了人们不加反思地接收下来的教条，以至于当惹尼批评这一理论过于抽象的时候，他无异于在旷野中传道。

离我们更近的一个例子是，曾经有些眼光独到的先行者提出常被视为实证法的一部分的"合同的一般理论"其实是纯粹的学说构建，[1] 而一篇著名的博士论文则继续发展了这一想法。只不过这一理论比财产制的理论对现实的扭曲要小。作者在题目中就直白发问："神话还是现实？"[2] 然而现实是所有的法律理论（作为精神活动的构造）都是神话，但是在不同的个案中明显程度不同。除了财产制这样抽象、严格、解释性很低的理论以外，还有一些具体、灵活、时刻处于演化中的理论，关于过错的理论显然是最明显的例子。此外，还有大量处于两者之间的理论，它们可能能解释一些法律规定，但是和其他的规定则无法协调。有时候为了解释一个法律概念，人们需要两个不同的理论：就如光具有波粒二象性一样，人的姓名同时是社会管理的机制又是一种主观权利！另一个例子是物权。物权显然是一个非常有用的概念，但正如吉诺萨尔（Samuel Ginossar）在普拉尼奥之后所指出的那样，这一概念哪怕在其自身理由的限度之内也并非不证自明。[3]

然而，我们的目的不是挑战不同理论的优点。我们想指出的是，提纲、法律原则、一般理论都是学说在完成其对实证法的知识构建时所使用的结构化程式。然而学说的另一种任务恰恰是批判实证法。

---

[1] Jacques Ghestin, *La Formation du contrat*, 4ème édition. , Paris, Librairie Générale de Droit et de Jurisprudence, 1993, 1532 p.

[2] Éric Savaux, *La théorie générale du contrat, mythe ou réalité*??, Paris, Librairie générale de droit et de jurisprudence, 1997.

[3] Samuel Ginossar, *Droit réel, propriété et créance: élaboration d'un système rationnel des droits patrimoniaux*, Librairie générale de droit et de jurisprudence, 1960.

第四章　学说的功能

(二) 张扬的观点：对实证法的批判性审视

在以科学方式呈现实证法时，个人观点的表达仍不是显而易见的，作者隐藏在其研究对象之后，作品内容远比作者个性重要。但是，当作者对法律的观点尽情张扬时，情况便大有不同了。我们在本节将研究那些张扬自己观点的作者。

无论是因为他们的个人气质还是因为数个世纪以来的传统，法国作者们的工作方式可以称得上是个人化乃至个人主义的，以至于人们可以认为"伟大学说的年代"形成于"独自研究"。[1] 他们自愿合著作品这一事实不会对他们的工作习惯有任何实质性的改变。合著基本上只会出现在专著或教科书中（所以更多是对实证法的科学呈现而非批判审视），一般而言形成的只是许多个体作品的合集而非真正的集体作品。

不过，在某些个案中人们会偏离经典模式，比如说在法学院自主成立的研究中心或研究团队所完成的那些成果之中。尽管步伐还是相当缓慢，集体研究终究还是在这些场所逐渐形成，特别是在那些必须采取耗时费力的研究方法的领域——比如比较法或者田野实证调查。[2]

所以，对实证法的批判性审视在大部分情况下以个体表达的方式呈现，但今天也出现了一些集体研究的形式。

1. 个人表达的方式

最普遍也最具有学说特色的方式是作者的建议，它们往往出现在那些本质上更具论战色彩的作品中，如博士论文、判例评注、期刊文章（而非复述）。但这种建议的效果有限，对于那些已经确立自己地位的著名作者而言，如果能受政府委托而写立法建议，对实证法的影响显然更明显。最后，不要忘了，作者那些没有发表的学说——如咨询意见，同样具有不为人所见的影响力。

1) 作者的建议

让这种建议得以产生的机遇有两种，要么是出现了一种新的情况让人们必须反思实证法，要么是实证法本身有所改变。如果是第一种情况，那么学者的建议

---

[1] Denis Alland et Olivier Beaud, « Ouverture ?: Dix ans de Droits », *Droits*, 1994, vol. 20, p. 4.
[2] Louis Favoreu, « La recherche collective en droit », *Droits*, 1994, vol. 20, p. 149.

就完全是前瞻性的；但在第二种情况下也有部分是前瞻性的，因为对一种创新的审视必然涉及对此创新后续发展的评估。无论如何，不管他们研究的是已经修改的实证法还是将要修改的实证法，作者们此时进行的是对实证法的批判性审视。

我们要强调的是，这种审视和我们此前讨论的对实证法的科学展示遥相呼应。实际上，学说所谓的"批判"和对诸如布迪厄（Pierre Bourdieu）所持的对法律的批判视角全然无关。此处的批判往往意味着确定已经实现或将要实现的创新与那些人们认为澄清部门法内部结构的一般理论之间的融贯性。在不同的情况下，对实证法中创新的评价也有所不同。它们要么和理论相一致，要么因为与理论不一致而收到抨击，要么在与理论不一致的情况下仍然为学者所赞许并刺激理论本身推陈出新。所以，科学呈现和批判审视之间真正的区别在于学说的自我认识。在进行批判审视时，学说不再唯立法和判例马首是瞻，而至少以间接的方式成了修正、改革、颠覆、未来成就的引领者。

其实这一过程无处不在，因为它本身就内在于学说性的工作之中。只要作者不自我约束于对实证法亦步亦趋的角色里，他们的作品中必然会时时闪耀着批判的星火。在任何时代、任何地域，学者法都提供着无数建设性批判。当这些批判变成现实的时候，它们反过来又会强化学说的权威性。如果一个建议成了实证法的一部分，它就成了一种"学说预测"，[1] 这有点像学者提出的一种物理学理论终于由实证数据验证的情况。不难理解，人们在这种情况下会对提出理论的学者青眼有加。

但是表达这种建议的方式在不同的学说体裁之中有所不同。在专著中，这些建议偶尔出现，而对于博士论文而言，它们往往是被研究的对象本身。一个曾经深陷于遗忘中、现在正在复苏的传统是，博士生最终以"论文提供的建议"（propositions de thèse）结束其作品，这是一些反复修改后才最终成型的段落，用以总结论文的中心思想。在此情况下，如果主题允许的话，这些建议会以规范性陈述的形式出现，博士论文的作者则主张这些规范应该取代现行有效的法律。如今，此类建议一般出现在早已成名成家、对自己所研究的领域有丰富实践知识的那些法学家所写的期刊论文之结论中。

---

[1] Nicolas Molfessis, « Les prédictions doctrinales », in L'avenir du droit: mélanges en hommage à François Terré, Paris, Dalloz, PUF et Litec, 1999, p. 141.

第四章 学说的功能

判例评注同样常常是学说建议的载体。作者们在评注判例时可能会建议对立法文本的修改，但大部分情况下则主张抛弃他们所批评的判例，至少也会提出如果法官考虑到了学者们更精细的概念区分，他们本可以把判决书写得更好。判例评注的涓涓细流最终汇集成奔向作者最终建议的滚滚洪流。

伴随着建议提出的批评在现实中屡见不鲜，以至于我们可以举出无数例子说明其对法律的实质影响。多玛和波蒂埃的建议原封不动地进入了《法国民法典》。我们还知道，奥布里和劳以及此后的拉贝成功地为最高法院提供了处理不当得利的方案。还是奥布里和劳，在与他们的同行展开的接力中，提出了建立在几个基础原则之上的财产制理论，法国司法持续使用这一理论处理了各种各样的争议。萨莱耶根据几个司法判决提出了风险理论，最高法院因而最终在让德尔案（Jeand'heur）中接受了物所致损害的一般责任。过了四分之三个世纪后，他1901年提出的格式合同理论最终启发了1978年1月11日法律的几个条款，如今成了《消费法典》的一部分。至于德莫格，他提出的手段之债与结果之债的区分现在已经得到普遍接受。至于离我们更近的例子，一系列批判论文最终促成最高法院在不确定价格上态度的转变。[1]

有时候，思想的实现需要很长的时间。有可能它已经无人问津，直到某一天，司法机关似乎受该思想启发而改变一直以来的判决思路时，人们才会突然重新发现它。但我们不知道的是，到底它在司法态度的转变上真的发挥了作用，还是人们仅仅为了给新的判例找一个学说上的背书而嗣后从故纸堆中找出理论。比如最高法院在1991年著名的布利克案（Blieck）中最终接受了75年前萨瓦捷提出的关于他人侵权行为责任的一般原则。但随着历史进程本身加速，学者的建议变成实证应用的速度也在加快。比如说泰西耶（Bernard Teyssié）关于合同群的理论（la théorie des groupes de contrats）和内雷（Jean Néret）关于次合同（sous-contrat）的理论在研究人员中引起了很大轰动，其主要论点传播很广。他们所提出的观点马上在最高法院的判例中有所体现。以至于《民法季刊》的专栏作者很严肃地称这些判例为"泰西耶判决"和"内雷判决"！穆利（Christian Mouly）的博士论文出版不到3年时间，著名的埃尔瑙特（Ernaut）判决就接纳了他的观

---

〔1〕 Assemblée Plénière, 1er décembre 1995.

点。[1] 仅仅从这些例子中，我们不能简单认为法官们每次裁判都要花许多时间阅读大部头的博士论文，但是他们肯定读了各种法学评论，而其中总会有学术共同体对优秀博士论文的溢美之词。也有可能他们所翻阅的诉讼文书中本身就有博士论文的一些段落或者法律评论的影印件，学说因此与实务界紧密相连。在这一意义上来说，各种思想当然是作者所独创的，却也在传播过程中成了集体努力的结晶。

除了这些有目共睹的明显成功以外，完整的研究显然还会让我们认识到存在数量更多的例子，要么只以较为低调的方式影响了法律，要么就干脆没有什么影响。虽然那些潜在影响了法律的建议不那么光彩照人，但是人们不应该把它们遗忘。在实践中，可能有以下几种不同的情况：首先，有些建议和社会中的重大争论无关，而只是涉及那些不受人重视的次要问题或者针对一个特别专业化的领域。其次，有些法律解释在事后看来完全是理所应当的，但在刚出现的时候则不为人接受。最后，有些解释则相反，一开始就普遍出现在许多作者的笔下，以至于没有任何一个作者的名字、任何一个标志性的案例可以与之相连。总体而言，这些学说成果首先表现为对新立法之适用的探问，但它们很快就在那些诞生于重要争议中的观点面前黯然失色。出于这些原因，最终那些实际上也影响了法律发展的学说作品无法为人所铭记。还有一些例子则因为过于远离整体讨论而没有进入人们的视野。比如说对禁止通过合同处分未来继承的规则的学说讨论，一方面非常出色，另一方面却不为人知，就因为人们处理的是一个很晦涩的问题，除了专家以外无人关心。所以人们无法想起到底是谁最终让法院接受对殁后买卖的承诺并不是法律所禁止的那种合同。最终，通过把这种承诺排除出关于合同的晦涩争议，并将其置于不动产领域的缔约允诺的视野中，新的判例才最终承认了许多学说先行者早已讨论过的结论，其中就包括了卡皮唐、萨瓦捷、斯坦（Jacques Ghestin）![2]

至于失败的例子，自然不胜枚举，但我们最好不要把它们绝对化。首先，每当法官以判决终结一个学说争论，我们认为在争论中失利的那一方其实也为最终获胜一方的成功贡献了自己的力量，因为落败一方的论证也迫使获胜一方提炼和

---

[1] Cour de cassation, chambre commerciale, 29 juin 1982, D. 1983, p. 360, note Christian Mouly.

[2] Michel Grimaldi, *Droit civil, successions*, Paris, Litec, 1998, n°s 349 et 350.

第四章 学说的功能

强化自己的观点。正因为如此,争议才是法律发展的动力。其次,正因为学说提出了恒河沙数般的建议,失败率高也在情理之中。造成出现这些不可避免的废纸堆的原因很多:孤立无援的建议、不为人知的建议、在实践中不合时宜的建议、和过于强大的传统相抵牾的建议……此外,议会和最高法院就像舰队一样,人们总无法让所有的船同时靠岸。

实际上,掌舵议会比掌舵最高法院的难度大得多,人们可能总会认为作者提出的建议只有通过法官才能成功进入实践。学说经年累月的修法诉求总体而言都无疾而终。一个很好的例子是关于让宪法委员会受理违宪抗辩(exception d'inconstitutionnalité)的建议,屡次为人提出,却从未真正实现。相形之下,通克就要幸运得多:在他长达20多年的不懈努力之下,交通事故终于在1985年通过立法成了独立的领域,同一部立法顺便把75年前萨莱耶就提出的思想变成了法律!如果作者有办法作为受委托的专家直接面对权力发声,那么情况会乐观得多。

2) 受委托专家的工作

可能除了作为受托专家的职能以外,没什么别的能更好地解释学说与权力之间的紧密联系了。虽然这种工作不如发表学术作品那样常见,却是后者的一种自然补充。掌权者就是博士们最好的对话者,当掌权者在需要可靠的专业技术知识来辅助决策或者法学知识能够提高其决策之正当性时,他会自然而然地求助于博士们。同样,既然直接参与决策的邀请能够帮助作者实现自己的想法,那么他接受这一邀请也是再正常不过的事。通常的情况是学者用评注或专栏请求决策者有所作为。而此时,决策者本身是请求帮助的人。这样的机遇对学说而言堪称完美。

对于门外汉而言可能不那么明显的是,此种专家职责同样可以强化博士的学术特权,特别是当他们的专家意见在那些从学说的角度看既重要又高尚的实证法领域发挥作用时。比如,能参与修改宪法或者最近讨论的国际刑法就要比命名标准化的技术规定好得多。但我们不应为此感到惊讶,因为博士们主要的工作面向行动,而这既包括对实证法的精细整理,又包括创造比实证法要求法学家们接受的那些机制更有效的法律规范。当一名自视为社会规制者的法学家受命针对一个特定对象提出其专业意见时,这已经是一种得到认可的标志了。当一个政治决定因为受其工作启发而完全符合教义学之严格要求时,他无疑会同时在实务人士和

231

他的同事之间取得无可置疑的权威地位。而在所有为他的学术光环增光添彩的头衔中，博士从来不会忘记强调他曾参与某个立法的制定。简而言之，在每一个博士的面具下都藏着一个策士，以前博士论文最后的立法建议证明了这一点，现在为立法出谋划策可以增强博士之权威的事实让这一观察更有依据。

显而易见的是，在学者参与讨论的不同部门法中，这种权威的获取程度也有所不同。让我们从最老生常谈的例子出发。在一些领域，只要一个专家能够充分展现其知识的优势（并往往把这些知识完整地体现在一份报告之中），而且能说服立法者认可其分析的质量，那么也就可以为他的作品带来最大限度的应用。历史上不乏此类先例。人们正确地认为卡皮唐是1930年《保险法》之父，而里佩尔则是启发1966年海商法改革的人——尽管此时他已经去世且罗迪埃（René Rodière）才是改革的出色执笔者。卡尔博尼耶院长的专家意见能让所有其他法学家黯然失色。20世纪六七十年代相继出现的人格权法和家庭法的改革可以直接归功于他。而且他把自己哲学和技术两方面的想法都一股脑地贯彻在新立法之中了。

这一最大化的效率与权威还会出现在一名法学家受命领导一个致力于整体改革某个部门法的委员会时。一般来说，此类委员会之成员所能享有的特权要小得多。如果一名学者先后多次出任不同委员会的主席，特别是当这些委员会的任务都相当重要时，这种任命无疑是对其权威地位的认可。所以在评论韦德尔时，布雷邦（Guy Braibant）不无幽默地说，他应该在自己的名片上印上"多个韦德尔委员会的主席"。[1]

但是权威和实践中的成功并非总是形影相随。有些作者成功地通过立法咨询活动确立了自己的学说，但是他们所领导的委员会形成的专家意见一直没有任何结果。就连几个以韦德尔命名的委员会所撰写的报告，也有一部分最终湮没无闻。戴尔马斯-马蒂（Mireille Delmas-Marty）在20世纪80年代领衔的刑事诉讼法改革委员会所贡献的成果在很多年里滋养着对刑事司法的思考，也让这名主席获得了学术上的权威，然而立法者最终放弃了整体的改革方案。

更常出现的情况是国民议会、参议院和临时委员会召开听证会，并征召学者以专家身份发言。对于受征召的人而言，这自然也是一种学说权威的标志，但这

---

[1] Guy Braibant, « Les "commissios Vedel" », *Revue française de droit administratif*, 2002, p. 213.

第四章 学说的功能

更为个人化,也更难以衡量其效果。相反,在一个永久性机构中长期担任法律专家的人很难进入公众视野,但是对法律的影响效果则更大。成为某个部长的阁员就属于这种情况。我们还记得在富瓦耶担任戴高乐将军的掌玺大臣(即司法部长)时,他的办公室中有不少资深法学家,最终促成了一些重要立法的修改,包括公司法、家庭法等。这些法学家自然也因此获得了威望。至于那些没有成为部长幕僚而是在独立的行政机关工作的法学家,他们也有类似的机会。消费者法的专家们都会承认,在滥用权利条款(clauses abusives)委员会最初几年的工作中,卡莱-奥卢瓦(Jean Calais-Auloy)教授发挥了不可否认的影响。虽说如此,我们有必要在此强调一下作为受托专家之职能的边界,因为幕僚和行政机关成员在身份上实际属于决策者。

3) 咨询意见

正如我们此前已经讨论过的那样,咨询意见仍是由学者提出的建议,但是传播范围有限。相比于一篇期刊论文,针对诉讼提出的咨询意见有两个优势:一方面,它必须以当下需要裁决的事实作为基础;另一方面,它在形式上是诉讼文件的一部分,法官不能轻忽视之。实践中,重要的诉讼总是会涉及两份从相反的角度提出的咨询意见,而判决中总会留下这些隐秘学说争议的印记。

就像在罗马法时代和旧制度下一样,很多重要判例都是以此方式最终得以裁决的,但是现在人们禁止公布这些咨询意见了,其结果就是我们无法评价此现象。

非诉讼咨询意见也发挥着间接的作用。他们影响实践,从而影响类似的案件的判决。在这种情况下,(人们)不清楚的甚至不是对现象的评价,而是现象本身。无论需要讨论的是哪种咨询意见,不确定性始终挥之不去。

2. 集体表达的方式

从20世纪70年代开始,出于促进集体科研的想法,合作研究团队、各种中心或机构如雨后春笋般涌现,其结果之一便是出现了一种新的写作体裁,它没有法学界以前习以为常的写作模式那么强的个人色彩。最近我们更看到有些作者起而牵头发布宣言或请愿书。

1) 科研机构的工作

所谓"硬科学"的标准主导了科学研究之组织结构的演进,合作研究团队(laboratoires)、各种中心(centres de recherche)或机构(instituts)在渴望通过

作为一种法律渊源的学说——法国法学的历程

新科研机制获取信任的法学院内部应运而生。从20世纪早期开始，法学院的合作研究不过意味着为博士生提供一些公用的资料室而已，[1]那么在这一领域里，要想说明建立这些新机构所需要的财政经费用之有道，就必须为它们确立明确的目标。

于是，很多科研机构把接受和完成各部委的委托项目作为主要的活动，从而也间接扮演了受委托之专家的角色。在此意义上，巴黎大学的法社会学团队堪称先驱，他们在20世纪60年代所完成的一系列社会学调查为家庭法和人格权法的改革打下了坚实的基础。[2]研究中心往往挂靠在国家科研中心，其中许多也延续了上述传统。圣埃蒂安大学的法律批判研究中心（Centre d'études et de recherches critiques sur le droit）就是一例，他们完成了不少针对司法之实际运行的研究，公开发表的只是其中的一部分。

最近，一些研究中心说服不同的法学期刊发表他们的成员针对各人所专擅的领域最新进展的综述，比如宪法诉讼、儿童权利保护、公司法等。这种新动向不容小觑。此类综述传统上由德高望重的学者执笔，如今许多则由年轻学者撰写——只不过在他们自己的签名背后，可能仍有科研机构主事者洞察一切的目光。

不过，人们为这些研究中心之存续正名时，最常用的证据还是它们举办的研讨会。研讨会自然早就出现了，但是以前的名字是多少具有一些神圣色彩的"大会"（congrès）。[3]比如比较法学家就经常提起1900年于巴黎召开的著名的国际比较法学大会。但当时的大会首先在频率上无法和我们现在所说的研讨会相提并论，因为这些大会的主办方和发起人往往是各种学会（比较立法学会、立法学研究会、卡皮唐法国法文化之友联合会等），它们的经费无法支持经常组织会议。

在20世纪最后的二十多年里，研讨会的数量激增。现在的研讨会往往持续一到两天，汇集那些对同一个话题感兴趣的专家，然后以论文集或期刊专号的形式出版以参与讨论的论文。这种组织方式因而得以催生一种集体成果。不过它

---

[1] Maurice Hauriou, « Création de salles de travail à la faculté de droit de Toulouse », *Revue internationale de l'enseignement*, 1901, vol. 41, p. 567-558.

[2] François Terré, « La signification sociologique de la réforme des régimes matrimoniaux », *L'Année sociologique*, 1965, vol. 16, p. 3-83.

[3] Christophe Prochasson, *Les années électriques*, Paris, La Découverte, 1991, p. 223.

第四章 学说的功能

是对一些针对某个问题的个人成果之集合，最能体现集体色彩的只是每个报告人发言之后的讨论环节，但可讨论部分一般又不会出版。

我们有必要区分不同类型的研讨会。首先，并非所有的研讨会都在大学内部。今天的研究中心必须面对许多私人培训机构的竞争，这些机构不仅为职业人士组织专题培训活动，而且还组织针对某些具体现实问题的研讨会——比如关于一部新制定的法律或者司法上新发展的研讨。至于大学的研讨会，也各不相同。研究中心也对现实问题很感兴趣，但它们的侧重点和研究方式的科学性更强。所以，确立民事伴侣制度（pacte civil de solidarité）的法律既成了以职业培训为目的的会议之主题，又成了更具学说色彩的大学研讨会的主题。不过，有时候在两种不同的研讨会之间作出区分并不像想象中那么容易，因为学说话语同样也针对实务界人士。

有些研讨会的主题距离严格意义上的实证法相当远。还有一些则极力在实证法逡巡之时促成其发展。在民事伴侣制度最终确立之前的一系列研讨会和1997年于巴黎一大召开的关于医疗事故赔偿的研讨会都属此例。[1] 实际上，恰恰在这些研讨会中，不同的风格同时存在。有些明显是在促进（形成）某一立场，另一些则更纯粹是研究性的；有些在数年之后才真正形成了集体的科研成果，有些则马上有所作为。简而言之，随着研讨会数量的增加，各种研讨会之间的差异也在加大。所有的研讨会都鼓励人们批判地审视实证法，而且就算其成果没有付梓，我们还是会在不同的场合找到这些讨论留下的印记——博士论文（博士生是研讨会的主要听众）、诉讼文书、立法建议等。

2）宣言或请愿

比较常见的情况是，作者们联合起来共同完成研究，但这样做唯一的目的是分担重任并提供多种不同的视角。在这种情况下，最终出版的作品中那些观点其实和作者个人的观点没有区别。

相反，如韦伯对学者的经典观察一般，很少见到作者们团结起来施加强大且确实的政治压力。要是没有数错的话，在2004年以前只有三个例子，而且这三个例子离我们都很近，分别发生在2000年、2001年和2002年。所以我们推测这

---

[1] Viney G. (dir.), *L'indemnisation des accidents médicaux？：Actes du colloque du 24 avril 1997, Grande chambre de la Cour de cassation*, Paris, Librairie générale de droit et de jurisprudence, 1997.

作为一种法律渊源的学说——法国法学的历程

种新的表达方式可能在日后会迎来一定发展,并且形成一个崭新的序列:"大众学说"。[1] 三个例子其实特别不同,所以我们在形成综合判断之前要先逐一研究。

　　a) 2000 年:佩吕什宣言(le manifeste *Perruche*)。在 2000 年 11 月 17 日最高法院全席裁判会议作出著名的判决后[2],拉布吕斯-里乌(Catherine Labrusse-Riou)教授和马蒂厄教授(Bertrand Mathieu)在当月 24 日的《世界报》(*Le Monde*)上发表了一篇文章,并附上了参与起草文章的 28 名同仁的签名。本来,在发行量大的报纸上出现批评最高法院的判决的文章并非奇事,无论执笔的是记者、法律实务人士还是法学教授都一样。此事令人感到新鲜的是人们选择了以集体发声的方式批评最高法院,而后者几乎沦为笑柄。[3] 在文中,作者指责最高法院的判决导致了"对人类形象的重大贬低"、"是对人类尊严之法律原则的肆意违背"、"以赔偿的名义实际上向社会传达了歧视与贬低的信息"。简而言之,让人不禁想起臭名昭著的优生学!

　　在那么严重的批评之后,人们本来期望在公开信的结尾会看到签名者对最高法院之存在价值的质疑。然而这样的结论实际上并未出现。甚至在文本的字里行间,人们看到的只是对在下一次判决中推翻原判的期待,要不然就是对立法干预的呼吁。至少在这一点上,他们的做法和以前的传统方式别无二致。不过,它见证了一种不寻常的热情。就算文章并未主张自己代表着全体民众的声音,其遣词造句之强烈程度至少让人觉得任何文明人——特别是法学界同仁——都不能够接受这一判决:"无论是民法还是宪法所保护的那些基本权利都不允许最高法院如此裁判。"所以,我们不妨称之为一个宣言,而不在意这一术语可能带来的夸张成分。实际上,在其后几周,有不少学者站出来表达他们对上述判决的支持。

　　与此同时,还有一些作者接受了《世界报》上文章所表达的反对观点,并进一步发展了这些论证。简言之,佩吕什判决成了人们以高涨的情绪强烈批判的一个先例,但就其自身而言实际上并不比我们的司法制度每年出现的那么十几个

---

　　[1] 这一术语参见 Alain Bénabent, « Une doctrine de masse? », *Chronique Dalloz*, 2002, p. 651; Rémy Libchaber, « Une transformation des missions de la doctrine? », *Revue trimestrielle de droit civil*, 2002, p. 608.

　　[2] 本案的内容并不重要,而且对本案的评论已经有不少。具体可以参见 Bulletin de la Cour de cassation, *Assemblée plénière*, 2000, n° 9.

　　[3] Michelle Gobert, « La Cour de cassation méritait-elle le pilori », *Petites affiches*, décembre 2000, p. 4.

第四章 学说的功能

争议判决更具争议。但是,媒体、公众、政治集团、议会所了解的只是那些反对本判决的立场,因为不愿意牺牲客观性的医生和他们的保险专家们完全是在另一个领域斗争。[1] 他们确实在进行着自己的战斗,然而斗争的重点是相关争议的科学方面。

反对佩吕什判决的宣传攻势最终压制了不同的声音,并说服各残障人士联合会相信,为他们的会员所提供的损害赔偿实际上远远无法抵消道德上的伤害。而后,2002年5月4日,一部废除全席会议之判决的法律获得通过。至此,这些联合会平息了他们对曾经受人操控的愤怒。[2] 至于学说,我们很难确定它在此争议中的具体作用。因为失去了他们天然盟友残障人士联合会的支持,那些赞成最高法院判决的作者并没使自己的声音得到聆听,而他们的对手则恰恰相反。[3] 要知道,赢者通吃的结局并非学说发展中常见的现象。

b) 2001年:卡塔拉请愿书。本次事件与佩吕什宣言毫无共同之处,这也是为什么应该把它们放在一起对比。一开始,立法者致力于改善鳏夫或寡妇的境遇。然后,继承法领域无可争议的权威卡塔拉教授(Pierre Catala)起草并分发了一份请愿书,但他在请愿书中丝毫没有质疑立法者的政治决策。实际上,请愿书的作者提出的都是完全技术性的主张:其一,他批评立法草案起草得过于拙劣,以至于可能导致改革目的落空;其二,他指出议案的作者所没有预料到的、更不可能希望导致的一些不利后果;其三,他顺带指出,《民法典》在继承领域的条文过于老化且漏洞百出,有必要进行整体的改革。

需要强调的是,他所提出的问题并没有引发争论,似乎所有人对他所说的改革目标和最佳改革方式都没有意见。所以,请愿书征集到了来自37所大学的237名博士的签名,在《达洛兹汇编》的"观点"栏目中发表。[4] 据我们所知,无人提笔反对。文本本身倒没有显示作者的姓名,只说是"一群大学教授与讲师关于继承法的自发改革建议"。从内容来看,论证的逻辑对那些即便对继承法知之

---

[1] 医生在原告母亲孕期因过失漏诊其所患麻疹,使原告患有严重先天残疾。佩吕什对父母提起不当出生之诉,对医院提起不当生命之诉。最高法院支持了他对医院的赔偿请求。医学界认为这一判决会引发大量诉讼,并提高医疗保险金。

[2] « Les associations exigent l'abrogation de la loi *anti-Perruche* », *Le Monde* du 26 juin 2002.

[3] Michelle Gobert, « Handicap et démocratie », *Commentaire*, 2002, Numéro 97, n° 1, p. 29-40.

[4] *Recueil Dalloz*, p. 2899.

作为一种法律渊源的学说——法国法学的历程

甚少的读者来说也顺理成章。

几周以后,在 2001 年 12 月 3 日投票通过的法律接受了许多前述请愿书中提出的建议,此时令人惊讶的毋宁是国会议员竟然愿意倾听学校教导之事实!不过,议会和学院之间的沟通显然也得益于请愿书中政治热情的缺乏。正因如此,本次事件以学说无可争议的胜利告终。期刊主编在以"学说——一种中介法律资源?"为题的卷首语中高呼:"谢谢,卡塔拉先生!"[1]

签名的学者在这一个案中显然认为自己表达的是大多数,甚至是代表全体法学家的声音,我们至少可以考虑一下,他们是否真的认为自己以此种渊源之名义发声。他们至少有意让人往这方面想,因为执笔者写道:"那些代表了法国法律学说的学者们感到自己必须对立法者进言。"确证这一代表性的恰恰是那些已经把继承法忘得一干二净、仅仅因为对卡塔拉的个人威望的信心而签名的那些学者。这种信心当然有理有据,但此类做法更像是政治积极人士而非大学教师之所为。另外,人们很难说那些没签名的人是因为他们不同意请愿书中的内容,还是因为他们觉得自己没有意识到其中提出的问题而不应该贪功。无论如何,人们在此所代表的学说表现为一个整体,而且因为内部没有反对的声音,像一个统一的权力一样。

c) 2002 年:对欧盟委员会的"回应"。从 2001 年 7 月开始,欧盟委员会邀请各国法学家提出他们对编纂一部欧盟统一合同法的看法。几个月后,卡皮唐协会的代表大会就此给出了自己的反馈。该协会以捍卫法国法或更一般的罗马法文化为己任,除了其他活动之外,它每年会组织学术水平极高的国际大会和国内研讨会,出版会议论文集,并因此在学说发展中扮演着重要的角色。其法国支部大部分是私法专家,却也因为包括了私法专家中的大部分,确实成了私法学说的主要代言人。此外,它还与一些外国支部保持着成果丰硕的合作关系。

该协会成员的反思发表在《达洛兹汇编》的专栏中,题目为"对欧盟委员会的超时回应:论欧盟合同法典",主笔人为巴黎二大的教授马兰沃(Philippe Malinvaud)。但这名作者所表达的并非其个人的观点,因为他自己也承认,文本是他与十数名同事合作完成的,并在脚注中列举了他们的名字。此外,与通行的做法不同,解释说明专栏的不是作者本人,而是时任卡皮唐协会主席的格里马尔

---

[1] *Droit de la famille*, janvier 2002m rubrique « Repères », n° 1, p. 3.

238

第四章　学说的功能

迪（Michel Grimaldi）。这种做法表明文本起源于卡皮唐协会的动议，而且作为荣誉主席的马兰沃本人也确实在文本中吸收了别的会员的观点（如果我们没理解错的话，不仅仅局限于名字被列举于注释中的那十多个人）。

换言之，如果该回复因为没有用卡皮唐协会来署名而并不直接代表协会的立场，它至少也代表了一种可能得到其会员广泛接受的非正式思潮。这就和厄泽教授（Vincent Heuzé）以巴黎一大一个在合同法领域享有盛誉的研究中心之名所发表的类似回应稍有不同。[1] 卡皮唐协会的文本既不像宣言那样具有论战性质，又不像请愿书那么简洁有力。无论它在署名等外在表现上有多少反常之处，它只是对集体反思的呈现，并且在内容上和本刊大部分专栏文章很接近。在这一意义上，其方式比此前说过的两种文本要更加具有传统上学说作品的特征。

显然，现在（2004年）要评估这份回应的可能影响实在是太早了。其他国家的法律人也对此有话说。同样，法国的法学家也乐于以个人身份讨论同一个问题。至少我们可以说，在面对欧洲一体化的挑战时，法国学说明显在尝试自我组织。但是考虑到根深蒂固的个人主义习惯，我们在此可以见到的只是初步的尝试。这些非正式的回应还是显得过于缓慢了，毕竟作者也在标题中承认，自己"超时"了。

总结

在佩吕什事件中，支持和反对的学者观点都得到呈现了，多少实现了观点的平衡，支持者和反对者在法律科学的外衣之下出于其个人信念而相互抗争，在《世界报》上发表宣言的那一方最终更胜一筹。相反，签署《卡塔拉请愿书》的学者们并没有攻讦立法建议，实际上立法建议并没有遇到真正的反对意见，人们也不需要捍卫另一种社会生活的选择。学者只是坚持了体系的内部逻辑，所写的不过是从法律科学的角度为立法提供一种能够保持法律体系完整性和效率的建议。最后，马兰沃的回应混合了信念（对罗马式法律体系的捍卫）与纯粹技术性的论证。我们的结论是，一方面，政治参与者的模式反复出现；另一方面，把它与纯粹学者方式区分开来的界限并不十分明确，而是随着不同的个案不断变动。相比之下，学说的正当化功能更能得到证明，但也更谨慎。

---

[1] Vincent Heuzé, «à propos d'une initiative européenne en matière de droit des contrats», *La Semaine Juridique*, 2002, n° 1, p. 152.

二、正当化的功能

从学说致力于法秩序的进步那一刻起,它也就通过赋予法秩序学者法之保障的方式,正当化了法秩序。诚然,这种正当化的功能不意味着作者们在原则上致力于为任何法律设计正名!恰恰相反,他们从来不缺乏批判精神,甚至有时候相当尖刻,以至于在有些情况下最小化那些他们认为不合时宜或者不正当的规范,或者对它们置之不理。不过无论作者们是支持还是反对,也无论人们是否信服这些作者的主张,总而言之无论他们研究的结论是什么,唯一重要的事实是:在学者孜孜不倦的论证中,实证法之整体在学说的审视下获得了自身的正当性。其背后的原因是学说享有极大特权,并且自然让它所密切关注的对象也得以分享这一特权。

但是学说自身也因此获益。在构建并正当化法秩序的同时,学说本身通过这种权力保障了自身的正当性。所以,法秩序和法学的正当化不过是一体之两面。

(一) 对法律秩序的正当化

我们在此应该讨论的是那些新的立法或判例,毕竟过去的那些制度在刚出现的时候也有过同样的情况。

总体来说,最能引起人们思辨的就是那些新鲜事物。学说总是带着批判的目光审视立法和判例的创新,这并不令人奇怪。但是学说哪怕以批判的方式评论一个新出现的制度,也是把它作为实证法的一部分接受下来的象征。

而且,当作者分析过新的规则后,总会进入把它们整合进已有法律体系的阶段,换言之就是出于新发展的刺激重构体系的阶段。此时,正当化的进程会明显加速。

我们会先后研究通过分析实证法而实现的正当化和通过对部门法重构实现的正当化。

1. 借由分析实证法实现的正当化

就算是对新法律的批判性分析,也总是首先披着传统的外衣出现。当学说以其学者性的语言讨论新法律时,就已经降低了创新的程度。至少在一般情况下,

第四章　学说的功能

这一现象既不可避免，又难以发现。然而在法国学说的历史中，也出现了一些揭示真相的极端情况。

1）一般情况

至此，我们一直是在不言自明的意义上使用正当化的概念的，其实它包括了不同的意思。它既可以意味着对正式合法性的获取，也可以完全与此无关。立法实际上因为宪法上的规定已经有了正式的合法性。而判例则因为没有任何立法文本承认其拘束力而完全不具备与立法同等的正式地位。所以，学说赋予立法与判例的正当性实际上与上述概念完全不同，而且包括了两个不同的方面：这种正当性一方面明显立足于理性之上，另一方面则潜移默化地立足于某种道德和政治倾向之上。我们会分别讨论。

学说的理性化工作所欲实现者，无非是立法可以更好地为人所认识、为人所理解，并为人所应用。立法的规定得到最大限度还是最小限度的适用、法学家的共同体是否适应其形式、新立法是否能够融入那些包含了微言大义的既有成规……这些至少部分由学说决定。对于判例来说，以上判断更加显而易见，因为它们本身并不作为一般性的规范出现。学说因为在论证中以其判例为论据而赋予判例无可争辩的权威地位，以至于法学家普遍接受了判例。显而易见的是，这种理性赋予的正当化对于那些写得不怎么样的司法判决或立法文本来说尤其必要。哪怕是被人们奉为立法艺术之顶峰的民法典，也常常有不尽如人意处。如今的各种立法文本则更是错漏百出，更不用说那些模糊不清的判决了。所以，学说填补漏洞、调和冲突、解释不明之处，修复它认为是笔误的地方。简言之，学说把立法与判例提供的璞玉打磨成器。这种改善应该经由技术的应用实现，而不应该出于往往引起极大争议的道德或技术进步的目的。不过，后者往往会在另一种合法化过程中显现。

从学说认为可以评论一部立法的那一刻开始，就算它对立法者的选择有颇多不满，也表明了它承认该立法和以法学家的技术分析之的立场，也就是说，它已经把这一立法接受为实证法的一部分，并认为此刻已经不是讨论其意识形态倾向的时刻了。在这一意义上，只要学说没有进一步的保留，便反而赋予该立法在政治秩序中的合法性，对立法的学说评论又恰恰将其非政治化了。《民法典》正是如此获益于那些并不完全接收其规则的法学家们的解释工作，因为这些君主制的拥护者延续了首先把立法作为既成事实接受下来的习惯。

作为一种法律渊源的学说——法国法学的历程

在距离我们更近的年代——20世纪末，则出现了特别有代表性的例子。1999年11月15日关于民事伴侣关系的法律甚至在还没有得到议会通过的时候，就已经成为若干专栏热烈探讨的对象了。批评的声音中既有对法律承认同性伴侣关系的原则性否认，也有对该立法计划中数个无法辩驳的技术缺陷的指摘。可以说，学说在还没有必要介入的时候就贸然把手指伸入车床了。另外，这些批评也没有什么成果，因为人们不加辨别地把其中最有道理的批评也当作恐同反应置之不理。话虽如此，学说工作在法律颁行后取得了更大的进展，毕竟人们必须评论一部突然插入民法典的法律。而只要评论，必然就会更关心其实践结果，而把批评放在第二位了。有些学者主张民事伴侣关系也是一种契约，并列举了其成立与生效要件。这一转变足以印证正当化的步骤：首先，民事伴侣关系备受反对，然后成了学术研究的对象，甚至对它的学术性分析一下子压过了立法者那些从技术上来说质量堪忧的作品。最终，那些原创性的学术观点吊诡地让民事伴侣关系成了一种平平无奇的法律关系。不过这种矛盾恰恰源自学者与政治之间的关系：一方的创新总会让另一方的方案变得平庸。要想完全避免这种效果，那就只能无所作为，视而不见。

在这一意义上，我们也发现学说确实对一些立法文本不予置评，特别是那些试图建立福利国家的立法。这种情况倒不一定出于法学家对福利国家在意识形态上的反感，而是因为他们常常说这些立法都是纯粹规制性的一团乱麻，配不上法学的精妙探讨。类似的例子在养老金和退休法、社会保障法、家庭援助法等领域并不鲜见。虽然多少带着一些贵族式的鄙夷，但"一团乱麻"的说法本身很能说明问题，可这不能完全阻止人们质疑束手旁观的作者。有些人在心中暗自认为，学说本来可以在类似的情况中一展身手。另一些人则拒绝把智力资本投资在这些领域，因为他们知道必然是竹篮打水一场空：对于学说而言，真正的回报是建立一般原理，而规制的混乱显然对此无所助益。无论如何，只有公务员和一些特别的协会了解这些部门法。在学说不愿意插手的情况下，它们所能拥有的无非是自己本身就有的形式合法性，并在日常实践中不断变得平庸。

易言之，学说放弃的那些部门法往往变得无足轻重。以前那个只有"美好的民法"值得学者们探索的年代已经过去，学说也在不断扩展其研究范围。这一现象从20世纪70年代开始越发明显，伴随而来的是大学教师人数的增长和青年研究者对新领域孜孜不倦的探索。学说目前的事业在于澄清所有的立法文本而不问

第四章　学说的功能

其来源，并把它们整合入体系。只有在极端的情况下才会出现其他的取向。

2）极端情况

二战时期维希傀儡政府的立法就是所谓的极端情况，并且向学说提出了尖锐的道德问题。在所有维希立法之中，有些是可以接受的（解放后也得到新政府的确认），另一些则多少令人生厌（但早已尘封、无人想起），人们最喜欢强调的是一个极具戏剧性的个例，并因其象征意义而常常用以举例说明。或者说至少当人们直到最近开始关注维希政府治下的学说时，[1] 习惯于以1940年关于法国犹太人地位的立法为例。该立法引起了各种不同的反应，值得逐一探讨。

一个初步的印象是，无论是书面还是口头表达，都通过一系列在专制时代行之有效的实践技术，有意识地忽略该立法。有些教授在草拟的课程大纲中把该立法放在课程的最后，然后借口时间紧迫，避而不谈。如果说难以在教科书中对此置若罔闻，那就暂时搁笔。还有人提出研究这一立法要求我们掌握现在还不具备的能力。[2] 人们在写文章的时候限缩自己的选题，从而回避该问题。实在回避不了的时候，就用一个小小的脚注应付过去。在评注案例的时候，学者对那些无法避免适用该立法的判例不置一词，而这些判例虽然不能说尽量把该立法的适用范围缩至最小，但也用扩大解释或限缩解释降低其严苛程度。[3]

不过，和法官不同，学者可以选择自己讨论的对象，所以学说也并非一致沉默。有一些博士论文写的是犹太人地位的问题。不少教科书或多或少都对此进行了深入探讨。那些没有在1940年停刊抗议的法学期刊也发表了相关的论文。除了那些与当权者联系最密切的法学家以外，倒很少有人赞颂这一立法。但"犹太人"到底还是成了法学出版物著作中的一个序列，在期刊中有对应的专栏和评

---

[1] Marc Milet, *Les professeurs de droit citoyens?*: *entre ordre juridique et espace public*, *contribution à l'étude des interactions entre les débats et les engagements des juristes français* (1914-1995), Thèse de doctorat, Paris 2, Paris, 2001, p. 290.

[2] 解放后当选为巴黎法学院院长的朱利奥·德·拉·莫朗迪埃（Léon Julliot de la Morandière）院长就是一例，他在1942年的民法课上说犹太人地位问题其实是一个公法上的问题，所以不应该在民法课程里讲解。

[3] Jean-Pierre Dubois, «La jurisprudence administrative», *Le genre humain*, janvier 1996, n° 1, p. 363-383; Pascal Ancel, «La jurisprudence civile et commerciale», *Le genre humain*, janvier 1996, n° 1, p. 363-383; Jean Marcou, *Le Conseil d'état sous Vichy*: 1940-1944, Thèse de doctorat, Grenoble II, Grenoble, 1984; Philippe Fabre, *Le Conseil d'état et Vichy*: *le contentieux de l'antisémitisme*, Publications de la Sorbonne, 2001.

作为一种法律渊源的学说——法国法学的历程

论。也有不少学者在有机会讨论这一立法时不假思索。

所以才有了迪韦尔热（Maurice Duverger）那篇最近因为媒体广泛报道而出名的关于公务员问题的文章。[1] 文章特别谈到了立法者出于犹太人之危险性而禁止其出任公务员的决定。这一段落在多年以后让作者备受指责，人们谴责迪韦尔热没有直言反对，把自己的个人情感置于一旁，而仅仅在法律技术的范围内探讨问题。这种说法倒是没错，可问题在于，用今天的眼光看，在这类敏感问题上保持中立本身令人不适。这样一来，人们更不会惊讶于另一名作者今天引起的反感情绪了，因为他甚至为反犹立法所提出的漂亮法律问题而感到欣喜："犹太人的新地位让宣告之诉（action déclaratoire）重新获得现实相关性。"这种往往在关于国籍和民事地位之争议中出现的诉讼"如今迈入了种族问题的领域，并带来了丰富的判例"。[2]

今人在回望过去黑暗年代时产生的不适也往往引起辩护的声音，比如说，学者可以声辩自己所提出的法律解释是对相关人员影响最小的一种解释。[3] 但类似的辩护不会消除不适，因为仅仅参与对法律的技术讨论本身就意味着对其基础的默示接受。为反犹立法附上学究气的论证、提出反面解释或类比的相关性……这些做法都意味着把关于犹太人地位的法律和其他法律一视同仁，作为可以讨论、从而成为即便其批评者也认为可以接受的文本。

我们今天完全不能接受这类的讨论，维希伪政权所创造的极端情况因而让人们认识到学说在探讨立法的时候必然会为其附着至少最低限度的政治和道德认可。极端情况同样证明了中立性不可能取代伦理选择。[4]

对于上述个案，我们还需要试着理解一个得到不少学者赞同的立场。洛夏克（Danièle Lochak）夫人在一篇令人印象深刻、高瞻远瞩的文章中，认为法学处理

---

[1] Maurice Duverger, *La situation des fonctionnaires depuis la révolution de* 1940, Librairie générale de droit et de jurisprudence, 1941.

[2] Henri Vizioz, « Jurisprudence française en matière de procédure civile : Action en justice. -Statut des juifs », *Revue trimestrielle de droit civil* 1942, p. 309.

[3] Maurice Duverger, « La perversion du droit », *in Religion, société et politique, mélange en hommage à Jacques Ellul*, Presses Universitaires de France, 1983, p. 705-718.

[4] Comp. Dominique Gros, « Le "statut des juifs" et les manuels en usage dans les facultés de Droit (1940-1944): de la description à la légitimation », *Cultures & Conflits*, 1993, n° 9-10.

第四章 学说的功能

反犹立法时的拙劣源于当时在法学院中占支配地位的法律实证主义。[1] 但她的论证并不能使人信服：那些公开支持自然法的学者同样乐见关于犹太人地位的法律，反而是那些最著名的实证主义者选择了拒绝，并亲自投身反抗运动。[2] 还有人认为问题出在教义学方法上，这种方法标志性的"一般化"导致人们往往采取对现实置若罔闻的观察角度。那么，我们能够通过这种"立法至上主义者完全忽视历史之悲剧的意识形态"来解释占领时期法学家的无能为力吗？[3] 似乎也仍有疑问，因为毕竟从经验上说，那些拒绝评论反犹立法、批评维希政府甚至参与战斗的人中，不少就是最典型意义上的立法至上主义者。

所以真要解释这一现象，就不能停留在法学家的方法和文化层面。不过无法否认的是我们的方法和文化确实倾向于一种特别尊重立法文本的心态。更何况我们也不能否认它们从根本上就特别倾向于稳定的秩序，引导作者们去合理化现实——无论现实是什么。正如我们此前已经提过的，如此形成的法国学说成了社会秩序的决定者。

但这种解释有所不足，因为它完全不考虑作者们的道德和政治观点，更不用说对权力的迷恋、对学界前辈的敬畏、职业野心等因素。如果说在占领初期有人写了关于犹太人地位的作品，他们也不仅仅包括法学家，从中也形成了一种竞争支配地位的权利话语。我们从洛夏克另一篇受布迪厄启发的作品中可以看到（这一点）。[4] 最重要的是犹太人的境遇并不真正困扰其他法国人。如果说这些作者真的接受了可以以完全教义学的方式来处理此类议题，是因为犹太人的地位在他们眼中与其他法律问题别无二致，并没有什么理由让他们放弃惯行的方法。在殖民地法的文献中，关于当地原住民之地位的讨论中，不也能见到类似的心态吗？所以，我们无法用实证主义的强势或立法至上主义的意识形态来解释那段历史，也不能认为这是个文化现象。反犹主义和事不关己高高挂起的冷漠心态在当时的

---

[1] Danièle Lochak, « La doctrine sous Vichy ou les mésaventures du positivisme », in *Les usages sociaux du droit*, Paris, CURAPP-PUF, 1989, p. 252-285; Michel Troper, « La doctrine et le positivisme (à propos d'un article de Danièle Lochak) », in *Les usages sociaux du droit*, Paris, CURAPP-PUF, 1989, p. 286-292.

[2] Marc Milet, *Les professeurs de droit citoyens*, op. cit., p. 277.

[3] Dominique Gros, « Le "statut des juifs" et les manuels en usage dans les facultés de Droit (1940-1944): de la description à la légitimation », op. cit.

[4] Danièle Lochak, « Le droit, discours du pouvoir », in *Itinéraires*, études en l'honneur de Léon Hamon, Paris, Economica, 1982, p. 429 sq.

法国社会并不罕见,大学教授们只是没有自己独特的立场而已。[1] 不过,结论没有改变。当法学家退回教义学的时候,不过是日常化并正当化了犹太人的地位。好在还没等这类立法重构我们的法律,法国便迎来了解放。

2. 借由重构部门法实现的正当化

现在,假设一个真正的创新深刻改变了法律。那些着手处理的法学家们肯定要先从分析性的评论开始他们的工作,继而重构部门法,并同时完成他们正当化的工作。以此种方式,立法者打好了地基,倒是法学家建起了高楼广厦!为此,他们特别需要修改自己的章节回目,并更新原有的理论。

1)修改提纲

经过长时间的沉思方始成熟的篇章目录是一部专著的框架,不应该在不同的版次中有所改变。作者往往会在再版时调整一些句子的先后顺序、重写一些段落,或通过加入新的观点来改善原有的内容,但很少见到谁会去改变篇章结构(至少对于较重要的部分而言如此)。一个可靠的提纲应该可以在实证法小修小补时岿然不动,并把这些修改纳入其中,哪怕要加一些新的段落也不要紧。

出现法律变革时,作者根据其重要性的不同往往有三种不同的应对方式:首先是增加几个页下注,然后可以在不改变提纲的情况下修改以前的文段,最后则是出于对较深刻变革的考虑重拟提纲。理论上说,一个立法上的改变或新判例的重要性应该原原本本地被准确体现在新版的对应修改上。实际上,这种对应关系并不十分严格,而且在一开始就降低创新的重要性是一种普遍的做法,背后的原因各有千秋,谨慎恐怕是最主要的原因。当作者身处变局之中,往往无法马上了解身边正在不断发展的局势,他也希望能给自己足够的时间反思各种可能的情况,静待学界整体反应从而更好地整理成文。但也有可能他或有心或无意地希望降低那些他所不欲之改革的重要性。

一部专著的提纲反映的是整个部门法体系。或者更准确地说,它就是体系本身。修改提纲就意味着最终把创新整合进由学说体系化和规整的法律之中。想象一下,如果一部重要行政法或民法的专著提纲中出现了犹太人地位法的章节,将会为这部立法赋予多么可怕的正当性!专辟章节讨论某部立法无疑是学说所能赋予的最高荣耀。就算那些争议性更小的主题,学者一开始也会尽量把它们放在脚

---

[1] Marc Milet, *Les professeurs de droit citoyens*, *op. cit.*, p. 263, 264, et 270.

第四章 学说的功能

注中处理,等到下次再版才纳入正文。

但这种情况仅仅出现在那些人们仍有必要讨论的问题上。那些重大的改革其实本身就会带来新提纲。当立法者在1912年最终接受了重寻非婚姻父子关系的制度时,著作中必须同时加入寻找非婚姻母子关系的相应部分。又比如,当判例在动物和建筑物所致损害之赔偿责任之外增加了物所致损害的赔偿责任时,学者要么在书中把这种侵权法上的新发展放在前两者之前(原因显而易见,一般规定应该在特殊规定之前),要么把它作为一种兜底的概括条款放在其后。无论如何选择,背后的原因不一定是科学的,但这个例子证明了学说在篇章目录中为一个具体的实证法规则选定的位置确实多少会影响其正当性。

民事伴侣制度也是一样。这一正当性不无争议的制度必然会因为1999年11月15日的法律进入民法专著和教科书,但把它放在什么位置呢?从字面上看,民事伴侣关系是一种合同,但其目的是组织共同生活,显然和买卖、租赁这些合同不一样,所以没办法把它放在"各种合同"的名目之下。从实质上看,它是一种类似婚姻的制度,证据是近亲属之间不能缔结民事伴侣关系。那要不然就把它和婚姻放在一起?甚至可能把它放在婚姻之前,因为无论同性还是异性伴侣都可以缔结,所以比婚姻具有更高的一般性。但我们不难想象这不可能是大部分人所愿看到的解决方案。民事伴侣更多出现在婚姻之后,因为它一方面没婚姻那么坚实,另一方面又没婚姻那么脆弱。它为一种婚姻之外的关系赋予了名义,就跟同居一样。而且民事伴侣可能应该放在同居之前,既因为在《民法典》中它的位置较同居关系为先,又因为只有极少的情况下,立法才承认同居关系。

所以,新制度在书中的位置并非无足轻重。对新问题的讨论数量自然或多或少能揭示作者所欲为其附加的正当性。但对部门法的重构并非完全是形式性的。为了把那些人们推定为重要的创新吸纳入法律体系,法学家不能自满于既有的概念,而需要调整适应这些新发展的理论。

2)革新理论

让法学区别于其他学科的一个特点是其悠长的历史。今天的法学家还可以从乌尔比安的作品中获益,而天文学家肯定不会再读托勒密(Claudius Ptolemaeus)了。除了一些细节问题,法学几乎没有经历什么决定性的断裂。比如说,在罗马帝国和绝对君主制相继衰亡的时刻,法学的大部分内容仍得以保留。法律的革新一直是片面的,关于法律的一般理论也往往如此,进步和变迁都缓慢进行。在法学革新中,新理论的创造者既正当化了创新,又再次确认了既有制度的正当性。所以,可以把法律人的态度概括为"没错,不过":新事物可以得到接受没错,不过限度是不要动摇经年累月终于实现的法学构造。所以,从来都没有断然的拒绝,也没有无条件的接受,我们看到的往往是过去与未来的混合物。[1]

没有断然拒绝。除了我们此前提到过的极端情况,学说只能接受新的实证法并致力于完成新法为其施加的任务。人们几乎从来没见到过哪位作者拒绝把新规范理论化,自我局限于以法律之所是呈现新规范,而不为其寻找一个可以纳入既有法律体系的解释。得益于诸如默示期限、事务管理等一系列宽泛而具有弹性的概念催化,就连那些最怪异的法律最终也能成为既有体系的组成部分。唯一的例外可能是1965年7月13日法律中的第16条面对的情况。公寓管理委员会即便不是建筑物的所有权人,也可以在形成多数决议的情况下处分建筑物的共有部分。在评论这一异端时,隆布瓦教授(Claude Lombois)拒绝为其费力解释,而是说:"立法提出了一项规则,我们必须接受它,哪怕这一规则和人们平常教授的原理相抵牾。"然而,这种断然拒绝的态度得以维持不过是因为有关的规定只是一个很边缘的情况。总体而言,作者们要么在他们认为出现了纯粹规制性的法律时默默拒绝,要么还是接受把新规定纳入旧体系。

但也没有无条件的接受。哪怕在明显的创新出现时,法学家也绝不会断然摧毁那些他们时不时还能用得着的旧知识体系。比如,公司在理论上同样是一种合同,所以适用与其他合同共享的法律规范,但在长足发展的匿名公司中,上述分析的相关性就不大。于是,学说开始理论化法律人格,但仍未完全舍弃仍然存续于立法文本之中的合同概念。旧理论在1966年7月24日的立法获得通过时再次遭遇一项重大挑战:该法律规定公司的所有股份汇聚于一人之手并不必然意味着公司的消灭,然后1985年7月11日的立法又规定了一人公司。所以,已经在解释公司之成立时处于边缘地位的合同理论如果仍要延续,人们就必须承认此时出现了一项异乎寻常的例外。在此例中,理论的革新似乎是通过汇集混合而实现的。

这种混合的适用范围有时候较为局限,有时候则影响广泛。1980年5月12

---

[1] 对比 Christian Atias, *Théorie contre arbitraire: éléments pour une théorie des théories juridiques*, Paris, Presses universitaires de France, 1987, p. 171.

日的法律为范围有限的创新提供了例子：该法律规定，如果买卖合同中有出卖人保留商品之所有权至货款交付完成时的条款，那么在出卖人进入破产程序时，该条款具有对抗其他债权人的效力。学说意识到了这一重要的实务创新，但是没有马上意识到其所有的理论意义。该条款的对抗效力本身可以成立，但似乎波澜不惊，也不具有激发反思的性质。该条款的重要性在实践特别是判例中逐渐显现。人们开始意识到这一规定实际上是以所有权为基础的一种担保。然后才有人指出，该制度与罗马法的财产托管（fiducie）、《民法典》中的活卖制度，乃至从美国引入的长期租赁（lease）制度，都有着共同的本质。然后人们开始考虑是否应该在担保法的教科书中为这种以所有权为基础的担保寻找一席之地。但是，此时出现了争论，因为担保的附随性质和所有权的支配属性恰恰是不相容的。不过，终究没人说这一规定应该魂归西天，而是最终承认它重整并强化了此前的知识。所以，在此例中，既没有学说对立法的拒绝，立法也没有导致学说的失效，一种和谐的关系得以保持。

至于不断扩张的人权议题则为学说提出了更为紧迫的问题，影响范围也大得多。为我们提供当今思考之框架的罗马人对主观权利一无所知。随后，法国法建立的基础是一个主要以公共利益为皈依的限制性秩序，对个人的保护只是间接结果。人权的时代触及了法律的根基。一个简单的例子是，关于变性人的权利问题如今以人权的角度处理，而不再基于过去关于民事地位的公序法来解决。总有人怀疑，就算欧洲人权法院的判例并不要求法国以个人为基础重构其整个法律体系，至少也动摇了其根基。但这种说法过于危言耸听了，无论我们考察实证法还是聆听法学家的意见，都会得出这一重构并未发生的结论。倒不如说作者们在试图用长期形成的体系调和欧洲人权法院的种种创新，并且往往正当化甚至捍卫它们。甚至有些概念和逻辑有可能实现的是表面而非真实的和谐。最直接的效果是学说已经致力于从人权法上为法国法找到新的正当性，而这些大胆的法学建构本身也确立了其自身的正当性。

（二）对学说权力的正当化

学说所完成的作品反映了权力的存在并通过其作品的质量正当化了其权力。我们在此前列举的种种例子中都可以看到，学说成功地影响了实证法，而且可以

作为一种法律渊源的学说——法国法学的历程

当之无愧地享有"渊源"之名。既然这一权力已经为人所接受，不妨再次研究一下它的行使方式，它们同样是经由学说作品正当化的。在这一意义上，学说展现了自己的双重面貌——它既是他人的裁判者，也是一种内部的知识权力。

1. 他人的裁判者

关于学说行使评判之权的想法，源自一项我们可以叹惋却无法否定的现实。至少人们可以在该权力的行使超出严格的学术讨论范围时，质疑其正当性。不过这样的越权无疑难以避免，因为我们的法律本身在起源方面就极大地取决于教授群体。

学说的成员大部分是大学教授，所以学说本身也是属于教授的，它反映着建立在教授们所传授知识之上的优越性。这种知识又是权力的来源。教授们不仅讲授课程，还批改学生的作业，更指导博士学位论文。在这一系列实践中，很难区分眼前的作品中哪些是需要纠正的错误，哪些是必须尊重的个人观点。实践中，就连最受尊重的教授也会以威严的语调向他的学生们发言，甚至就连面对他们以前教过的实务人士也不例外。

毕竟学说同样是为实务人士所写，于是必然会出现一种漂移现象，也就是教授们训导学生的语气实际上面对的是包括了律师、公证员、企业法务在内的各种不同的听众，还有那些用庄严的"以法国人民之名"开始他们判决的法官，和那些民选代表（即立法者）。然而，这些听众大部分都是成年人了，他们都是有能力的职业人士，对自己所从事的那种不同于教学科研的业务领域有着深刻的了解。不论如何，他们往往多年不曾置身于师生之间的学院关系中了。但教授们好为人师的口吻还是如此坚决以至于习惯成自然。虽说学说的批判针对的是机构（法院、职业组织、行政机关、议会）而不是个人，但在机构背后隐藏着的终归是一个个活生生的个体，他们不一定特别欣赏这种迫使自己回想起青年时代的口吻。

难处在于如何找到一个公正的腔调发声，特别是在学者们发现或者相信自己发现了一个法律上的错误时。法学家不是唯一受这一问题困扰的人。无论在什么问题上，只要有人希望纠正错误，或者想要向别人解释他对一些他人所忽视的问题之理解时，立刻会面对好为人师的指责。当如此之人以白纸黑字写下自己的看法又恰恰真是个老师的时候，抵触的情绪只会更为明显。

以上问题在法学界往往不成问题，因为一般来说人们已经习惯了教授们的训

第四章 学说的功能

导,更因为作者们本身延续着学术界彬彬有礼、谦逊待人的传统。当戈贝尔夫人(Michelle Gobert)写她关于人体使用和个人地位之"原则"的文章时,我们可能认为她要为把那些错误原则奉若圭臬的人好好上一堂课。[1] 然而文章内容远非如此,作者把讨论限制在学究作品的模式之内,盘点了一系列相关主题之中出现的误解,然后指出这些误解因为缺乏真正深入的研究而无法避免。不过,也有些作者会出于失控或幽默而写一些更尖锐的评论。著名的例子包括前不久学者给最高法院的商法庭打出的"民法0分",就极大伤害了受到如此申斥的坏学生。[2] 更近一些的例子则是学者用"愚蠢的错误"形容最高行政法院的判决,以致后者不得不书面回应。除了这些彰显罕见之意外的轶事,学说的裁判原则上并未受到质疑。[3] 在学者看来,学说的裁判完全中立,泽纳迪教授从中看到的就是学说本身所背负的重大责任。[4]

不争的事实是,教授的训导同时也带来了巨大的责任。一般而言,参与公共事务的知识分子都肩负着此种责任,但在提出的想法可能带来更直接的后果时,此种负担尤其沉重。所以,教授们必须仔细考虑到底是该冒险激怒实践人士,还是应该从正面帮助他们。从一个更哲学的角度来说,学说面对的两难困境和法兰西学院(Académie française)的两难一样:当新的用法出现的时候,总是要在接受之前先严厉地批判。同样,有时候学说谴责司法决定中的法律错误是因为没有马上意识到判决背后对新社会情势的体察。法官可能认为当社会改变时,对法律的解释也要随之革新。如果是这样,一开始的错误迟早会变成新的判例,并必然要求在新的基础上建立理论。但最初的误会与其说是学说评判的内在缺陷,还不如说是缺乏沟通的结果。

真正的缺陷其实体现在另一个方面:导致学说倾向于道德评判。我们想说的

---

[1] Michelle Gobert, « Réflexions sur les sources du droit et les principes d'indisponibilité du corps humain et de l'état des personnes », *Revue trimestrielle de droit civil*, 1992, vol. 91, n° 3, p. 489-528.

[2] 这个挑衅的词一开始出现在评论集的封面,最后在年度盘点的总目中换成了另一个更技术性的词。即便如此,该判例评注的内容仍然相当尖刻。Cass. com., 30 juin 1992, *D*. 1994, p. 454.

[3] 关于学说对最高行政法院之判决的反应的类型学分析,参见 Pierre Delvolvé, « Le Conseil d'état vu par la doctrine », *La Revue administrative*, 1997, vol. 50, p. 53 sq.

[4] Frédéric Zenati, « L'évolution des sources du droit dans les pays de droit civil », *Chronique Dalloz*, 2002, p. 1 sq; Frédéric Zenati, « L'avenir des revues juridiques et la séparation de la théorie et de la pratique », *Revue trimestrielle de droit civil*, 2002, vol. 100, n° 4, p. 691.

作为一种法律渊源的学说——法国法学的历程

是，学说的成员把他们认为可欲的规则说成是纯粹科学之理由让人不得不接受的规则，而作为学者的他们比任何人都要更了解这些理由。又因为什么是可欲的取决于道德、良知、信念，在所有这些领域之中，科学自然可以用来澄清判断，但却无法起决定作用，以至于门外汉只要有足够清醒的头脑，在表达自己观点方面和学者完全是平等的。[1] 尽管有无数的例子，我们只需举相当不寻常的一例说明即可。在关于解禁人工流产的讨论中，反对立法草案的人有时会举出沿袭自古罗马法的"胎儿视为已经出生"（infans conceptus pro nato habetur）的原则，并认为这是学者法所提出的一种解决方案。社会上的重大辩论无论如何首先是一个良心的选择，而真正的问题在于上述法谚所表达的规范，既然已经在医疗流产领域出现了显而易见的例外，那么到底是不是必须容纳一个新的、在道德领域更难接受的例外。就算对罗马法谚的援引不能让所有人信服，这种心态在学说成员们所致力撰写的作品中并不罕见。但此类做法的经常性恰恰吊诡地解释了它的新颖，因为在大部分的争议中，双方都能让法学为自己所用，证明一般意义上的科学其实是相对的，更不用说法学了。所以，学说在观点方面的差异性最终中和了它评判的力量。学说之中各有千秋，但这点不至于让它无法集体行使其知识权力，其中也包括了其内部的权力。

2. 内部的知识权力

正如所有的社会事实一样，这一权力形成于或多或少可以为人从外部观察的个人协调行为之互动中。无论如何，它都会转化为一种非常容易为人所见的外在表现。

1）权力的社会事实

假如我们用卢梭的语气说一些老生常谈，那么或许可以说学说的每一个成员都保留了一部分的知识权力。只不过和这位启蒙主义哲学家不同的是，我们要注意到每个人享受的权力的分量并不平等，而且学说作为一种整体现象，不需要社会契约的拟制也能存在。实际上，我们只要能认识到这些分享了一部分权力的人之间存在重要的共同点就够了。这些共同点或源自他们高度结构化的教育，或源自他们的文化，或源自他们的共同语言，或源自他们传统的凝聚力，等等。换言

---

[1] Philippe Jestaz, « Une question d'épistémologie (à propos de l'affaire Perruche) », *Revue trimestrielle de droit civil*, 2001, n° 3, p. 547-557.

第四章 学说的功能

之,他们形成了一个范围有限的同质群体。这样我们就会自然而然地意识到,所有这些个人权力会汇聚起来形成一种典型的社会事实,我们平常称之为"学说""作者之全体",也可以说它就是"法国学派"。基于各种不同的理由,我们可以说在这些称呼背后存在着一个非正式的实体。[1]

如今已经没有人会真正拒绝上述主张。以前人们曾举出一些理由反对它,包括学者们(真实的)的个人主义、他们的精神独立(我们并不否认)、他们观点之间的差异(绝对无疑)。[2] 但是我们不认为这些不同的特性无法和集体归属相容。法国人往往个人主义过头的事实并没有阻止法兰西民族的形成,而且说不定还是最为团结的民族[3],我们也没有因此而不能从社会学的意义上观察我们那些无可救药的同胞们的行为。对于法学家来说也是一样的,他们的独立性并不比律师们更令人眼红,而人们现在已经从社会学角度撰写了关于律师职业的作品。[4]

不过我们并不声称自己于此能完成对教授—作者群体的社会学研究。既因为我们没有相应的能力,又因为这种研究对法学本身而言意义不大。[5] 在最好的情况下,社会学研究也不过是用社会学爱好者的眼光去重复每个学说的成员日常可见的现象:学说以一个整体的方式表达和行动。

学说是一个整体言说。正是在这一意义上,日常语言中的定义把学说看作学者之整体,而且人们对此毫无异议。另外,学说自身也符合此一定义。更何况,作者们也总是在自己平常的话语中把学说人格化,所以,即便它是一种法律渊源,我们还是总能读到学说"认为""批评""建议"等说法。

学说同样是一个整体行为。教授们有自己的传统、自己的习惯、自己的判断标准,还有自己的仪式。总而言之,他们除了法律赋予的地位以外,还有一种来

---

[1] Philippe Jestaz et Christophe Jamin, « L'entité doctrinale française », *Recueil Dalloz*, 1997, vol. 108, n° 22, p. 167-175.

[2] Laurent Aynès, Pierre-Yves Gautier, et François Terré, « Antithèse de "L'entité" (à propos d'une opinion sur la doctrine) », *Chronique Dalloz*, p. 229 sq.

[3] 法兰西民族现在可能没那么强的凝聚力了,不过其原因绝非个人主义的泛滥,而是"社群"意识的觉醒。类似的危险却不会出现在学说之中。

[4] Lucien Karpik, *Les Avocats*:*Entre l'état, le public et le marché*, Paris, Gallimard, 1995, 492 p.

[5] 布迪厄完成了对文学院教授的社会学研究,Pierre Bourdieu, *Homo Academicus*, Paris, Minuit, 1988. 我们可以借鉴其结论部分,但是需要特别小心,因为法学院仍然有非常强的特殊性。

自团体内部习惯的地位。虽然没有明确写下来，这些因素都是明白可知、毫无掩饰的。他们自己常常提起"大学传统"，而且教授资格竞考也形成了一种"习惯法阶梯"。[1] 当学说从事它所最擅长的那种活动——撰写学究性的作品，"写下的言辞永世流传"的名言让人们不得不保持最高的警觉，而学说作为整体的仪式也延续至此。对旧习惯的忠诚在书写仪式中表现得淋漓尽致。当一名同事退休时，同仁们共同完成的纪念文集最能证明这种集体归属感和在参与者、订阅者、读者之间的知识交流。

有鉴于此，那种拒绝任何关于整体的想法的超个人主义说辞看上去就跟中世纪教士的驱魔仪式一样，想象多于现实。学说是一个整体，但绝非铁板一块的整体。阿蒂亚斯（Christian Atias）在谈论学说的时候，用的是"法学家共同体"的概念，而这个概念范围更广，因为它包括了作为学说主要组成部分的法学教授和像法官、公证人、律师等这样的实务人士。[2] 在不同的职业中都有各种共同体存在，教授的共同体当然也不例外。泽纳迪关于判例的研究虽然从另一个不同的角度入手，却也至少两次把学说称为"整体"。[3] 他写道："博士们在法律体系之运行中形成了一个特别的整体，并具有了独立于判例的概念。"戈蒂埃（Pierre-Yves Gautier）则举若干法学院的习惯为例，说明"我们强烈感觉到可以称之为家庭或整体"。[4] 同样在特指名词的意义上使用"代表法国学说的大学教师群体"的还有此前所说《卡塔拉请愿书》的签名者。利布沙贝（Rémy Libchaber）则建议我们从有机组织的角度理解学说。至于为数甚多、尚未对此问题发声的同仁，他们的意见也值得我们倾听。

简言之，人们对学说形成一整体的社会事实的接受程度不同，但几乎所有作者都乐于强调他们彼此之间显而易见的不同。就在这种几乎一致的选择中，我们看到了集体精神的反映。同样，各种《法学导论》教科书都自愿在关于学说的章节中如是而为。我们在此只需要举最具有代表性的例子来说明即可。在简单提

---

[1] Pierre-Yves Gautier, « Le concours d'agrégation au plus intime: institutes coutumières », in *Mélanges dédiés à Louis Boyer*, Toulouse, Presses Universitaires de Toulouse, 1996, p. 221.

[2] Christian Atias, *Epistémologie juridique*, Paris, PUF, 1985.

[3] Frédéric Zenati, *La Jurisprudence*, Paris, Editions Dalloz - Sirey, 1991, p. 246 et 262.

[4] Pierre-Yves Gautier, « Eloge du rhéteur (portrait et aphorismes) », in *L'avenir du droit?*: *mélanges en hommage à François Terré*, Paris, Dalloz, PUF et Litec, 1999, p. 193 sq.

第四章 学说的功能

到学说可以成为一个整体的想法后,卡布里亚克(Rémy Cabrillac)马上开始纠正一些可能产生的错误推论:"但是学说又如此分化!左派的法学家和右派的法学家、技术高超的工匠和沉思的哲学家、艺术家和科学家、古典法学家、学究式的大学法学教授、巴洛克式的法学家、在一所人文主义气息浓厚且充满乐趣的法学院中引领潮流的人,或者是在阴郁的大学环境中艰难劳作的平庸法学家、大学体制的掘墓人、悲伤的法学家和快乐的法学家……"[1]这种天才般的描述多少有些强词夺理,以至于对各种法学家的列举反而让读者产生了和作者所要说明的问题完全相反的感觉。作者指出的那些差异根本无足轻重,而且我们在任何一个社会群体中都可以观察到同样的分化。他所描述的那种肖像画廊只有在学者们同时还从事斗牛士、天文学家、阿拉斯加的猎手之类活动时才有可能成立,因为只有在那时人们才会质疑到底法学家的整体是否可能存在。但卡布里亚克只是想说每个人都有自己的个性和品位,而我们在任何社会群体中都会看到这样的现象。比如说律师和法官之分化程度可能就要远高于法学教师。那么,为什么要专门把法学教授挑出来单独讨论呢?

同理,那些反对我们关于学说构成一个整体之理念的人,在他们的回应文章中罕见地只署了名却没有标注"教授"头衔,似乎是表示他们只是作为读者个体提出反对意见,与他们作为大学教授的地位无关。[2]而且为了进一步降低其合作的体制性,他们还令人意外地使用了根据姓氏字母顺序而非年资顺序署名的方式。否则署名顺序应该正好相反。但他们的知名度和声誉让这些小心翼翼的防护措施毫无用处。更妙的是,他们所选择的呈现方式反而强调了以个人之名反对整体性这种做法的内在矛盾,反而证明了三名作者所希望否认的现象。

说到底,恰恰是在学说口头上否认却通过行动确认的那些方面,最能证明学说是一个整体。正是通过其日常的行动,学说自我形成,并时刻自我正名。这和习惯的形成完全一样。我们知道习惯通过事实不断自我确定。比如,每当英国女王授命选举中获胜的政党之党魁领导政府时,她也就为这一习惯法规则赋予了正当性。学说的成员更加谦逊一些,无论对外还是对内,他们以持续不断的惯习正

---

[1] Rémy Cabrillac, *Introduction générale au droit*, Paris, Dalloz, 2003, n° 157.
[2] Laurent Aynès, Pierre-Yves Gautier, et François Terré, « Antithèse de "L'entité" (à propos d'une opinion sur la doctrine) », *op. cit.*

当化自己的知识权力。当我们研究这一权力之外在表现时,就会理解更多。

2) 权力的外在表现

我们对这种内部的学说权力不该有任何误解。显然,没人对他人发号施令,也没人对他人言听计从。但这种很大程度上彼此类似的个人权力在行使过程中总会导致习惯的形成,然后新行为方式一方面强化这种习惯,另一方面又使其得以不断演进。这就是习惯与行为随处可见的互动关系。

于是最早出现、最为明显的结果是,一种包容、排他、分类的权力形成于选择引用的作者和选择引用他们的方式之中。各位作者所形成的集体最终以非正式的方式决定了某个具体的学者是否属于学说,某部具体的作品又是否属于学说性质的作品。同一个集体又因为每个作者在知识和人格水平上的差异、他们作品重要性的差异、他们在教学科研等方面的行为,而产生了等级秩序。所有这些评价聚合起来,就形成了一种提高或降低某人声誉的集体权力。实践中,真正声誉败坏的情况很少见,因为学者们总是大部分出于自愿、小部分出于对同行眼光的考虑,延续既有的路径而不越轨。学说在这种意义上形成了一个非正式的学者协会之权力,它既没有章程,也没有决议机关,却通过读写之实践和相当重要的口碑而存在。它反而比很多死气沉沉的正式协会更有作用。

学说的权力还延伸至正式机构之中,而且更为明显。同行的评价往往决定了一系列荣誉性的事务,包括了某个研究所或中心的主任人选、期刊的主编、博士论文答辩乃至教授资格考试的委员会人选、会议发言或参与改革方案起草的机会、撰写或修编专著的可能性、受邀为纪念文集撰稿和为顶级期刊撰写专栏的荣誉、行政职务的任命、为新同事投票等。老实说,我们想不到除了同行评价以外还有别的什么标准,又或者说如果不以此为标准的话,大学将不复为大学。有必要强调的只是我们在讨论的并不是一个相对有限的组织之内的同行评价(如正式受命遴选新人的专家委员会),而是学说这一显然更广阔的讨论空间(必然会极大影响上述委员会的决定)。所以问题不在于批判这一知识权力,而在于在此视角下解释我们抽象地称为学说的事物的实质到底是什么。如果说学说首先意味着作品的整体,并且可以扩展至指称作品的作者,那么就必须同样认为其词义中还包括了评价、行为和地位的整体。只有这样,学说才能是一个活生生的有机体,而不仅仅是书店的陈列架。作品当然首先带着作者的印记,但它们也同样既见证着某种知识生活,又是这种知识生活的结果。

第四章　学说的功能

　　此种知识生活与学说权力最令人惊讶的外在表现可能是它赋予每位作者的特权。每个学说之成员个体都有以学说之名发言的权力，或者说，有以其自身为学说的权力。即便从理论上说他们所表达的只是自己的观点，人们还是称作者们所持观点为"学说"，这种现象至少说明学者之间相互支持的关系。这么说显然不意味着每个学者的观点都和他的同事们有关，但人们在证明自己观点的时候，会得到同行的集体支持。如果所有研究某个问题的作者（一只手就能数得过来）都持同样的观点，那么我们就会说"学说的一致意见"，而其他可能只是没有提笔写下反对意见的专家不管是否情愿，也都置身其中。人们常说的"学说的多数意见"也类似，这个词所指的是沉默的大多数，但是在实践中一般指的是有三名学者（而非仅有一人）支持的立场。最后，人们有时也说"学说中的争议"，此时则无法把沉默的学者归到任何一方阵营之中，但至少争议本身的存在也影响了他们的整体性，就连对那些从未思考过这一问题的人也不例外。无论如何，已经地位稳固的作者拥有代表学说发言之特权，因而也享有了学说对其论证质量的担保，就算其他作者既不赞同他的观点，又只是以沉默为其背书。此处呈现的知识界的团结包括了各种个人观点，但并不强制所有人心往一处想。

　　我们可以用伟大的诗人雨果的话来总结学说的知识权力："各司其位、聚沙成塔。"但与诗句不同的是，这种情况似乎对于美国法学教授而言相当陌生。对此我们在第三部分中将详尽说明。

第三部分　与美国模式对比

为何是美国?

当人们说美国法学是一种"截然相反的模式"时,这种说法实际上没有任何科学价值,仅仅是为了理解法国法学家在接触美国法学模式时所出现的那种情绪而选择的语言上的便利而已。那么,为何我们选择了美国而非英国?因为美国其实更接近我们的模式,所以让比较变得更有意义。不过我们还是先解释一下英国的情况,然后再证明我们跨越大西洋的必要性。

1) 英国的现象

当人们说起和法国的学说模式截然相反的例子时,会很自然地想到英国,因为几乎所有人都认为法国法学家所说的那种学说在英国普通法上完全不存在。

在各种可以用来解释这一不同的因素之中,可能有两种最为重要:首先是英国法本身的结构。英国法学家早在 13 世纪就开始拒绝接受罗马法的基本分类,特别是对物、人与诉讼的区分,罗马法学家也就为他们打上了缺乏体系精神的烙印,认为英国法学家的法概念在本质上是分析性和程序性的。正如他们遥远的前辈一样,英国法学家首先是决疑术的支持者。他们因而从来没有像罗马-日耳曼法系的法学家那样,对理性化、体系化的努力有如此明显的热爱。

第二个因素与前一个相连。在实践决疑术时,英国法学家认为实务人士和法官起决定性的作用。其结果是,大学法学教师的地位大大下降,毕竟实践法律的最佳方式一直是去律师事务所实地工作,然后在获取律师资格后再试着获取法官资格。出于这一原因,英国法的论著在 19 世纪之前几乎没有,唯一的例外可能是牛津大学的教授布莱克斯通(William Blackstone)1765 年出版的《英国法释义》(Commentaries on the Laws of England)。不过这一令人难忘的例外应该归功于作者的人格魅力。7 年前在牛津大学设立的世界上第一个普通法教席就是为布莱克斯通创造的,此前,英国大学教授讲授的是在实践中并无用处的罗马法。直到 1846 年议会建立了法律教育选任委员会(Select Committee on Legal Education),督促大学发展法学教育从而改善实务人士之培养后,学术论著才逐渐发展起来。然而其中能与同时代欧洲大陆学者的著作相提并论、作为对实证法理性展示的作品,只有 1875 年以后安森(William Reynell Anson)和波洛克(Frederick

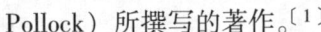

Pollock）所撰写的著作。[1]

直到近年，他们的著作仍然是最重要的参考书，以至于阿蒂亚（Patrick Atiyah）和萨默斯（Robert Summers）在1987年还说："教科书往往带着教义的腔调，把法院的决定说成是从原则严格推理而来的结果。"[2]但是学术的发展仍然没有让传统上并不引用大学著作的法官对科研作品感兴趣。直到1997年亨特诉卡纳利码头公司案（Hunter v. Canary Wharf Ltd）案出现时，才有两名上议院法官辩论是否有必要援引学者的作品。[3]而且该案仍然不过是一个边缘现象，即便今天的法学教授似乎要比以前对英国法的发展有了更多的影响力。[4]

但是，绝不能把英国法演化的方向误解为大陆法模式中教义学风格的普遍化。恰恰相反，晚近法学文献中的发展风格虽然各异，却普遍对社会科学相当看重。[5]未来数年内，这种趋势可能会越来越明显，而其根源可能在于"白纸黑字"传统的失势，一名作者总结为"吸引新一代大学法学教授的是福柯而非波塔利斯"。[6]

类似的处境下，绝无可能出现法国学派所产生的那种学说——既因为学术传统和学者对实践的影响力和法国的不同，又因为教义学方法在法学教育中逐步退却。英国模式确实是和法国学者所熟识的传统截然不同，并且区别过大以至于根本不包括任何本书所展现的学说性现象。处于光谱之两极的两种传统让人看不到任何比较的可能性。我们如果想要找一个对比的模式，还不如去美国，因为在法国和美国法学思想的发展中，恰恰令人惊讶地存在较大共性。

---

〔1〕 John Baker, *An Introduction to English Legal History*, London, Oxford University Press, 2005, p. 112; A. W. B. Simpson, «The Rise and Fall of the Legal Treatise: Legal Principles and the Forms of Legal Literature», *The University of Chicago Law Review*, 1981, vol. 48, n° 3, p. 632-679.

〔2〕 p.S. Atiyah et Robert S. Summers, *Form and Substance in Anglo-American Law: A Comparative Study in Legal Reasoning, Legal Theory, and Legal Institutions*, Oxford, Clarendon Press, 1991, p. 394.

〔3〕 *Hunter v. Canary Wharf Ltd* [1997] 2 All ER 426.

〔4〕 Peter Birks, «The Academic and the Practitioner», *Legal Studies*, novembre 1998, vol. 18, p. 397-414; Geoffrey Wilson, «English Legal Scholarship», *Modern Law Review*, octobre 1987, vol. 50, n° 6, p. 818-854.

〔5〕 Geoffrey Samuel et Susan Millns, «L'enseignement du droit en Angleterre», *Cahiers de Methodologie Juridique*, 1998, vol. 13, p. 1527? 1539.

〔6〕 Geoffrey Samuel, «Existe-t-il une procédure de codification du droit anglais?», *Revue française d'administration publique*, avril-juin 1997, n° 3, p. 209.

第三部分　与美国模式对比

2) 越洋旅行的重要性

法美两国之间的相似性首先体现在大学传统的相似上。大学的特权在北美是不容忽视的社会现实。至少对于那 10 到 12 所最优秀的法学院而言如此。从 19 世纪末起，出现了一个新的教授群体，他们由顶尖法学院最年轻、最优异的毕业生组成，过去从退休或还在执业的实践人士、法官、律师中招募教师的做法从此不再流行。也是在这一时期开始，哈佛大学法学院院长在美国的地位开始高于除了最高法院法官之外任何一个法学家。建立在德国大学那种精英模式之上的美国法学院对整个美国法律文化都有巨大的影响。在整体上颠覆美国法学思想的理论大部分都来自大学和大学编辑出版的评论。学生们掌握他们未来职业核心知识的地方也是美国的大学。法学院成就的见证者包括了著名的卡多佐（Benjamin Cardozo），当时作为纽约州上诉法院法官的他在 1930 年写道，他所完成的一切工作都得益于法学教授，而且他在法庭之上时时援引教授们的作品。[1]

不仅如此，美国法学教授还在实务人士之中享有极高声望，甚至可以媲美罗马-日耳曼法系之中人们称之为"权威"的那些重要作者。[2] 首先，他们的作品非常直接地影响着法院的判断。惊人的例证是，侵权行为法在 20 世纪 70 年代关于高危产品所引起的责任方面的发展很大程度上得益于各州法院对学术作品的参考。[3] 不过，美国教授以不同于我们的方式实现他们的训导。有些教授和那些大律师事务所紧密合作，协助律师准备在包括最高法院在内的高审级法院诉讼的案件。其他人则不时受征召进入联邦层面的政府部门，法学教授出任总检察长（司法部二把手）的情况就并不鲜见。同样，一些法学家在不同的机构中扮演着重要的角色，比如从 1923 年建立以来就以各种"重述"影响法律发展的美国法律协会（American Law Institute）。法学教授还通过法官助理以较为间接的方式影响司法。最优秀的法学院毕业生往往会在职业生涯的一开始前往不同的法院当 1

---

[1] Richard A. Cosgrove, *Our Lady the Common Law: Anglo-American Legal Community*, 1870-1930, New York, New York University Press, 1987, p. 283.

[2] p. S. Atiyah et Robert S. Summers, *Form and Substance in Anglo-American Law*, op. cit., p. 403; Frederick Schauer, « Authority of Legal Scholarship », *University of Pennsylvania Law Review*, avril 1991, vol. 139, n° 4, p. 1003-1020.

[3] p. S. Atiyah et Robert S. Summers, *Form and Substance in Anglo-American Law*, op. cit., p. 402; George L. Priest, « The Invention of Enterprise Liability: A Critical History of the Intellectual Foundations of Modern Tort Law », *The Journal of Legal Studies*, 1985, vol. 14, n° 3, p. 461-527.

年—2 年的法官助理,如今他们在上诉法院法官意见的形成过程中发挥着重大的作用,因为他们帮法官做研究,有时甚至起草判决。

大学特权和教授对实践的训导都让人不禁产生一种印象,认为美国也可能出现和我们类似的学说。但说到底美国还是没有产生法国式的学说,因为出现于同一时期的现象最终没有产生同样的结果,所以其背后的原因值得探讨。在 20 世纪前 30 年,大西洋两边都出现了强烈反对形式主义的新一代法学家。在法国,对形式主义的批判最终形成了同质的"法国学派",为教义学涂上了现代的色彩。而在美国,对教义学的反感最终激发了多种多样的知识模式,其多样性如此明显以至于人们无法认为存在一种单称特指名词意义上的学说。

我们将首先研究 20 世纪伊始美国法学家和他们的法国同仁共同分享的意识:对形式主义的批判。然后,我们会转向这一批判在北美引发的结果:对教义学的拒绝。

一、对形式主义的批判

为了理解 20 世纪初对形式主义的批判,有必要先理解当时的情境。总的来说,至少在学者圈子里,支配美国法学思想的首先是 19 世纪末出现的兰德尔(Christopher Langdell)形式主义模式。随后,我们可以粗略归类为"现实主义"的那些实际上风格各异的学者开始对这种主导模式开火。我们首先讨论形式主义,然后再讨论对它的攻击。

(一)兰德尔模式

我们将先后讨论兰德尔模式的形成及美国法学界对这种模式的反应。

1. 兰德尔模式的形成

史学家在定性美国法学发展历程时往往会区分三个时代:[1] 第一个时代从独立战争结束后(1780 年)持续至分裂战争开始(1860 年)。霍维茨(Morton

---

[1] Grant Gilmore, *The Ages of American Law*, New Haven, Yale University Press, 1977.

第三部分 与美国模式对比

Horwitz)认为此时最明显的特征是"出现了一种工具性法律观"。[1] 在这一阶段,法官们倾向于超越个案的限制思考什么是正确的法律,因为他们意识到自己的决定可能对国家的经济和社会发展有所贡献。但内战的爆发让这一思潮中断,以逐步回归形式主义为特征的第二时期(1860年—1920年)也随即开始。此时法官对法律的理解要比此前狭窄得多,在行使其职责时也有意排除政策考虑。不少人的信念是他们的决定应该从为数很少的一些基础原则推导而来。这种对司法活动的形式主义观念很快成了主流。兰德尔及其后继者在哈佛大学提出的"科学的"法学思想则成了上述观念在法学院中的后援。从20世纪初特别是20年代起,这种观念成了所谓"现实主义"法学家们激烈批判的对象,从而开启了我们稍后将重点讨论的第三个时代。

我们现在先来考察第一个时代,人们惯常认为此时流行的是"经典法学思想"。[2] 两方面的因素似乎同时促进了经典法学思想的形成:[3] 对于法官们而言,它对应了对自由放任政策的信念;而在作为我们研究对象的大学教授眼中,它本质上和在1870年成为哈佛法学院院长的纽约律师兰德尔所提倡的那种模式恰相适应。[4]

此时,正在迅速扩张的美国法开始逐渐与英国普通法分道扬镳。与此同时,法律职业也开始经历重大发展。那些希望保留律师协会之特权的法律职业人士要求法学院满足他们的需要。[5] 最初的尝试出现在哥伦比亚大学,它在1857年正式创建了传统法律科学意义上的"法学院"(School of Jurisprudence)。发明苏格拉底教学法的就是其院长德怀特(Theodore Dwight),这种方法的基础是教师和学生持续的对话。同时,他还授权为数众多的实务人士前往法学院讲授一些部门法的专业课程。但是哈佛大学很快就超越了哥伦比亚大学。

哈佛大学当时的校长是化学家埃利奥特(Charles Eliot)。他从1869年开始

---

[1] Morton J. Horwitz, *The Transformation of American Law*, 1780-1860, Harvard University Press, 1979, p.1.

[2] Duncan Kennedy, «Understanding of Legal Consciousness: The Case of Classical Legal Thought in America, 1850-1940», *Research in Law & Sociology*, 1980, n° 3, p.3-24.

[3] Neil Duxbury, *Patterns of American Jurisprudence*, Oxford, Clarendon Press, 1997, p.9.

[4] Thomas Grey, «Langdell's Orthodoxy», *University of Pittsburgh Law Review*, 1983, vol. 45, p.1-53.

[5] Robert Bocking Stevens, *Law School: Legal Education in America from the 1850s to the 1980s*, The Lawbook Exchange, Ltd., 1983, p.3.

作为一种法律渊源的学说——法国法学的历程

在哈佛大学工作,在化学领域推动人们接受一种新的教学法,使学生不再需要重复教科书中已经有具体步骤的实验,而要从具体的个案中推导出一般原理。[1] 正是埃利奥特坚信这种方法可以推广到其他的学科,所以他才在上任次年就聘用了兰德尔。后者把埃利奥特的案例方法应用到法学。此后,1873年作为讲师进入哈佛大学,于1895年当选院长的埃姆斯(James Barr Ames)让案例方法变得流行。

此前,学生们从经典教科书中学习法律。教科书的典范是哥伦比亚大学法学院的教师肯特(James Kent)在1826年—1830年出版的四卷本《美国法释义》(Commentaries on American Law)。就连发明了苏格拉底教学法的德怀特院长本人也拒绝让学生从不同法院的决定开始学习法律。虽然他承认普通法的原理毫无疑问来自这些司法决定,但是他更喜欢在教学中使用经验丰富的作者所写就的教科书,因为他们早在对个案的研究中总结出了牢不可破的原则。所以未来的法学家通过阅读教科书而非判例本身学会各种法律原则和它们之间的关系。[2] 而兰德尔想要抛弃的恰恰是这种模式。

在兰德尔心中,学生在教授的权威指引下自己分析司法决定是绝对必要的,教授只需要为他们选择案例和教他们如何解决个案就行。兰德尔因而也形成了他自己的学派,并且让案例方法如同苏格拉底教学法那样,成了美国法学院的宝贵财富。但是他虽然认为自己处理判例的方法是唯一一种可以实现法律概念之科学性的方法,却招致反对。他的方法立足于对判决理由(stare decisis)中所提出之规则的绝对尊重。对于兰德尔而言,法律科学之匙在于从各种各样的上诉法院案件中辨别出那些可以作为先例的判决。这些判决数量有限。因为毕竟只有很少的判决真正宣告了基础的法律原理,其他判决只不过对它们亦步亦趋。而这些重要判决本身又必然形成于漫长的演化过程之中,导致历史中出现了一种达尔文式物竞天择的过程,让最优秀的原则逐渐浮出水面。只有特别小心翼翼地研究判决,才能重构法官所实现的作品。一旦完成对基础原则的艰难重构以后,法学家还要接着对它们分门别类,然后证明它们通过一种内部逻辑彼此相连,也就是说,继

---

[1] Anthony Chase, «The Birth of the Modern Law School», *The American Journal of Legal History*, 1979, vol. 23, n° 4, p. 329-348.

[2] Foundation for Research in Legal History, *A History of the School of Law, Columbia University*, New York, Columbia University Press, 1955, p. 35-36.

第三部分 与美国模式对比

续完成体系化的工作。[1]

换言之,案例方法的目的乃是从数个相关决定中找出基本原则,然后把原则按照一种逻辑标准分门别类。如此,而且只有如此,法学成了一种科学,在此后让实务人士可以为每个个案找到一个"好的"解决方案。兰德尔本质上和我们的解经家是一样的,尽管他使用的是完全不同的素材。虽然这种观念本身有争议,但至少它为实践带来了一种改进。兰德尔正是以科学之要求的名义要求法学院新招募的教师必须是法律的科学家,也就是全职而非由实务人士兼任的学者。

2. 兰德尔模式在美国法学家中的传播

经由埃姆斯推广变得流行、由兰德尔为数众多的弟子捍卫的案例方法很快就在各个美国法学院中成了主流方法。例证之一就是越来越多的"案例书"付梓,并在教学中取代了"教科书"的地位。与此同时,因为兰德尔的后继者对他亦步亦趋,以至于长时间内没有出现重要的发展。

兰德尔的追随者中,最为坚定不移的无疑是比尔(Joseph Beale)。他后来也成为现实主义者所批评的靶子。这名冲突法的专家在1892年成为母校哈佛大学的助理教授。他认为普通法建立在数量很少的一系列永恒原则之上,这些原则决定了一个完美、封闭的法律体系之科学性质,那些糟糕的决定无法侵蚀该法律体系。[2] 所以,法官根本就不享有创造法律的地位,只能老老实实地适用法律,也就是用那些以富于逻辑且融贯的方式塑造了整个体系的原则来引导他们的决定。

但是这种想法从未真正实现,因为尽管比尔(对兰德尔)"比教皇对上帝还虔诚",但兰德尔的同事们总体上会更谨慎些。虽然他们赞同兰德尔的形式主义法律观,但是他们中有一些人批评他,认为他所构想的值得从科学角度研究的对象的范围过于狭窄、门槛过高。比如威利斯顿(Samuel Williston)就认为兰德尔根本没有关心过1850年以来法律的新发展。格雷(John Gray)和基纳(William Keener)进一步提出,美国的法律体系的广度和复杂性已经让人们无法了解每一个细节,这一体系从20世纪开始似乎就已经充斥着无法穷尽的原理了。换言之,

---

[1] Christopher Langdell, *A Selection of Cases on the Law of Contracts: With References and Citations*, The Lawbook Exchange, Ltd., 1999, p. VII-IX.

[2] Joseph Beale, *A Treatise on the Conflict of Laws*, Cambridge, Harvard University Press, 1916, p. 135.

267

作为一种法律渊源的学说——法国法学的历程

正如吉尔摩（Grant Gilmore）在半个世纪后所说的那样，兰德尔模式的基础是一种合理化司法决定的不可能实现的野心，其计划中最重要的部分较为体系性地由西部出版公司（West Publishing Company）在19世纪70年代出版。对这种野心之不可实现的认知，或许就是现实主义的起源。[1]

在两个极端之间，基纳试图在维持案例方法的情况下降低形式主义模式的影响。他认为重要的不是让学生们去找那些应该统领整个法律体系的逻辑原理并从中推导出优良的解决方案，而是通过引导他们在每个个案中体会为导出结论而写下的论证所应具有的特征，从而养成良好的法律直觉。兰德尔的继任者埃姆斯则在1907年总结道："如果一个人受过良好训练，能够研究英国普通法传统中最伟大法官的意见，那么他应当具有理解何为法律推理的能力，并且在研究过一个其他国家的法律之后立刻具备解决此国法律问题之能力。"[2] 他几乎要说，英国法官的意见比美国实证法知识还要重要了！正如今人所说："在案例方法背后的新目标是教会学生像法学家那样论证，而不是发现'法律'。体系的本质并非实质性的规则，而是方法论。"[3]

也正是从此时起，人们迈出了决定性的一步，为美国法学教育打下深刻且持久之烙印。苏格拉底方法或案例教学法不再是仅有的特色，对司法决定之过程而非规则本身的关注成了法学教育无可争议的焦点。案例方法本身的实质是寻找唯一正确的解决方案。而新的教学法要向学生展示的则是程序而非实质，从而让他们见识在日后法律实践工作中可能遇到的无穷无尽的可能性。[4]

在此条件下，兰德尔的法律形式主义自然饱受批评。他的模式带着来自自然科学的深刻的达尔文主义烙印。至少那种对形式主义的原教旨理解、未经从埃姆斯到基纳这些人调和的版本，在1920年成了众矢之的。[5] 对形式主义的反感之所以出现，部分是因为美国思想已经失去了从自然科学获得启发的兴趣，转而求

---

[1] Grant Gilmore, « Legal Realism: Its Cause and Cure », *The Yale Law Journal*, 1961, vol. 70, n° 7, p. 1037–1048.

[2] James Ames, « Discussion of Paper by A. M. Kales », *Reports of the American Bar Association*, 1907, vol. 31, p. 1025.

[3] Neil Duxbury, *Patterns of American Jurisprudence*, op. cit., p. 22.

[4] Grosswald Curran, « L'enseignement du droit aux Etats-Unis?: un reflet oblique de la méthodologie "common law" », *Cahier de méthodologie juridique*, 1998, p. 1543.

[5] Neil Duxbury, *Patterns of American Jurisprudence*, op. cit., p. 24–25.

援于新生的社会科学。当同样的社会科学转向在法国出现时,这刺激了那些忧心忡忡的法学家寻求更新教义学方法之门径,从而对抗新科学。而在美国,后果则完全相反。矛盾之处恰恰在于,美国现实主义对形式主义的批判,至少部分受了法国法学家思想的影响。

(二) 来自现实主义的批判

美国法学家并非突然就密谋起事革了兰德尔形式主义的命。他们的批评产生于兰德尔模式的布局之中,经过数个发展阶段却缺乏组织,而且我们今天称为现实主义的那些作者并没有针对他们的对手提出一个清晰阐明的论纲。在这个意义上,现实主义与其说是一种建设性的、组织良好的运动,不如说是一种批判性的思想风潮。虽然实证主义诞生于罗斯福新政这一意义上的左派政治意识形态之中,它现在却已经成了整个美国法律文化的底色。如今,就连最保守的共和党人也是现实主义思想的信徒。

要想把这一运动或思潮限定在几个具体的时间点显然是不可能的事。大多数历史学家认为它包括了两次世界大战之间的日子。还有一些则使用一种更宽泛的概念,认为可以把一些"前现实主义者"包括进来,特别是霍姆斯(Oliver Wendell Holmes)、庞德(Roscoe Pound)、格雷,[1] 更何况卡多佐法官(Benjamin Cardozo)这样的"反形式主义者"也无疑可以加入其中。我们接受的是这种宽泛的现实主义概念。我们将要探讨它的起源和发展。

1. 现实主义的起源

出于简约的考虑,我们只想简单介绍一下霍姆斯和庞德的思想大略。

1) 霍姆斯(1841—1935)

这名美国法律思想中传说般的人物可能是生平和著作被研究得最多的法学家了,而人们对他的评价也多种多样。这名享有天才的智力水平和超凡之博学的法学家更多是一名实务人士而非大学教师。从哈佛大学毕业后,他在母校以讲师(lecturer)身份教了十几年书,但其中只有1882年9月—12月之间的3个月是

---

[1] *Ibid*., p.32; Fisher W., M. Horwitz, et T. Reed (dir.), *American Legal Realism*, New York, Oxford University Press, 1993, p.3.

作为一种法律渊源的学说——法国法学的历程

全职的,此后他就受命成为马萨诸塞州最高法院的法官了。随后,他成了该法院的院长,并且在 20 年之后获任命为联邦最高法院的大法官。

霍姆斯能够得到哈佛大学的任命首先要归功于他 1880 年在波士顿洛韦尔学院的一系列讲座,这些讲座的内容日后以"普通法"为题结集出版。体现其作者最典型风格的一句格言既为本书开篇,又为它带来了巨大的成功:"法律的生命不在于逻辑,而在于经验。"理解这句话的方式有很多。但仅就霍姆斯本人在撰写兰德尔合同法教程的书评时再次引用该格言这一项事实,就让人可以认为他明确用以拒绝兰德尔关于法学是一种科学的观念,更何况他还语带讥讽地把兰德尔称为"当今最伟大的法律神学家"。[1]

确实,霍姆斯一大部分作品都致力于批判法律形式主义的过火之处和对逻辑推导的迷恋。就在惹尼的《实证私法的法律渊源与解释方法》于法国出版前两年,霍姆斯的名篇《法律之路》(*The Path of the Law*)就让人想到了惹尼很快要在民法领域提出的那些批评。尽管来自不同的法律体系,惹尼对法国法学"传统方法"的批判和霍姆斯对"经典法律思想"的批判很相似。1897 年,霍姆斯讨论的法律概念认为法律就是一系列从伦理原则或公理中推导而来的一个原则体系,是否与司法中的决定相吻合都无所谓。在霍姆斯看来,这种理解的方式过于狭隘了。更何况它无助于有效预测法律在日后的发展。霍姆斯笔下那个著名的"坏人"(bad man)根本不关心什么伦理公理或推导,他关心的只是英国或马萨诸塞州的法院会如何裁判。所以在他眼中,对法律的预测才是唯一重要的事情。[2] 因此,霍姆斯不仅要和康德式的理想主义那种把法律和道德混为一谈的传统决裂,同时也要和传统法学家那种无法正确预言未来的法律的研究方法决裂。虽然他不反对逻辑的重要性,但他指责他同时代的法学教授和法官把自己封闭在一个纯粹逻辑的法律理念中、为所有决定都披上逻辑的外衣。[3] 此外,他还强调不能过于重视历史和传统,因为掌握将来的人必然是"统计学家和经济学家"。[4]

惹尼和霍姆斯当时都没有读过对方的著作,但他们对过度抽象的批判和对政

---

[1] Oliver Holmes: (1880), 14 *American Law Review*, 234.
[2] Oliver Wendell Holmes, « The Path of the Law », *Harvard Law Review*, 1897, vol. 10, p. 460-461.
[3] *Ibid*., p. 465-466.
[4] *Ibid*., p. 469.

治经济学的拥护极为相似。让他们分开的是对自然法的态度。惹尼是自然法的忠实信徒。霍姆斯则在数年后一篇为惹尼的《实证法中的科学与技术》所撰写的书评性文章《自然法》中,对自然法大加抨击。[1] 不过,两位学者都以一己之力扩展了他们那个时代的法学家的眼界,只不过一位反对的是兰德尔,另一位反对的是解经方法。庞德也走上了这一方向。

2) 庞德(1870—1964)

他是另一名美国现实主义的先行者,但后来变节为反对者。庞德本来很有可能不会成为一名法学家。在取得植物学方面的学位后,他只于1889年—1890年之间在哈佛大学了一年法律。然而命运总是难以预料:在度过了既研究植物学,又作为律师和内布拉斯加州最高法院法官从事法律实务,还在不同的大学教授法律的几年时光后,他终于在1910年成为哈佛大学的教授,并在1916年开始出任法学院院长并长达20年。

他在1908年题为"机械法学"(Mechanical Jurisprudence)的文章中对兰德尔模式的严厉批判对现实主义的早期发展大有裨益。[2] 就算文章没有指名道姓提到兰德尔本人,但明眼人都能看出文中所针对的是他所代表的那种模式。庞德认为,法学的科学概念倾向于转变为一种纯粹机械性的观念,恰恰忘记了科学本身是为了实现一些确定的目的而非建立内部结构的融贯体系。所以,法学家与其斤斤于他们自己所建立的体系在形式上的优美,还不如关心一下他们的分析到底会带来何种具体的实践结果。庞德的目的是用"社会法学"的实用主义原则取代"机械法学"的形式主义原则。数年后,他在一篇讨论合同自由的论文中使用了实用主义的分析方法。[3] 他在文中论证,正是因为联邦最高法院对具体实践目的漠不关心,才在著名的"洛克纳诉纽约"(Lochner v. New York)一案中造成了与法律规定的目的截然相反的结果。

自此,庞德对于与兰德尔模式决裂的必要性再无怀疑。兰德尔模式主张法学家的工作室应该是一个为理论性书籍所填满的图书馆,因为书中自有各种司法决

---

[1] Duncan Kennedy et Marie-Claire Belleau, « François Gény aux états-Unis », in Claude Thomasset, Jacques Vanderlinden et Philippe Jestaz (dir.), *François Gény, mythe et réalités*, 1899-1999, Paris, Yvon Blais, 2000, p. 295-320.

[2] Roscoe Pound, « Mechanical Jurisprudence », *Columbia Law Review*, 1908, vol. 8, n° 8, p. 605-623.

[3] Roscoe Pound, « Liberty of Contract », *The Yale Law Journal*, 1909, vol. 18, n° 7, p. 454-487.

作为一种法律渊源的学说——法国法学的历程

定的道理。庞德则不然，他强调行动中的法而非书本中的法。[1] 要了解行动中的法，就得开展跨学科研究和经验研究，从而保证法律原则切实可行，并通过社会目的来评价它们。[2]

这种重构美国法律思想的工作很像惹尼和萨莱耶所做的，庞德也确实认真研读过他们的作品，还力主把他们的作品翻译到美国。法国法学的革新成果为美国的现实主义者提供了不少素材。不过，正如惹尼在看到德莫格的《私法基本理论》时意识到自己开始的创新正在走向失控，庞德最后也不得不选择了和他早期作品截然相反的立场，成了现实主义的反对者！对此我们会在后文讨论。

无论如何，在包括其好友埃尔利希（Eugen Ehrlich）在内的数名欧洲的法学家和哲学家的影响下，[3] 庞德为现实主义者准备好了他们方针路线的大框架。不过他最后还是在民族主义的驱动下远离了欧陆法哲学，并且在他反对现实主义的时候，完全否认了自己的初心。尽管如此，他还是比任何人对实证主义思潮走上前台所做的贡献都多。在这一思潮呈现出衰落的迹象前，它在最重要的法学院中造成了多场争论。

2. 现实主义的发展

要用简短的话精确定义美国现实主义是一个不可能的任务。现实主义的支持者唯一的共性在于反对兰德尔那种无法真正把法官的具体工作纳入考量的形式主义模式。但他们在其他的学术观点上几乎毫无一致之处。其中有些人接受了一种近于虚无主义的怀疑主义，另一些人的视野则更具有实证性和纲领性；一些人选择了在哲学层面研究法律的野心，另一些人则首先选择把自己塑造为某一个经验社会科学的专家；有人把教学问题作为首要关切，其他人则关心机构改革问题。如果说所有人都认为有必要开展跨学科研究，那么他们所转向的远非同一种学科。

为了让对现实主义的研究至少在我们所选择的视野之内有意义，一种虽然过于简化但可能不那么糟糕的做法是以学者所处的机构划分。如果说兰德尔模式等

---

[1] Roscoe Pound, « Law in Books and Law in Action », *American Law Review*, 1910, vol. 44, p. 12.

[2] Neil Duxbury, *Patterns of American Jurisprudence*, *op. cit.*, p. 58.

[3] James E. Herget et Stephen Wallace, « The German Free Law Movement as the Source of American Legal Realism », *Virginia Law Review*, 1987, vol. 73, n° 2, p. 399-455; Mathias Reimann, *The reception of continental ideas in the Common Law World* (1820-1920), Berlin, Duncker & Humblot, 1993.

同于哈佛大学,那么现实主义的重心先是在哥伦比亚大学,然后转向了耶鲁大学。卢埃林(Karl Llewellyn)和弗兰克(Jerome Frank)在 1931 年盘点现实主义者时所提出的 20 名作者中,有 16 名在此时或彼时于哥伦比亚大学或耶鲁大学工作。人们不妨认为,现实主义曾经不过是这三所最优秀的大学法学院之间权力关系所产生的一个现象。[1]

有鉴于此,我们先后审视在哥伦比亚大学和耶鲁大学发展出的思想,然后转向不同的声音。

1) 20 世纪 20 年代初的哥伦比亚大学

兰德尔模式的成就让曾经引领法学发展的哥伦比亚大学黯然失色。但是没过多久,在三名热切希望让法学职业教育更具"科学性"、让法学与社会科学产生更多互动的教授之共同努力下,情况再一次改变。库克(Walter Cook)从耶鲁大学叛逃而来,他在柏林大学取得了物理学位,然后成为哥伦比亚大学的数学教授。穆尔(Underhill Moore)早年在纽约执律师业,在加盟哥伦比亚大学之前曾于多所大学任教。还有奥利芬特(Herman Oliphant),他是一名语言学家,很晚才开始学习法律。1921 年,奥利芬特致信哥伦比亚大学校长,提议彻底改革课程。经历了一个评价各异的探索阶段后,校方于 1926 年成立了专司具体改革动议的委员会。委员会的报告在此后两年时间里激起了异常热烈的探讨。[2]

委员会认为对合同、侵权、衡平法、代理等课程的分类过于局限于法律教条,所以主张用三个主要的功能性分类替代:商业关系(与经济学教育同时进行)、家庭关系(增加社会学的课程)和政治关系(作为政治学的一种表达方式)。此后,又出现了数个致力于在更具体的领域提出切实改革建议的委员会。比如,主管商业关系的委员会把这一学科进一步分为市场营销(marketing)、商业组织(business organizations)、劳动关系、财政信用等。这种新的教学方式让霍姆斯和庞德以抽象方式提出的那些思想得以具体落实到教学之中,从而在哥伦比亚大学的教师队伍中取得了广泛的支持。他们相信自此可以在法学院中以严格程度不亚于传统方法的方式操作"社会学法学"(sociological jurisprudence)的教

---

[1] Neil Duxbury, *Patterns of American Jurisprudence*, op. cit., p. 139.

[2] Foundation for Research in Legal History, *A History of the School of Law, Columbia University*, op. cit., p. 299.

育。但是，同一群教授也都一致认识到，此项计划的实施离不开那些法学之外的学科，而他们必须花费更多的时间来研究这些学科。

正是此时，纠纷开始出现并被激化。奥利芬特领导了第一组学者，他们是最坚定的现实主义者，在改革中提出法学院的主要目标应该是推进纯粹科学性的研究，把法学理解为社会组织（soccial engineering）的一个小方面，这样法学院就会转变为一个"学者共同体"，从而彻底放弃以前的职业教育取向。[1] 另一组学者则可以被称为相对的现实主义者，他们主张法学院的主要功能仍应该是提供职业教育。大学的校长一直支持奥利芬特，但是他在1928年的法学院院长选举中转而支持奥利芬特的对手史密斯（Young Smith），后者叫停了在美国法学教育史上最雄心勃勃的计划。

奥利芬特、穆尔和另外几名教授因此离开了哥伦比亚大学，转而加盟刚刚在约翰·霍普金斯大学成立的研究院。该院的目标就是促进应用科学方法对法律的实证研究。在1931年—1933年，该研究院的成员通过整理纽约、马里兰、俄亥俄等州的法院的资料，针对司法行政和民事诉讼发表了一系列相当具体的统计研究。（其结论是）人们现在已经与案例方法相去甚远了！但这些研究最终难逃失败的命运。约翰·霍普金斯大学的研究院在大萧条的年代无以为继，穆尔也在此时去了耶鲁大学。但失败并不仅仅是财政意义上的，还有知识意义上的。现实主义的反对者往往把约翰·霍普金斯大学研究院称为最典型的"天真现实主义"。

1928年的人事危机削弱了哥伦比亚大学，并很快让耶鲁大学占据了领先地位，但这并不意味着仍然饱受批评的严格版本的兰德尔模式就此回归。新院长史密斯虽然为了支持一种中庸的实务家现实主义而驱逐了奥利芬特的极端的科学家现实主义，[2] 却从来没有放弃创造一种法学教育的多学科模式的野心。黑尔（Robert Hale）在20年代初—50年代中所讲授的法律经济学在很长时间里是此种模式的典范。[3] 其他的类似课程还有工业关系、商业活动规制等。不过，与兰

---

[1] Herman Oliphant, *Summary of Studies in Legal Education*, New York, Columbia University Press, 1928, p. 20-21.

[2] Anthony Kronman, *The Lost Lawyer: Failing Ideals of the Legal Profession*, Cambridge, Harvard University Press, 1995, p. 168.

[3] Neil Duxbury, «Robert Hale and the Economy of Legal Force», *The Modern Law Review*, 1990, vol. 53, n° 4, p. 421-444.

德尔模式的最终决裂还是在教学用书的内容改变上体现得最为明显。从此,教科书的题目不再是"某某案例集"(Cases on Y),而是"某某案例与材料"(Cases and Materials on Y),至今如此。此处所说的"材料"包括但不仅限于立法文本、学说评论和实际上属于各种社会科学的文件,从而帮助学生在更广阔的社会语境中理解法律。

这种呈现法律的新方式诞生于哥伦比亚大学,很快就传遍全国。卢埃林1930年写的《货物销售法案例与材料》(Cases and Materials on the Law of Sales)相当不同于当时惯常的讲授方法,却很快成了一种典范。这份汇编并非只是对判例的展示。其实判例在其中的分量不过三成。卢埃林想做的是为他的学生提供基础的经济学与商业知识,从而理解买家、卖家、商业中间人所关心的那些事项。他还坚持认为有必要超越传统的法律概念和分类,从而以更实用主义、更接近具体事实情景的方式来理解法律。不过,新方法的局限和现实主义的不足之处也在此暴露。虽然作者自己在序言中说要采行试验逻辑、社会心理学、人类学和社会学,但这些学科在汇编中几乎无迹可寻。[1] 这和惹尼在法国所做的有些类似。

2)耶鲁大学(20世纪20年代末之后)

在哥伦比亚大学引领现实主义大潮时,为了和哈佛大学有所区别,耶鲁大学还在使用更传统的教学方法——也就是前兰德尔时代的教学法!"耶鲁体系"尤其看重学生对教科书的仔细学习,认为这样才能教会他们"法律的原理"。教学中举的一些例子只是为了作为原理的例证。

新一代教授对旧方法很不满。自1913年起,具有强烈实用主义精神的科尔宾(Authur Corbin)就抱怨这种教学法完全无法帮助学生理解法官们所需要解决的事实问题之复杂性,也无助于比较不同法官之判决,更不用说帮助人们批判性地审视那些他们以为自己在仔细研究的那些法律规则。他认为应该减少对各种理论的关注,而更多关心司法决定的事实方面,并主张应该把法学研究理解为一个不断前进、永不停步的过程(多少有些类似于欧洲的历史法学方法),要毫不犹豫地抛弃那些无法与现在的发展阶段相适应的法律规则。[2] 他的立场得到了其

---

[1] Neil Duxbury, *Patterns of American Jurisprudence*, op. cit., p. 145.
[2] William Twining, *Karl Llewellyn and the Realist Movement*, Cambridge, Cambridge University Press, 1973, p. 28.

作为一种法律渊源的学说——法国法学的历程

他的作者的支持,比如当时还没有转赴哥伦比亚大学的库克和热衷于抽象理论的霍菲尔德(Wesley Hohfeld)。

但是,现实主义的先声并未在耶鲁大学取得真正的成果。情况直到1927年当时还相当年轻的哈钦斯(Robert Hutchins)当选为院长时才有所改观。在他的任期内,这名年轻的院长极力推进机构改革和与他的同事们截然不同的思想。他最开始的举措是一方面大规模招聘教师(法学院教师人数两倍于他上任前),另一方面把学生人数削减了1/4。这一措施的目标非常明确:把可以开展多学科研究的教师队伍从日复一日的枯燥教学中解脱出来,这样他们自己就可以按兴趣形成科研团队,通过层层筛选的学生也可以从老师的研究中学习对法律进行理论反思的基本原理,从而理解现实中的法律到底如何运作。[1] 哈钦斯更与医学院和洛克菲勒基金会通力合作,建立了人类关系研究院(Institute of Human Relations),旨在促进和人类生存状态有关的所有知识领域的交叉学科研究。正如他当时所写:"当耶鲁大学法学院意识到法学实际上是一种社会科学时,它便知道获得其他社会科学专家的支持是相当必要的。"[2] 随后,研究院立刻开展了和法学院的紧密合作,最早的参与者包括了从哥伦比亚大学调入的穆尔和道格拉斯(William Douglas),后来接替哈钦斯的克拉克(Charles Clark),还有已经与哈钦斯合作研究的心理学家施莱辛格(Donald Schlesinger)。耶鲁大学从此引领了一场既极具创造力又充满各种内部张力与不同趋势的运动。

3) 反对的声音(20世纪30年代起)

现实主义者们对"社会"的各个方面都极其忠诚,以至于成了他们政治信念的一部分,所以他们也希望把社会化思想融入实证法中。但是面对当时支配美国社会的个人主义和经济自由主义,人们指责他们的调门太高。相比之下,在对社会化思想更有利的法国语境之中,萨莱耶则通过使用一种较为和缓的论证方式取得了成功。[3] 无论如何,当我们看到现实主义的激进主张激起了同样强烈的

---

[1] Harry Ashmore, *Unseasonable Truths: The Life of Robert Maynard Hutchins*, Boston, Little Brown & Co, 1989, p. 55.

[2] Robert M. Hutchins, « An Institute of Human Relations », *American Journal of Sociology*, 1 septembre 1929, vol. 35, n° 2, p. 187-193.

[3] 比较 Martijn Willem Hesselink, *The New European Legal Culture*, Kluwer, 2001, p. 35-36. 作者从实用主义考量的角度解释了为何欧洲法学家在1930年拒绝了现实主义转向。

反对意见时，不应该感到惊讶。最早的反对意见恰恰来自庞德。

从 1923 年开始，庞德留意到有越来越多的作者"似乎认为法律规则无法真正实现逻辑的相互依存与联系"[1]，现实主义者对法律规则的确定性的怀疑在他眼中成了"对普通法体系的威胁"。[2] 当庞德于 20 世纪 30 年代同时与卢埃林和弗兰克论战时，他对现实主义的批判甚至出现了一些戏剧性效果。[3] 他为了回应现实主义者的作品，[4] 撰写了一篇批评现实主义者的新文章，题目中就明确提到了这一运动的名称。[5] 一方面，他再次指责现实主义者忽视了普通法中内在的逻辑和理性因素，其中一些极端人士甚至否定规则、原则和理论的存在。[6] 另一方面，他又谴责他们过分而且缺乏反思地诉请社会科学，以至于支持那种认为司法过程纯属胡说八道的心理学解释。此后，他继续对卢埃林的回应视而不见，[7] 继续批评他的对手是一群无可救药的虚无主义者。[8]

其他的批判也接踵而至，但相对缓和。科恩（Morris Cohen）曾经是"机械法学"公开的对手，他从 1931 年开始，认为现实主义者不应冒险认为当时还相当年轻的社会科学可以为他们所提出的所有问题找到正确答案。[9] 到了 1934 年，已经离开耶鲁大学、成为芝加哥大学校长的哈钦斯自己也批评倒向社会科学的潮流，认为这种属于过去的风气如今无以为继。他仍认为对法律的多学科研究

---

[1] Roscoe Pound：(1923), 37 *Harvard Law Review*, 397.

[2] David Wigdor, *Roscoe Pound：Philosopher of Law*, Greenwood Publishing Group, Incorporated, 1974, p. 262.

[3] Morton J. Horwitz, *The Transformation of American Law*, 1870-1960：*The Crisis of Legal Orthodoxy*, Oxford University Press, 1992, p. 172; N. E. H. Hull, *Roscoe Pound and Karl Llewellyn：Searching for an American Jurisprudence*, Chicago, University of Chicago Press, 1997, 380 p.

[4] 尤其是以下两部作品：Karl Llewellyn, « A Realistic Jurisprudence--The Next Step », *Columbia Law Review*, 1930, vol. 30, n° 4, p. 431-465; Jerome Frank, *Law and the Modern Mind*, Transaction Publishers, 1931, 450 p.

[5] Roscoe Pound, « The Call for a Realist Jurisprudence », *Harvard Law Review*, 1931, vol. 44, n° 5, p. 697-711.

[6] *Ibid.*, p. 706-707.

[7] Karl N. Llewellyn, « Some Realism about Realism：Responding to Dean Pound », *Harvard Law Review*, 1931, vol. 44, n° 8, p. 1222-1264.

[8] Roscoe Pound, « The Future of Law », *Yale Law Journal*, 1938 1937, vol. 47, p. 1-13.

[9] Morris R. Cohen, « Justice Holmes and the Nature of Law », *Columbia Law Review*, 1931, vol. 31, n° 3, p. 352-367.

是一种成果丰硕的方法，但其他学科其实对法学贡献甚微。[1] 这种新态度就算不意味着现实主义实证研究的终结，至少也给了现实主义沉重一击。

从1940年开始，批评逐渐增加，以至于现实主义在战后的衰退已经无可避免。例证之一就是在发表了一篇关于机动车驾驶员的行为与道路规章改变之间的关系的论文后，穆尔既遭到法学教授的批评，又受到社会科学专家的轻视。其结果是穆尔决定从此不再发表任何作品。[2]

对现实主义的总结

现实主义真的是一次失败的尝试吗？[3] 我们不打算直接介入和本书主题不相关的激烈辩论，我们认为这场运动至少在三个方面形塑了美国那种与法国形成对比的模式。

第一，就算法学院多少仍受惠于兰德尔模式，[4] 现实主义消除了兰德尔所造成的那种认为优秀学术作品就是把法化约为一系列可以体系化之基本原则的幻想。[5] 现实主义者借此教会了教义学式的法学家在一定程度上对知识的谦虚。

第二，虽然一些多学科研究的尝试让现实主义者遭遇失败，实证性的田野调研更是重灾区，但现在无人会从原则上质疑其作用，哪怕现实主义最有力的批评者也不例外。[6] 此类研究最重要的意义或许是促使法学家少关心法律的概念，多关心他们所希望实现的决定到底有什么具体后果。

第三，现实主义转向让美国法文化终于脱离了天真的状态，认识到不能仅仅

---

[1] Robert Maynard Hutchins, « The Autobiography of an Ex-Law Student », *The University of Chicago Law Review*, 1934, vol. 1, n° 4, p. 511-518.

[2] John Henry Schlegel, « American Legal Realism and Empirical Social Science: From the Yale Experience », *Buffalo Law Review*, 1979 1978, vol. 28, p. 459; John Henry Schlegel, *American Legal Realism and Empirical Social Science*, Univ of North Carolina Press, 1995, p. 257.

[3] Laura Kalman, *Legal Realism at Yale*, 1927-1960, UNC Press Books, 1986; Joseph William Singer, « Legal Realism Now », *California Law Review*, 1988, vol. 76, n° 2, p. 465? 544; John Henry Schlegel, « American Legal Realism and Empirical Social Science », *op. cit.*

[4] Calvin Woodard, « The Limits of Legal Realism: An Historical Perspective », *Virginia Law Review*, 1968, vol. 54, n° 4, p. 689-739. 本文认为兰德尔模式奠定了当今美国法学院的基础课程、以判例书为基础的参考书习惯、苏格拉底和判例教学法。

[5] Neil Duxbury, « Robert Hale and the Economy of Legal Force », *op. cit.*, p. 79.

[6] *Ibid.*, p. 92-93, 146-147.

视法律为一个"原则与理论构建的纯粹自主实体"。[1] 现实主义者推广了对法律的"政策分析",作为其基础的思想认为法律是为了实现某种目标而被创设时。而且他们指出,人们宣称建立在理性基础上的原则本来可以以这些目标之简单表达的方式呈现,这些原则相互冲突、彼此矛盾。他们以此破坏了传统学说工作的基础——教会实务人士如何从理性原则中推导好的法律解决方案。[2] 从此,他们开启了真正的法律多元主义之路。

在上述条件下,现实主义必然会导致美国法学家称为"学说方法"(doctrinal analysis)的教义学的撤退。

二、教义学的撤退

美国法律思想史并未止步于现实主义。恰恰相反,美国法学家们在反对现实主义的时候也拒绝重返此前的形式主义,因而让历史的车轮滚滚向前。在那个人们对最极端的形式主义群起而攻之的年代过去后,似乎那些温和现实主义的信徒如今获得了身后的胜利。而这恰恰是美国法律思想能够成为法国的对比模式的原因。

(一) 现实主义迟到的胜利

这一胜利象征着教义学的撤退,需要一定的时间才最终显露其意义。实际上,我们称为"向理性回归"的现象是战后法学界最早出现的特征。但在19世纪六七十年代出现的"新潮流"伴随着真正的转变而来。从80年代起,美国人称为"新师资"的现象让现实主义的胜利最终板上钉钉。

1. 50 年代向理性的回归

现实主义在第二次世界大战后的衰落可以被归结于许多不同的原因;各个实证主义者之间差别过大以至于无法称为一场运动,缺少一个旨在取代仍深受兰德

---

[1] Neil Duxbury, *Patterns of American Jurisprudence*, op. cit., p. 92.
[2] Mark Tushnet, «Post-Realist Legal Scholarship», *Journal of the Society of Public Teachers of Law*, New Series, 1980, vol. 15, p. 20.

作为一种法律渊源的学说——法国法学的历程

尔模式影响之教义学方法的可行授课计划,还有一些实证主义者对法治的公开怀疑让人们觉得他们要迈向混乱、恣意和不确定。人们现在把现实主义思想简化为了一系列漫画般的口号:法律只不过是法官的决定,法官又只是捉摸不定、仅仅凭借直觉来判断的普通人而已……他们之中不少人,无论是否真的提出过什么激进的言论,都不得不在一个仍然对纳粹主义的幽灵充满警惕的社会中,背负虚无主义的铭牌。[1]

人们怀疑现实主义不会坚定支持民主价值,所以它在那些带着强烈"向理性回归"烙印的理论面前节节败退。[2] 曾经风卷残云般挑战旧观念的主张,现在看来完全不可接受,其中就包括了弗兰克法官1931年在《法律与现代心灵》(Law and the Modern Mind)中提到的:法官对于成年人就像父亲对于孩子一样,永不出错。

在法学理论方面,经由两名哈佛大学的教授哈特(Henry Hart)和萨克斯(Albert Sachs)之作品所表达的法律过程理论(process jurisprudence)似乎占据了上风。[3] 虽然《法律过程》(The Legal Process: Basic Problems in the Making and Application of Law)不过是一本用于教学的案例与材料书,但在国家通过各种独立机关(agencies)成为规制者的历史条件下,本书因为强调立法和行政法而非普通法传统,显得尤其实用。

老实说,这种多个法学院广泛传播、至今仍有其信徒的新思潮本无新意。它在相当程度上是美国法学思想的延续。美国法学思想自兰德尔之后就承认,研究案例并不是为了找到最好的解决方案,而是为了理解法官推理的方法。事实上,法律过程理论的支持者自己也不会支持那种认为司法决定的过程来自抽象逻辑推演的兰德尔传统。但是他们也同样拒绝一些现实主义者那种认为判决完全来自非理性主观因素的看法。他们只不过认为法律问题的答案可以通过理性和客观的方法求得,至少在解释它们的时候是可以的。法律过程理论的信徒强调的是在解决法律问题的过程中严格尊重程序,而非结果本身的实质内容,并且坚称"'程序

---

〔1〕 至今还有人如此批评霍姆斯。Albert W. Alschuler, *Law Without Values: The Life, Work, and Legacy of Justice Holmes*, University of Chicago Press, 2000.

〔2〕 Neil Duxbury, *Patterns of American Jurisprudence*, op. cit., p. 205.

〔3〕 Hart Henry et Albert Sacks, *The Legal Process: Basic Problems in the Making and Application of Law*, 1 edition., Westbury, N. Y, Foundation Press, 1994, 1536 p.

第三部分　与美国模式对比

的道德性'本身就独立于结果"。[1] 他们也因此与当时的主流思想相一致，主张作为战后核心关切的民主价值本身并不在于实现具体的方案，而在于一系列为了组织对权力的竞争而设计的规则和程序。1942 年成为哈佛大学经济学教授的熊彼特（Joseph Schumpeter）和 1956 年《民主理论前言》（*A Preface to Democratic Theory*）的作者达尔（Robert Dahl）就曾支持过这种理论，它如今又在法学界取得了惊人的成功。[2] 通过把战后民主理论的问题意识带入他们自己的学科，支持法律过程理论的法学家们把程序理性重新请回了法律，同时希望避免对其实质内容的意识形态探讨。意识形态探讨看起来已经不入时了，毕竟贝尔（Daniel Bell）在 1960 年就要出版他著名的专著《论意识形态的终结》（*The End of Ideology: On the Exhaustion of Political Ideas in the Fifties?*）了。[3]

与声称法律的生命来源于经验而非逻辑的霍姆斯法官分道扬镳后，哈特在 1958 年宣告联邦最高法院"注定是理性的声音，因为理性才是法律的生命"。虽说如此，法律过程理论的支持者也无意重返经典的学说理性，因为和现实主义者一样，他们认为学说理性无助于寻找有用的原则。因此，他们和诸如 1909 年《法律的性质与渊源》（*The Nature and Sources of the Law*）的作者格雷或 1921 年《司法过程之性质》（*The Nature of the Juolicial Process*）的作者卡多佐法官这些重要的先行者重新建立了联系。

此次向理性的回归将从整体上统摄美国法学教师们的工作。他们大部分或多或少置身于兰德尔的传统当中，并受益于最中庸的现实主义。如此说来，20 世纪 50 年代还不真正意味着学说分析的退却，它在重重批评下仍然保持了在大学著作中的核心位置。希望为他们的学生做好未来职业实践准备的教授们精心编排案例与材料教科书或专论，他们在这些教材中提出应当支配法律规则的那些原则，然后把原则分门别类，不仅仅用逻辑，还用各种人文与社会科学方法分析它们。今天最优秀的法国法学家和他们的所作所为多少有些相似。从这个角度看，现实主义的批判似乎失败了，至少在那些最坚定的死硬派圈子之外如此。"直到 70 年代中叶，保险规制、反垄断法、联邦程序法、证据法等部门法的教科书才

---

[1] Morton J. Horwitz, *The Transformation of American Law*, 1870-1960, *op. cit.*, p. 253.
[2] *Ibid.*, p. 255.
[3] Daniel Bell, *The End of Ideology: On the Exhaustion of Political Ideas in the Fifties?: with «The Resumption of History in the New Century»*, Harvard University Press, 1960, 532 p.

作为一种法律渊源的学说——法国法学的历程

是法学学术成就的最高峰,并为其作者带来了学术界之超级明星的地位。"[1]

向理性的回归既吸引了理论派的法学家,又吸引了那些直接面向职业训练的教授。但从20世纪60年代开始,在我们庸常地称之为"新浪潮"的压力下,理性逐渐放慢了脚步。

2. 新浪潮(1960年—1980年)

我们先来看看什么是新浪潮产生的原因,然后再检视其中两个主要的运动:法律与经济学、批判法学。

1)变革的原因

美国的当代史中出现了一些具有罕见复杂性的知识和人口要素,它们最终紧密结合,造成了新浪潮的出现。

在知识方面,联邦最高法院在1954年"布朗诉教育委员会案"(Brown v. Board of Education)著名的裁决宣告公立学校的种族隔离违宪,[2] 促成一系列罕见的激烈辩论,最后以对法律过程理论的质疑告终。[3]

人们不难想象,拥护法律过程理论的人不仅批评判决中的解决方案本身,也批评最高法院对程序本身不够重视。"困难不在于结果,而在于法院对决定的事项毫无解释",萨克斯于1954年如是说。[4] 他的批评反映了大部分法律过程理论支持者对在沃伦(Earl Warren)大法官治下越发倾向于通过司法能动保护民权的联邦最高法院的意见。但我们不应就此把法律过程理论的支持者归类为保守主义。我们讨论的是60年代,当时的美国社会一点儿也不保守,法学院也正在经历深刻的改变,那些围绕着"制度性安排"和"原则的中立性"所展开的话语几乎找不到听众。[5]

---

[1] Mary Ann Glendon, *A Nation Under Lawyers: How the Crisis in the Legal Profession is Transforming American Society*, Harvard University Press, 1996, 346 p.

[2] 347 US 483 (1954).

[3] 法文文献中对此场论战的评论,见 Françoise Michaut, « L'inscription de la décision judiciaire dans un système juridique: réflexions sur l'évolution de la doctrine américaine contemporaine », *Revue du droit public*, 1989, p. 1009.

[4] Albert M. Sacks, « The Supreme Court, 1953 Term », *Harvard Law Review*, 1954, vol. 68, n° 1, p. 103.

[5] Herbert Wechsler, « Toward Neutral Principles of Constitutional Law », *Harvard Law Review*, 1959, vol. 73, n° 1, p. 1-35; Gary Peller, « Neutral Principles in the 1950's », *University of Michigan Journal of Law Reform*, 1988 1987, vol. 21, p. 561.

更深刻的变革则是人口统计学上的。法学院的学生数量在这些年翻倍。学生群体的社会学构成已经发生了改变，当时学生们的志向已经和他们那些一门心思想要掌握职业知识以便执律师业的前辈大有不同。[1] 女生的数量急剧增加，从不到5%上升到大约40%，来自少数族裔的学生也不会支持围绕过程理性展开的彬彬有礼的辩论，因为这些新的学生群体更倾向于支持联邦最高法院在民权领域的司法能动主义。多场关于彻底改造美国社会之必要性的辩论标志着政治共识的终结，提出了必须首先得到回答的深层问题，并必然导致"政策分析"的回归，以及把法律看作社会工程学之工具的技术性概念的失势。

学生人数的大量增加要求法学院招募更多的新教授。在美国这种极端分散化的体制内，每个法学院都可以根据其自己的标准和程序自主地招聘教师。此外，各校都愿意保留自己的特色，所以哈佛大学永远不会成为耶鲁大学，哥伦比亚大学肯定和芝加哥、伯克利或密歇根大学大有不同。尽管有这些多样性，或者说恰恰因为这些多样性，在60年代和80年代之间，大量同时具有人文社会科学学位的法学家涌入最优秀的法学院，成为教师。[2] 人文和社会科学领域的博士数量一再膨胀，但这些学院都没有能力接收那么多的教师，于是法学院就成了职位的提供者。对于这些在他们原本的学科遭遇不幸的流亡者而言，在法学院教书相对简单一些。只要取得了世人皆知的法律博士学位（Juris Doctor），在读期间担任过法学期刊的编辑，[3] 然后在某个法官那里做一段时间的助理，于是就可以登上杏坛了，说不定在5年后就可以成为教授，领着远远比人类学或语言学系高得多的薪水。[4]

年复一年，为数众多的法学院教授在从教前于多个不同学科取得学位，而且对以传统的案例教学法讲授法律兴味索然。至于法学家们所使用的那种理论化法

---

［1］ Richard D. Kahlenberg, *Broken Contract: A Memoir of Harvard Law School*, University of Massachusetts Press, 1999.

［2］ 一个看上去自相矛盾的现象是，其他的法律职业也增加了对这些人才的需求。实际上，许多同时具有社会科学和法学学位的人从60年代开始加盟不同的政府和各种律师事务所。因为在现实主义的影响下，新的管制机关使用经济学或社会学的语言高谈阔论，对于律师而言，如果想保护企业的利益，就必须找到同样可以使用那套语言的人。

［3］ 美国法学评论大部分都是由学生编辑的，地位崇高。Roger C. Cramton, «"The Most Remarkable Institution": The American Law Review», *Journal of Legal Education*, 1986, vol. 36, n° 1, p. 1–10.

［4］ Laura Kalman, *The Strange Career of Legal Liberalism*, Yale University Press, 1998, p. 60–61.

律的方式则迅速过时,因为它在这些习惯于创造更抽象和精致概念的新教授眼中实在是太过鄙陋了。

从70年代开始,知识界的风气和体制上的条件两相结合,带来了美国法律思想的深刻转变:一方面,关于民权的辩论重新唤醒了人们对"政策分析"的兴趣。另一方面,大量招聘具有其他专业背景的教师必然会带来新的理论化和交叉学科研究。

现实主义终于扳回一局!实际上,此时有两个最为引人注意的运动恰恰从现实主义的遗产中获益良多。在政治棋盘的右派一方,著名的法律与经济学运动继承了现实主义的中庸分支,主张评价法律的唯一标准就是效率。而在左派一方,批判法学运动则继承了最为极端的现实主义。

2)法律与经济学运动

法律与经济学运动其实并不是在70年代一蹴而就的。它的起源可以追溯到40年前芝加哥大学法学院开始招募经济学家的时候。其中的先行者就包括了西蒙斯(Henry Simons)。西蒙斯最大的贡献可能是引进了迪雷克托(Aaron Director),后者是法律的经济分析在芝加哥真正的开创者。迪雷克托同时教授法律与经济学,培养了一代又一代的学生,其中就包括了曼内(Henry Manne)、在1987年因为上议院反对而未能成为进入联邦最高法院的博克(Robert Bork),还有波斯纳(Richard Posner)。1958年,迪雷克托创办了《法律与经济学期刊》(*Journal of Law and Economics*),当时出任芝加哥大学法学院经济学教席、后来获得诺贝尔奖的科斯就是在这份刊物上发表了他奠基性的作品《社会成本问题》(*The problem of social cost*)。[1]

但是,真正提纲挈领式的作品直到1972年才诞生在波斯纳的笔下。他在《法律的经济分析》(*Economic Analysis of Law*)中通过不同的法律部门介绍了这一运动的主要思想。这名不知疲倦为法律的经济分析奔走呼告的作者因此也跻身法律经济学的四名受正式认可的奠基人之列,[2]另外三名是科斯、在1970年出

---

[1] 重印版参见 Ronald Coase, «The Problem of Social Cost», *The Journal of Law and Economics*, 1 novembre 2013, vol. 56, n° 4, p. 837–877.

[2] 美国法律与经济学联合会1991年的全席大会确定了他们的祖师爷地位。Nicholas Mercuro et Steven G. Medema, *Economics and the Law: From Posner to Post-modernism*, Princeton University Press, 1998, p. 193.

版了关于事故的分析之重要著作的卡拉布雷西（Guido Calabresi），和曼内——他在迈阿密大学首次设立以培训联邦法官为目的的法律与经济学速成班。在他们的影响之下，数本有影响力的期刊相继出现，包括《法律与经济学研究》（Research in Law and Economics）和波斯纳创办的《法学研究期刊》（Journal of Legal Studies）。这些期刊日后发表了数量可观的作品，把法律的方方面面都放在经济理性的放大镜下仔细审查。法学家们见证了这种分析方法日益明显的成功，而那些习惯于认为法律场之自主性无可动摇的法国读者则会感到惊讶不已。

3）批判法学运动

恰恰和在芝加哥发展起来的法律的经济分析运动相反，批判法学运动有意地选择了政治博弈的左翼阵营，并且针对法律体系内部的矛盾和不融贯提出了最极端的主张。批判者们（crits）以哈佛和斯坦福为神经枢纽建立了一个强大的网络。部分立足于以德里达（Jean-Jacques Derrida）和福柯（Michel Foucault）为代表的欧洲批判哲学，他们否认法学家言论的透明性和中立性，认为这些言论哪怕在对最细枝末节的问题的讨论上都深藏着政治意涵，而他们的任务就是系统揭露这些政治意义。对于批判者而言，法律就是政治。他们极力批判正当化社会现状的法律体系，并抨击他们认为属于反动派的、有利于当下社会阶级区分的法学教育。[1] 他们的激烈言辞也激起了所谓"老教师"群体的回击，以至于一些大学教师要求批判者们离开他们的法学院。[2]

法律与经济学运动和批判法学运动为新的美国知识辩论贡献良多，它们共同造就了传统学说分析方法的车队。波斯纳在1987年就说，在许多年轻的教师眼中，传统方法"不入时、老旧、了无活力"。[3] 这些新浪潮中的波动在80年代形成了对新师资的要求。

---

〔1〕 Mark Kelman, *A Guide to Critical Legal Studies*, Reprint 版., Cambridge, Mass, Harvard University Press, 1990.

〔2〕 Paul D. Carrington, « Of Law and the River », *Journal of Legal Education*, 1984, vol. 34, n° 2, p. 222-228; Peter W. Martin, Robert W. Gordon, Paul D. Carrington, Paul Brest, Phillip E. Johnson, Louis B. Schwartz, William W. Van Alstyne, Guido Calabresi, et Owen M. Fiss, « "Of Law and the River," and of Nihilism and Academic Freedom », *Journal of Legal Education*, 1985, vol. 35, n° 1, p. 1-26.

〔3〕 Richard A. Posner, « The Decline of Law as an Autonomous Discipline: 1962-1987 », *Harvard Law Review*, 1987, vol. 100, n° 4, p. 761-780; Richard A. Posner, « The Present Situation in Legal Scholarship », *The Yale Law Journal*, 1981, vol. 90, n° 5, p. 1113-1130.

3. 新师资（20世纪80年代以来）[1]

美国人所说的"新师资"指的是法学院所见证的完全不同于以往的一种知识氛围。它是大约20年前那场滞涨危机的间接结果。在法国，同样的经济危机并没有导致法学家的学说方法上的任何改变。在大西洋的另一边则完全不同，在知识界出现了最不寻常的激荡浪潮。各种不同的新理论风起云涌，就连最极端的那些理论也为人所容忍。一个思想集市出现在80年代，[2]刺激了交叉学科研究的发展。这一现象导致法国法学家们所习以为常的那种方法进一步退居二线。但是交叉学科研究本身也受到了广泛的质疑。

1）思想的集市

美国人用承袭在密尔（James Stuart Mill）的"思想市场"一词来形容在真正的知识爆炸之中出现的种种思想繁荣、多样、相互竞争的状态。无论是否带着一丝贬义，"集市"一词可能更好。不论如何，知识爆炸总是不争的事实。所以，对法律的经济分析虽然起源于芝加哥，"芝加哥法律与经济学派"如今也只不过是众多其他法律经济学派中的一种而已。[3]对法律进行经济分析的研究领域已经在相当程度上多元分化了。现在，经济分析已经涵盖了从家庭法到民事诉讼法的所有领域，并与包括新古典主义、制度主义、新制度主义等所有的经济思想流派合作，在芝加哥、伯克利和密歇根大学各立门派。各种流派彼此争吵，让学术界成了大学和期刊编辑的集市，争论的对象从描述性到规范性的因素无所不包：方法、研究主题、特别关心的问题等。

同样的现象也出现在批判法学中，其内部的流派导向各种不同的方向。比如其中的女性主义流派就在80年代批评批判者们在运动内部仍然维持着性别歧视的等级秩序。随后，这一流派宣告独立，发展出了一套关于法律的女权主义思想，他们分析既深刻又各不相同，[4]其中有些人要比另一些人更激进。[5]如

---

[1] Mary Ann Glendon, *A Nation Under Lawyers*, op. cit., p. 203.

[2] Bruce A. Ackerman, « The Marketplace of Ideas », *The Yale Law Journal*, 1981, vol. 90, n° 5, p. 1131–1148.

[3] Nicholas Mercuro et Steven G. Medema, *Economics and the Law*, op. cit., p. 51.

[4] 女性主义法学的类型学分析，参见 Marie-Claire Belleau, « Les théories féministes？：droit et différence sexuelle », *Revue trimestrielle de droit civil*, 15 mars 2001, n° 1, p. 1–35.

[5] Jean-François Gaudreault-DesBiens, *Le sexe et le droit：sur le féminisme juridique de Catharine MacKinnon*, Liber, 2001.

今，他们的理论不胜枚举：美国后现代文学理论、欧洲后现代和后结构主义理论、女性主义理论、反种族主义理论等。各种理论都在建构或解构批判者们的思想。[1] 即便他们在经济分析那种强劲势头面前早就延缓了步伐。

更何况还有大量非正式的、个人的、边缘的运动和宣言。全美国在60年代只有2800名左右的法学教授，在20世纪初这个数字已经超过了8800。更有超过600本法学评论，按季度出刊。这些人和文章在现实主义的历史延续性中形成了"后现实主义"。[2] 他们还探索了其他所有知识领域，同时，为了引人注目，他们不介意使用最为大胆、甚至可以称得上古怪的理论。[3]

自从现实主义在30年代衰落，美国法律思想似乎就分化成了种种的"法律和……"研究。"法律与社会"（Law and Society）、法律与人类学、法律与历史、法律与文学、法律与精神分析、法律与经济……我们还能指出关于实证主义的经典讨论，特别是60年代在哈特（Herbert Hart）和富勒（Lon Fuller）之间展开的辩论。还有关于形式主义之回归的讨论，其中最重要的人物是温莱布（Ernest Weinrib）。[4] 更不用说还有法律过程理论：这一思潮远未终结，还找到了帕特森（Denis Patterson）、德沃金（Ronald Dworkin）这样的继承人。简言之，在美国的作者笔下，几乎所有的议题都已经得到探讨，而且往往会在后继的思潮中继续探讨。[5] 面对这种广度的探索，人们会发现美国的法律思想一方面是理性化法律的绝好机制，另一方面则是解构法律的绝佳机制。

成长于60年代的法学教授似乎终于让此前在大学之内偏安一隅的法学院门户开放。[6] 法学思考的高度复杂化和对其他学科的兼容性让法学院和其他人文科学系所之间得以建立起桥梁。另外，这一代法学家又多数有其他学科的学位，

---

[1] Gary Minda, *Postmodern Legal Movements: Law and Jurisprudence At Century's End*, NYU Press, 1996, p. 167.

[2] Mark Tushnet, « Post-Realist Legal Scholarship », *op. cit.*

[3] Charles W. Collier, « The Use and Abuse of Humanistic Theory in Law: Reexamining the Assumptions of Interdisciplinary Legal Scholarship », *Duke Law Journal*, 1991, vol. 41, n° 2, p. 191-273.

[4] Dennis Patterson, *Law and Truth*, Oxford University Press, 1999, p. 22.

[5] Mark Tushnet, « Legal Scholarship in the United States: An Overview », *The Modern Law Review*, 1987, vol. 50, n° 6, p. 804-817.

[6] Paul Samuelson, « The Convergence of the Law School and the University », *The American Scholar*, 1975, vol. 44, n° 2, p. 256-271.

而传统的学说方法能为教授们提供的对话者则仅有实务人士。所以,学说方法退居二线也是自然而然的事了。

2)学说方法的衰退

学说方法的衰退如今是一个普遍接受的事实了。卷土重来并非绝无可能,但是看上去不太现实。法学期刊上面向实务的文章越来越少。60年代的时候,实务性论文和理论性论文的比例大概是4.5∶1,这个比例到了1985年已经变成了1∶1。至于专著(treatise),把自己的时间优先用于理论研究的大学教授们也逐渐退出了编纂一线。普里斯特(Georges Priest)在1983年解释这一现象时相当坦率地说:"专著对于那些想要攀上法律思想之巅者而言,毫无用处。"[1]

当我们写作本书时(2002年),那些伟大专著的作者已经不再是美国大学教授先贤祠中所供奉的成员了。学说方法的支持者所展开的细致而勤勉的分析在最近30年来成了那些决心颠覆法律思想的大学教师眼中的反例,所以他们时时告诫自己千万不要从事这种过于中庸、压抑真正知识野心的工作。[2] 所以,传统作者发现自己腹背受敌。要是他们从自己日常澄清实证法的工作中走出,冒险对实证法进行道德哲学或经济学分析,那么交叉学科研究的支持者会指责他们不够专业、必然会出错。[3] 可如果他们继续故步自封于教义学,这项工作本身会为他们带来批评,因为如果法律本身就是不融贯、自相矛盾的,那么体系整合的任务必然会失败。当洛斯(Louis Loss)于1993年出版他第三版《证券法》(*Securities Regulation*)的第十一卷时,就曾经哀叹那些恶意批评学说方法的人根本不了解,教义学的意义在于形塑法律,以此作为自我辩解。[4]

美国法学界的争论仿佛50年前昨日重现。我们在对学说方法的批判中看到了现实主义者曾经用以批评兰德尔模式的腔调。不过,还有一些不同的声音出现,为教义学辩护。

为此,先后在哈佛大学和密歇根大学出任教授的上诉法院法官爱德兹

---

[1] George L. Priest, «Social Science Theory and Legal Education: The Law School as University», *Journal of Legal Education*, 1983, vol. 33, n° 3, p. 437-441.

[2] Charles W. Collier, «The Use and Abuse of Humanistic Theory in Law», *op. cit.*

[3] Richard A. Posner, «The Present Situation in Legal Scholarship», *op. cit.*, p. 1114-1115.

[4] Mary Ann Glendon, *A Nation Under Lawyers*, *op. cit.*, p. 205-206.

(Harry Edwards)在1992年发表了一篇反驳主流观点的文章。[1] 作者在文中并不质疑法学院特别是最优秀的那些法学院所选择的新方向,他只是希望新方向不至于以最经典的学说分析之消亡为代价,因为后者对法官和实务人士来说非常重要,他们恰恰"需要细致、慎思、具体的法律意见"。[2] 波斯纳本人在成为法官之后也从以前学说方法的坚定反对者的位置上退却。他在1987年写道:"法官既是学说分析的消费者又是生产者。"[3] 他还建议作者们首先应该综合整理保险法的体系而非一上来就让结构主义和道德哲学蒙蔽了双眼。[4] 15年后,他终于承认虽然学说分析无聊且意义有限,却非常有用,因为它是其他辩论最低程度的质量保证。[5]

以上对学说分析的辩护恰恰意味着它无法再回到法学之中心。在经历了疾风骤雨般的批评后,它如今只是众多分析方法的一种。但准确说来,其他研究法律的方法也需要回答不少质疑。

3) 不断出现的质疑

法学研究的视野从20世纪80年代开始剧烈转变引起了一定困惑,不时表现在各种研讨会和期刊上。不少大学教师在一开始犹感精神分裂:[6] 他们一方面有责任培养为数众多希望成为实务人士的学生,所以必须采取符合律师协会之职业要求的经典教学方法。另一方面,他们又要正当化法学家在大学之内的地位,所以就必须发表高度学究性的作品。其他作者在谈到这一两难处境的时候说,一边是以指导实务人士为目的的传统话语,另一边则是因为更能够改进人们对法律现象的认识而更有研究价值的知识的话语,他们在两者之间总感到犹豫不决。同时,还存在一种"学院中的不适",那些感觉新方向让他们不得不远离以实务人

---

[1] Harry T. Edwards, « The Growing Disjunction between Legal Education and the Legal Profession », *Michigan Law Review*, 1992, vol. 91, n° 1, p. 34-78.

[2] *Ibid.*

[3] Richard A. Posner, « The Decline of Law as an Autonomous Discipline », *op. cit.*

[4] *Ibid.*

[5] Richard A. Posner, « Legal Scholarship Today », *Stanford Law Review*, 1993, vol. 45, n° 6, p. 1647-1658.

[6] Clark Byse, « Legal Scholarship, Legal Realism and the Law Teacher's Intellectual Schizophrenia », *Nova Law Review*, 1989 1988, vol. 13, p. 9.

士为主的传统听众的教师们为此感到不快。[1] 在卡特（Stephen Carter）2002 年的小说《海洋公园之皇》（*The Emperor of Ocean Park*）中，这名本身在耶鲁大学教法律的作者借他书中的叙事者（同样是一名法学教授）之口说出了如下具有典型意义的反思："我走过一小群学生……他们对话中的一些术语引起了我的注意——辩证间隙、初步观点、重构……我多么怀念那个学生们用民事诉讼法的规则来辩论的时代，那个我国法学院尚以教授法律为业的年代。"[2]

另外，直到最近，人们才广泛对社会科学之操作价值有了信心。当波斯纳最终与教义学和解时，他还是认为："最近数十年间经济学的进展最能证明社会科学整体的发展，在各种不同学科的帮助下，此前不过是空洞无物之理想的法律体系研究如今可以真正落实了。"[3] 但是他自己的儿子小波斯纳（Eric Posner）则在 2002 年以相当高超的手段展示，尽管在方法论意义上，当今的研究相比于 1970 年以前的成果来说大有改进，但其实对合同法的各种经济分析根本没有带来任何像样的结果。[4]

事实上，在方法论问题上的争议依然存在。2002 年在芝加哥大学举办的一次关于经验研究的重要研讨会上，虽然美国学者普遍使用这种研究方法，两名作者在本身成为批评的对象之前长篇大论地强调现在人们使用的方法并不严肃。这种批评不禁令人想起穆尔在 20 世纪 40 年代曾经受到过的指责。[5] 在更一般的意义上，不少学者指责今天的法学家过于滥用人文和社会科学了，并强调多学科研究本身有一定的风险。[6]

总而言之，虽然还难说蔚然成风，如今毕竟出现了对多学科研究的质疑。但人们批评的并不是多学科研究本身，而且美国学者还是继续践行着那种与我们恰恰相反的多元分化的模式。在法国，仅有一种学说方法。

---

[1] Stephen Burbank, «Introduction: "Plus Ca Change..."», *Faculty Scholarship*, 1 juillet 1988.

[2] Stephen Carter, *échec et mat*, traduit par Marianne Hovnanian, Paris, Pocket, 2003, p. 244.

[3] Richard A. Posner, «The Decline of Law as an Autonomous Discipline», *op. cit.*

[4] Eric Posner, «Economic Analysis of Contract Law after Three Decades: Success or Failure», *Yale Law Journal*, 2003 2002, vol. 112, p. 829-882.

[5] Lee Epstein et Gary King, «The Rules of Inference», *The University of Chicago Law Review*, 2002, vol. 69, n° 1, p. 1-133.

[6] Martha Nussbaum, «The Use and Abuse of Philosophy in Legal Education», *Stanford Law Review*, 1993, vol. 45, n° 6, p. 1627-1645.

第三部分　与美国模式对比

（二）建立对比

我们对美国法律思想过于简化的历史回顾至少能让我们建立一种可以与我国形成对比关系的模式，因为美国法学家在变化的契机出现时每每做出了和他们的法国同行完全不同的选择。更值得重视的是，他们做这些选择的时候明明面对的是与法国学者类似的思想史状态，本来可以选择与法国学者完全一样的道路。

20世纪最初数十年是特别关键的时间，而且奇怪地带来了位于大西洋两岸的学者阅读彼此作品的风潮，但也伴随着相互之间的误解。现在，我们将试着驱散各种误解，从而提出真正有意义的比较。

1. 双向误解

在一开始，一些美国法学家在批评兰德尔的形式主义时使用的术语和风格让人觉得他们可能是误读了惹尼对19世纪法国解经法学的批评。即便我们不去全面评价这名南锡法学院的院长对美国现实主义的真实影响，也可以肯定地说，现实主义者们认为自己可以用惹尼的思想为他们自己的观点辩护。"诉诸惹尼的著作让美国人得以把在美国的语境中显得离经叛道的小众想法说成是在欧洲再正常不过、值得尊重的思想。"[1] 此外，现实主义者还对惹尼建构性的部分提出了他们原创的解读。实际上，当惹尼本人阐述他的自由科学研究方法的时候，发现自己很难把法国法学家从1804年以来根深蒂固的立法垄断思想中解脱出来，同样羁绊他们的还有以权力分立为名禁止视判例为法律渊源的主张。[2] 但美国的作者们面对的是完全不同的法律体系，这里没有统一的民法典，却接受了联邦最高法院对立法的司法审查，所以他们可以轻而易举地拥抱自由方法。在法国的知识边界之外，自由科学研究给了法官巨大的自由，让他们成为美国法律体系的君主。[3] 换言之，当惹尼的思想被移植到美国的时候，它为现实主义者提供的工具不仅可以用于解放法官，也可以用于把所有美国法律人从兰德尔模式中解放出

---

[1] Duncan Kennedy et Marie-Claire Belleau, « François Gény aux états-Unis », op. cit.

[2] Philippe Jestaz, « François Gény?; une image française de la loi et du juge », in Claude Thomasset, Jacques Vanderlinden et Philippe Jestaz (dir.), François Gény, mythe et réalités, 1899-1999, Paris, Yvon Blais, 2000, p. 37 sq.

[3] Duncan Kennedy et Marie-Claire Belleau, « François Gény aux états-Unis », op. cit.

来，以便超越哈佛大学所力主之概念主义，进入新时代。

在此种语境之下，现实主义者们无法理解惹尼对德莫格思想的敌意。实际上，德莫格对法律之中内部不融贯与冲突的展示，以及他对法律理想主义不遗余力的批评，恰恰给了现实主义者另一个解放法学家的工具。弗兰克在《法律与现代心灵》中运用的就是德莫格的思想。弗兰克援引德莫格以反对庞德的观点，后者认为法律可以具备经济秩序所需要的那种确定性。另外，真正体会到并分享惹尼对新思想的不安的美国法学家只有庞德一人，他们两人虽然本身正是革新法律思想的先行者，却都批判新思想可能引致虚无主义。

至于法国法学家们，他们也恰恰在同一时期开始读兰德尔的作品，并且同样使用一种把作品从语境中抽离的阅读方式。于是便出现了一个新的矛盾：因为在20世纪初，年轻一代法国大学教师中有不少人投身于对解经方法所代表的那种形式主义的批判，而这些希望把社会问题引入法律的年轻人认为判例正是向人们展现事实之真实面貌的素材，这种想法本来应该让他们与兰德尔模式渐行渐远才是。但与此同时，他们又不希望自己的起义变成无政府主义的胜利。用特别带有惹尼风格的话来说，法学家必须为希望寻找共性的分裂社会提供"坚实的铠甲"。于是，法学家有必要引导判例，而正是在此思潮之内下，兰德尔所力主的方法找到了回光返照的契机。

从大西洋这边的法国看，兰德尔的方法让人们得以把判决引入法律，却不至于付出破坏法律体系之和谐的代价。"判例方法"从而成了一种非常引人注目的研究课题。[1] 而且就算朗贝尔表达了对兰德尔思想的保留意见，认为他的方法过于形式主义、无法对社会科学开放，[2] 他至少在1924年与卡皮唐合作出版《判例选编》(*Espèces choisies empruntées à la jurisprudence*) 时参照了兰德尔的方法。这本书的结构就很能说明问题：第一部分所提出的那些实例题在第二部分由最高法院的判决提供答案。换言之，作者要求法国学生从判例中自己找出对法律问题的合理解答。而所收集的判例经由"一群法学院的教授拣选发表"。卡皮唐本人也在前言中解释了判例的选择。他甚至还专门谈到了令他大感兴趣的兰德尔

---

[1] Pierre Lepaulle, « Le système du "Case" et la méthode socratique dans les écoles de droit américain », *Revue internationale de l'enseignement*, juin 1920, vol. 74, p. 161-181.

[2] Edouard Lambert et Max J. Wasserman, « The Case Method in Canada and the Possibilities of Its Adaptation to the Civil Law », *The Yale Law Journal*, 1929, vol. 39, n° 1, p. 1-21.

方法，虽然他和朗贝尔一样认为这种方法必须经过改良才能适用于习惯在讨论判例前先解释立法与原则的民法传统。[1]

这本书中已经蕴含了10年后由卡皮唐单独署名的《民法重要判例选》（*Les grands arrêts de la jurisprudence civile*）的基因。后者获得了巨大的成功，数次再版并更新，而且扩展到了大部分的部门法中。卡皮唐和兰德尔一样，对判例法持一种进化主义观念，也和兰德尔一样认为可以拣选一小部分判例——那些"重要判例"——从而确立基础原则，并建立法律体系的结构。

在20世纪二三十年代，我们看到了美国和法国作者之间交互的矛盾阅读。那些支持现实主义转向的美国法学家开始阅读惹尼时，他恰恰正在通过批判德莫格的观点而摧毁法国式现实主义的根基。同时，那些以社会现实之名批判逻辑抽象的法国人虽然选择了一种类似现实主义的立场，却在大洋彼岸激烈批评其形式主义时，转向了兰德尔。

但法国人选择了兰德尔正好可以帮我们理解为什么他们最终与美国学者分道扬镳，创造出了另一种完全不同的模式。兰德尔式的概念主义和他的对手现实主义是两种回应对判例之系统公布的不同方式。兰德尔认为可以掌握判决的洪流，他的对手们则完全不同意。同一个问题几乎也以同样的方式出现在法国人面前。19世纪判例编纂技术的改进把一种可能的替代方式出现于法学家们面前（无论公法还是私法）。然而在我们称之为"法国法律思想的现实主义时刻"的短暂犹豫后，他们大部分选择倒向与兰德尔模式接近的解决方案，并且不再阅读现实主义者的作品。因此，他们更偏爱学说方法，现实主义则为遗忘所尘封。

美国法学家们则做出了完全相反的选择。他们认为法教义学无以为继，所以纷纷转向人文和社会科学，从而解释法律演化的具体模式。但法国法学家则认为法教义学大有可为，因为在面对远比美国单一、稳定和集中的法律体系时，法国的法教义学维持了其清晰解释实证法的价值。如果说在法国法学家眼中，人文和社会科学有助于避免法国的学说作品与社会发展脱节，那么这些学科也绝不能侵入法律话语，或影响法学的自主性。在此意义上，我们可以认为法国学说恰恰是反人文社会科学的。与之相对的则是美国法律思想转向人文社会科学，或多或少

---

[1] Henri Capitant et édouard Lambert, *Espèces choisies empruntées à la jurisprudence*, Librairie Dalloz, 1924, p. IV-V.

作为一种法律渊源的学说——法国法学的历程

摆脱法教义学的路向。

而且我们也理解,在美国大学教师以法学与法律职业的传统联系为代价,选择了人文和社会科学,从而拉近了与专事研究这些学科的系所之间的距离。尽管现在很难确定这种接近到底发生在何时,但它本身就存在于现实主义的基因之中,而在法国,大部分的法学家都认为他们唯一的对话者就是法律实务人士,所以根本没必要和其他的专业沟通。在我们这里,教授最多去翻阅一下社会学家、经济学家或人类学家说了些什么。有时候他们还会在这些专家的作品中找到一些权威论断,就像惹尼主张的那样从"科学"中获得启示,但不会走得更远了。这种做法与真正的交叉学科研究相去甚远。[1]

接下来要做的就只是研究法学家们两种不同的实践模式了。

2. 有用的比较

拒绝控制判决的自由发展、总体上向人文社会科学转向、与大学其他部分的交融互动——我们可以从美国法学发展中看出这三种构成对比模式的最重要的特征,也可以从中看出我们法国法学家到底不想成为什么样子。

如今,法国偏好教义学而非任何受现实主义启发的模式,当无疑义。法国也不会接受带有后现实主义特征的知识模式多元性。每次有人质疑法国学派的选择时,总会有人挺身而出,向体系缔造者们致敬,或者强调必须捍卫概念主义免受经验主义的侵袭。[2] 学说方法终于在与其他模式的竞争中迎来了其胜利的决定性时刻,它开始具有了一种实质(学说),或者更准确地说,它把自己定义为这种此前只有一些模糊内容的实质。我们法国法学家所说的"学说"在美国法学家的语言中其实并没有准确的对应概念。他们用两个概念指称在其国家多少有些区别的现实:相当于我们所说的教义学的"学说分析"(doctrinal analysis),或者指称可以作为对象的大学作品的"法学学术"(legal scholarship)。在法国,既然教义学是研究法律唯一正当的方式,这两个现实当合而为一。

当然,美国人所使用的两个概念对应的都不是什么坚不可摧的实体,而是相当模糊的内容。其中,学说分析只能在相当遥远的意义上令人想起我们的学说。

---

[1] Denys de Béchillon, « Porter atteinte aux catégories anthropologiques fondamentales?? », *Revue trimestrielle de droit civil*, 2002, p. 47-69.

[2] Cf. Marcel Waline, *Empirisme et conceptualisme dans la méthode juridique: Faut-il tuer les catégories juridiques.*, Bruylant, 1963.

它指的是一种与我们的模式多少有些可比性的模式,但也只是众多模式之一,而不是像我们这里那样,可以形成一种排他的模式。同样,美国法学家的多元主义与他们教授群体的多样性相伴而生。这些人分成众多流派,更不用说法学院还会分出三六九等,以至于一种把所有人纳入其中的集体称谓根本不可行。不仅如此,在更一般的意义上说,联邦主义、各州法律的不同、大学数量之多及其中大量不受国家计划调控的私立学校之存在、每个大学之独到之处、法学与其他学科的交往、法学家和他们在其他系所的同事以及一种中央集权传统的缺失……这些都让美国的大学环境和法国的大不相同。还必须注意到的是,美国人甚至也没有我们用来指法院作品之整体的"判例"(jurisprudence)。他们只会谈从司法决定中得到的法律——判例法(case-law)。在美国法学家们的日常对话中,学说和判例这两个概念都无迹可寻。

在法国,我们其实只有一个法学派,观点上的差别只不过是各人之间的争议,不至于动摇整体的基础。所有的争议都产生在学派内部,而且用同一种论证方式呈现,以至于我们可以在有限的程度上采用一种人格化的修辞:虽然"学说"在一些观点上认识不一,但它仍可用于指称所有的法学家。所以,正是在美国人绝对不会想到的地方,我们发现了已经成为法国法学家第二天性的言说方式。虽然我们也发现,基于事物本身的发展规律和法律的独特逻辑,我们的美国同事也在实践着一种虽然不具备排他性,但是和我们类似的教义学模式。

作为一种法律渊源的学说——法国法学的历程

结　论

在晚近方才出现、本身亦是罗马法学余脉的法国"学说"概念始于对法律的学者意见增多之时。在 20 世纪的门槛上，学说的地位随着教义学的强化而稳如泰山，一方面抵挡社会科学的入侵，另一方面则抗拒实证法已经出现的扩张。

诚然，只要法律和法学发展到一定程度，总会出现教义学的。但无论在法国还是其他地方，只有当教义学几乎一统江山并达到一定的抽象程度时，才会有学说。

在如同法国这样的学说国度，教义学作品几乎占据了为学者法所保留的整个空间。但同时也有其他的可能性，比如美国，那里并存着不同的研究法律的模式，而我们所说的那种占据垄断地位的学说并不存在。

再者，教义学可以像德国潘德克吞学者所喜闻乐见的那样达到很抽象的层次，也可以像美国学者习以为常的那样非常具体。法国在两个极端之间，但我们的学说方法或"法国方法"的抽象和体系化程度也已经足够高，不妨认为它所偏好的是一种平衡的教义学。

法国方法源远流长，但它真正形成还是最近一个世纪的事。在那个奠基的时刻，以前不过是一种方法的东西反而变成了实质：学说。19 世纪末，法学教授曾经不受挑战的声望和影响力不得不面对来自已经把自己从法律中解脱的法官的竞争。无论代价如何高昂，学说的发明成了保留大学特权的一种手段。学说不仅仅是在新的法律渊源理论中可以引用说理之材料，它既决定了何时可以使用"判例"（jurisprudence），又以一般原则的名义整合法院的作品。学说是一般原则的唯一缔造者，并邀请法官们自愿服膺于它们。

由此，法学教授们确立了一种由自己作为法律所有新动向引导、消化的独特知识之主要守护者的地位，并以此对抗社会学家，而且不得不把种种社会科学逐出法学门墙。学说以自己建构起来的一般理论画地为牢，设立了较高的门槛，以至于把其他领域的知识隔绝，且让大学教授们始终与实务人士面对面沟通。对判例的关注因而在法国学说发展中取代了社会学的地位。

这种知识模式在20世纪20年代逐渐形成现在的特点后，几乎无往不利。我们希望对其进行现象学研究的法国学派，就在此时完成了自己的奠基性作品，并在极大程度上持续塑造着实证法。只是今天我们要问一下，是否对同一种模式的过度开发最终导致资源耗尽，就好像在农业上对土地的过度开发也会导致肥力耗尽一样。

惹尼等人对他们前辈的批评如今看来仍未过时。学说建构一定是抽象的，但如今似乎有许多学说建构的复杂和抽象程度与其用处完全不成比例，经常阅读博士论文的人肯定常有同感。简言之，学说的一部分如今很可能变得空洞，其他的则向两个相邻的方向寻找新的进路。人们要么冒着放弃教授模式的风险更接近实践，要么更关注事实。于是，现实主义的问题就又一次浮上水面了，但和20世纪最初几年多有不同。[1]

当时，美国现实主义者并不想寻找抽象解释的模式，而希望以法律问题的不同可能解答所能带来的具体实践后果来研究法律——他们更关心损害赔偿的代价和收益，而非过失的概念，如此这般、不一而足。同时，除了少数个例之外，法国法学家则选择了完全相反的道路。他们致力于通过把判例法禁锢于使之呈现一定融贯性的一般理论之中，从而掌控其发展，使之不至于无序。如今，法国法学家曾经孤注一掷想要实现的目标已经无以为继。想象一下，明天或者后天，我们就要迎接一部欧洲民法典，而全欧所有的司法机关都必须解释它。我们真的会认为学说方法能提供一种得到欧盟法院接受，并以此来统一所有解释的合理性和判例发展方向吗？还不如打赌，有了欧洲民法典的法学家会和美国法学教授面临同样的境遇，眼睁睁看着书架上的判决汇编不受限制地疯狂增长。

面对相似的情况，曾有学者在评价《欧洲人权公约》和欧洲人权法院判例时，不无幽默地说："这些都是法国民法真正的渊源，哪怕它们明显无法和全世界仍然顶礼膜拜的那种崇高秩序相融合。"而且促使我们反思我们自己的概念的

---

[1] Martijn Willem Hesselink, *The New European Legal Culture*, Kluwer, 2001, *passim*.

作为一种法律渊源的学说——法国法学的历程

不仅仅是欧洲。我们的知识模式真的可以和各种新出现的部门法（如反垄断法和金融法）发展相适应吗？在面对这些新发展时，难道作者们没有感受到必须更关心一般意义上的经济理性，并把维护法律之整体性的法学思考暂时放到一边吗？实际上，似乎只出现在某些部门法的现象恰恰是我们整个法律体系所面对的现实。

除了美国以外，还有很多国家已经扩大了研究法律的视野。在这一意义上，法国与其他各国法学家之间紧密合作的经验已经告诉我们："我们法学辩论中的种种议题在别的国家完全是放在其他领域之中讨论的。"[1] 让法学讨论容纳更多来自其他学科的论据是一种必然趋势，而且呼唤着其他不同于教义学的模式出现，从而解决有别于普通法院的不同司法判决中产生的问题，如宪法委员会、欧洲人权法院、欧盟法院等司法机关所遇到的那些问题。在面对相当细致而微妙的论证时，建立在概念辨析之上的学说方法会迅速遇到自己的瓶颈。人们有必要关心一个司法判决最终可能造成的经济、社会、人文、道德和政治后果。而且判决会马上带来一系列的后果，其中只有很少一部分争论真正与法律技术相关，而且绝无可能在教义学上得以解决，就算用道德哲学加以补充也不行。在此种情况下，教义学不再是能够解决所有法律问题的整体结构，而是一种防火墙。只要不同的原则或者逻辑不要超过一定的容忍限度，教义学就要避免横加干涉。

站在新世纪伊始的时刻，我们有很多理由关心究竟法国学说模式到底对实践还有没有相关性。毕竟在它产生的时刻，判例远不如今天这样分散和丰富，法律场也远远没有今天这么广阔。很多法学家产生了一种印象并为此感到困惑，那就是他们既需要掌握更多的事实，又需要理解更多的整体思想。

然而至于我们思考的习惯和已经在我们心中根深蒂固的存在方式，要有所改变谈何容易。首先是体制方面的原因。一个多世纪以来，无论是博士论文的选题、写作还是考评候选人的资格考试委员会运作，招聘教授的方式都青睐教义学。正如特罗佩尔在讨论宪法学家时所说："一部又一部的宪法学著作的选题和学者观点的内容之间只有很小的区别。背后的原因无非是一方面篇章结构要求大

---

[1] Michel Vivant, « Le plan en deux parties, ou l'arpentage considéré comme un art », in études offertes à Pierre Catala, Paris, Litec, 2001, p. 969.

结　论

家如此而为，另一方面招聘教授的国家考试并不鼓励不同学派之间的相互竞争。"[1] 同样的评论也适用于私法学家。方法多元主义在法国的缺失，自然可以归结于高等教育的集中化、真正特立独行的法学院在法国教育体系内的缺位，更不用提巴黎法学院作为标尺的地位。[2]

从知识的角度看，一样有不少难处。教义学确保了法学家从整体上保持其特色，从而避免最严厉的批评，并且让他们仅仅面对那些一开始就接受了法学正当性的实务人士发言，尽量把法律说得简单和清楚。除了教义学以外其他的模式都会令人感到不安。不少人认为偏离的教义学就必然会导致虚无主义，无视各种其他可能的存在。惹尼就是这样批评德莫格的。如今，不过是一些在现实主义面前感到兴奋的法学家也面临同样的批评。[3]

法国学派是良好的法律答案之守护者，也是为法律问题找到良好答案的最佳方法。卡塔拉教授更是称之为"圣殿护卫"。[4] 法国学派存在的目的就是让人们不在异端邪说面前因为兴奋而战栗。在大洋彼岸，另一些法学家则似乎为了"异端邪说"而生，如今我们可以总结他们的经验了：教义学毕竟是无可替代的，因为谨慎可靠的教义学工作能够让人们澄清辩论的内容，而数个世纪以来教义学的成功证明了这一点；但教义学是起点而非终点。这可能是一个足够说明应该保留学说方法的论证，但我们可能需要弃绝其内容。法国学说的内容实际上历史并不久远，却抑制了多元主义的存在。

学说（1899—……）。

---

[1] Michel Troper, *Pour une théorie juridique de l'état*, 1. éd., Paris, Presses Universitaires de France, 1994, p. 247-248.

[2] Comp. Pierre Legendre, « La facture historique des systèmes (Notations pour une histoire comparative du droit administratif français) », *Revue internationale de droit comparé*, 1971, vol. 23, n° 1, p. 5-47.

[3] Neil Duxbury, *Patterns of American Jurisprudence*, Oxford, Clarendon Press, 1997, p. 79.

[4] Pierre Catala, « Discours de M. Pierre Catala », *in Remise des études offertes à Pierre Catala*, Paris, La documentation française, 2001, p.

人名索引

A

Accurse, 阿古斯, 39, 42, 52
Ackerman (Bruce), 阿克曼（布鲁斯）, 291
Acollas (Émile), 阿科拉斯（埃米尔）, 86, 88
Aguesseau (François d'-), 达盖索（弗朗索瓦）, 54, 55, 60, 64, 92, 101
Alaric, 阿拉里科, 36
Alland (Denis), 阿兰德（德尼）, 232
Allen (Francis A.), 阿朗（弗兰西）, 300
Alschuler (Albert W.), 阿尔舒勒（艾伯特）, 285
Ames (James B.), 埃姆斯（詹姆斯）, 270, 272, 273, 286
Amselek (Paul), 阿姆斯勒科（保罗）, 30, 127, 136, 156, 214
Ancel (Pascal), 安切尔（帕斯卡尔）, 249
Andrini (Simona), 安德里尼（西蒙娜）, 155
Anson (William Reynell), 安森（威廉·雷内尔）, 266
Appert (G.), 阿铂特, 130
Areeda (Philipp), 阿里达（菲利普）, 287, 293
Argentré (Bertrand d'-), 达尔让特雷（伯特兰·德）, 52, 53
Argou (Gabriel), 阿尔古（加布里埃尔）, 60
Arnaud (André-Jean), 阿诺（安德烈-让）, 5, 59, 88, 89, 141, 149, 155, 291
Arrighi (P.), 阿里吉, 118
Ashmore (H.S.), 阿什莫尔, 281
Atias (Christian), 阿蒂亚斯（克里斯蒂安）, 156, 161, 214, 254, 260
Attiyah (P.S.), 阿提亚, 266, 268
Aubry (Charles), 奥布里（夏尔）, 80, 81, 82, 150, 217, 229, 231, 234
Aucoc (Léon), 奥科克（莱昂）, 112
Audit (Bernard), 奥迪特（贝尔纳）, 210
Auguste, 奥古斯都, 20, 26, 27, 28, 29
Automne (Bernard), 奥多尼（贝尔纳）, 59
Aynès (Laurent), 埃内斯（洛朗）, 169, 259, 262
Azon, 阿宗, 39

B

Babert (Gilles), 巴贝尔（吉勒）150
Baker (J.H.), 巴克, 266
Balde, 巴尔德, 40, 41, 190
Ballot-Beaupré, 巴洛-博普雷, 134
Barrot (Odilon), 巴罗（奥迪隆）, 86
Bartin (Étienne), 巴坦（艾蒂安）, 142, 147, 159, 192
Bartole, 巴尔托莱, 38, 39, 40, 41, 53, 58, 131, 226
Basdevant-Bastid (S.), 巴德旺-巴斯蒂, 144
Batbie (Anselme), 巴特比（安塞尔姆）, 116, 117
Batiffol (Henri), 巴蒂福尔（亨利）, 154
Baudry-Lacantinerie (G.), 博德里-拉康丁内里, 126, 127, 161

Bavoux（F. N.），巴武，102

Beale（Joseph），贝亚勒（约瑟夫），272

Beaucourt（Claude），博库尔（克洛德），224

Beaud（Olivier），博德（奥利维耶），232

Beaumanoir（Philippe de-），博马努瓦（菲利普·德），47，48，49，52，53

Beaumarchais，博马舍，58，82

Béchillon（Denys de-），贝希永（德尼斯·德），136，188，300

Béchillon（Marielle de-），贝希永（马里耶勒·德），94，213

Becqué（Émile），贝克（埃米尔）152

Beignier（Bernard），贝尼尔（贝尔纳），10

Bell（Daniel），贝（淡宁），286

Belleau（Marie-Claire），贝洛（玛丽-克莱尔），141，275，292，297

Belleperche（Pierre de-），贝勒贝什（皮埃尔·德），40

Bénabent（Alain），贝纳本（阿兰），241

Béquet（Léon），贝凯（莱昂），112

Bernard（Alain），贝尔纳（阿兰），169

Bernard（Claude），贝尔纳（克洛德），134，159

Berriat-Saint-Prix（Jacques），贝里亚-圣-普里（雅克），84

Besson（André），贝松（安德雷），219

Beudant（Charles），伯当（夏尔），124，127，150，163

Bienvenu（Jean-Jacques），比安弗尼（让-雅克），109，119

Bigot-Préameneu（Félix-Julien），比戈-普雷阿梅纽（费利克斯-朱利安），82，103

Birks（Peter），博克斯（皮特），266

Blackstone（William），布莱克斯通（威廉），266

Blanchard（R.），布朗夏尔，163

Blancpain（F.），布朗潘，112

Blondeau（Charles），布隆多（夏尔），77，78，97，99，100

Blum（Léon），布卢姆（莱昂），119

Boileau，布瓦洛，62

Boistel（Alphonse），布瓦泰尔（阿尔方斯），125

Bonaparte（Louis-Napoléon），波拿巴（路易-拿破仑），86

Bonaparte（Napoléon），波拿巴（拿破仑），6，60，69，81，99

Bonnard（Roger），博纳尔（罗歇），137，152，154

Bonnecase（Julien），博纳卡斯（朱利安），97，134，135，137，140

Bonnechère（Michelle），博纳谢尔（米歇尔），180

Bork（Robert），博克（罗伯特），290

Bouchené-Lefer（Adèle），布什内-勒费（阿代勒），112

Boudot（Michel），布多（米歇尔），158

Boulanger（Jean），布朗热（让），228

Bourdieu（Pierre），德布尔迪厄（皮埃尔），160，172，195，233，251，259

Bourel（Pierre），布雷尔（皮埃尔）210

Bourjon（François），布尔容（弗朗索瓦），60，66

Boutaric（François de-），布塔里克（弗朗索瓦·德），59

Boyd（William），博伊德（威廉），228

Braibant（Guy），布雷邦（居伊），237

Bredin（Jean-Denis），布勒丹（让-德尼），169，181

Brethe de la Gressaye（Jean），布雷特·德·拉·格雷萨耶（让），7，124，137

Budé（Guillaume），比代（纪尧姆），50，51，57

Bufnoir（Claude），比弗努瓦（克洛德），107，125，133，163，191

Bugnet（J.-J.），比涅，77，78，91，97

Bulgarus，布尔加鲁斯，39

Burbank（Stephen B.），伯班克（斯特芬），295

Burdeau（François），比尔多（弗朗索瓦），109，114

Bureau（Dominique），比罗（多米尼克），221

Byse（Clark），拜斯（克拉克），295

C

Cabrillac（Rémy），卡布里亚克（雷米），261
Calabresi（Guido），卡拉布雷西（吉多），290
Calais-Auloy（Jean），卡莱-奥卢瓦（让），238
Canivet（Guy），卡尼韦（居伊），202
Capitant（Henri），卡皮唐（亨利），120，125，126，137，138，147，148，150，152，153，159，160，163，164，186，230，236，237，298，299
Caracalla，卡拉卡拉帝，30
Carbasse（Jean-Marie），卡尔巴斯（让-玛丽），19，20，21，26，27，29，31，32，33，35，38，39，41，43，47，48，50，52，59，61，101
Carbonnier（Jean），卡尔博尼耶（让），155，161，172，214，237
Cardot（Charles-Antoine），卡多特（夏尔-安托万），60
Cardozo（Benjamin N.），卡多佐（本杰明），267，274，286
Carette（A.-A.），卡雷特，103，106
Carrigton（Paul D.），卡里东（保罗），291
Carter Stephen，卡特·斯特芬，295
Casanova，卡萨诺瓦，58
Catala（Pierre），卡塔拉（皮埃尔），243，244，245，261，306
Celse，塞尔斯，30
Charles（Christophe），夏尔（克里斯托夫），163
Charles VII，查理七世，47
Charmont（Jean），沙尔蒙（让），132，149，277
Chase（A.），沙斯，270
Chauveau（Adolphe），肖沃（阿道夫），115，116，117
Chazal（Jean-Pascal），沙扎尔（让-帕斯卡尔），169
Chenot（Bernard），舍诺（贝尔纳），153，202
Chevallier（Jacques），舍瓦利耶（雅克），156
Clark（Charles），克拉克（夏尔），281
Clunet（Édouard），克吕内（爱德华），106
CneiusFlavius，克内乌斯·弗拉维乌斯，22

Coase（Ronald），科斯（拉纳尔德），290
Cohen（Morris），科恩（莫里斯），282，283
Colbert，科尔贝，54，219
Colin（Ambroise），科兰（安布鲁瓦兹），138，153
Collier（Collier W.），科利耶（科利耶），292，294
Colmet de Santerre（Édouard），科尔梅·德·桑泰尔（爱德华），78
Commaille（Jacques），科马耶（雅克），155，174
Cook（Walter），库克（瓦尔特），278，281
Coquille（Guy），科基耶（居伊），52，53，57，60，66
Corbin（Arthur L.），科尔宾（亚瑟），281
Cormenin（Louis），科尔默南（路易），98，104. 111
Cornu（Gérard），科尔纽（热拉尔），159，172
Cosgrove（Richard A.），科斯格罗夫（里夏尔），268
Courcelle-Seneuil，库尔塞勒-赛奈尔，125
Cousin（Victor），库辛（维克托），97，123
Cramton（Roger C.），克拉通（罗歇），289
Crombez（Valérie），克龙贝（瓦莱丽），16
Cujas（Jacques），居雅士（雅克），10，50，51，90，99

D

Dahl（Robert），达尔（罗伯特），286
Dalloz（Désiré），达洛兹（德西雷），83，98，103，106
Dareste（Rodolphe），达雷斯特（鲁道夫），112
David（René），达维德（勒内），33，35，37，38，43，55，211
Davis（Kenneth Culp），达维德（肯尼思·卡尔普），293
de Gaulle（Charles），戴高乐（夏尔），238
Deguergue（Maryse），德盖尔格（玛丽斯），205
Delaporte（Jean-Baptiste），德拉波特（让-巴蒂斯特），102
Delmas-Marty（Mireille），德尔玛斯-马蒂（米雷耶），214，238

Delsol（J-J），德尔索尔，82，83，84，93

Delvincourt（Étienne），德尔万古（埃蒂安娜），76，77，88，93，99，161

Devolvé（Pierre），德沃维（皮埃尔），257

Demangeat（Charles），德芒雅（夏尔），106

Demante（Antoine），德芒特（安托万），77，78，88，94，98，100

Demogue（René），德莫格（勒内），132，147，148，149，152，153，230，234，277，297，298，299，306

Demolombe（Charles），德莫隆布（夏尔），77，79，80，85，89，90，100，104，126，128，129，161，170，182

Depambour-Tarride（Laurence），德庞布尔-塔里德（洛朗斯），101

Derrida（Jacques），德里达（雅克），290

Descartes（René），笛卡尔（勒内），55，56，62，202，223

Dessertaux（Marc），德塞多（马克），148

Deumier（Pascale），德米埃尔（帕斯卡尔），213

Devilleneuve（L.-M.），德维尔纳夫，103，106

Dewey（John），杜威（约翰），281

Dioclétien，戴克里先，27

Domat（Jean），多玛（让），5，54，56，61，62，63，64，65，66，69，99，165，229，234，261

Doneau（Hugues），多诺（休斯），51，62，63，66，99

Donzelot（Jacques），东泽洛（雅克），132，172

Douglas（William），道格拉斯（威廉），281

Dubois（Jean-Pierre），迪布瓦（让-皮埃尔），249

Ducaurroy（Auguste），迪科鲁瓦（奥古斯特），98

Duclos（José），杜克洛（若泽），162

Ducrocq（T.），迪克罗克，116，117，118

Dufour（Alfred），迪富尔（阿尔弗雷德），30，56

Dufrayer（A.），杜弗拉耶，98

Duguit（Léon），迪吉（莱昂），115，117，118，119，120，132，137，143，145，146，154，163，172，175，199，208，277

Dumay（Gabriel），迪迈（加布里埃尔），75

Dumoulin（Charles），迪穆兰（夏尔），52，53，60，66

Dupin（André），dit Dupin Aîné，老迪潘（安德雷），75，97，98，102

Durand（Guillaume），迪朗（纪尧姆），42，46

Durand（Paul），迪朗（保罗），212

Duranton（Alexandre），迪朗东（亚历山大），77，78，90，97

Duret（Jean），迪雷（让），59

Durkheim（Émile），涂尔干（埃梅里），134，145

Duverger（Alexandre），迪韦尔热（亚历山大），79

Duverger（Maurice），迪韦尔热（莫里斯），152，250

Duvergier（Jean-Baptiste），迪韦尔热（让-巴蒂斯特），75，82，84，104

Duxbury（Neil），达克斯伯里（尼尔），214，270，273，274，277，278，280，283，285，290，306

Dwight（Théodore），德怀特（泰奥多尔），270，271

Dworkin（Ronald），德沃金（罗纳德），293

E

Edwards（Harry T.），爱德华兹（哈里），294

Ehrlich（Eugen），埃尔利希（尤根），277

Eisenmann（Charles），艾森曼（夏尔），174

Eliot（Charles），埃利奥特（夏尔），270

Epstein（Lee），爱泼斯坦（李），296

Esbasch（Prosper），爱斯巴斯（普罗斯珀），123，124

Esmein（Adhémar），埃斯曼（阿德马尔），105，108，120，125，129，147，151，208

F

Fabre（Philippe），法布雷（菲利普），249

Farnsworth（E. Allan），法恩斯沃思（艾伦），294

Fasso（Guido），法索（吉多），143

Faure（Michael），富尔（米歇尔），157

Favoreu（Louis），法沃勒（路易），154，232

Favre (Jules), 法夫尔（朱尔斯），77, 88

Fermat (Pierrede-), 费马（菲利普·德），55

Ferrière (Claude de-), 费里埃（克洛德·德），60, 66

Ferrière (Claude-Joseph de), 费里埃（克洛德-约瑟夫·德），60

Ferry (Jules), 费里（朱尔斯），88

Fieschi (Sinibaldo), 菲耶斯基（西尼巴尔多），42

FisherⅢ (William W.), 费希尔三世（威廉），274

Flaubert (Gustave), 福楼拜（居斯塔夫），97, 191

Flour (Jacques), 弗卢尔（雅克），190

Fœlix (Jean), 弗利克斯（让），97, 100

Foucart (Émile), 富卡尔（埃梅里），115.116, 117

Foucault (Michel), 富科（米歇尔），267, 290

Fouillée (Alfred), 富耶（阿尔弗雷德），277

Fournier (Eugène), 富尼埃（欧仁），153

Foyer (Jean), 富瓦耶（让），238

François (Bastien), 弗朗索瓦（巴斯蒂安），221, 226

Frank (Jerome), 弗兰克（杰尔姆），278, 282, 285, 297

Frayssinous (Denis-Luc), 弗雷西努斯（德尼-吕克），77

Frison-Roche (Marie-Anne), 弗里松-罗什（玛丽-安娜），218

Fuller (Lon L.), 富勒（朗），293

G

Gabolde (Gabriel), 加博尔德（加布里埃尔），152

Gaius, 盖尤斯，30, 32, 33, 63

Galabert (Jean-Michel), 加拉贝尔（让-米歇尔），204

Gatti-Montain (J.), 加蒂-蒙塔因，154

Gaudemet (Eugène), 戈德梅（欧仁），80, 89, 107, 134, 140, 143

Gaudemet (Jean), 戈德梅（让），19, 21, 22, 26, 28, 29, 31, 32, 37, 39, 41, 50, 59, 61, 96

Gaudreault-Desbiens (Jean-François), 高德瑞奥特-戴斯本（让-弗朗索瓦），292

Gautier (Alfred), 戈蒂埃（阿尔弗雷德），116

Gautier (Pierre-Yves), 戈蒂埃（皮埃尔-伊夫），61, 160, 164, 169, 186, 197, 259, 260, 261, 262

Gazier (F.), 加齐耶，119

Gazzaniga (Jean-Louis), 加扎尼加（让-路易），50, 57, 61, 74

Gény (François), 惹尼（弗朗索瓦），3, 62, 120, 121, 122, 124, 133, 134, 135, 136, 137, 138, 139, 140, 142, 143, 144, 145, 147, 148, 149, 150, 151, 152, 159, 161, 163, 166, 173, 175, 181, 186, 188, 199, 214, 230, 231, 275, 277, 280, 286, 297, 298, 299, 300, 304, 306

Geouffre de la Pradelle (Géraud de-), 茹弗尔·德拉普拉代勒（热罗·德），155, 183

Gérando (Joseph-Marie), 热朗多（约瑟夫-玛丽），98, 110, 111, 117

Ghestin (Jacques), 盖斯坦（雅克），231, 236

Gilmore (Grant), 吉尔摩（格朗），269, 272, 274, 299

Ginossar (Samuel), 吉诺萨尔（萨米埃尔），232

Giudicelli (André), 朱迪切利（安德雷），86

Glasson (Ernest), 格拉松（艾涅斯特），141

Gleizal (Jean-Jacques), 格雷扎（让-雅克），155

Glendon (Mary Ann), 格伦顿（玛丽·安），287, 291, 294

Glenn (Patrick), 格伦（帕特里克），211

Goblot (Jean-Jacques), 戈布洛（让-雅克），99

Gobert (Michelle), 戈贝尔（米歇尔），169, 183, 242, 243, 257

Gonod (Pascale), 戈诺（帕斯卡尔），113

Gothot (Pierre), 高多（皮埃尔），80

Gordley (James), 高德雷（詹姆斯），62

Gounot (Emmanuel), 古诺（伊曼纽尔），140

Gratien, 格拉蒂安，41, 42, 58

Gray (John C.), 格雷（约翰），272, 286

Gray（Thomas C.），格雷（托马斯），270

Grégoire IX，格利高里四世，42，44

Grégoire，格利高里，31

Grévy（Jules），格雷维（朱尔斯），88

Grimaldi（Michel），格里马尔迪（米歇尔），236，244

Griswold（Erwin N.），格里斯沃尔德（欧文），285

Gros（Dominique），格罗斯（多米尼克），250，251

Grosclaude（Jacques），格罗克洛德（雅克），178

GrosswaldCurran（Vivian），格罗斯瓦尔德·柯伦（维维安），224，273

Grumbach（Thiennot），格伦巴赫（提耶诺），183

Guglielmi（Gilles），古列尔米（吉勒），115

Guinchard（Serge），甘沙尔（塞尔日），2，223

Guyot（Pierre），居约（皮埃尔），60，82，83，98

H

Hadrien，哈德利恩，27

Haesaert（J.），哈埃萨埃特，157

Hakim（Nader），哈基姆（纳德尔），128，129，130

Hale（Robert），哈勒（罗伯特），280

Halperin（Jean-Louis），哈尔佩林（让-路易），91，134，151

Hamel（Joseph），哈梅尔（约瑟夫），151，152

Hart, Jr.（Henry M.），阿特（亨利），285，286

Hart（H. L. A.），阿特，293

Hauriou（Maurice），奥里乌（莫里斯），109，115，117，118，119，120. 145，147，151，154，163，172，175，199，203，230，239

Hay（Peter），哈伊（彼得），300

Hélie（Faustin），埃利（福斯坦），105，116

Herget（James E.），赫格特（詹姆斯），214，277

Héricourt（Louis d'-），戴里古（路易·德），60

Hermogène，埃莫热内，31

Herold（Ferdinand），埃罗尔德（费迪南），78

Herrera（Carlos-Miguel），埃雷拉（卡罗吕斯-米格尔），117，153

Hesselink（Martijn），海塞林克（马尔汀），282，304

Heuzé（Vincent），厄泽（樊尚），245

Hilaire（Jean），伊莱尔（让），48，76，101，220

Hoche，奥什，78

Hoeflich（Michael H.），赫夫利希（米歇尔），300

Hohfeld（Wesley N.），霍菲尔德（韦斯利），281

Holmes, Jr.（Olivier W.），霍姆斯（奥立弗），274，275，276，277，279，285，286

Honorius III，奥诺雷三世，40

Horwitz（Morton J.）霍维茨（莫顿），269，274，282，286

Huber（Eugen），胡贝尔（欧根），3

Huc（Théophile），于克（泰奥菲勒），82，87，88，90，161

Hugo（Gustav），胡果（古斯塔夫），98

Hutchins（Robert M.），哈钦斯（罗伯特），281，283

I

Innocent III，英诺森三世，44

Innocent IV，英诺森四世，42，44

J

Jacobus，雅各布，39

James（William），詹姆斯（威廉），281

Jamin（Christophe），雅曼（克里斯托夫），7，89，103，108，144，153，160，166，169，207，259

Jastrow（Rachel S.），贾斯特罗（拉谢尔），277

Jauffret-Spinosi（Camille），若弗莱-斯皮诺斯（卡米尔），35，37，38，43，55

Jeammaud（Antoine），扎莫（安托万），155

Jestaz（Philippe），热斯塔兹（菲利普），7，89，133，166，169，，258，259，275，297

Jèze（Gaston），热兹（加斯东），114，118，137，147，152，154

Jhering（Rudolf von-），耶林（鲁道夫·冯），143

Josserand（Louis），若斯兰（路易），120，137，138，145，151，214

Jourdan（Athanase），茹尔当（阿塔纳斯），97，

98，99

Journès（Claude），朱尔内（克洛德），96，155

Julien，朱利安，27，30，33

Julliot de la Morandière（Léon），朱利奥·德·拉·莫朗迪埃尔（莱昂），249

Justinien，朱斯蒂尼安，31，32，33，37，51，52，58，59，66，110，117

K

Kahlenberg（Richard），卡伦贝格（理查德），288

Kalman（Laura），卡尔曼（劳拉），283，289

Kant（Emmanuel），康德（伊曼努尔），172，228

Kantorowicz（Ernst），坎托罗威茨（恩斯特），33，38

Karpik（Lucien），卡尔皮克（吕西安），259

Kasirer（Nicolas），凯西雷尔（尼古拉斯），153

Keener（William），基纳（威廉），272，273，286

Kelman（Mark），克尔曼（马克），291

Kelsen（Hans），凯尔森（汉斯），156，158

Kennedy（Duncan），肯尼迪（邓肯），270，275，291，297

Kent（James），肯特（詹姆斯），270

Kerkhove（Michel van de-），克尔克霍夫（米歇尔·范·德），169

King（Gary），金（加里），29

Klimrath（Henri），克林姆拉特（亨利），99，100

Koubi（Geneviève），库比（热纳维耶芙），204

Kronman（Anthony T.），克龙曼（安东尼），280

Kuhn（Thomas），库恩（托马斯），210

L

Labbé（Joseph-Émile），拉贝（约瑟夫-埃梅里），48，103，107，133，163，234

Labéon，拉贝奥，26，29，41

Laborde-Lacoste（Marcel），拉博德-拉科斯特（马塞尔），7，124，137，139

Laboulaye（Édouard），拉布莱（爱德华），97，100，101，163

labrusse-Riou（Catherine），拉布吕斯-里乌（卡特琳），241

Lacharrière（R. de-），拉沙里埃，111

Lachs（M.），拉克斯，211

LaFave（Wayne R.），拉法弗，293

Laferrière（Édouard），拉费里埃（爱德华），110，112，113，114，115，118，119，177，203，204

Laferrière（Firmin），拉费里埃（菲尔明），115

Laferrière（J.），拉费里埃，148

Lagarde（Paul），拉加德（保罗），312

Lainé（A.），莱内，108，219

Lambert（Édouard），朗贝尔（爱德华），142，143，144，145，153，159，211，212，277，298

Lamoignon（Guillaume de-），拉穆瓦尼翁（纪尧姆·德），54，60

Langdell（Christopher C.），兰德尔（克里斯托弗），269，270，271，272，273，275，276，278，280，283，285，294，297，298，299

Larnaude（Ferdinand），拉尔诺德（费迪南），118

Larombière（Léobon），拉隆比埃尔（雷欧铂），82，87，90

Lascoumes（Pierre），拉斯库姆（皮埃尔），155

Latour（Bruno），拉图尔（布鲁诺），195，204

Latournerie（Marie-Aimée），拉图内里（玛丽-艾梅），204

Laubadère（André de-），德洛巴代尔（安德烈·德），154

Laurent（François），洛朗（弗朗索瓦），80，93

Le Coq（Jean），勒科克（让），48，49

Lécuyer（Hervé），雷古耶（埃尔韦），243

Ledru-Rollin（Alexandre），勒德吕-罗兰（亚历山大），103，106

Legendre（Pierre），勒让德尔（皮埃尔），199，203，230，306

Legrand（Pierre），莱金德（皮埃尔），211

Leibniz（G. W.），莱布尼茨，56，61

Lemieux（Marc），勒米厄（马克），164

Lepargneur（Jean），勒帕尼厄（让），152

人名索引

Le Play（Frédéric），勒普雷（弗雷德里克），100

Lepaulle（Pierre），勒波勒（皮埃尔），298

Lequette（Yves），勒凯特（伊夫），234

Lerebours-Pigeonnière（Paul），勒雷布尔-比中尼埃尔（保罗），152，219

Lerminier（Eugène），莱米尼耶（欧仁），98

Leroy（Maxime），勒鲁瓦（马克西姆），153

Lessins（L.），莱辛，62

Leuwers（Hervé），勒维尔（埃尔韦），82

Lévy（Emmanuel），莱维（埃马纽埃尔），153

Lévy-Bruhl（Henry），莱维-布吕尔（亨利），155

Libchaber（Rémy），利布沙贝（雷米），226，241，257，258，261

Llewellyn（Karl），卢埃林（卡尔），280，282

Lochak（Danielle），洛夏克（达妮埃尔），250，251

Loiseau（Jean-Simon），卢瓦索（让-西蒙），102

Lombois（Claude），隆布瓦（克洛德），254

Loss（Louis），洛斯（路易），287，294

Louis IX（saint Louis），路易四世（圣路易），47

Louis XIV，路易十四，54，57，58，62，64

Louis XV，路易十五，54

Louis XVI，路易十六，60

Louis XVIII，路易十八，75

Loussouarn（Yvon），卢苏阿尔恩（伊冯），152，210

Loysel（Antoine），卢瓦塞尔（安托万），52，53，60，61，66，165

Lyon-Caen（Charles），里昂-卡昂（夏尔），78

M

Macarel（Louis），马卡雷尔（路易），98，111

Mackaay（Ejan），马克阿伊（埃赞），290

Malaurie（Philippe），马洛里（菲利普），61，66，80，161

Maleville（Jacques de-），马勒维尔（雅克·德），6

Malinvaud（Philippe），马兰沃（菲利普），244，245

Manne（Henry），曼内（亨利），290

Marcadé（Victor），马尔卡代（维克托），82，84，85，90，91，93，94，104，160

Marcien，马西安，26，30

Marcou（Jean），马尔库（让），249

Marguénaud（Jean-Pierre），马格诺（让-皮埃尔），304，305

Martin（Peter W.），马丁（彼得），291

Martin（Didier），马丁（迪迪埃），162

Marty（Gabriel），马蒂（加布里埃尔），154

Marx（Karl），马克思（卡尔），172，226

Masson（Bernard），马松（贝尔纳），97

Mathieu（Bertrand），马蒂厄（贝特朗），241

Maupéou（J. de-），莫贝欧，55

Maury（Jacques），莫里（雅克），152

Mazeaud（Denis），马佐（德尼），207

Mazeaud（Henri），马佐（亨利），154，164，185

Mazeaud（Jean），马佐（让），154，185

Mazeaud（Léon），马佐（莱昂），154，185

Medema（Steven G.），曼德姆（史蒂文），290，292

Mercuro（Nicholas），梅古若（尼古拉斯），290，292

Mérignhac（M. A.）梅里涅阿克，85

Merle（Roger），梅尔（罗歇），165

Merlin de Douai（Philippe），梅林·德·杜艾（菲利普），58，82，83，103

Mestre（Achille），梅斯特（阿希尔），117

Mestre（Jacques），梅斯特（雅克），235

Mestre（Jean-Louis），梅斯特（让-路易），110

Meurant（Jack），默朗（杰克），178

Meynial（Edmond），梅尼亚尔（埃德蒙），101

Miaille（Michel），米亚耶（米歇尔），154，155

Michaut（Françoise），米绍（弗朗索瓦），214，287

Milet（Marc），米莱（马克），117，120，249，251，252

Mill（James Stuart），密尔（詹姆斯·斯图尔特），291

Miller（Arthur），米勒（亚瑟），287，294

Millns（Susan），米尔恩斯（苏珊），267

Minda（Gary），明达（加里），292

Modestin，莫德斯廷，30，32

Molfessis（Nicolas），莫尔费西（尼古拉斯），183，

194, 198, 221, 233
Molina（L.），莫利纳，62
Molinier（Victor），莫利尼耶（维克托），104
Monéger（Joël），莫内热（若埃尔），64，91
Montagnier（Gabriel），蒙塔尼耶（加布里埃尔），2
Montesquieu，孟德斯鸠，58，65
Moore（Underhill），穆尔（德希尔），278，279，281，283，296
Morel（René），莫雷尔（勒内），164
Morissette（Yves‐Marie），莫塞特（伊夫‐马里），290
Motulsky（Henri），莫图尔斯基（亨利），223
Mouly（Christian），穆利（克里斯蒂安），235
Mourlon（Frédéric），穆尔隆（弗雷德里克），82，83，93
Mousseron（Jean-Marc），穆斯龙（让-马克），222
Muir Watt（Horatia），缪尔·瓦特（霍雷希娅），207，210，213
Muyart de Vouglans（Pierre‐François），米亚尔·德·武戈兰斯（皮埃尔-弗朗索瓦），60

N

Nast（Marcel），纳斯特（马赛尔），152
Néau‐Leduc（Philippe），内奥-勒迪克（菲利普），213
Néret（Jean），内雷（让），235
Niboyet（Jean‐Paul），尼布瓦耶（让-保罗），152，219
Nussbaum（Martha C.），努斯鲍姆（玛尔塔），296

O

Octave，奥克塔夫，20
Odent（Raymond），奥当（雷蒙），204
Ogus（Anthony），罗古斯基（安东尼），157
Oliphant（Herman），奥利芬特（赫尔曼），278，279，280
Oppetit（Bruno），欧贝蒂（布鲁诺），209
Ost（François），奥斯特（弗朗索瓦），169

Oudot（J.），乌多，77，78，97

P

Pape（Gui），帕普（吉），49
Papinien，巴比尼恩，30，32，33，90
Pardessus（Jean-Marie），帕尔德叙（让-玛丽），76
Pascal（Blaise），帕斯卡尔（布莱士），55，61
Patris（F.-F.），帕特里，103
Patterson（Dennis），帕特松（丹尼斯），293
Paul，保罗，30，31，32，33
Peller（G.），佩莱尔，288
Percerou（André），佩瑟鲁（安德烈），151
Perreau（E.-H.），佩罗，148
Philippe Auguste，菲利普·奥古斯都，40
Pic（Paul），皮克（保罗），151
Picard（Étienne），皮卡尔（埃蒂安），156
Picard（Maurice），皮卡尔（莫里斯），152
Pichat（Georges），皮卡尔（乔治），119
Pillius，皮利尤斯，39
Pistoïe（Cynus de-），彼斯多耶（希纽·德），40
Placentin，普拉斯庭，39
Planiol（Marcel），普拉尼奥（马赛尔），120，127，136，137，147，150，151，152，153，154，161，162，163，184，188，230，232
Poirmeur（Yves），波梅尔（伊夫），169
Pollock（Frederick），波洛克（弗雷德里克），266
Pont（Paul），蓬（保罗），82，84，85，90，104，160
Pontavice（Emmanuel du），蓬塔维斯（埃马纽埃尔·德），142，159，192
Portalis（Jean‐Étienne），波塔利斯（让-埃蒂娜），267
Portets（Xavier de-），波代特（泽维尔·德），123
Portiez de l'Oise（Louis），波提耶·德罗斯（路易），110
Posner（Éric），波斯纳（埃里克），296
Posner（Richard A.），波斯纳（理查德），274，290，

308

人名索引

291,294,295,296

Pothier(Robert-Joseph),波蒂埃(罗伯特-约瑟夫),5,54,61,63,64,65,66,69,75,90,91,165,229,234

Poumarède(Jacques),布马雷德(雅克),74,96

Pound(Roscoe),庞德(罗斯科),274,276,277,279,282,298

Priest(Georges L.),普里斯特(乔治),268,293

Prochasson(Christophe),普罗沙松(克里斯托夫),240

Prosser(William Lloyd),普罗瑟(威廉·劳埃德),294

Proudhon(Joseph),蒲鲁东(约瑟夫),226

Proudhon(Victor),蒲鲁东(维克托),74,75,76,82,93,161,174.229

Pufendorf(Samuel),普芬多夫(萨米埃尔),56

R

Racine,拉辛,58,62

Rau(Charles),罗(夏尔)60,77,80,81,82,89,90,143,150,161,165,170,174,217,229,231,234

Raynaud(Pierre),雷诺(皮埃尔),154

Reed(Thomas A.),里德(汤姆),274

Reimann(Mathias),赖曼(马蒂亚斯),271

Rémy(Philippe),雷米(菲利普),72,86,91,99,150

Renaut(Alaint),勒诺(阿兰),214

Révigny(Jacques de-),勒维尼(雅克·德),40,41

Rials(Stéphane),里亚尔(斯特凡纳),213

Riesenfled(Stefan),里森弗雷(斯蒂芬),277

Ripert(Georges),里佩尔(乔治),120,151,153,154,159,160,161,175,181,184,186,214,230,237,251

Rivéro(Jean),里维洛(让),109,118,153,164,202,230

Robespierre(Maximilien),罗伯斯庇尔(马克西米连),57

Roblot(René),罗布洛(勒内),154

Rodière(René),罗迪埃(勒内),174,237

Roguin(Ernest),罗根(恩斯特),160

Rolin(Frédéric),罗兰(弗雷德里克),186

Romieu(Jean),罗米厄(让),119,204

Rosmini(Antonio),罗斯米尼(安东尼奥),125

Rouast(André),鲁阿(安德烈),152

Roubier(Paul),鲁比耶(保罗),214

Rouland(Norbert),鲁朗(诺贝尔),19,26,27,33,47,54

Rousseau(Jean-Jacques),卢梭(让-雅克),57,65,259

Royer-Collard(Pierre-Paul),鲁瓦耶-科拉德(皮埃尔-保罗),100

Rufus,鲁弗斯,26

S

Sachs(Albert M.),萨克斯(阿尔贝特),285,287

Saleilles(Raymond),萨莱耶(雷蒙),3,93,105,107,108,120,126,131,132,133,142,143,144,145,146,147,151,152,159,160,161,162,163,166,173,199,208,212,230,234,236,277,282

Samuel(Geoffrey),萨米埃尔(杰弗里),267

Samuelson(Paul),塞缪尔森(保罗),293

Savatier(René),萨瓦捷(勒内),151,152,214,235,236

Savaux(Éric),萨沃(埃里克),231

Savigny(Frédéric-Charles von-),萨维尼(弗雷德里克-夏尔·冯-),97,98,101

Sayre(P.),塞尔,276,277

Scaevola(Quintus Mucius),斯喀埃沃拉(昆塔斯·穆修斯),26

Scelle(Georges),塞尔(乔治),153

Schauer(Frederick),施尔(弗雷德里克),268

Schlegel(John H.),施雷吉尔(约翰),283

309

Schumpeter（Joseph），熊彼特（约瑟夫），286

Sénard（Jules），塞纳尔（朱尔斯），191

Serres（Claude），塞尔（克洛德），59，61

Serrigny（Denis），塞里尼（德尼），116

Serverin（Évelyne），塞尔维兰（埃弗琳），101，155

Servius Sulpicius，塞尔维尤斯·苏尔皮其，26

Sieyès（Emmanuel-Joseph），西哀士（埃马纽埃尔-约瑟夫），103

Simpson（A. W. B.），辛普森，266

Singer（Joseph W.），辛格（约瑟夫），283

Sirey（Jean-Baptiste），西雷（让-巴蒂斯特），83，103

Slesinger（Donald），施莱辛格（多恩），281

Smith（Young），史密斯（扬），279，280

Sosoe（Lukas），索索厄（卢卡斯），214

Soto（D.），索托，62

Sourioux（Jean-Louis），苏里乌（让-路易），64，91

Stammler（Rodolphe），施塔姆勒（鲁道夫），135

Stahl（Jacques-Henri），施塔尔（雅克-亨利），205

Starck（Boris），施塔克（鲍里斯），154，174

Stein（Peter），斯坦（彼得），51

Stevens（Robert），史蒂夫（罗伯特），270

Summers（William Herman），萨默斯（威廉·赫尔曼），294

Summers（Robert S.），萨默斯（罗伯特），266，268

Supiot（Alain），叙皮奥（阿兰），169

Suse（Henri de），苏萨（亨利·德）42

T

Taine（Hippolyte），泰纳（依波利特），159

Tarde（Gabriel de-），塔尔德（加布里埃尔·德），134

Taulier（Frédéric），托利耶（弗雷德里克），80，94

Teissier（Georges），泰西耶（乔治），119

Tellier（Frédéric），泰利耶（弗雷德里克），132

Terrasson de Fougères（Aline），泰拉松·德·福盖尔（阿林），64

Terré（François），泰雷（弗朗索瓦），169，189，222，234，239，259，262

Teyssié（Bernard），泰西耶（贝尔纳），235

Thaller（Edmond），塔勒尔（埃德蒙），106，147，151，163

Théodose II，狄奥多西二世，31，32

Thireau（Jean-Louis），蒂罗（让-路易），19，20，22，24，26，27，29，33，34，36，37，38，39，41，43，44，46，47，50，52，56，57，59，61，64

Thomas d'Aquin（saint），托马斯·德阿奎那（圣），36，62

Thomasset（Claude），托马塞（克洛德），133，166，275，297

Tissier（Albert），蒂西耶（阿尔贝），126，143，147

Toullier（Charles），图利耶（夏尔），74，75，82，84，86，88，89，90，93，161，174，229

Trebatius，特雷巴图斯，26

Tribe（Lawrence H.），特赖布（劳伦斯），294

Trolley（Alfred），特罗利（艾尔弗雷德），116

Tronchet（François-Denis），特隆歇（弗朗索瓦-德尼），103

Troper（Michel），特罗佩尔（米歇尔），156，214，251，306

Troplong（Raymond-Théodore），特洛隆（雷蒙-泰奥多尔），61，82，84，85，86，87，88，89，90，91，92，100，160，161，170，177

Tunc（André），通克（安德烈），174，212，236

Tushnet（Mark），图施奈（马克），284，292，293

Twining（William），特文宁（威廉），278，281

U

Ulpien，乌尔比安，30，31，32，33，44，90，254

V

Vaïsse（Sauveur），瓦塞（索弗尔），183

Valentinien III，瓦伦丁尼安三世，32

Valéry（Paul），瓦莱里（保罗），69

Valette（Auguste），瓦莱特（奥古斯特），77，78，

79, 86, 88, 89, 100, 104, 107
Vandendriessche（Xavier），万丹德里斯（格扎维埃），204
Vanderlinden（Jacques），万德林丹（雅克），133, 166, 275, 297
Vauthier（G.），沃捷，76
Vedel（Georges），韦德尔（乔治），154, 174, 202, 203, 237, 238
Ventre-Denis（Madeleine），旺特-德尼（马德莱娜），76
Verger（Jacques），韦尔热（雅克），37
Verkindt（Pierre-Yves），文金（皮埃尔-伊夫），153
Vidal（R.），维达尔，117
Villey（Michel），维莱（米歇尔），55, 156, 172, 186, 197, 214
Vincent（Jean），樊尚（让），154
Viney（Geneviève），维尼（杰纳维夫），241
Vivant（Michel），维旺（米歇尔），227, 305
Vizioz（Henri），维齐奥（亨利），250
Voltaire，伏尔泰，57, 64, 78

W

Waline（Marcel），瓦利纳（马赛尔），118, 154, 300
Wallace（Stephen），华莱士（史蒂芬），277
Waquet（Françoise），瓦凯（弗朗索瓦），241
Warnkeenig（Léopold-Auguste），旺金（利奥波德-奥古斯特），98
Warren（Earl），沃伦（厄尔），288
Wasserman（Max J.），沃瑟曼（马克斯），298
Weber（Max），韦伯（马克斯），29, 172, 230, 241
Wechsler（Herbert），韦克斯勒（赫伯特），288
Weill（Alex），韦尔（亚历克斯），154
Weinrib（Ernest J.），温莱布（埃内斯特），293
White（James J.），怀特（詹姆斯），294
Wiederkehr（Georges），维德克尔（乔治），149
Wigdor（David），威格多（大卫），282
Wigmore（John H.），威格莫尔（约翰），277, 287
Williston（Samuel），威利斯顿（萨米埃尔），272
Wilson（Goeffrey），威尔逊（杰弗里），266
Whitman（James），惠特曼（詹姆斯），143
Wolowski（Louis），沃洛夫斯基（路易），85, 97, 100, 163
Woodard（Calvin），伍达德（卡尔文），283
Worms（René），沃姆斯（勒内），134
Wright（J. Skelley），赖特（斯凯利），287, 294

Z

Zachariae（C.-S.），察哈里埃，81
Zenati（Frédéric），泽纳迪（弗雷德里克），19, 20, 23, 24, 28, 130, 156, 257, 260

作为一种法律渊源的学说——法国法学的历程

译者附录 书中部分人物介绍

盖厄斯·佩特罗尼乌斯·阿尔比特（Gaius Petronius Arbiter）的名言"Totus mundus agit histrionem"——"所有人都在戏中"或"整个世界就是一个剧场"出现在莎士比亚的"环球剧场"旗帜上，又经莎士比亚在《皆大欢喜》（As You Like It）中演绎为"世界是一个舞台，所有男男女女不过是其中的演员"。法学的发展史也是一部所有与法律有关的男男女女演绎的大剧。每个人在一段或短或长的时间里占据了法学舞台或中心或边缘的一个位置。正是他们的所作所为、所说所想，最终汇集成了我们今天所见的法律。因为作者在提到一些法律史上的人物时往往不加解释，所以对欧洲法史不熟悉的读者很可能在阅读过程中碰到不必要的障碍，其后果是这一幕波澜壮阔的法学发展大戏变得过于晦涩，难以理解。为了方便读者了解作者论述中的时代语境，我们将书中提到的人物按照在书中出场的顺序逐一简介。但是第二章中较为详尽地介绍过的那些人物不在其中。

第一、二两章的人物介绍由译者编写，中国政法大学比较法学研究院的张羽霄和法学院的陈皓翔分别完成了第三、四章和第五章的人物介绍。

需要说明的是，此处限于篇幅，仅作概略介绍，其中相关机构名称、刊物和著作名称等，不再引注原称，读者如有兴趣，可根据人物原名继续搜索。

第一章

屋大维（Gaius Octavius Thurinus，63BC—14）

他在早年罗马共和国的框架之内通过一系列政治与法律改革建立了罗马帝国，是罗马帝国开国君主，在36岁时获得"奥古斯都"的头衔。但是他本人并未接受君主的头衔，而是称自己为"第一公民"（Princeps Civitatis）。他在任时，罗马帝国在地中海地区维系了较长时间没有征战的状态，史称"罗马和平"。

译者附录　书中部分人物介绍

戈德梅（Jean Gaudemet，1908—2001）

法国法学家与教会法专家，在 1935 年成为格雷诺布勒大学法学教授后，先后在斯特拉斯堡和巴黎任教，从 1965 年开始在高等实践研究院担任研究员。他还曾经担任《教会法典》改革委员会顾问、教皇历史委员会委员和外交部宗教事务顾问。

昆塔斯·斯喀埃沃拉（Quintus Mucius Scaevola, ？—82 BC）

罗马共和国的重要政治家，曾当选为大主教，同时也是罗马法早期权威之一。人们认为他编写了最早的罗马法论著，并且是最早把法学作为系统学问的人。他是首个死于公开谋杀的罗马大主教，他的死象征着罗马共和国基本规范已经不起作用了。

苏尔皮其（Servius Sulpicius Rufus，106 BC—43 BC）

罗马演说家与法学家，曾跟随他的密友西塞罗学习演说术。历史学家认为他是超过 180 卷法律问题集的作者，也是最早评论裁判官令状的人。优士丁尼的《民法大全》和盖尤斯的《法学阶梯》都多次引用苏尔皮其的观点。

特雷巴图斯（Trebatius Testa，前 84—公元 4 年）

共和国晚期和第一帝国初期的法学家，著有《论圣物》和《论市民法》。根据罗马法学家彭波尼（Sextus Pomponius）的考证，他是拉别奥的老师。特雷巴图斯和西塞罗过从甚密，在后者的藏书中发现了亚里士多德的《论题篇》后，请求西塞罗帮他弄懂该主题，于是有了西塞罗的名著《论题学》。

拉别奥（Marcus Antistius Labeo，54BC—10/11 年）

罗马法学家，普罗库鲁斯派的创始人。早年是罗马裁判官，也是政治新星，后来因为政治失意而专心法学研究。他的方法中融合了大量辩证法和语法学内容，盖尤斯、乌尔比安和保罗经常引用他的观点，并因此让他的观点保留在了《民法大全》。

马尔西安（Flavius Marcianus，392—457）

东罗马帝国皇帝，狄奥多西王朝最后一位统治者。他在抵抗匈人入侵时发挥重要作用，并且推动了一些致力于社会平等的法律的订立。

戴克里先（Gaius Aurelius Valerius Diocletianus，244—311）

罗马皇帝，因为成功抵御日耳曼人和波斯帝国入侵而知名，击败国内政敌，使罗马帝国进入较为稳定的时期。他所建立的四帝共治制度虽然让东西罗马统一的状态延续了一段时间，却最终无法阻止帝国永远分裂。戴克里先退休后回到亚德里亚

作为一种法律渊源的学说——法国法学的历程

海滨种卷心菜,是唯一一位自愿放弃帝位的罗马皇帝。他的墓在今日的克罗地亚斯普利特。

哈德良(Traianus Hadrianus,76—138)

罗马皇帝,即位时罗马正处于帝国的全盛时期。他进一步加强了武备,虽然放弃了两河流域的领土,但也在今天属于英国的地方修筑了哈德良长城,划定了罗马的北部国境线。崇尚希腊文化的哈德良对罗马更多的贡献在于重建万神殿、天使堡等一系列至今矗立的宏伟建筑。

尤利安(Salvius Julianus,110—170)

罗马时代的著名法学家,在出任公职后历经升迁成为裁判官,最后进入元首顾问委员会(consilium principis)辅佐从哈德良到奥勒留(Marcus Aurelius)的三任皇帝。他收集整理了裁判官法,奠定了罗马法发展的基础,还自己撰写了九十卷系统的《学说汇纂》(Digesta)。《民法大全》中数百次引用尤里安的意见。

杰尔苏(Publius Iuventius Celsus,67—130)

罗马法学家与裁判官。他的父亲老杰尔苏也是一名法学家,而且是普罗库鲁斯派的领军人物。杰尔苏曾经担任特雷斯行省(今保加利亚)的总督,然后出任亚细亚的执政官和资深执政官。后来,他成了哈德良的密友,并进入元首顾问委员会。

彭波尼(Sextus Pomponius,生卒时间不详)

公元2世纪罗马法学家。目前史学界不认为他担任过显要的公职。他似乎只是一名教师,撰写过罗马法的手册和一些对罗马法的评论。

盖尤斯(Gaius,120—180)

罗马的法学家和法学教师。现在人们对他的生平知之甚少,有人认为他不是罗马公民,也有人因为他在作品中总是持有保护女性的立场而主张他根本就是个妇女。他最重要的作品当然是《法学阶梯》,其中结合了一些希腊的理性哲学。《法学阶梯》的三编制(人、财产、诉讼)是《法国民法典》以及其他受法国影响的法典的基础。

乌尔比安(Domitius Ulpianus,170—223)

罗马法学家和帝国官员。他曾经和保罗一起作为帕比尼安裁判庭的法官,在塞韦鲁斯(Alexandre Sévère)在位时成为近卫团长官。除了一些对裁判官法的评论以外,乌尔比安最重要的作品莫过于《法学阶梯》。《学说汇纂》的大部分内容来源于此。比利时最高法院门前有他的雕像。

译者附录 书中部分人物介绍

保罗（Julius Paulus，生卒时间不详）

罗马法学家和帝国官员。他和乌尔比安一样是塞韦鲁斯的近卫团长官。他写了超过300部法学作品。尽管保罗的文风晦涩难懂，莫德斯丁还是对他赞誉有加，而且《学说汇纂》之中有六分之一的内容引用自他的作品。

帕比尼安（Aemilius Papinianus，142—212）

罗马法学家。他是塞韦鲁斯的密友，随同皇帝前往不列颠，并平息了苏格兰叛乱。他的作品不如乌尔比安或保罗丰富，但还是出版了数十部《问题集》，后因为试图阻止卡拉卡拉帝弑弟而遭处决。

莫特斯丁（Herennius Modestinus，生卒时间不详）

公元3世纪前半叶罗马法学家。他可能出生在现在的克罗地亚，跟随乌尔比安学习法律。一些史料显示他曾经为罗马皇帝讲解法律，但是并不确定。

卡拉卡拉帝（Caracalla，188—217）

罗马皇帝，塞韦鲁斯之子。最初与弟弟盖塔共治，后为了实现独裁而杀死了弟弟及其支持者。他在历史上以残暴和军事独裁而闻名，功绩包括巡视并巩固了莱茵河防线和日耳曼长城。他最后死于自己卫士的暗杀。

格里高利（Gregorianus，生卒时间不详）

虽然《格里高利法典》早就为人所知，但是我们对他的作者知之甚少。他可能为卡里努斯和戴克里先皇帝起草过法律意见。《格里高利法典》出现于一个人们希望用法律规制政治生活的时代，因而成了宪法的雏形。

赫尔摩格尼（Aurelius Hermogenianus，生卒时间不详）

公元3世纪晚期、4世纪早期罗马法学家和官员。他从戴克里先时代开始为皇帝起草法律意见，并且成为近卫团成员，此后还担任过亚细亚的自身执政官。《民法大全》中多次援引《赫尔摩格尼法典》。人们还认为赫尔摩格尼是首个试图用几个简单的原则提纲挈领地总结罗马法的人。

狄奥多西二世（Theodosius II，401—450）

东罗马帝国皇帝。当遭受放逐的君士坦丁牧首的遗骨运回东罗马的时候，狄奥多西二世亲自前去迎接抚棺，从此东罗马的皇权开始屈从于教权。他还建立了君士坦丁堡大学，并先后召集了两个委员会完成以他的名字命名的法典编纂工作。

优士丁尼（Justinianus，483—565）

东罗马皇帝，一般认为他统治的时期是东罗马帝国从古典时代转化为希腊化时代的重要时期。他改革了官制,加强了皇帝作为神在地上之代表的角色,并强化了基督教在帝国之中的地位。他下令编纂了《民法大全》,包括法典、学说汇纂、法学阶梯和新律四部分,奠定了大陆法系民法的基础。同时,东罗马帝国在他治下巩固了在地中海的霸权地位,但是也因为对外征战和大兴土木而导致国库空虚。

特利波尼安(Tribonian, 485? —542)

优士丁尼治下的拜占庭法学家。他先担任法官,然后优士丁尼任命其为最高行政长官和财务官。他领导了优士丁尼法典的起草委员会,新律中不少是由他亲自起草的法律。除此之外,他还受命以盖尤斯的《法学阶梯》为蓝本,为法律学校编纂教科书。

瓦伦丁尼安三世(Flavius Placidius Valentinianus, 419—455)

西罗马帝国末期的皇帝,匈人正是在他统治期间攻入了意大利本土,后死于谋杀。

伊尔内留斯(Irnerius, 1050—1125)

法学家和文法学家,是注释法学派和中世纪罗马法传统的奠基人。正是他以《国法大全》为研究和解释罗马法的活动奠定了基础。他从中世纪传统的文法、修辞学、辩证法中发展出了法学的解释方法。所谓"注释法学",强调的也就是以上述"三艺"的方法在页边空白处注释《国法大全》的文本。

马丁(Martinus Gosia, 1100—1167)

著名注释法学家。他和其他三位伊尔内留斯的直系弟子并称"四博士"。四博士的重要性并不仅仅体现在学术上。他们因为从罗马法文献中找到证据证明德国皇帝红胡子腓特烈一世也是神圣罗马帝国的合法继承人,因而拥有对意大利的统治权而备受其青睐。腓特烈一世因为四博士的效忠而以令状形式授予博洛尼亚大学特权地位,后来成了全欧大学的基础。在四博士中,马丁的想法更接近于教会法学家——认为应该致力于让自然法实现于人间,所以他主张一种广泛援引罗马法、教会法和日耳曼法以实现自然正义的法律解释方法。布尔加鲁斯则恰恰相反。

胡果(Hugo de Porta Ravennate, ? —1166)

四博士之一,罗马法学家。他同样很受腓烈特一世的重用,并培养了第三、第四代法学家。

雅各布(Jacobus de Boragine, ? —1178)

四博士之一,罗马法学家。

译者附录　书中部分人物介绍

布尔加鲁斯（Bulgarus，？—1166）

四博士之一，罗马法学家。人们称之为"金口"（Os aureum）。和他另外三名同事一样，除了在大学教书，他还是一名执业律师和法律顾问，并为腓特烈一世辩护。与马丁不同，他几乎不适用除了罗马法以外其他的渊源，而且采取一种严格文义式的解释方法。

普拉岑提努斯（Placentinus，1130/1135—1192）

罗马法学家，早年分别在意大利北部的曼托瓦和博洛尼亚学习法律，1165年开始成为博洛尼亚大学的教授，然后在1170年因为与同事的冲突出走蒙彼利埃，在1183年—1189年间短暂回到博洛尼亚后再次前往蒙彼利埃。他受马丁的影响尤其大，并在蒙彼利埃建立了法国南部第一个教授罗马法的学校。

皮利尤斯（Pillius de Medicina，1169—1207）

罗马法学家。他曾是博洛尼亚大学的教授，后前往摩德纳建立法学院，长于注释伦巴第习惯法。

阿佐（Azo Portius，约1150—1230）

生于博洛尼亚的罗马法学家，先后在蒙彼利埃和博洛尼亚教书。他在世时，坊间流传着一句名言："只要有阿佐的书在身边，人们就不必费心出庭了。"他的作品不但被翻译成了古法语，而且通过布拉克顿的援引很大程度上影响了英国法。

阿库修斯（Franciscus Senior Accursius，1182—1260）

罗马法学家，阿佐的学生。他是佛罗伦萨大学的法学教授，也是博洛尼亚法庭的顾问。他的理论对现代主权国家的形成有很大影响。

菲利普·奥古斯都（Philippe Auguste，1165—1223）

法国国王菲利普二世，是卡佩王朝的名君。他14岁登基，执政初期便摆脱了摄政的束缚，并通过扩大王室领土等手段实行中央集权，成为国内无可争议的最强大的领主。当法军在布汶战役中击败了英国与神圣罗马帝国的联军后，法国在菲利普治下终于成为欧洲大陆最强大的国家，并维持这一地位长达数个世纪。他还修筑了后来成为卢浮宫的城堡，并批准了巴黎大学的建立。

勒维尼（Jacques de Révigny，1230/1235—1296）

法国法学家。他先在巴黎学习六艺，然后在1255年前往奥尔良学习法律。1260年阿库修斯在奥尔良讲课时，勒维尼与其辩论并使前者哑口无言，因而名声大噪。他在1263年—1280年担任奥尔良法学教授期间培养了许多重要的学生。他的作品中

作为一种法律渊源的学说——法国法学的历程

还记录了自己作为律师提供服务的内容。后来他出任神职,并获推选为凡尔登的主教,但是此时还有另一名候选人。勒维尼在寻求教皇解决争端的途中死于意大利。

贝勒佩(Pierre de Bellepeche,1247—1308)

法国法学家。他首先以自己深厚的罗马法知识确立"法律家之王"的名声,继而出任巴列门的法官、国王的首席大法官和掌玺大臣。在法王"美男子"菲利普的要求下,教皇克莱蒙五世任命贝勒佩为欧塞尔教区的主教。但他很少真正前往自己的教区,而是留在巴黎伴君左右。

奇诺(Cynus de Pistoia,1270—1336/1337)

意大利法学家和诗人。他早年在博洛尼亚大学学习,在皮斯托亚从事法律工作时成为教皇派与皇帝派政治斗争的牺牲品,不得不归隐于伦巴第的山区。此后,他开始了诗歌与文学创作生涯并北上法国,游历于包括巴黎在内的数个城市。1314年他回到博洛尼亚,出版了对优帝法典的评注,并因而获得了博士学位。多所大学争相邀请奇诺前去任教,他先去了北方威尼托的特雷维索,然后去了佩鲁贾,在佩鲁贾培养出了巴尔多鲁。据说他还在博洛尼亚、锡耶纳和巴黎任教。他在佛罗伦萨大学度过了生命最后的时光。

巴尔多鲁(Bartolus de Saxoferratis,1313—1357)

罗马法学家。他先后在比萨和佩鲁贾教授法律,并成为神圣罗马帝国皇帝查理四世在佩鲁贾的代表。尽管他是最有影响力的中世纪罗马法学家,他的作品却成了后来人文法学嘲笑的对象。

巴尔杜斯(Baldus de Ubaldis,1327?—1400)

意大利罗马法学家。他17岁便于巴尔多鲁指导下在佩鲁贾取得博士学位。在博洛尼亚短暂任教后,他回到了佩鲁贾,成为教授。他还在比萨、佛罗伦萨、帕多瓦和帕维亚等北方城市任教。巴尔杜斯是教皇格里高利十一世年轻时的老师。另一名教皇乌尔班六世也征召他撰写法律意见,反对教会分裂时期另一名教皇克莱蒙七世的主张。

胡古齐奥(Huguccio de Pisa,1140?—1210)

意大利教会法学家。他早年在博洛尼亚学习和教授教会法。人们认为他从1190年开始担任费拉拉主教。他还有可能是教皇英诺森三世的老师,证据之一是教皇经常请他裁决重要争议。他最著名的论点之一是一旦一名教皇成为异端,那么不需任何正式审判就会自动失去其教皇职位。

译者附录 书中部分人物介绍

菲斯奇（Sinibaldo Fieschi，1195-1254）

教会法学家，后来的英诺森四世。他先后在帕尔马和博洛尼亚学习法律，并在博洛尼亚教授教会法。在帕尔马大教堂担任圣职时成为当时最有名的教会法学家，获征召担任罗马教廷的法学家，然后成为主教，并最终加冕为教皇。他在位期间适逢欧洲君权加强之时，所以英诺森四世对教权和王权的关系有相当思考与论述。另外，他对教皇职分的论述极大地推动了"法人"理论的发展。

苏萨的亨利（Henri de Suse, dit Hostiensis，1200—1271）

意大利教会法学家。他在博洛尼亚学习了民法与教会法，对包括维吉尔、贺拉斯、奥维德和西塞罗在内的古典作家的作品相当熟悉。他还为教皇英诺森四世和英王亨利三世担任过外交使臣。除了正文提到的《格里高利九世手谕汇编》，他还完成了英诺森四世的手谕编纂工作。

迪朗五世（Guillaume V Durand，1230—1296）

法国教会法学家。他在里昂跟随苏萨的亨利学习教会法，于1255年取得博士学位，后出任蒙德主教，同时也是中世纪最重要的教会法作品的作者。他的《法镜》（Speculum judiciale）对巴尔杜斯亦有启发。

迪朗六世（Guillaume VI Durand，？—1330）

法国教会法学家、神学家和重臣。与其叔父迪朗五世不同，迪朗六世在教会中常常身陷争议，其地位也起起伏伏。不过作为法王"美男子"菲利普的近臣，他协助国王与教皇克莱蒙五世密谋全歼了在历次十字军东征中积累了大量财富与权力的圣殿骑士团。他还是御前负责外交事务的法律专家，曾前往英国议定英法之间的和约。

博马努瓦（Philippe de Beaumanoir，1247—1296）

法国习惯法学家。他是博纳努瓦领主的长子，但是没有继承爵位，而是先后在数个城市担任代表领主的法律官员。博马努瓦从1283年开始撰写《博韦地方习惯》。

拉贝（Joseph-Émile Labbé，1823—1894）

法国民法学家。他在1856年通过教授资格考试后一直在巴黎大学任教，主讲罗马法。拉贝对法国法学的贡献包括了对判例的重视和对不当得利理论的研究。

比代（Guillaume Budé，1467—1540）

法国人文主义法学家。他从24岁才开始认真学习，即便如此，仍掌握了相当丰富的知识，以至于伊拉斯谟也赞许其为"法国神童"。比代在学习了法律后为国王担

作为一种法律渊源的学说——法国法学的历程

任公证员和书记。1530 年,他奉法王弗朗索瓦一世之名建立皇家讲座学院,也就是今天法兰西公学(Collège de France)的前身。除了法学家以外,他还是一名精通多种古代语言的语言学家。

多诺(Hugues Doneau,1527—1591)

法国人文主义法学家。他先后在图卢兹和布尔热学习法律,然后在布尔热任教。在天主教徒针对新教徒的圣巴托洛缪大屠杀期间,这名加尔文宗的信徒不得不逃到日内瓦。离开法国后,他先后于海德堡和莱顿大学任教。用哲学方法解释罗马法是他作品最大的特色之一。

居雅士(Jacques Cujas,1522—1590)

法国人文主义法学最重要的代表人物。他在图卢兹学习法律之后,于母校讲授优帝法典达 7 年之久,然而最终还是因为无法取得长期教职而离开。在辗转于卡奥尔、布尔热和瓦伦斯大学数年后,他在布尔热取得了教席。受玛格丽特王妃征召在都灵讲了一年课以后,他马上又回到瓦伦斯,并最终定居于布尔热。他主张通过研究历史来理解法律的发展,把罗马的立法放在具体的历史背景中加以研究。

迪穆兰(Charles Dumoulin,1500—1566)

法国法学家。他在青年时代作为巴黎巴列门的出庭律师,但是在一次诉讼失利后,便专心于不出庭的咨询业务。迪穆兰在亨利二世和教皇的一次争端中明确支持国王,并写出了精彩的辩护意见,因而获得国王青睐,却也招致教廷谴责。因为信仰新教,他曾在宗教迫害期间短暂前往德国避难。回到法国后,他又因为出版反对特伦托大公会议的作品而身陷囹圄,重获自由的条件之一是在出版任何作品前必须先获得国王的许可。迪穆兰是最早主张习惯法中蕴藏着法国统一法之基本规则的人之一。

科基耶(Guy Coquille,1523—1603)

法国法学家与诗人。在巴黎学习语法学以后,他在包括帕多瓦在内的多个意大利城市学习法律。回到法国后,他先在巴黎从事法律职业工作,然后辗转于外省和巴黎、教书与执业之间。他还作为讷韦尔第三等级的代表参加了在奥尔良举行的三级会议。讷韦尔在 1572 年的圣巴托洛缪大屠杀中极少收到波及,很多人归功于科基耶成功缓和了天主教徒和新教徒的对立。

卢瓦塞尔(Antoine Loysel,1536—1617)

法国习惯法学家。卢瓦塞尔是居雅士在布尔热的弟子,继承了其以历史为中心

译者附录 书中部分人物介绍

的人文主义法学立场。在先后成为巴黎的律师和总检察官之后，他开始整理适用于整个法国的习惯法，并因此成为迪穆兰之后的"习惯法第一思想家"。

达尔让特雷（Bertrand d'Argentré，1519—1590）

法国法学家与史学家。在布列塔尼地区的几个辖区担任高级行政与司法官员后，他成了巴列门的法官。他指责巴列门中的一些法官来自布列塔尼地区之外，因而不懂得本地的习惯法。他对布列塔尼地区习惯法进行评论而致力于反抗罗马法和法国其他地区习惯法的入侵。此外，他还拥有王国中最丰富的藏书，并以此为基础致力于把史学发展为一种理性科学。

科尔贝（Jean-Baptiste Colbert，1619—1683）

法国政治家。科尔贝长期担任路易十四的财政大臣和海军大臣。他重新整治了法国的财政机构和经济结构，奉行重商主义，扩张殖民地并建立国营特许公司。在他的努力下，路易十四治下的财政时有盈余。不过，后来连年征战让路易十四去世时法国中央政府最终债台高筑。

拉穆瓦尼翁（Guillaume de Lamoignon，1617—1677）

法国法学家与法官。路易十四十分倚重这名朝臣，并让他负责审理了许多政治影响重大的棘手案件，尽管有时候他自己其实宁愿不涉身其中。他为太阳王起草了许多法律，深刻地改革了当时法国的习惯法。

达盖索（Henri François d'Aguesseau，1668—1751）

法国权臣和巴列门法官。达盖索是多玛的学生，并在自己服侍国王的廷臣生涯中把老师的思想融汇进了多部立法作品之中。他先后出任巴黎巴列门的总检察长和法官，并在1717年出任司法部长和掌玺大臣，但是很快就遭解职，后于1727年再次任司法部长。他为路易十四和路易十五起草了关于赠与、遗嘱、担保等多个方面的法律。

莫普（René-Nicolas de Maupeou，1714—1792）

法国政治家和巴列门法官。从巴黎的路易大帝学校毕业，这名出生于蒙彼利埃司法世家的年轻人在19岁就在巴黎巴列门执律师业了。他在巴列门期间，路易十五限制巴列门政治权利的尝试每每因为法官的抵制而失败。短暂担任巴黎巴列门的主席后，他成了司法部长和掌玺大臣，他在任上厉行改革，铁腕限制巴列门的权力，但路易十六在法官的压力面前仍将其免职。

321

笛卡尔（René Descartes，1596—1650）

法国数学家、哲学家和物理学家。他虽然曾在普瓦捷学习法律，却主要以几何学方面的成就闻名。在《方法论》《沉思录》《哲学原理》等著作中，他提出了普遍怀疑的理性主义主张。

费马（Pierre de Fermat，1601？—1665）

法国法官和数学家。1631年，他在图卢兹定居并担任法官。费马把他的业余时间用于数学、拉丁语、希腊语等学科的研究，并与笛卡尔、帕斯卡尔等人有密切的书信往来。

帕斯卡尔（Blaise Pascal，1623—1662）

法国哲学家、数学家、科学家和神学家。他在极小的时候便表现出极高的数学天赋，不过在1654年之后便全身心投入神学和哲学的研究。后人普遍视其为冉森学派的代表，他对必然性和个人自由的思考对法国乃至全欧哲学有深刻影响。

杜艾（Merlin de Douai，1754—1838）

法国政治学家和法学家。他在完成了法学教育后成了弗兰芒巴列门的律师，并参与了律师职业手册的编写。1789年，他作为第三等级的代表参与了三级议会，并以此为契机走上了大革命后的政治舞台。在介于国民公会和执政府之间的督政府时代，杜艾还曾短暂担任过督政。

博马舍（Pierre-Augustin Caron de Beaumarchais，1732-1799）

法国文人和社会活动家。他著有喜剧《费加罗的婚礼》和《塞维利亚的理发师》，后来都成了莫扎特同名歌剧的脚本。他在《塞维利亚的理发师》公演权问题上与法兰西喜剧院的争议象征着著作权问题的开端。

拉辛（Jean Racine，1639—1699）

法国剧作家，与高乃依和莫里哀并称17世纪最伟大的法国剧作家。《讼棍》是他的经典喜剧。

奥托姆纳（Bernard Automne，1574？—1666）

法国法学家，波尔多巴列门律师。

布塔里克（François de Boutaric，1672—1733）

法国法学家，巴列门律师和图卢兹法学院的教授。他殁后出版的课程讲义取得了很大的成功。

译者附录　书中部分人物介绍

阿尔古（Gabriel Argou，1640—1703）

法国法学家。他1664年成为巴黎巴列门的律师。阿尔古在作品中提炼了法国法的原则，极大促进了法国各地习惯法的整合。

戴里古（Louis d'Héricourt，1687—1752）

法国律师和记者。

米亚尔·德·武艾兰斯（Pierre-François Muyart de Vouglans，1713—1791）

法国法学家。他在贝桑松学习法律后成为巴黎巴列门的律师。杜艾对他的作品评价很高。

居约（Joseph-Nicolas Guyot，1728—1816）

法国法学家。他早年参军，退伍后学习法律并执律师业。法国大革命后，国民公会曾短暂任命其为最高法院的法官。

老费里埃（Claude de Ferrière，1639—1715）

法国法学家。他在巴黎取得法学博士之后，先后在兰斯和巴黎教书。他还是巴黎巴列门的律师。

布尔容（François Bourjon，？—1751）

法国法学家，巴黎地区习惯的编纂者。

惹尼（François Gény，1861—1959）

法国民法学家。在南锡学习法律后，他通过了教授资格考试并前往阿尔及尔教授罗马法。他在早期的作品中便致力于批评文义解释。1890年，惹尼回到了法国本土，从教于第戎大学。1899年，在行将离开第戎的时刻，惹尼出版了他的第一部重要著作《实证私法的解释方法及法源》。同年，惹尼回到了他的母校南锡大学，并于1905年在南锡大学取得了民法学的教席。在相继发表了对风险责任、民法典修订构想和外交信函的论著后，惹尼在1913年—1924年穷十年之功完成了四卷本的《实证私法的科学与技术》，集中阐发了自然法的必要性和法律人在解释实在法时如何以自然法为导向的方法。第一次世界大战结束后，惹尼在1919年—1925年担任南锡大学法学院的院长。1931年，已经七十高龄的惹尼退休，但并没有停止科研工作。

第二章

迪韦吉耶（Jean-Baptiste Duvergier，1792—1877）

法国律师、法学家、政治家。先后在波尔多和巴黎学习法律以后，他在1821年

作为一种法律渊源的学说——法国法学的历程

成了一名巴黎的律师。这名圣西门和边沁的支持者在拿破仑三世治下成了第二帝国的司法部长和宗教事务部长。除了《民法典》的教科书之外,他还编纂了欧洲和美洲各国宪法、大革命以来的所有法令汇编等作品。

老迪潘(André Dupin,1783—1865)

法国律师和政治家。他早年接受的是母亲的家庭教育,并跟随其父学习法律,然后在巴黎的法律学校完成学业,还成了巴黎法学院重组后的第一名博士。在申请教职失败后,他成了一名律师。老迪潘所撰写的判例评注为他赢得了很高的声望,并于1813年进入了负责编纂帝国法律的委员会。在拿破仑三世称帝前,他极力反对复辟。此后,他成了第二帝国期间知名的自由派律师和中左议员。

弗雷西努斯(Denis Frayssinous,1765—1841)

法国神父、作家和政治家。完成神学学习后,他在大革命爆发时成为神父,于大革命最初的几年一直秘密组织圣事。1800年他开始在巴黎教授神学。复辟后,他不但取得了大学总管和公共教育部长的头衔,还进入了法兰西学院。

乌多(Julien-François Oudot,1804—1864)

法国民法学家。在巴黎取得了法学学位后,他就以候补教授的身份在巴黎法学院教授商法和民法。1837年,他成为教授。这名热心哲学的民法学家写了关于法国法的哲学和方法论著作,还写了《义务的意识与科学》这样试图用哲学解释《拿破仑法典》的作品。

比涅(Jean-Joseph Bugnet,1794—1866)

法国民法学家。他在第戎完成了法学学习,然后成了巴黎法学院的教师,并于1826年成为教授,讲授民法。他在一部七卷本作品中细致地评论了民法、行政法、刑法、商法各个领域的立法与判例。

洛朗(François Laurent,1810—1887)

比利时法学家与史学家。他在鲁汶和列日完成了高等教育,并在短暂执律师业后于1834年进入比利时革命后新成立的司法部工作,与此同时,他还在根特的法学院任教超过40年,并留下了对《拿破仑法典》的大量评注和一些国际私法的作品,以及一部十八卷的《人类史研究》。在政治生活中,他是一名坚定的反教权主义者和社会立法的提倡者。

托利耶(Frédéric Taulier,1806—1861)

法国民法学家。在格勒诺布勒取得法学博士后,他先前往巴黎实习,然后回到

译者附录　书中部分人物介绍

格勒诺布勒从事律师业。1831年托利耶以第一名的成绩通过教授资格考试，并成为格勒诺布勒法学院的民法典教授。1845年，他成了格勒诺布勒的市长。1848年的二月革命爆发时，他调动国民卫队维持秩序。当革命胜利的消息传到阿尔卑斯山区后，托利耶遭解职。但是在拿破仑三世成为共和国总统后，他又和其他奥尔良派遗老一样马上复职。托利耶在第二个市长任期上大兴土木，并建立了该市第一个工人食堂，因而得到了许多共和派政敌的赞誉。

扎卡利亚（Karl Salomo Zachariä，1769—1843）

德国法学家。他早年在莱比锡大学学习哲学、历史、数学和法学，然后先后在维滕堡和海德堡出任教授，讲授过教会法、封建法等。他写下了许多法学作品，涉及各个不同的法律领域。在政治生活中，他是一个反对激进民主精神的保守派，并起草过多部法律。他的国家观念和马基雅维利、孟德斯鸠等人类似，可以称之为康德和卢梭社会契约论的反面。

达洛兹（Désiré Dalloz，1795—1869）

法国法学家。他在巴黎的律师事务所完成了法学教育，开始参加《最高法院与上诉法院庭审日报》的编纂。21岁时，达洛兹开始了自己的律师事业，他的客户中包括了不少社会名流。与此同时，他还开创了按照字母顺序编纂立法与判例的先例。在政治生活中，达洛兹是地区的议会代表。

沃洛夫斯基（Louis Wołowski，1810—1876）

出生于波兰的法国法学家、经济学家和政治家。他出身于一个显赫的波兰家庭，很早就来到法国。在路易四世中学完成了中学教育后，他先后取得了海德堡大学的法学博士和图宾根大学的政治经济学博士的学位。在波兰起义期间，他是波兰陆军总部的上尉。起义失败后，沃洛夫斯基流亡法国。他不但在巴黎教授法律和政治经济学，还创建了最早的工业信贷机构。沃洛夫斯基支持七月王朝，在拿破仑三世复辟期间退出公共生活，但是在第三共和期间作为坚定的共和主义者与保守势力斗争。

巴罗（Odilon Barrot，1791—1873）

法国政治家。他早年在军校学习，后在法学院完成了高等教育。一开始作为在最高行政法院和最高法院出庭的律师执法律业，其后巴罗的事业重心很快转向了政治生涯。他支持放开更多的政治自由，但是不愿看到一个共和国。拿破仑三世任命其为政府首脑和司法部长。

325

作为一种法律渊源的学说——法国法学的历程

阿科拉斯（Émile Acollas，1826—1891）

法国民法和商法学家。他因为反对拿破仑三世称帝而流亡瑞士，在日内瓦谋得教职并建立了和平与自由联盟。巴黎公社任命他为巴黎法学院院长，但是未及上任巴黎公社即告失败。此后公共教育部长拒绝任命他为巴黎法学院的教授。作为克列孟梭的密友，他受命为西园寺公望和中江兆民讲解法律。此外，这名自由共和主义者还是《法国民法典》的批判者和妇女参政权的积极倡导者。

萨莱耶（Raymond Saleilles，1855—1912）

法国民法学家。他在巴黎天主教学院的法学院完成高等教育，与耶稣会背景的学生组织关系密切。1884年取得博士学位后，萨莱耶马上通过了教授资格考试，并前往格勒诺布勒担任法史学教授，并于次年转任第戎法学院教授，在这里他认识了惹尼。1895年，他终于成了巴黎法学院的民法教授，并开始讲授比较刑法。萨莱耶对德国民法学说欣赏有加，向法国介绍了《德国民法典草案》中的债法理论和德国的工业事故立法。他还主张民法应该从比较法和法史学中获得启发，提出了"超越《民法典》，但是通过《民法典》"的口号。

克林姆拉特（Henri Klimrath，1807—1837）

法国法学家。他在斯特拉斯堡大学取得法学和文学的学士学位后，一边在巴黎和梅兹为当地豪族提供法律意见，一边准备博士论文，并特意前往海德堡大学学习。1833年以一篇主张《民法典》解释应该从法史学中获得启发的论文取得博士学位后，他短暂在母校教授了一年法史学。他写了多部关于习惯法和法律史的著作，倡导从各种人文、社会和自然科学的角度研究法律现象。人们往往把他视为法国法史学、法律社会学和法律人类学的开创者。

巴武（François-Nicolas Bavoux，1774—1848）

法国法官与政治家。他在巴黎完成法学教育，在拿破仑称帝并重建巴黎法律学校后，他成了一名教师，然后转任塞纳市的民事庭法官。1819年，因为在课上发表了关于没收推定死亡和移民者的财产的评论引发极大争议，院长立刻暂停了他的教学。随后，他受到了挑拨社会动乱的指控，不得不在法庭前为自己辩护，老迪潘也是他的律师之一。他们精彩的辩护为巴武赢得了巨大的声誉。1828年当选塞纳市代表后，他开始了作为一名自由派议员的政治生涯。

卢瓦索（Jean-Simon Loiseau，1776—1823）

法国法学家。他在第戎于知名法学家蒲鲁东（Victor Proudhon）的指导下完成法

译者附录　书中部分人物介绍

学教育后,来到巴黎成为一名商法律师,并与巴武一道编写民法判例集。他是判例成为民法学研究重要对象的主要推动者之一。

勒德吕-罗兰(Alexandre Ledru-Rollin, 1807—1874)

法国律师和政治家。他22岁就成了巴黎的律师,因为其为共和派记者辩护而声名卓著。从1841年开始,他当选为芒斯的极端派代表,在国民议会中坐在最左边,而他的竞选活动也象征着法国政治极端派的诞生。在短暂的第二共和国时期,他出任内政部长,大力改革行政体制以图消除奥尔良保皇派的影响。在他的政治生涯中,勒德吕-罗兰始终致力于政治自由化,并推动了男子普选权立法。

拉贝(Joseph-Emile Labbé, 1823—1894)

法国民法学家。1848年取得博士学位后,他直到1856年才通过教授资格考试。他对法国民法学的贡献包括对无因管理理论的研究。

特隆歇(François Denis Tronchet, 1726—1806)

法国法学家和政治家。他在漫长的学习后于19岁就当上了巴列门的律师。1789年,他作为巴黎第三等级的代表参加了最终导致革命爆发的那次三级议会。在为路易十六辩护后,他在巴黎开了一家律师事务所。特隆歇最重要的成就可能是在1800年作为四人委员会的一员参加了《法国民法典》的起草。另外三人是波塔利斯、马勒维、比戈·德·普雷阿梅纽。

西哀士(Emmanuel-Joseph Sieyès, 1748—1836)

天主教会、法国政治家和政治理论家。他早年追求宗教事业,在圣叙尔比斯教堂的神学院工作,期间接触到了启蒙时代思想家的理论。他写出的《什么是第三等级?》等一系列作品不但推动了大革命的发展,也让他自己成为法国大革命和其后政治生活最重要的理论家。他投票支持处死路易十六,却不得不在恐怖统治时期发誓放弃信仰。短暂担任执政府的执政官后,他在拿破仑时代权倾一时。现在普遍认为西哀士在1780年手稿中创造了"社会学"(sociologie)一词。

比戈·德·普雷阿梅纽(Félix Bigot de Préameneu, 1747—1825)

法国法学家。他先后在布列塔尼和巴黎的巴列门做出庭律师。大革命后进入了立法议会,选择为路易十六辩护。1792年以后他选择远离议会政治,成了一名法官。执政府时期,他成了最高法院的政府专员。他也是《民法典》起草委员会的一员。

科尔默南(Louis-Marie de Cormenin, 1788—1868)

法国法学家。他在巴黎法律学校学习,并于1808成为一名律师。在第二次复辟期间,他成了反对派的一员,常对最高行政法院经费和外交政策等议题发表见解。他在第二共和期间短暂担任过最高行政法院副院长,并参与了男性普选权的立法起草工作。

莫利尼耶(Victor Molinier,1799—1887)

法国刑法学家。这名生于都灵的法学家最早在图卢兹大学完成了法学教育。1838年起,他在母校教授法学导论、比较刑法、民法、刑法和宪法一直到退休。他大量阅读维科和边沁的哲学作品。

埃利(Faustin Hélie,1799—1884)

法国刑法学家和法官。他首先在雷恩学习法律,然后前往巴黎执律师业,并在巴黎取得了博士学位。1824年,他进入司法部工作,并在1837年主管刑事方面的事务。1849年,埃利进入最高法院并在1872年担任刑庭主席。1879年开始,他担任最高行政法院副院长直至去世。

埃斯曼(Adhémar Esmein,1848—1913)

法国宪法学家和法史学家。1873年通过教授资格考试后,他短暂于外省任教,但是很快就回到了当时作为共和派法学重镇的巴黎,在法学院和当时新成立的自由政治学院(即现在的巴黎政治大学)讲授法史学、教会法和宪法。他是共和国经典宪法学的主要奠基人。

德维尔纳夫(Lemoine Devilleneuve,1790—1859)

法国商法学家,著有大量针对立法和判例的评注。

卡雷特(Antoine-Auguste Carette,1803—1885)

法国律师,著有大量针对立法和判例的评注。

塔勒尔(Edmond Thaller,1851—1918)

法国商法学家。他在巴黎取得法学博士学位之后,于1877年通过教授资格考试,先后在第戎和里昂法学院讲授民商法,后于1893年成为巴黎法学院的教授。他著有多篇银行法、破产法等方面的著作,而且对社会立法有深入思考,启发了一代里昂社会主义法学家。

德芒雅(Charles Demangeat,1820—1896)

法国法学家和法官。1843年在巴黎取得博士学位后,他致力于罗马法教学和民商法教科书的编纂。他后来还在最高法院工作过,是立案庭的主管。

译者附录 书中部分人物介绍

比弗努瓦（Claude Bufnoir，1832—1898）

法国法学家。他在1856年以第一名的成绩通过教授资格考试后短暂在第戎任教，然后于1861年接替乌多成为巴黎法学院的民法教授，他还教过罗马法和潘德克顿。后来，他接替了比涅的民法教席。虽然名气和著作都不如他的女婿萨莱耶，但比弗努瓦以自己的影响力和地位确保了下一代法学家可以较无后顾之忧地批评解经方法。

奥科克（Léon Aucoc，1828—1910）

法国法学家和公务员。1848年从行政学院毕业后，他进入了内政部秘书处工作，然后在最高行政法院担任法官，经过数次升迁，在1872年当上了公共工程处的处长。1879年麦克马洪不再担任总统时，他也选择从最高行政法院退休。奥科克一直同时在名声显赫的路桥学校讲授行政法。

热兹（Gaston Jèze，1869—1953）

法国公法学家。这名共和主义公法学家也是法国现代公共财政学的创始人。他曾经作为社会党候选人参加议会选举，但是未能如愿。热兹是民主制和政治自由的积极辩护者，也是纳粹政权和维希法国一系列反犹立法的反对者。在意大利侵占埃塞俄比亚时，他为埃塞俄比亚政府提供法律意见，并因此受到国内极右势力的死亡威胁。

肖沃（Adolphe Chauveau，1802—1868）

法国行政法学家。他在普瓦捷的法学院学习后成了律师，1839年经过直接任命免试成为图卢兹的行政法教授，但是因为没有博士学位而遭受指责，只好回到普瓦捷取得博士学位后再上任。他对森林、道路等各种特别行政法的成文化贡献很大。肖沃还是《行政法评论》的奠基人之一。

迪克罗克（Théophile Ducrocq，1829—1913）

法国公法学家。他可以说是法国文化遗产法的奠基人，并且在关于历史建筑保护的文章里大量探讨了作为文化保护者的国家与作为建筑物或其他财产所有人的个人之间的紧张关系。这名影响极大的行政法学家在1884年—1899年担任巴黎法学院的院长。

戈蒂埃（Alfred Gautier，1844—1897）

法国行政法学家。他几乎一直在家乡埃克斯读书和工作。1872年通过教师资格考试后，他前往格勒诺布勒教了一年罗马法，然后马上回到埃克斯讲授行政法和法史学。除了《行政法精要》外，他还写过一些关于罗马法的作品。

作为一种法律渊源的学说——法国法学的历程

罗米厄(Jean Romieu,1858—1953)

法国行政法学家。他从综合理工学校毕业后进入了最高行政法院,在担任过审理员、审理长、政府专员和国务委员后,他在两次世界大战之间担任诉讼处处长。他享有"行政法建构的伟大工匠"的美名。

泰西耶(Georges Teissier,1862—1935)

法国行政法学家。他除了是最高行政法院的审理长外,还在巴黎政治大学教行政法,著有《公立机关侵权责任》。

皮沙(Georges Pichat,1867—1950)

法国高级政府官员。他是在里昂天主教学院接受的法学教育,然后前往自由政治学院学习,后通过考试加入最高行政法院。他一直在诉讼处工作,担任过各级职位,还在《民法典》修改委员会上当过秘书。一战期间,皮沙是一名军事法院的法官。战后,他回到诉讼处,在1937年成为处长。他还负责过国民阵线政府的集体劳资纠纷仲裁,并为这一制度的常态化做出重大贡献。

布卢姆(Léon Blum,1872—1950)

法国政治家。他进入巴黎高师后因为一次考试不及格而遭开除,于是在巴黎法学院和文学院就读。23岁时他就以第二名的成绩进入最高行政法院。在25年的最高行政法院生涯中,他写下了许多著名的判决。这名社会党的成员深受饶勒斯影响,并在1936年成了人民阵线联合政府的首脑,也是法国历史上第一名社会党总理。维希政府期间他身陷囹圄,直至解放后重获自由。

普拉尼奥(Marcel Planiol,1853—1931)

法国民法学家。他在1879年取得博士学位后于次年以第三名的成绩通过教授资格考试。在格勒诺布勒短暂教了两年民法、罗马法和财税法以后,他回到了雷恩老家,最后于1887年在巴黎安顿下来,再也没有离开。他的《民法导论》用自由主义、个人主义的精神全面重塑《法国民法典》的解释,力求找出法典所掩盖的民法学原理。这部作品奠定了他世纪之交法国民法学最权威学者的地位,一时无两。

卡皮唐(Henri Capitant,1865—1937)

法国民法学家。他于1889年在巴黎取得博士学位后,在1891年通过了教授资格考试,然后前往格勒诺布勒教书。1909年,卡皮唐终于回到了巴黎,并接替英年早逝的萨莱耶教授比较民法课程。他无疑是一名出色的教师和教科书编纂者。卡皮唐的教科书延续了普拉尼奥的传统,但是更强调用法典、特别立法和判例共同构建民法体系。同时，他还开启了《重要民事判例选》（Grands arrêts de la jurisprudence civile）和《法学词汇》（Vocabulaire juridique）这两个延续至今的参考书编纂的传统。

若斯兰（Louis Josserand，1868—1941）

法国民法学家。除了短暂前往里昂法学院对口援建的贝鲁特法学院以外，他一直在里昂学习和教授法律，直到职业生涯的末年北上巴黎，进入最高法院。他用萨莱耶的风险责任理论解释法典中的物之所有人对物所生损失的赔偿责任。若斯兰最著名的贡献是提出了权利滥用理论，从而撼动了权利绝对理论的支配地位。他也是民法社会主义的先行者。

里佩尔（Georges Ripert，1880—1958）

法国法学家。他在1902年获得博士学位时的论文《论财产权在与邻居财产关系中的形式》遭到了当时刚获得教席不过数年的惹尼的批评，这是他们之间的第一次正面交锋。随后，里佩尔连续出版著作反驳惹尼的批评。里佩尔在1918年从普罗旺斯北上巴黎，接受民法教席，从此成为第三共和国权威民法学家，并且曾任巴黎法学院院长。于公共生活中，他短暂出任过维希政权的国务秘书，解放后，经过3年的审查，得以继续任教于巴黎法学院。

卡雷德马尔贝格（Raymond Carré de Malberg，1861—1935）

法国法律实证主义者和宪法学家。他在斯特拉斯堡取得博士学位以后，于1890年通过了教授资格考试，先后在卡昂、南锡和斯特拉斯堡任教。卡雷德马尔贝格认为法律必须和道德、政治、自然法完全分开，国家创造了法，而主权国家除了自我限制以外不受任何限制。他也因此是一战之前国家自我限制理论在法国最主要的代表。他的姓是"卡雷德马尔贝格"，而非我国学界常写的"马尔贝格"。

埃施巴赫（Prosper-Louis-Auguste Eschbach，1814—1860）

法国法学家。他从1839年开始在斯特拉斯堡大学讲授民事诉讼法、法学导论和民法。除了课程讲义以教科书的形式出版以外，他还翻译了一本关于穆斯林法的书。

伯当（Charles Beudant，1829—1895）

法国民法学家。他1852年取得博士学位，以兼职的身份在斯特拉斯堡教了几年法学导论。1856年通过教授资格考试后，他便被调往图卢兹法学院，并很快去了巴黎法学院，讲授民法和商法。除了一部民法教科书和一部题为"个人权利与国家"的法学导论教科书以外，他还就一些部门法的技术问题写过专书。

作为一种法律渊源的学说——法国法学的历程

布瓦泰尔（Alphonse Boistel，1836—1908）

法国法学家和自然法的代表人物。1863年在巴黎取得博士学位并在1866年通过教授资格考试后，他前去格勒诺布勒法学院教授民法，然后在1870年回到巴黎法学院，先后讲授商法和民法。除了一些期刊文章和商法教科书以外，他还撰写了自然法和法理学的教科书，这在第三共和国时期很罕见。他为了反对离婚而对欧洲各国婚姻法进行的比较研究堪称比较法的早期成果中的精品。

罗斯米尼（Antonio Rosmini，1797—1855）

意大利神父和哲学家。他在帕多瓦学习，并取得了神学和教会法的博士学位。他的哲学思想深受洛克和黑格尔的影响，强调对世界万物的细致研究。他认为实际形态、理智形态和道德形态都同时存在。

博德里-拉康丁内里（Gabriel Baudry-Lacantinerie，1839—1913）

法国民法学家。在普瓦捷完成了法学教育后，他在1864年通过了教授资格考试，并且回到母校教授民法。1871年起，他开始在波尔多大学教民法。他的主要著作是两部民法教科书。史尚宽在撰写自己的民法教科书时多次参照了博德里-拉康丁内里的作品。

德莫格（René Demogue，1872—1938）

法国民法学家。他在巴黎法学院学习，教师包括了伯当和萨莱耶。1879年取得博士学位之后，他开始在巴黎法学院教刑法和民法，并于1903年通过教授资格考试。他对法律社会化的贡献很大，一定程度上动摇了合同绝对自由的信条。我国民法学家王伯琦深受其影响。

科兰（Ambroise Colin，1862—1929）

法国民法学家。除了一些涉及民法和当时新兴的工业立法的文章以外，科兰最大的贡献是与卡皮唐合著民法教科书。

古诺（Emmanuel Gounot，1885—1960）

法国法学家。在里昂天主教学院取得哲学学士学位后，他在1912年于第戎大学获得了博士学位，同行们认为这篇关于意思自治的博士论文可能是法哲学领域的"世纪之作"。次年，他又提交了一篇博士论文，以此取得了政治学的学位。在里昂，他是一名商法律师，但他把主要精力投入在了法国社会天主派举办的普及型学术活动中。一战期间，古诺在军队服役，战后则成了里昂法学院的教授，并于1944年成为法学院院长。除此之外，他还是家庭法改革的坚定支持者。

译者附录　书中部分人物介绍　

格拉松（Ernst Glasson，1839—1907）

法国法学家。他在斯特拉斯堡完成了法学教育，自1867年开始在巴黎讲授民事诉讼法。1882年，他接替法学家里昂-卡昂（Charles Lyon-Caen），成为巴黎法学院院长，并且于1899年成为名誉院长。他在民法、民事诉讼法、罗马法、法史学、比较法等诸多领域均有建树。格拉松还是最早思考"工人问题"的法国民法学家之一。

朗贝尔（Édouard Lambert，1866—1947）

法国法学家。他在里昂取得博士学位以后，以第一名的成绩通过教授资格考试，于1896年开始了自己的教师生涯。除了在1906年和1907年短暂在埃及担任过开罗法学院院长外，他在里昂度过了整个职业生涯。不过在埃及，他不但主张穆斯林法应该抵御普通法的移植，还参与编纂了《埃及民法典》。回到里昂后，朗贝尔致力于比较法的研究与推广，并于1921设立了法国第一个比较法研究中心，主编了第一套比较法丛书。

巴坦（Étienne Bartin，1860—1948）

法国法学家。1887年通过教授资格考试后，他先后在阿尔及尔讲授罗马法、在里尔讲授国际私法和在巴黎讲授民事诉讼法。1901年他终于在巴黎获得了讲授民法的资格，然后从1926年开始讲授国际私法，并因此成为法国国际私法之"个别主义"的代表人物。这名对法律技术运用得炉火纯青的法学家帮助法国的国际私法学获得了巨大的国际影响力。

蒂西耶（Albert Tissier，1862—1925）

法国法学家。他先是巴黎上诉法院的律师，然后在1895年成为第戎法学院的教授。他是法国最早专门研究劳工保护立法的法学家之一。

尼布瓦耶（Jean-Paulin Niboyet，1886—1952）

法国法学家。他在巴黎法学院跟随当时法国最著名的国际法学家学习，在1912年取得博士学位。第一次世界大战期间，他作为陆军翻译获得了战争十字勋章。战后，他曾短暂在里昂法学院教书，然后很快通过了教授资格考试，前往斯特拉斯堡任教，主讲比较法和国际私法。尼布瓦耶继承和发展了巴坦开创的法国国际私法学传统，并以单边主义理论为指导，写成了详细的国际私法教科书。

迪韦尔热（Maurice Duverger，1917—2014）

法国法学家和政治学家。青年时代他是一名极右政治团体的成员，热心支持贝当元帅的"民族革命"。第二次世界大战期间，他在波尔多完成了法学教育，1942年

作为一种法律渊源的学说——法国法学的历程

通过了教授资格考试。他在波尔多任教期间着手成立了波尔多政治学院。在前往巴黎任教后，他又在1969年创立了巴黎一大的政治系。他在宪法和政治学领域建树颇丰，对半总统制和民主社会主义的论著尤其具有影响力。迪韦尔热还曾作为意大利共产党的独立候选人当选过欧洲议会的议员。

博纳尔（Roger Bonnard，1878—1944）

法国公法学家。在波尔多完成法学教育以后，他先在1906年开始在雷恩法学院任教，16年后回到母校。维希政府期间，他是里佩尔在高等教育部的助手，推动了在高等教育中排除犹太人的法律。除了作为公共服务理论的发展者之外，他现在更多作为国家社会主义公法学在法国之传播者而为人所知。正因为其政治立场，波尔多大学在2014年决定重新命名曾经以博纳尔命名的阶梯教室。

莱维（Emmanuel Lévy，1871—1944）

法国民法学家。1896年，莱维在巴黎完成了他的博士论文《不动产权确认》，并且开始像惹尼和许多年轻教师一样，前往阿尔及尔任教。从1903年起，莱维先后发表了一系列关于集体权利、工业事故责任、劳工立法等方面的文章，作为1905年统一的法国社会党的积极分子和该党在罗讷地区的主要领导人，莱维也是社会主义法学的代言人。他启迪了后来对社会法的发展起到重要作用的古维奇等人。

塞尔（Georges Scelles，1878—1961）

法国国际公法学家。分别在巴黎法学院和自由政治学院完成法学和政治学的学习后，他先后在索菲亚、第戎和里尔的法学院讲授国际公法、国际私法和宪法，还曾在日内瓦任教。1925年，他获推举回到巴黎法学院任教，却因为极右翼学生的反对而作罢。直到1933年他才最终回到母校。他所提出的社会学客观主义奠定了法国当代国际公法学的基础。

富尼埃（Eugène Fournière，1857—1914）

法国作家和政治家。法国改良社会主义的代表，也是综合理工学校的社会经济学教师。

勒鲁瓦（Maxime Leroy，1873—1957）

法国法学家和史学家。他早年在南锡法学院求学，于1898年取得博士学位。勒鲁瓦是人权联盟的成员，也是国联的积极支持者。他从1937年开始任教于自由政治学院。

译者附录　书中部分人物介绍

亨利·马佐（Henri Mazeaud，1900—1993）

法国法学家。在1921年他就已经取得了博士学位，并在1926年的教授资格考试中拔得头筹。早年在里尔大学和华沙大学任教，亨利·马佐于1939年成为巴黎大学教授，但也于同年应征入伍。因为厌倦办公室的繁文缛节，他自愿调往法国的波兰军团并在挪威作战。在德占期间，他一直是抵抗组织的成员。他是巴黎法学院"马佐时代"的主要人物。

莱昂·马佐（Léon Mazeaud，1900—1970）

法国法学家，亨利·马佐的双胞胎兄弟。和亨利一样，他也是巴黎法学院的教授和抵抗运动的成员。德军将其转送到布痕瓦尔德的集中营，但他最终幸存下来，并成了戴高乐将军所创立之法国人民联合党的创始党员。

让·马佐（JeanMazeaud，1904—1995）

法国法学家，亨利和莱昂的弟弟。与两名哥哥不同的是，让·马佐没有成为大学教授，而是最高行政法院的法官。

马蒂（Gabriel Marty，1905—1973）

法国法学家。马蒂曾任图卢兹法学院院长。这名比较法学的热心推广者创立了国际比较法学联合会并担任主席，同时是国际比较法学院的终身秘书。

雷诺（Pierre Raynaud，191—1991）

法国刑法学家。他生前在巴黎一大任教。

魏尔（Prosper Weil，1926—）

法国法学家。他在巴黎法学院取得博士学位后，于1952年在公法组教授资格考试中拔得头筹。除了参与编写《行政法重要判例集》之外，他在国际公法特别是海洋法方面建树颇丰，而且是海牙国际法院的律师。他退休前是巴黎二大的教授。

施塔克（Boris Starck，1909—1974）

法国法学家，巴黎法学院教授，是法国现代担保法理论的奠基人。

巴蒂福尔（Henri Batiffol，1905—1989）

法国法学家。他在1929年于巴黎法学院取得博士学位后在1931年通过了教授资格考试。在里尔大学教学20年后，他在巴黎法学院度过了余生。他是海洋法和国际私法方面的专家，也讲授法哲学的课程。他把实证主义、托马斯主义和个别主义的哲学融贯入国际私法的学说之中。

335

作为一种法律渊源的学说——法国法学的历程

罗布洛（René Roblot，1913—1992）

法国商法学家。他生前是南锡大学的法学教授，曾经出任院长和南锡学区的总学监。他是里佩尔所开始撰写之商法教科书的主要继任者。

瓦利纳（Marcel Waline，1900—1982）

法国公法学家。他是两战之间成长起来的法国公法权威，也是公共自由理论的主要建立者。1925 年和 1926 年先后取得政治学和法学博士学位后，他前往普瓦捷任教，并在 1928 年通过教授资格考试。在维希政府期间，他是少数公开反对伪政府的教师。战后，在巴黎任教时，他参与编纂《行政法重要判例集》，还在 1962 年成了宪法委员会的一员。

德洛巴代尔（André de Laubadère，1910—1981）

法国法学家。他生前是巴黎法学院的教授，也是法国行政合同法理论的奠基人。

韦德尔（Georges Vedel，1910—2002）

法国公法学家。他在 1934 年于图卢兹取得博士学位后很快就在 1936 年通过了教授资格考试。先后在普瓦捷和图卢兹任教后，他从 1949 年来到巴黎，同时在法学院、巴黎政治大学、中央工艺美院、矿业大学和高等商学院教书。韦德尔主张行政法的基础在于宪法，因而必须和宪法保持一致、并不具备独立性。他的宪法教科书和宪法学说很大程度上是理解第五共和国宪法的基础。

莱维-布吕尔（Henri Lévy-Bruhl，1884—1964）

法国社会学家和法学家。他的父亲吕西安·莱维-布吕尔是法国社会学的先行者之一。他早年是里尔法学院的社会学教授，然后在巴黎法学院中创建了社会学研究中心，后来则成了高等社会科学研究院的研究人员。

卡尔博尼耶（Jean Carbonnier，1908—2003）

法国法学家。他早年在波尔多学习，1932 年取得博士学位后，又在 1937 年通过教授资格考试并前往普瓦捷任教。从 1956 年开始，他成了巴黎法学院的教授，并曾担任过 1968 年后建立的巴黎二大的院长。他是 20 世纪最有影响的法国民法学家，无论在家庭法、法社会学还是法律解释等领域，卡尔博尼耶都有奠基性的贡献。

阿诺（André-Jean Arnaud，1936—2015）

法国法社会学家和法史学家。他是国际法社会学研究院第一任科研主管。阿诺采用批判社会学重构法国法律史特别是《民法典》解释史的研究启发了许多后来的研究者。他还是 20 世纪 80 年代法律与文化研究的主要参与者。

译者附录　书中部分人物介绍

科马耶（Jacques Commaille，1937—）

法国社会学家。他退休前是巴黎高等师范学院的教授和国家科研中心的主管。科马耶主要研究法律的政治社会学。

拉斯库姆（Pierre Lascoumes，1948—）

法国社会学家。他先后在波尔多和蒙特利尔学习社会学和犯罪学，退休前是巴黎政治大学的教授和国家科研中心的主管。他对腐败、司法和社会规训的研究很有影响。

塞尔维兰（Evelyne Serverin）

法国法学家和社会学家。除了法学博士外，她还取得了犯罪学、心理学、社会心理学的学位。塞尔维兰用韦伯的理论研究法律社会学，还曾担任司法部的顾问。

阿蒂亚斯（Christian Atias，1947—2015）

法国法学家和哲学家。1974年在普瓦捷取得博士学位后，他在1976年通过了教授资格考试，并在退休前一直在埃克斯-马赛大学工作。除了民法学和法律的认识论作品以外，他还是最早使用法律的经济分析的法国学者之一。阿蒂亚斯反对自由主义，主张国家干预经济生活。

泽纳迪（Frédéric Zenati）

法国民法学家。他现在任教于里昂三大。泽纳迪对法律渊源特别是判例之法律渊源地位的研究是现代法国法理论中较为重要的组成部分。

科尔纽（Gérard Cornu，1926—2007）

法国法学家。他早年先后求学于蒙彼利埃和巴黎法学院，在卡尔博尼埃院长的举荐下成了普瓦捷法学院的教授，后来更出任院长，卸任后任巴黎二大的教授。除了民法和民事诉讼法方面的著作外，他最为有名的成果当属《法学词汇词典》。科尔纽还率领团队起草了1976年生效的《民事诉讼法》。

第三章

通克（André Tunc，1917—1999）

法国法学家，主要研究民事责任。二战时是法国高山猎兵团的一名军官，1943年起在格勒诺布勒法学院从教。他曾任国际货币基金组织的法律顾问，后成为巴黎一大的教授。后者的法律研究所是以他命名的。

作为一种法律渊源的学说——法国法学的历程

罗迪埃（René Rodière，1907—1981）

法国法学家，研究领域为比较法、海事法以及商法。1907年出生于阿尔及尔，1937年他成为终身教授后曾先后担任突尼斯政府秘书长、中东教科文组织顾问、阿尔及尔法学院院长及巴黎比较法研究所主任等职位，1954年起在巴黎法学院任教直至退休。

维莱（Michel Villey，1914—1988）

法国哲学家和法史学家。在去巴黎法学院（之后的巴黎二大）前任教于斯特拉斯堡法学院。他创立了法哲学中心，创办了《法哲学档案》期刊，其才能使得法国法哲学获得重生，并极大地影响了法国的法律思想。米歇尔·维莱法律文化和法哲学研究所是以他的名字命名的。

泰雷（François Terré，1930—）

巴黎二大名誉教授和道德与政治科学学院成员。他起初是巴黎上诉法院的一名律师，不久之后投身于大学执教生涯，先后任教于斯特拉斯堡法学院、里尔法学院、南特法学院，最终来到巴黎二大。在任教之余，他担任过法国司法部长的顾问，并是多个领域的立法改革委员会的成员。

弗卢尔（Jacques Flour，1907—1979）

巴黎大学法学、经济学和社会科学学院（巴黎二大）教授。他曾在蒙特利尔大学（1947）和渥太华大学（1955—1958）任教，并在后者获得名誉博士学位。

卡尼韦（Guy Canivet，1943—）

法国法官，2007年—2016年为宪法委员会成员。他于勃艮第大学学习法律，并在此获得私法与刑事科学的专业硕士研究生学位，随后进入国家司法学院。此后他担任过多级法院的法官，官至最高法院荣誉法官。

舍诺（Bernard Chenot，1909—1995）

法国政治家、行政法院法官和高级军官。他在第三共和国的最后几年成为行政法官，在维希政府期间并未离职。解放后，他负责主管北方煤炭的开发，然后分别担任了卫生部长和司法部长，并短暂取代蓬皮杜在宪法委员会中的位置。短暂从商后，他在1971年当上了最高行政法院的副院长。

罗米厄（Jean Romieu，1858—1953）

法国法学家。他在巴黎综合理工大学完成学业后进入最高行政法院，于1881年成为一名助理办案员，1918年—1933年担任最高行政法院诉讼处处长。

译者附录　书中部分人物介绍

奥当（Raymond Odent，1907—1979）

法国行政诉讼法学家，1966年—1976年担任最高行政法院诉讼处处长。他结束在法学院的学习后进入最高行政法院，从助理办案员开始工作直至成为院长。同时，他还在经合组织等机构担任要职，并在巴黎政治大学、国家行政学院讲授行政诉讼法。

达维德（René David，1906—1990）

法国法学家，20世纪后半叶比较法领域的代表人物之一。他曾在多所大学和研究机构任教，包括巴黎法学院、剑桥大学、哥伦比亚大学及国际私法统一研究所等。他在法学理论上最杰出的贡献是根据意识形态将法系分为五类，分别是：西方法系、社会主义法系、伊斯兰法系、印度法系与中国法系。

迪朗（Paul Durand，1908—1960）

法国私法学家、社会法学家。他出生于阿尔及尔，是德国法上公司制度理论的主要继承人之一，编有《社会法》期刊，并曾参与编写重要的劳动法作品。

拉加德（Paul Lagarde，1934—）

巴黎一大荣誉教授。他是国际法研究所成员，同时还是《国际私法评论》杂志的联合编辑。

贝希永（Marielle de Béchillon，1961—）

波城大学私法学讲师。

内奥-勒迪克（Philippe Néau-Leduc，1965—2015）

法国私法教授和律师。他先后任教于佩皮尼昂大学、蒙彼利埃一大及巴黎一大，曾任帕拉瓦莱弗洛特市议员。

德米埃尔（Pascale Deumier）

法国法学家。她2000年以一篇讨论自生自发法律秩序的论文取得博士学位以后，又通过了私法和刑事科学方向的教授资格考试，现在是里昂三大的教授。

特罗佩尔（Michel Troper，1938—）

法国法学家，巴黎南泰尔大学（巴黎十大）荣誉公法教授。他于1968年凭借宪法方向的博士论文（由埃斯曼指导）通过教授资格考试，后对法国宪法领域贡献良多。他推崇法律实证主义，认为法律只有经过不同法院的解释后才能成为人们遵循的准则。

作为一种法律渊源的学说——法国法学的历程

德尔玛斯-马蒂（Mireille Delmas-Marty，1941— ）

法国法学家，法兰西学院荣誉教授。1969年在巴黎二大完成博士论文后，她于1970年通过私法和刑事科学方向的教授资格考试，随后先后任教于里尔二大、巴黎十一大及巴黎一大。2002年她被提名为法兰西学院教授，讲授比较法和法律国际化课程，并自2012年起成为荣誉教授。

第四章

穆斯龙（Jean-Marc Mousseron，1931—2000）

法国法学家。他的儿子皮埃尔·穆斯龙也是一位法学家和法学教授。他于1960年在蒙彼利埃获得博士学位，1961年通过私法方向的教授资格考试，之后先后在阿尔及尔和贝鲁特任教，最后回到蒙彼利埃。他的研究领域包括分配法、公司法及工业产权法。

布朗热（Jean Boulanger，1900—1966）

巴黎法学院民法学教授。

吉诺萨尔（Samuel Ginossar）

法国民法学家。他的贡献包括在其1960年发表的著作中扩展了物权的概念，使其不仅包括有形物，也包括了无形的财产，如各种权利。

泰西耶（Bernard Teyssié，1948— ）

法国法学家，研究领域为民法和社会法。在穆斯龙教授的指导下，他于1974年在蒙彼利埃大学获得博士学位，并于1975年通过私法和刑事科学方向的教授资格考试。之后，他在巴黎二大任教，还担任过全国法律委员会主席一职。

内雷（Jean Néret）

法国律师。他于1990年在Jeantet（让特）律师事务所创立了社会法部门，该部门的业务几乎覆盖了社会法的全部领域。他同时在法学院任教，是巴黎东克雷泰尔大学的社会法学教授。

穆利（Christian Mouly，1949—1996）

法国法学家，哈耶克的信徒。他在蒙彼利埃法学院完成了所有的法学学习，并于1979年获得博士学位。之后，他一次性通过教授资格考试，并于1993年成为教授资格考试评委会成员。在他短暂的职业生涯中，他试图确定法律确定性和保证的概念。

译者附录 书中部分人物介绍

盖斯坦（Jacques Ghestin，1931—）

法国法教授，研究领域为债法。他是巴黎一大的荣誉教授，还是债法中心的创始人。使他闻名于世的学术研究包括对合同的成立、比较合同法以及国际销售合同法的研究。在他职业生涯的早期，他对劳动法和社会保障也有一定研究。

萨瓦捷（René Savatier，1892—1984）

法国20世纪最有影响力的天主教法学家之一。他出生于一个多代从事法律职业的家庭，其父是巴黎法学院博士，曾担任法国青年天主教协会主席，其母曾与民法典的撰写人之一路易吉耶莫共事。

布雷邦（Guy Braibant，1927—2008）

法国法学家，其父为法国文学家，祖父为法国政治家。他在巴黎政治大学获得文学和法学学士学位后进入国家行政学院学习，之后进入最高行政法院工作。他在第二次世界大战后期加入法国共产党。他参加了欧盟《基本权利宪章公约》的起草，在立法行政活动之余，还在巴黎二大等多所高校任教。

卡莱-奥卢瓦（Jean Calais-Auloy，1933—）

法国法学家。他年轻时在阿尔及利亚服过兵役，1959年获得博士学位后在阿比让从教，后来到蒙彼利埃法学院工作直至退休。他是消费者法的缔造者，构建了这一领域的法律原则和方法论，推动了这一领域的立法、学术研究和学术出版活动。

拉布吕斯-里乌（Catherine Labrusse-Riou）

巴黎一大私法学教授，私法研究中心科学和法律系的负责人。

马蒂厄（Bertrand Mathieu，1956—）

法国法学家，宪法专家。在获得博士学位并通过公法方向的教授资格考试后，他先后在里昂政治研究所、勃艮第大学法学和政治学院以及巴黎一大从教，并在巴黎一大主管宪法研究中心。同时，他还是法国宪法协会的主席以及达洛兹出版社《宪法》期刊的主编。

卡塔拉（Pierre Catala，1930—2012）

法国法学教授，巴黎二大荣誉教授。他先后在格勒诺布勒大学、蒙彼利埃大学和巴黎二大法学院从教，2003年时就法国合同法改革主持专门起草小组完成了《卡塔拉草案》。同时，他也是公认的全球法律信息技术的先驱，更是上诉法院案例数据库的创建者之一。

马兰沃（Philippe Malinvaud, 1934—）

法国法学教授，巴黎二大荣誉教授。

格里马尔迪（Michel Grimaldi, 1949—）

法国私法教授。他于1977年在巴黎二大获得博士学位后在此从教，主要讲授信贷法和亲属继承法课程。同时，他也在巴黎政治大学从教。他是法国荣誉军团勋章和学术界棕榈叶勋章的获得者。

厄泽（Vincent Heuzé）

法国法学教授。在凭借有关国际私法合同的论文获得博士学位后，他先后在鲁昂大学、达喀尔大学和巴黎十大从教，自1998年起在巴黎一大任教。他曾任法国信息和电信法协会国际法委员会主席。

迪韦尔热（Maurice Duverger, 1917—2014）

法国法学家、社会学家和政治家。他在波尔多大学开始其法学家职业生涯，之后因为对政治学越来越感兴趣，于1948年创立了波尔多政治学院。他运用实证研究的方法研究在不同国家运行的政治体系和制度的演变，并设计出一套理论，被称为"迪韦尔热法则"。

洛夏克（Danièle Lochak, 1946—）

法国法学家，巴黎十大公法学荣誉教授。因其父母是归化的法国公民，她于出生后一年成为法国公民。她在巴黎法学院完成学业，随后任教于皮卡第大学、巴黎十大等高校。她积极维护人权，曾任移民信息和支持小组的负责人。

隆布瓦（Claude Lombois, 1934—2007）

普瓦捷法学院教授，利摩日法学院院长。他是法国最先讲授国际刑法的一批人之一，著有当代第一部国际刑法著作。他定义"国际刑法"为一门"关于惩罚权和国家主权之间关系的法律规定"的学科。

戈贝尔（Michelle Gobert, 1929—）

巴黎二大法学教授。

戈蒂埃（Pierre-Yves Gautier, 1957—）

法国法学教授，国际知识产权中心专家。他在巴黎一大获得博士学位后于1987年获得教授资格，自1994年起任巴黎二大硕士阶段文学艺术产权法项目主任。他的主要研究领域为著作权法、电影法、多媒体法、合同法及国际私法。

译者附录 书中部分人物介绍

利布沙贝（Rémy Libchaber）

法国法学教授。他曾在巴黎高等商学院就读，后来到法学院任教，现为巴黎一大私法学教授，在法国主流法学期刊上发表多篇文章。其研究方向为私法中的货币。

卡布里亚克（Rémy Cabrillac）

法国法学教授，现于蒙彼利埃大学法学院讲授民法和比较私法课程。

第五章

布莱克斯通（William Blackstone，1723—1780）

英国法学家，他的四卷本《英国法释义》（1765—1769）是最知名的对英国法教义的阐述。这部作品是英国与北美大学法学教育的基础。他于1741年进入中殿律师公会，1743年进入牛津全灵学院并于1746年成为一名律师，1750年取得民法博士学位，1770年被封为爵士。

安森（William Reynell Anson，1843—1914）

英国法学家，第三世准男爵，来自安森贵族的自由党统一派成员。他积极参与了牛津法学院的创办，于1886年—1898年在牛津三一学院给本科生教授法律，他所著的《英国合同法原理》以及分为"议会"与"国王"两部分的《法律与宪法惯例》都可谓是经典。

波洛克（Frederick Pollock，1845—1937）

英国法学家，第三世准男爵，剑桥使徒成员。他因著有《爱德华一世之前的英国法历史》而闻名，与美国联邦最高法院大法官霍姆斯终生保持联系，此外还撰写了一系列教科书并采取新的英国法教学方法，强调内容于法律中之原则而靠规则之具体应用。这些作品为未来的教科书提供了榜样并促进了英国法律教育的现代化。

阿蒂亚（Patrick Atiyah，1931—）

英国律师与学者，以普通法著作著称，尤其是在合同法领域，同时倡导改革或废除侵权法。他于1977年—1988年在牛津大学任英国法教授，1979年成为英国国家学术院院士。其主要著作有《承诺、道德与法》《合同法导论》等。

萨默斯（Robert Summers，1933—）

美国康奈尔大学法学院前 William G. McRoberts Research 教授，在康奈尔大学从教42年，于2010年退休，在合同法、商法、法理学以及法理论领域的著作都享有盛誉。他与詹姆斯·怀特教授合著的关于《美国统一商法典》的论文是这一主题上被

343

引用最广泛的。萨默斯教授还撰写了关于法律现实主义、成文法解释等有影响力的作品。

卡多佐（Benjamin Cardozo，1870—1938）

美国法学家，于 1914 年—1932 年担任纽约上诉法院法官，自 1926 年始任首席法官，1932 年由时任美国总统胡佛委任其接替霍姆斯成为美国联邦最高法院大法官。其主要著作有《司法过程的性质》《法律科学的悖论》等。

兰德尔（Christopher Langdell，1826—1906）

美国法学家，于 1870 年—1895 年担任哈佛大学法学院院长，因其针对哈佛大学法学院所做的教育与行政管理改革而名垂青史，即案例教学法——不仅教会学生什么是法律，更要求学生理解法律如何被适用于个案。其主要著作有《合同法案例选》《衡平法诉讼案例》等。

霍维茨（Morton Horwitz，1938—）

美国法律史学家、哈佛大学法学院教授，于 1970 年成为哈佛大学法学院副教授，1974 年升任教授，1981 年被任命为 Charles Warren 美国法律史教授。他的第一部著作《美国法律史的流变，1780-1860》出版于 1977 年，被公认为现代美国法律史学最重要的作品之一。

德怀特（Theodore Dwight，1822—1892）

美国法学家与教育学家，自 1842 年—1858 年任教于汉密尔顿法学院，在 1858 年接受了哥伦比亚大学的邀请并帮忙筹建了法学院，在 1891 年因反对哥大法学院采纳案例教学法而辞职前往组建纽约大学法学院。在哥大期间，他创立了德怀特法学教育方法，以强调对论述进行记忆、实践操练和频繁的模拟法庭训练而著称。

埃姆斯（James Barr Ames，1846—1910）

美国法律教育家，推广了法律的案例教学法。在教学过程中，埃姆斯使用真实的案例来解释法律原理，即由兰德尔所发展的概念。在他去世时，案例教学法已经在美国法学院得到了普遍应用，并一直延续到现在。他于 1878 年当选美国艺术与科学院院士，1895 年—1910 年担任哈佛大学法学院院长。

肯特（James Kent，1763—1847）

美国法学家。肯特因其出版于 1826 至 1830 年的四卷本著作《美国法释义》而为人所铭记，在英国和美国享有很高的声誉。该著作主要讨论了州法、联邦法与国际法，以及个人权利与财产法，在肯特的一生中先后出版了六个版本。

译者附录 书中部分人物介绍

比尔（Joseph Beale，1861—1943）

哈佛大学法学院教授、芝加哥大学法学院第一任院长。其知名度源自他所倡导的法律形式主义，还有冲突法、公司法和刑法等领域的相关著作。他最著名的学术作品之一是 1916 年以"法的性质"为题的论文，收录在他的《冲突法论丛》中。哈佛大学法学院为纪念他设立了"比尔奖"，颁发给每学年在冲突法课程中得到最高分的学生。

威利斯顿（Samuel Williston，1861—1963）

美国律师、法学教授。他从 1895 年开始直到 1938 年在哈佛大学法学院任教授。在此期间他最重要的贡献是起草了四部法律，旨在提供一套统一的法律体系，它们分别是《统一销售法》《仓单法》《提单法》《库存转储法》。这为几十年后《统一商法典》的建立奠定了基础。

格雷（John Gray，1839—1915）

美国财产法学者、哈佛大学法学院教授。格雷在未来利益问题上撰写了两部著作：《财产转让的限制》《反对永久所有权的规则》。其最知名的作品是他对普通法的考察——《法的性质与渊源》。这些著作直到今天仍为美国法学院与法律期刊所引用。

基纳（William Keener，1856—1913）

美国法学家，其最主要的贡献是对准合同的专题研究。

吉尔摩（Grant Gilmore，1910—1982）

美国法学教授，曾任教于耶鲁大学法学院、芝加哥大学法学院、俄亥俄州立大学法学院、佛蒙特法学院。他是著名商法学者以及《统一商法典》主要起草人之一。他写作了大量商法不同领域的著作，包括担保交易、海商法与合同法。其最著名的作品当属对合同法的评判——《合同的消亡》。

霍姆斯（Oliver Wendell Holmes，1841—1935）

美国联邦最高法院大法官（1902—1932），90 岁时退休，是联邦最高法院有史以来最年长的法官。他还曾担任马萨诸塞州最高法院法官以及哈佛大学法学院教授。受美国南北战争时期的战斗经历影响及其个人地位加成，霍姆斯使得美国法律思想趋向于法律现实主义。他拥护一种道德怀疑主义并反对自然法学说，造成美国法理学的重要转向。

庞德（Roscoe Pound，1870—1964）

杰出的美国法学者与教育家，内布拉斯加州大学法学院院长（1903—1911），哈佛大学法学院院长（1916—1936）。他在社会学法学的传统中做出了重要贡献，强调法律与社会关系相互影响的重要性。他最广为人知的理论在于将法律的概念理解为社会工程。对庞德而言，立法者就像社会工程师一样以法律为工具来解决社会问题。

埃尔利希（Eugen Ehrlich，1862—1922）

奥地利法学家、法律社会学者。埃尔利希反对凯尔森将法律还原为制定法与法庭判决的集合，而认为应当区分法庭适用的规范和实际调整社会生活的规范。前者仅仅调整诉至法院或其他机构的纠纷，而后者作为一种"活法"是形塑日常社会关系的框架。前者的本质是纠纷和诉讼，而后者的本质是和平与共存。

卢埃林（Karl Llewellyn，1893—1962）

美国法律现实主义学派杰出代表，相较于法律形式主义，卢埃林及其他法律现实主义者主张特定案件的事实和裁判结果构成了法律，而不是基于法律规则进行的演绎推理。卢埃林在《荆棘丛》中所提出的"法官、律师和其他执法者针对纠纷的所作所为，在我看来，就是法律本身"，可以说是法律现实主义的典型代表。但他也不认为法律是法官基于个人偏见可以任意形塑的。

弗兰克（Jerome Frank，1889—1957）

美国法哲学家，法律现实主义运动的先锋，美国证券交易监督委员会主席，美国联邦第二巡回上诉法院法官。他先后出版了一系列重要著作，包括主张法律现实主义的《法律与现代心灵》，强调心理在法律问题上的作用，以及其他著作《如果人类是天使》《命运与自由》等。

穆尔（Underhill Moore，1879—1949）

美国法学家，耶鲁大学法学院Stering（斯特林）法学教授（1929—1949），曾任教于哥伦比亚大学。其教学领域主要为商业银行信贷以及商业组织，他被认为是法律现实主义运动在耶鲁大学的代表，并在法学研究中较早使用了社会科学方法。他在1929年与Theodore S. Hope Jr.（霍普）合著《商业银行法的制度研究径路》，试图解释关于商业银行法的判决并非从既存的法律规则中得出。

奥利芬特（Herman Oliphant，1884—1939）

美国法学教授。他被普遍认为是法律现实主义的代表，以主张"遵守先例"原则不再是可适用的而闻名。虽然这一径路可以在一个社会组织相对简单的时段内得

译者附录　书中部分人物介绍

到应用，但在目前应该被抛弃。奥利芬特主张一种科学的方法，即法官判决可以被界定为心理学上刺激—反应的过程，在这个意义上法官只是在对案件带给他的刺激做出反应。

史密斯（Young Smith，1889—1960）

美国法学家，在1927年—1952年担任哥伦比亚大学法学院院长。他的著作包括了侵权法、商法等领域。

黑尔（Robert Hale，1884—1969）

美国律师、经济学家。他在哈佛大学取得经济学学位后任教于哥伦比亚大学法学院。他被认为是一名法律现实主义者，其著作主要关注法律对分配的影响。

科尔宾（Authur Corbin，1874—1967）

耶鲁大学法学院教授、合同法学者。他为作为一种法哲学的法律现实主义做出了贡献，写下了20世纪最广为人知的论著，即《科尔宾论合同：关于合同法的有效法则的比较性文集》。科尔宾所赞同的法律现实主义认为法律是人为和社会的产物，为了解决合同纠纷，法官不应只考察法律文本，还应探索当事人双方在交易和诉讼中表现出的意图，以及交易习惯和商业界的惯例。

霍菲尔德（Wesley Hohfeld，1879—1918）

美国法学家，其著作《法律推理中的基本法律概念及其他法律论文》影响深远，为现代理解权利的性质及自由的含义做出了卓越贡献。霍菲尔德通过精确的分析区分了几个基本法律概念并识别出它们之间的关系。为纪念其贡献的持久重要性，耶鲁大学将一教席冠以他的名字。

哈钦斯（Robert Hutchins，1899—1977）

美国教育哲学家，耶鲁大学法学院院长（1927—1929）、芝加哥大学校长（1929—1945）。在担任校长期间实施了一系列广泛而富有争议的改革措施，包括解散橄榄球队。其中影响最为深远的当属对芝加哥大学本科生院的改革，这一改革建立在以经典书目、苏格拉底式对话、综合性测试和提前进入大学为基础的教育体系之上。虽然哈钦斯的计划在其卸任后旋即被芝加哥大学抛弃，但一个以此为基础、加以调试的（教学举措）版本却为希默学院所采纳。

道格拉斯（William Douglas，1898—1980）

美国法学家、政治家，由富兰克林·罗斯福总统任命为联邦最高法院大法官，任期长达36年211天（1939—1975），为有史以来最长。他以第一修正案权利的热烈

作为一种法律渊源的学说——法国法学的历程

拥护者著称，主张对第一修正案自由主义式的解释。《时代杂志》称其为"有史以来坐在法庭上的最为固守教义和坚定的公民自由论者"。

克拉克（Charles Clark，1889—1963）

耶鲁大学法学院院长（1929—1939），美国联邦第二巡回上诉法院法官（1939—1963）。他是《联邦民事诉讼法规》的主要起草人，该法规最终于1938年被采用。在法官生涯中克拉克也被认为是程序规则方面的专家，就程序问题的处理与其他法官（尤其是弗兰克）常常进行争论。

科恩（Morris Cohen，1880—1947）

美国哲学家、律师、法学家，主张将实用主义与逻辑实证主义、语言分析相结合。他于1912年—1938年任纽约城市学院哲学教授，1938年—1941年在城市学院和芝加哥大学教授法律。科恩以其风趣、百科全书式的知识以及推翻哲学体系的能力而著称。

哈特（Henry Hart，1904—1969）

美国法学家，自1932年始任教于哈佛大学法学院。法律过程学派的提法最早出现于哈特和萨克斯教授合著的同名手稿中，由7章组成。该书试图以55个问题来引导学生以二位教授所倡导的方式学习重要的美国法案例。这部书稿被认为是法律过程理论的奠基之作，倡导针对法律的探索应当在法庭内外进行。学者们从这部作品总结了三个关键主题：制度性权能、成文法解释与原则性判决。

沃伦（Earl Warren，1891—1974）

美国法学家、政治家，曾任加州州长、美国首席大法官。沃伦法官因其几例自由主义的判决而知名。他宣布公立学校的种族隔离非法并对美国法的诸多领域进行了改革，尤其重视刑事被告的权利，终止了公立学校主办的祈祷，并主张在选区分配问题上实施"一人一票"规则。他通过以下四个里程碑式的判决使得联邦最高法院成为较国会和总统基础更为坚实的权力中心：布朗诉教育委员会案（1954）、吉迪恩诉温莱特案（1963）、雷诺兹诉西姆斯案（1964）、米兰达诉亚利桑那州案（1966）。

西蒙斯（Henry Simons，1899—1946）

美国经济学家，任教于芝加哥大学。作为反托拉斯和货币主义者的代表，他深深影响了芝加哥经济学派。西蒙斯因对经济收益的定义而闻名。他与罗伯特·海格共同得出了海格—西蒙斯公式。芝加哥大学法学院举办两年一次的亨利·西蒙斯系列讲座来纪念他对政治经济学所做的贡献。

迪雷克托（Aaron Director，1901—2004）

芝加哥大学法学院著名教授，在芝加哥经济学派的发展中扮演了核心角色。哈耶克曾积极帮助他筹建芝加哥大学法学院的法律与社会项目，并说动福克基金提供赞助。迪雷克托在1958年创办了《法律与经济》期刊，并与罗纳德·科斯合作，试图融合法学与经济学，产生了深远的影响。

曼内（Henry Manne，1920—2015）

美国作家、学者，被认为是法与经济学科的奠基者之一，乔治梅森大学法学院荣休院长。亨利·曼内法与经济全国模拟法庭竞赛以及乔治梅森大学法学院法与经济研究中心的亨利·曼内项目即以他的名字命名。他对"公司控制权交易市场"的理论贡献在于将公司法的领域向经济分析完全开放，1966年出版的《内幕交易与股票市场》至今依旧在这一主题上有重要影响。《亨利·曼内文集》已以三卷本的形式出版。

博克（Robert Bork，1927—2012）

美国法官、政府官员、法学家，倡导原教旨主义的司法哲学，呼吁法官们遵守制宪者对美国宪法的原初理解。博克同样是一名有影响力的反托拉斯法学者，认为消费者经常受益于公司并购，并且反托拉斯法相较于关注保持竞争更应该关注消费者福利。其主要著作包括《反托拉斯悖论》《萎靡地走向俄摩拉城：现代自由主义与美国的衰败》。

波斯纳（Richard Posner，1939—）

美国法学家、经济学家，美国联邦第七巡回上诉法院法官（1981—2017），芝加哥大学法学院资深讲师，法与经济学领域的领军人物。波斯纳的著述十分广泛，包括将近40部著作：《法律的经济分析》《正义的经济学》《法理学的问题》等。

卡拉布雷西（Guido Calabresi，1932—）

美国法学家，美国联邦第二巡回上诉法院法官，耶鲁大学法学院院长（1985—1994），自1959年始任教于此。他与罗纳德·科斯、理查德·波斯纳一道被认为是法与经济学领域的奠基人。他对这一领域的开拓性贡献在于将经济分析应用于侵权法，以及对科斯定理进行法律解释。

哈特（Herbert Hart，1907—1992）

英国法哲学家，曾任牛津大学法理学教授。受奥斯丁、维特根斯坦和凯尔森影

作为一种法律渊源的学说——法国法学的历程

响,哈特将分析、语言哲学的工具运用于法理论的核心问题。其著作《法律的概念》被认为是20世纪最重要的法哲学著作,初版于1961年,于1994年出版的第二版包括了一个后记,以回应其学生罗纳德·德沃金对他的批评。其他著作主要有《法律、自由与道德》《法理学与哲学论文集》等。

富勒（Lon Fuller,1902—1978）

美国法哲学家,以坚持批评法实证主义著称,并主张捍卫一种世俗化、程序性的自然法理论。富勒在哈佛大学担任教授多年,在法理学和合同法领域都做出了贡献。他与英国法哲学家哈特在《哈佛法律评论》上的论战形塑了法实证主义与自然法理论之争的基本框架。在其《法律的道德性》一书中,富勒提出了法律包含"内在道德"的主张。

温莱布（Ernest Weinrib）

法哲学家,专攻私法,任教于多伦多大学法律系。他认为私法（包括侵权、合同和返还）是这样构成的:"个体间的交互关系,因为一个人的义务的作用总是满足另一个人的权利。"他反对将私法视为任何特定政治、经济或社会变革的手段,强调私法就是自身的目的。

德沃金（Ronald Dworkin,1931—2013）

美国法哲学家、宪法学者,牛津大学法理学教授哈特的继任者。根据《法律研究学刊》的调查,德沃金是20世纪被引证率第二高的美国法学者。在谢世后,哈佛大学法学家孙斯坦评论称:"过去100年来最重要的法哲学家之一。他可名列榜首。"在《认真对待权利》一书中批判了哈特所代表的法实证主义,并在《法律帝国》一书中系统地建构了自己的"整全法"理论。

普里斯特（Georges Priest,1947—）

耶鲁大学文学学士,芝加哥大学法学博士,耶鲁大学法学院法与经济学教授,考夫曼杰出研究学者。普里斯特在过去20年里专注于研究反托拉斯法、私人与公共保险的运作以及法体系在促进经济增长中的作用。

洛斯（Louis Loss,1914—1997）

美国法学家,被认为是现代证券法之父,因著有《证券法》而广为人知,这部作品现在依然被认为是该主题方面的权威,并被美国联邦最高法院引用超过50次。他曾于耶鲁大学法学院、乔治华盛顿大学法学院兼任教职,1952年加入哈佛大学法学院。

译者附录　书中部分人物介绍

爱德华兹（Harry Edwards，1940—）

现任美国哥伦比亚地区巡回上诉法院高级法官，纽约大学法学院教授。他于 1962 年在康奈尔大学取得理学学士学位，1965 年在密歇根大学法学院取得法学博士学位。

卡特（Stephen Carter，1954—）

耶鲁大学法学院教授，专栏作家，畅销小说作者。他自 1982 年始在耶鲁大学法学院任教，开设的课程有法律与宗教、战争的伦理、合同、证据和专家责任等。他关于法律和政治的著述有《徒然的上帝之名：政治中的宗教的是与非》《和平的暴力：奥巴马时代的美国战争》；《彭博视点》的专栏作家，《新闻周刊》和《野兽日报》的定期撰稿人；他的小说《海洋公园之皇》荣登《纽约时报》"最佳畅销书目"达 11 周之久。

作为一种法律渊源的学说——法国法学的历程

译后记

第一次见克里斯托弗是在 2011 年暮春的北京。当时他应邀出席清华法学院的院庆活动,我们约在位于工体附近的法国文化中心喝茶。

"那么,我们今天说法语还是英语呢?反正对我来说中文不是一个选项。"

我怯生生地用法语回答:"不妨试试说法语吧。"当一名刚学了 10 个月法语的研究生面对一名法国民法学著名教授、巴黎政治大学(Sciences Po)法学院院长、自己未来导师的时候,很难不紧张得好像有个钩子要把胃从嘴里拉出来。

特别是当他身高足有两米多的时候。

克里斯托弗笑了笑,还是用英语继续了我们的第一次对话。

3 个月后,我飞往巴黎,开始在克里斯托弗的指导下撰写博士论文《1880—1930 年法国民法变迁中的自然法思想》。在抵达巴黎第二周的会面中,我们确定了论文的题目、语言、大致的时间表和指导委员会名单。还有我可以在非正式场合叫他"克里斯托弗"。以上便是我们此后四年合作的开端。后来,我在提供给博士生的集体办公室中,挑了一个与克里斯托弗的办公室只有一堵毛玻璃墙隔开的位置,以便让他看到我并没有偷懒(至少在工作日没有),同时方便在他进入办公室、还没走到座位的那几秒钟快速请教几个问题。

至于本书的另一位作者菲利普,因为我总觉得不应该过多打扰老先生的宁静生活,所以一直没有拜访。待论文写完时本来想邀请他进入答辩委员会,后来因为老先生抱恙,不良于行,只好作罢。

第一次听说本书,也是在和克里斯托弗的会面之中。我报告了自己阅读 19 世纪末法国民法学家的感受,他听完以后说:"您或许可以读一读《学说》。"[1]

---

[1] 译注:原书法文标题直译为"学说",为了方便中国读者理解,意译为现标题。

译后记

我问:"谁的学说?"

"《学说》!我和菲利普·热斯塔茨合写的一本书!"他略带不耐烦地回答。

于是,我跑到塞纳河边的吉贝尔书店,买了一本并不比新书便宜的二手书。这也是我第一次在法国买书。

此后,这本书成了我理解法国法学史的地图。正是在它的指引下,我整理出了第三共和国时期(1870—1940)较为重要的民法学家的清单,也大概了解了当时较为重要的理论转型。正是在它的指引下,我大概搜集齐了当时较为重要的民法著作、论文。也正是在它的指引下,我逐渐理解了巴黎政治大学法学院的办学理念。虽然随着研究的进展,我那位精通历史社会学的副导师不断提出新的要求("不但要关心重要作者,也要关心小作者甚至人们已经忘记的作者!""不但要看著作,也要研究档案和手稿!""不但要关心知识界的语境,也要关心经济和社会变迁!"),虽然我写博士论文的那几年也是大革命以后法律史研究成果不断涌现的几年,但这部篇幅并不长的小书以相当清晰的方式帮我准备好了最初的研究素材、帮我辨明了前进的方向。而且在写作论文的整个过程中,我都会不时参阅它。它陪伴着我穿梭于居雅士图书馆、法国国家图书馆、国家档案馆、各省的档案馆,甚至陪伴我度过了在加州伯克利肯辛顿山上一个又一个无眠的夜晚。所以,现在就放在我手边的这本《作为法律渊源的学说——法国法学的历程》既像一名时刻陪伴的老朋友,又像一名在导师因为繁忙的行政事务而无暇带领我研究时填补他留下的空白的师傅。

在离开法国前与克里斯托弗最后一次会面时,我们一边在学校附近的酒吧里喝着桑塞尔(Sancerre)的美酒,一边讨论着在中国翻译出版本书的想法。克里斯托弗挥着他的大手说:"还有谁比您更适合翻译这部小书呢?!"我则回答:"肯定有人更有能力,但我恐怕是对它感情最深的人之一吧。"

但这样说并不意味着我同意书中的所有观点。事实上,在研究刚开始的时候,我与作者观点不同的地方恐怕都足够另写一本书了。当时,我抓住一切机会与克里斯托弗争论。在他从地铁站大步流星地走向教室的那五分钟里,我一路小跑,在巴黎冬天的冷雨里与他争论。在他办公室门的开锁声响起的时候,我从椅子上弹起来,省去一切寒暄,提出我的疑问。在他给我的草稿写的批阅下面,我写下长篇大论的反驳意见。诚然,随着研究的深入,我开始意识到自己提出的许多商榷意见,不过来源于看待问题的角度不同而产生的分歧。但当一个人的天地

作为一种法律渊源的学说——法国法学的历程

本身就局限在茶壶中的时候,茶壶中的风暴对他而言恐怕就是想象力所能及的风暴了。

克里斯托弗从来没有否定过我的观点。他只会在我说完以后提点一些我没有读到的资料,然后说:"我觉得读这些和那些可能会对您有帮助。"一如在我遇到困难向他求助时所说的。而我的观点也就在无数次这样四两拨千斤的指点下逐渐形成。

克里斯托弗其他的作品大多集中在民法和法学教育领域,相比之下,菲利普则写下了更多理论反思性的作品。我还记得每年夏天同事们纷纷离开办公室度假、学校里弥漫着慵懒气息的时候,我也放慢写作的速度,一边喝着行政秘书额外开恩给的咖啡,一边忙里偷闲读菲利普其他作品的那一个个午后。不同于更追求文采而使用大量的隐喻和典故的克里斯托弗,菲利普的作品简洁流畅,点到即止。我自觉用远非炉火纯青的法语写作时,还是应该以表意清楚为首要追求,所以更多模仿的是菲利普的作品。如果说我从克里斯托弗有声的指导中得到的是关于论文写作安排、研究材料的信息,那么我从菲利普无声的指导中学到的更多是组织材料、开展论证的技巧。

所以,无论是这本书还是它的两名作者,都是我留学期间学业提升最重要的智识渊源。2015年9月回国后,中国政法大学张莉教授听说我正准备着手翻译此书,当即表示可以纳入其主编之《法国法译丛》,我自然大喜过望。只不过归乡之路比想象中漫长,当各种行政事务安排妥当,可以潜心着手翻译时,不知不觉已经到了2017年的春天,距离第一次见克里斯托弗正好已经过去了6年。所幸一段时间内并无必须立刻处理的杂务,于是按照进度安排,用了4个月左右完成了初稿。期间,不但张教授每次见面都询问进度,中国政法大学出版社的马旭老师也不时来信鞭策,所以初稿可以如期译出,实在离不开各位师长督促之功。2018年初,又蒙中国政法大学比较法学研究院张羽霄、段志颖和法学院陈皓翔三位小友拨冗校对,才终于如期完工。更要感谢业师舒国滢教授,如果不是他在2009年我刚上研究生时指示前往法国攻读博士学位的可能,不但不会有机缘向国内学界介绍此书,恐怕我的研究和工作也将大不相同了。

朱明哲
2017年3月